LEONARDO BOFF

Der dreieinige Gott

BIBLIOTHEK THEOLOGIE DER BEFREIUNG
GOTT, DER SEIN VOLK BEFREIT

LEONARDO BOFF

Der dreieinige Gott

PATMOS VERLAG DÜSSELDORF

Die Veröffentlichung der »Bibliothek Theologie der Befreiung« wird unterstützt durch einen Förderkreis, dem angehören: Horst Goldstein, Norbert Greinacher, Friedhelm Hengsbach, Elmar Klinger, Johann Baptist Metz, Andreas Müller, Theodor Schneider, Michael Sievernich, Hans Waldenfels, Reinhold Waltermann, Erich Zenger und Rolf Zerfaß.

Die Originalausgabe erschien 1986 bei Editora Vozes, Petrópolis
Übersetzung aus dem Portugiesischen: Jürgen Kuhlmann
Redaktion der Anmerkungen und der Bibliographie: Dirk Ansorge

CIP-Kurztitelaufnahme der Deutschen Bibliothek
Boff, Leonardo:
Der dreieinige Gott / Leonardo Boff.
[Übers. aus d. Portug.: Jürgen Kuhlmann]. –
1. Aufl. – Düsseldorf: Patmos Verlag, 1987.
(Bibliothek Theologie der Befreiung: Gott, der sein Volk befreit)
Einheitssacht.: A trindade, a sociedade e a libertação ⟨dt.⟩
ISBN 3-491-77711-9

Umschlaggestaltung: Peter J. Kahrl, Neustadt/Wied
Gesamtherstellung: Boss-Druck, Kleve
3-491-77711-9

Inhalt

Abkürzungen

BKV	Bibliothek der Kirchenväter, Kempten - München 1, 1911-62/63, 1931
BKV II	Bibliothek der Kirchenväter, 2. Reihe, Kempten - München 1, 1932-20, 1938
CCL	Corpus Christianorum, series latina, Turnhout - Paris 1953 ff.
CLAR	Confederación lationamericana de religiosos (Lateinamerikanische Vereinigung der Ordensleute)
CSEL	Corpus scriptorum ecclesiasticorum latinorum, Wien 1866 ff.
DS	Heinrich Denzinger / Adolf Schönmetzer, Enchiridion symbolorum, definitionum et declarationum de rebus fidei et morum, Barcelona - Freiburg [36]1976
GS	Zweites Vatikanisches Konzil, Gaudium et spes. Pastorale Konstitution über die Kirche in der Welt von heute
LG	Zweites Vatikanisches Konzil, Lumen gentium. Dogmatische Konstitution über die Kirche
LThK	Lexikon für Theologie und Kirche, 2. Aufl., hrsg. von Josef Höfer / Karl Rahner, Freiburg - Basel - Wien 1958-1965
MySal	Mysterium Salutis. Grundriß heilsgeschichtlicher Dogmatik, hrsg. von Johannes Feiner / Magnus Löhrer, Einsiedeln - Zürich - Köln 1965-1981
NR	Josef Neuner / Heinrich Roos, Der Glaube der Kirche in den Urkunden der Lehrverkündigung, neubearbeitet von Karl Rahner / Karl-Heinz Weger, Regensburg [11]1983
PG	Patrologiae cursus completus, hrsg. von Jacques-Paul Migne, series graeca, Paris 1, 1857-167, 1866
PL	Patrologiae cursus completus, hrsg. von Jacques-Paul Migne, series latina, Paris 1, 1841-217, 1855
Puebla	Die Evangelisierung Lateinamerikas in Gegenwart und Zukunft. Dokument der III. Generalkonferenz des Lateinamerikanischen Episkopates Puebla 26. 1.-13. 2. 1979; dt. in: Die Kirche Lateinamerikas (Stimmen der Weltkirche 8), Bonn o. J., 135-356

SChr	Sources chrétiennes, Paris 1, 1941 ff.
ThWNT	Theologisches Wörterbuch zum Neuen Testament, hrsg. von Gerhard Kittel / Gerhard Friedrich, Stuttgart 1933–1973
UR	Zweites Vatikanisches Konzil, Unitatis redintegratio. Dekret über den Ökumenismus

Einleitung: Von der Einsamkeit des Einen zur Gemeinschaft der Drei

An der Wurzel jeder religiösen Lehre steht die Begegnung mit dem göttlichen Geheimnis. Diese Begegnung führt zu einer radikalen Erfahrung, die die verschiedenen Dimensionen der Existenz umfaßt: das Gefühl, die Vernunft, den Willen, die Sehnsucht und das Herz. Erste Reaktion, Ausdruck der Freude sind das Lob, der Gesang und die Kundgabe. Danach kommt es der frommen Vernunft zu, ihre Arbeit der Aneignung und Übersetzung der Begegnungserfahrung zu tun. Dabei entstehen die Lehren und Glaubensbekenntnisse.

1. Der Glaube und die Erklärungen des Glaubens

Die Dreieinigkeitslehre des Christentums hat eben diesen Verlauf genommen. Zuerst ereignete sich die Quell-Erfahrung; die ersten Jünger lebten mit Jesus zusammen, erlebten, wie er betete, wie er von Gott sprach, wie er predigte, wie er mit den Menschen umging, besonders mit den Armen, wie er die Konflikte anging, wie er litt und starb, und erfuhren ihn als Auferweckten; sie beobachteten auch, was in der Gemeinde geschah, die an ihn glaubte, insbesondere von Pfingsten an. Sie verkündeten mit Freude in ihren Gebeten und mit Schlichtheit in ihren Predigten den Vater, den Sohn und den Heiligen Geist. Ohne die Gottheit vervielfachen zu wollen – kamen sie doch alle aus dem Judentum, für das der Monotheismus ein strenges Dogma ist –, nannten sie jeden von ihnen Gott. Später fingen die Christen an, diese Erfahrung zu bedenken und diese Verkündigung in eine Formel zu übersetzen. Damit entstand die Dreifaltigkeitslehre in ihrem klassischen Ausdruck: ein Gott in drei Personen, oder eine Natur und drei Hypostasen, oder drei Liebende und nur eine Liebe, oder drei Subjekte und eine einzige Substanz, oder drei Einzige und nur eine Gemeinschaft. Was war geschehen? Die Doxologie (das Lob) hatte sich in Theologie (Reflexion über Gott) umgeformt; der Glaube gab Raum der Vernunft.

Bei dieser Entfaltung heißt es unterscheiden, was Glaube ist und was Erklärung des Glaubens. Zu sagen, daß Gott Vater, Sohn und Heiliger Geist ist, das ist Glaube; zu sagen, daß Gott eine Natur und drei Personen ist, das ist Erklärung des Glaubens. Den Glauben nehmen wir mit offenem Herzen an, die Erklärung des Glaubens können wir diskutieren und sogar ablehnen. Der Glaube ist die Antwort auf die göttliche Offenbarung, die Erklärung des Glaubens ist die Antwort der Vernunft auf die Fragen, die der Glaube aufwirft.

Alle Erklärungen des Glaubens sollen den Glauben erhellen, damit er erstarke und mehr Gründe habe, zu singen und zu verkünden. Wenn die Erklärungen des Glaubens von der Kirche in ihre offiziellen Aussagen (Konzilien, Synoden und Lehramtsäußerungen) aufgenommen worden sind, verdienen sie große Achtung. In sich selbst sind sie aber nicht der Glaube. Deshalb erstreckt sich der Glaubensakt - wie die großen Meister der Theologie lehren - über die Erklärungen (Formeln) hinaus und rührt an das von ihnen Gemeinte und in den Erklärungen nicht immer passend Ausgedrückte. Alle neuen Erklärungen des Dreieinigkeitsglaubens sollen den Glauben glaubhafter und anziehender machen. Sie werden dieses Ziel aber nur erreichen, wenn sie die ganze Wahrheit aufnehmen, die in den bereits geheiligten und verbindlichen Erklärungen enthalten ist, und noch über sie hinausgehen. Dann ist das Neue nicht mehr überspannt, es wird vielmehr als ein Ausdruck des Glaubensschatzes anerkannt, in welchem es, wie der Herr sagt, Neues und Altes gibt (vgl. Mt 13,52).

Sollte in meinen Erklärungen vielleicht Neues ausgedrückt sein, dann möge es als Versuch verstanden werden, denselben Schatz zu formulieren, in Übereinstimmung mit jenem Alten (aber nicht Veralteten), an dessen Wahrheit ich mich halte.

2. Die Dreifaltigkeit als Geheimnis der Einbeziehung

Daß der Dreifaltigkeitsglaube sich vor der Vernunft rechtfertigen läßt, leuchtet besser ein, wenn wir ihn im Dialog mit Einheit und Vielheit dem Monotheismus und dem Polytheismus gegenüberstellen. Beim Monotheismus stehen wir vor der Einsamkeit des Einen. So reich und voller Leben, Erkenntnis und Liebe der Eine auch sei, nie wird er jemanden zur Seite haben. Ewig ist er allein. Alle anderen Wesen sind ihm unterlegen und von ihm abhängig. Gibt es Gemeinschaft, so wird sie stets ungleich sein.

Beim Polytheismus im üblichen Verständnis haben wir es mit der Vielheit von Gottheiten zu tun, mit Hierarchien und dem Gegensatz wohltätiger und übelwirkender Naturen. Dahin ist die göttliche Einheit.

Jede dieser beiden religiösen Ausdrucksformen schließt ein Wahrheitsmoment ein, das aufgenommen werden muß. Wahrgenommen wird, daß es bei der Erfahrung des Geheimnisses Einheit und Unterschied gibt. Könnte sich das Unterschiedliche nicht vereinen? Könnte der Unterschied nicht die Offenbarung des Reichtums der Einheit sein?

Der Glaube an den Vater, den Sohn und den Heiligen Geist, das heißt an die Dreifaltigkeit, kommt solchen Fragen entgegen. Bei der Erfahrung des Geheimnisses gibt es den Unterschied (den Vater, den Sohn und den Heiligen Geist) und zugleich die Vereinigung dieses Unterschieds dank der Gemeinschaft der Unterschiedenen, durch die sie ineinander, miteinander, voneinander her und füreinander sind. Die Dreifaltigkeit ist nicht als Antwort auf die menschliche Problematik erdacht worden. Sie ist Offenbarung Gottes, wie er ist, als Vater, Sohn und Heiliger Geist in ewiger Wechselbeziehung, Durchdringung, Liebe und Gemeinschaft, so daß sie ein einziger Gott sind. Denn »Gott ist dreifaltig« bedeutet die Vereinigung des Unterschieds.

Wäre Gott ein Einziger, so herrschten die Einsamkeit und die Konzentration auf Einheit und Einzigkeit. Wenn Gott Zwei wäre, gäbe es eine Dyade (nur Vater und Sohn), die Trennung (einer ist vom anderen verschieden) und den Ausschluß (einer ist nicht der andere). Doch Gott ist *Drei,* eine Dreifaltigkeit. Die *Drei* vermeidet die Einsamkeit, überwindet die Trennung und geht über den Ausschluß hinaus. Die Trinität erlaubt die Identität (Vater), die Differenz von der Identität (Sohn) und die Differenz von der Differenz (Heiliger Geist). Die Trinität verhindert ein Gegenüber von Vater und Sohn in einer »narzißtischen« Schau. Die dritte Figur ist das Verschiedene, das Offene, die Gemeinschaft. Die Trinität ist einbeziehend, denn sie eint, was trennte und ausschloß (Vater und Sohn). Das Eine und das Viele, die Einheit und die Verschiedenheit treffen sich in der Dreieinigkeit als umschränkt und stets aufs neue geeint. Die Drei bedeutet hier weniger die mathematische Zahl als vielmehr die Behauptung, daß der Name »Gott« für Unterschiede steht, die sich nicht ausschließen, sondern einbeziehen, die nicht gegeneinander, sondern in Gemeinschaft miteinander stehen; die Unterscheidung ist also um der Vereinigung willen da. Als offene Wirklichkeit bezieht dieser dreifaltige Gott auch andere Unterschiede ein; so tritt das geschaffene Universum in die göttliche Gemeinschaft ein.

3. Gott ist die Einung der Drei Einzigen

Wie sollen wir die Einheit der Drei denken? Wie können Vater, Sohn und Heiliger Geist für den Glauben ein einziger Gott sein? In der theologischen Reflexion treffen wir auf zwei Haupterklärungen.

Die erste geht vom Vater aus. Sie ist die Sicht der griechischen Theologen. Nach ihnen ist der Vater Ursprung und Quell aller Gottheit. Er teilt seine ganze Substanz dem Sohn und dem Heiligen Geist mit. Die Drei sind eines Wesens und deshalb ein einziger Gott. Diese Sicht bringt das Risiko mit sich, eine Art Theogonie, das heißt ein Werden Gottes, einzuführen. Der unverursachte Vater verursacht den Sohn und läßt aus sich den Heiligen Geist hervorgehen. Auch besteht die Versuchung des Subordinatianismus (des Arius). Nach ihm wären Sohn und Heiliger Geist dem Vater untergeordnet; es gäbe eine ungleiche Hierarchie zwischen den göttlichen Personen.

Die zweite Erklärung geht aus von der göttlichen Geistnatur. Dies ist die Position der lateinischen Theologen. Für sie ist Gott vor allem ein absoluter Geist, der denkt und liebt; die höchste Selbsterkenntnis heißt Sohn, die unendliche Liebe Heiliger Geist. Oder Gott ist das höchste Gut, das sich innerlich verströmt; die volle Selbsthingabe bezeichnet den Sohn, und die Liebesbeziehung zwischen Vater und Sohn bedeutet den Heiligen Geist, das einende Band zwischen beiden.

In dieser Perspektive ist das Risiko der Theogonie nicht ganz beseitigt. Es funktioniert das metaphysische Kausalitätsprinzip, angewandt auf Gott. Wo alles ewig ist, läßt sich da von Zeugung und Hauchung sprechen? Darüber hinaus besteht das Risiko des Modalismus (des Sabellius), nach welchem dieselbe göttliche Natur oder derselbe absolute Geist sich in drei verschiedenen Weisen (Modi) oder drei unterschiedlichen Konkretisierungen zeigen würde, aber schließlich doch stets die Einzigkeit desselben absoluten Geistes bliebe. So würden wir in den Grenzen des vortrinitarischen Monotheismus verbleiben.

Wir versuchen einen dritten Weg. Wir gehen bewußt von der Dreifaltigkeit aus, das heißt vom Vater, vom Sohn und vom Heiligen Geist, so wie die Schriften sie uns offenbaren und wie sie auf dem geschichtlichen Lebensweg Jesu Christi erscheinen. Sie existieren zugleich miteinander und sind ursprünglich die drei Gleich-Ewigen. Wie wir im zweiten Kapitel sehen werden, treten Vater, Sohn und Heiliger Geist nicht getrennt oder nebeneinander auf, sondern wechselseitig verflochten und bezogen. Worin besteht die Einheit der drei? Sie besteht in der Gemeinschaft zwischen den göttlichen Drei. Gemeinschaft bedeutet gemeinsame Vereinigung (comm-unio). Nur zwischen Personen kann es Vereinigung geben, weil sie sich innerlich einander öffnen, miteinander existieren und voneinander her sind. Vater, Sohn und Heiliger Geist leben in Gemeinde (em comunidade) aufgrund der Gemeinschaft. Die Gemeinschaft ist Ausdruck von Liebe und Leben. Liebe und Leben sind durch ihre Eigennatur dynamisch und überschäumend. Unter dem Namen »Gott« sollen wir demnach immer die Drei-Einigkeit verstehen, die Dreifaltigkeit als Vereinigung des Vaters, des Sohnes und des Heiligen Geistes. Mit anderen Worten: Die trinitarische Einung ist der Dreifaltigkeit eigentümlich. Somit besitzt sowohl die identische Einheit derselben göttlichen Natur als auch die Einzigkeit desselben absoluten Geistes einen streng trinitarischen Sinn: Die beständige Durchdringung, die ewige Wechselbezüglichkeit, die Selbstschenkung der Personen aneinander macht die trinitarische Einung aus, die Einung der Personen. Diese Einung auszudrücken, prägte die Theologie vom 6. Jahrhundert an den griechischen Ausdruck »perichoresis« (jede Person enthält die beiden anderen, jede durchdringt die anderen und läßt sich durchdringen, eine wohnt in der anderen und umgekehrt). Lateinisch sagte man »circumincessio« (mit c bedeutet es die aktive gegenseitige Durchdringung) oder »circuminsessio« (mit s bezeichnet es das statische oder ekstatische Ineinandersein). In die Mitte meiner Überlegungen stelle ich exakt die Perichorese. Sie wird das Strukturprinzip meiner Erklärung des Dreifaltigkeitsglaubens sein. Ich behalte den aus dem Griechischen kommenden Ausdruck »Perichorese« bei, weil ich keinen besseren in unserer Sprache gefunden habe. Alles in der Dreifaltigkeit ist perichoretisch, die Einung, die Liebe, die hypostatischen Relationen.

Das Hauptfundament meiner Option findet sich Joh 10,30: »Ich und der Vater sind eins.« Jesus sagt nicht: Ich und der Vater sind der Zahl nach Einer (heis). Sondern: Wir sind zusammen (griechisch: hen). Dieselbe Idee erscheint dann Joh 10,38: Der Vater ist in mir, und ich bin im Vater. Die Einung von Vater und Sohn löscht den Unterschied und die Besonderheit eines jeden nicht aus, vielmehr setzt die Einung den Unterschied voraus. Durch die Liebe und die gegenseitige Gemeinschaft sind sie eines, der einzige Gott, der die Liebe ist. Auch der Heilige Geist ist stets zusammen mit ..., weil er der Geist des Sohnes ist (Gal 4,6; Röm 8,9), weil er uns den Vater im Gebet offenbart (vgl. Röm 8,15), weil er vom Vater (Joh 15,26) auf Bitten des Sohnes (Joh 14,16) kommt.

Das Risiko des Tritheismus, das in dieser Option steckt, wird durch die Perichorese und durch die ewige Gemeinschaft, die ursprünglich zwischen den Personen besteht, vermieden. Wir dürfen nicht denken, daß da zuerst die Drei sind, jeder für sich, getrennt von den anderen, und sie dann in Gemeinschaft und perichoretische Beziehungen treten. Diese Vorstellung ist falsch; sie würde die Einung als nachträgliches Ergebnis, als Frucht der Gemeinschaft hinstellen. Die Personen sind innerlich und seit aller Ewigkeit ohne Anfang miteinander verknüpft. Sie haben immer koexistiert und nie getrennt existiert.

Diese Einung-Gemeinschaft-Perichorese öffnet sich nach außen; sie lädt die menschlichen Geschöpfe und das Universum ein, sich ins göttliche Leben einzufügen. »Daß sie alle in uns seien, ... damit sie eins seien, wie wir eins sind« (Joh 17,21f).

Aufgrund der Perichorese und Gemeinschaft ist in der Trinität alles dreifaltig. Jede Person handelt vereint mit den anderen, selbst wenn es sich um das ihr eigene Tun handelt, wie die Schöpfung seitens des Vaters, die Menschwerdung seitens des Sohnes, die Vergeistigung seitens des Heiligen Geistes. Der Vater schafft durch den Sohn in der Inspiration des Heiligen Geistes. Der Sohn wird Mensch, gesandt vom Vater in der lebenspendenden Kraft des Geistes. Der Geist kommt auf Maria herab und durchflutet das Leben der Gerechten, gesandt vom Vater auf Bitten des Sohnes.

In der beschreibenden Terminologie der Tradition sagen wir: Der Vater »zeugt« den Sohn im Schoß des Heiligen Geistes (Filius a Patre Spirituque), der Vater »haucht« den Heiligen Geist zusammen mit dem Sohn (Spiritus a Patre Filioque), der Geist offenbart den Vater durch den Sohn, der Sohn liebt den Vater im Geist, Sohn und Geist erkennen sich im Vater, usw. Folglich haben wir ein dreifaltiges Gleichgewicht, weil alles dreifach und perichoretisch verflochten ist, alles ist Teilhabe, alles kreist, alles ist gegenseitige Gabe, alles ist gemeinschaftlich vereint.

Dieses Verständnis des Geheimnisses der Allerheiligsten Dreifaltigkeit ist äußerst aufschlußreich für die Glaubenserfahrung im Kontext der Unterdrückung und der Sehnsucht nach Befreiung. Die Unterdrückten kämpfen für Teilhabe und Mitbestimmung auf allen Gebieten des Lebens, für ein würdiges und gleichberechtigtes Zusammenleben in der Achtung für die Unterschiede jeder Person und Gruppe; sie wollen die Gemeinschaft mit anderen Kulturen und anderen Werten, mit Gott als dem höchsten Sinn der Geschichte und des eigenen Herzens. Da diese Wirklichkeiten ihnen historisch verweigert werden, fühlen sie sich gedrängt, in einen Befreiungsprozeß einzutreten, der die Räume für Teilhabe und Gemeinschaft erweitern soll. Solchen, die

Glauben haben, kann die dreifaltige Gemeinschaft zwischen den göttlichen Dreien, die Einung zwischen ihnen in Liebe und lebendiger Durchdringung, als begeisternde Utopie-Quelle dienen, als Anregung für Modelle, die mehr und mehr die Unterschiede integrieren. Dies ist einer der Gründe, weshalb wir diesen Weg der dreifaltigen Perichorese zur strukturierenden Achse unserer Überlegungen nehmen. Er kommt dem Suchen der Unterdrückten entgegen, die für die umfassende Befreiung kämpfen wollen. Die Gemeinde (comunidade) des Vaters, des Sohnes und des Heiligen Geistes bedeutet das Urbild der menschlichen Gemeinde, wie sie von denen erträumt wird, welche die Gesellschaft verbessern und so aufbauen wollen, daß sie nach dem Bild und Gleichnis der Dreieinigkeit geordnet sei.

4. Die Wörter verbergen mehr als sie offenbaren

Angesichts des unsagbaren Geheimnisses leidet die Theologie an dem anerkannten Ungenügen unserer menschlichen Begriffe und Ausdrücke. Auf die Dreifaltigkeit angewandt, besitzen unsere Termini analoge und hinweisende Bedeutungen; sie verbergen mehr als sie offenbaren, obwohl das Offenbarte annähernd der göttlichen Wirklichkeit entspricht.

Schon die Ausdrücke »Vater«, »Sohn« und »Heiliger Hauch« (»Heiliger Geist«) lassen an bestimmte Beziehungen denken, wie sie in der Schrift aufscheinen und in zwei Jahrtausenden theologischer Reflexion vertieft worden sind. So kam es zu den Erklärungen im Sinn von Hervorgängen der Personen: Der Vater *ohne Ursprung,* der Sohn *gezeugt* und der Heilige Hauch (Geist) *gehaucht.* Dank solcher Ausdrücke fanden gleichsam natürlich das Kausalitätsprinzip (seitens des Vaters) und die kausale Abhängigkeit als Ergebnis eines Hervorbringens (seitens des Sohnes und des Heiligen Geistes) Eingang ins trinitarische Denken. Diese Sprechweise vereinbart sich schwer mit der anderen, die von den Konzilien auch gebraucht wird, daß nämlich in der Dreifaltigkeit keiner früher oder später, größer oder kleiner, überlegen oder unterlegen ist (vgl. DS 75, 569, 618 u. ö.). Vielmehr sind die göttlichen Drei gleich ewig (DS 616–618, 790, 800, 853), gleich unermeßlich und allmächtig (DS 325, 529, 680, 790). Gemäß diesen Überlegungen müssen wir jene Trinitätsbegriffe, die an Hervorgänge gebunden sind, mit großer Vorsicht verwenden, immer in dem Bewußtsein, daß solche Beschreibungsformen die Bezogenheit der Personen ausdrücken und auch ihre Unterschiedenheit klarstellen sollen. Wir werden sie weiterhin gebrauchen, auf der Linie der Tradition und des Lehramts, aber immer mit diesem grundsätzlichen Vorbehalt. Im übrigen bezeichnen sie aufs nachdrücklichste Vorgänge des Lebens, der Liebe, der Selbstmitteilung, der Einung von Unterschiedenen.

Ein gleicher Vorbehalt gilt für den Begriff »Person«, angewandt auf den Vater, den Sohn und den Heiligen Geist. Wir verwenden dasselbe Wort für drei verschiedene Wirklichkeiten, so daß der irrige Eindruck entsteht, sie seien gleichartig. Ein Allgemeinbegriff – Person – kann bloß das Gemeinsame ausdrücken; hier jedoch wollen wir das ausdrücken, was besonders und jedem eigen ist. Deshalb müßten wir logischerweise einen Begriff für den Vater verwenden, einen anderen für den Sohn und noch einen dritten für den Heiligen Geist, denn jeder ist einzig. Trotzdem werden wir weiterhin den Ausdruck »Person« gebrauchen, wie es die Tradition und die ganze Theologie tat; denn es gibt keine bessere Alternative zu diesem Wort. Oder aber wir nennen jedesmal den Vater, den Sohn und den Heiligen Geist.

Auf eine ähnliche Schwierigkeit stoßen wir bei dem Ausdruck »göttliche Natur«. Es heißt, daß sie in den göttlichen Dreien gleich ist und vom Vater, vom Sohn und vom Heiligen Geist verschieden angeeignet wird. Leicht wird sie modalistisch verstanden; so blieben wir im Monotheismus und hätten nicht den Dreifaltigkeitsglauben ausgedrückt. Oder wir laufen Gefahr, die Personen zu hierarchisieren, und führen mithin Unterordnungen und Ungleichheiten ein, die bei der Trinität unzulässig sind. Wird der Akzent zu sehr auf die Einheit des Wesens gelegt, wie es bei vielen Autoren der westlichen Kirche geschieht, dann erscheint die Dreifaltigkeit leicht überflüssig oder ohne heilsgeschichtlichen Sinn. Die Dreieinigkeit ist ein Geheimnis, das uns zu unserem Heil mitgeteilt wurde, damit wir – mögen wir auch noch so wenig in die göttliche Wirklichkeit eindringen – befreit und ins ewige Leben eingefügt würden. Wenn wir die göttliche Natur indes, wie wir es im Verlauf unserer Überlegungen tun werden, als ewige Perichorese der Personen verstehen, als Liebe und innige Gemeinschaft der göttlichen Einzigen, dann werden wir uns die wahre Einheit dieser Natur leichter vorstellen können: Sie wird stets ein trinitarischer Begriff sein, der die Einung der in ewiger Gemeinschaft ineinander verflochtenen Personen meint. Gott ist einer und nie allein, ist stets Zusammen-Leben und Ko-Existenz von Vater, Sohn und Heiligem Geist. Sie existieren ursprunghaft, indem sie sich gegenseitig offenbaren, sich wechselweise erkennen und sich ewig selber schenken.

5. *Der Dreieinigkeit gebührt anbetendes Schweigen*

Schon im Vorwort will ich ausdrücklich sagen, was eigentlich besser an den Schluß gehörte. Vor dem erhabenen Geheimnis der dreieinigen Gemeinschaft sollen wir schweigen. Doch schweigen wir erst am Ende unseres Bemühens, möglichst angemessen von jener Wirklichkeit zu sprechen, für die es kein angemessenes Wort gibt. Wir schweigen am Ende und nicht am Anfang. Nur am Ende ist das Schweigen würdig und heilig. Am Beginn wäre es faul und ehrfurchtslos. Die Worte ersterben auf den Lippen. Die Gedanken verdunkeln sich im Geist. Aber das Lob entzündet das Herz, und die Anbetung läßt die Knie sich beugen.

Achtsamer Leser, wenn beim Studium dieser Seiten das Gefühl für das göttliche Mysterium in dir wächst, so danke dem Vater, denn in ihm offenbart sich das abgründige und liebende Geheimnis. Wenn dein Geist mehr Licht findet, so schreib dieses Licht dem Sohn zu, denn er ist Licht vom Lichte, die Einsicht und die Weisheit. Wenn du dich zur Gemeinschaft mit den drei göttlichen Personen und mit allen, in denen sie wohnen, hingezogen fühlst und dich für die umfassende Befreiung einsetzt, damit es mehr Teilhabe und Gemeinschaft gebe, so rechne es dem Heiligen Geist an, denn in ihm erkennen wir die Liebe, das Leben und die Gemeinschaft.

Wenn aber das Geheimnis noch dunkler wird, dann gib die Schuld dem Verfasser dieser Schrift; es ist ein Anzeichen dafür, daß es seiner Vernunft noch an Heiligkeit gebricht und er noch nicht gebührend ins Leben der Dreieinigkeit eingetaucht ist, um mit gereinigten Lippen und erleuchtetem Verstand sprechen zu können. Bete für ihn.

Wie auch immer aber – selbst wenn wir nichts verstehen oder mißverstehen oder wenig verstehen, sei doch jetzt und immerdar Ehre und Lob dem Vater und dem Sohn und dem Heiligen Geist. Amen.

I. Im Anfang ist die Gemeinschaft

Unter dem Namen »Gott« sieht der christliche Glaube den Vater, den Sohn und den Heiligen Geist in ewiger Korrelation, gegenseitiger Durchdringung und Liebe, so daß sie ein einziger Gott sind. Die Einheit bedeutet die Gemeinschaft der göttlichen Personen. Deshalb steht am Anfang nicht die Einsamkeit des Einen, sondern die Gemeinschaft der drei göttlichen Personen.

In welchem Verhältnis steht die Dreifaltigkeit als Erfahrung der *Christen* zu Gott, wie er in der Geschichte der *Menschheit* erfahren wird? Bestätigt sie, was wir schon wußten, oder bringt sie etwas anderes? – Wir müssen sagen, daß sie in einem ontologischen Sinn das bestätigt und erweitert, was wir schon wußten, daß sie dagegen auf der Ebene des Bewußtseins etwas anderes bringt.

Ontologisch, das heißt im Hinblick auf die Wirklichkeit an sich selbst gesprochen, ist die Dreifaltigkeit, Vater, Sohn und Heiliger Geist, keine andere Wirklichkeit als jene, welche die aufrichtigen Herzen zu allen Zeiten gesucht und gefunden haben. Immer, wenn die Menschen eine Begegnung mit dem göttlichen Mysterium und dem absoluten Sinn, mit dem entscheidend Wichtigen in ihrem Leben hatten, traten sie in Kontakt mit dem wahren Gott. Dieser wahre Gott existiert als Gemeinschaft des Vaters, des Sohnes und des Heiligen Geistes. Die Namen können wechseln, doch sie alle zielen auf diese Wirklichkeit. Mag sein, daß die Menschen nicht das Bewußtsein von Gott als Gott und schon gar nicht von der Dreifaltigkeit der Personen als Einung der göttlichen Drei hatten. Trotzdem blieb das, was sie erfuhren, der dreifaltige und wahre Gott. Nur war diese dreieinige Wirklichkeit nicht ihrem Bewußtsein aufgegangen.

Auf der Ebene des Bewußtseins hat der christliche Glaube etwas anderes und Neues gebracht. Er sagt, daß Gott sich so offenbarte, wie er in sich selbst ist, als Vater, Sohn und Heiliger Geist. Diese Offenbarung geschah auf dem Lebensweg Jesu von Nazaret und in den Äußerungen des Heiligen Geistes, sei es in Jesus, sei es in der Gemeinde, die sich in seinem Wirkkreis gebildet hat (Pfingsten). Nicht daß die Dreifaltigkeit sich vorher den Menschen nicht mitgeteilt hätte. Sie hat sich mitgeteilt, denn Gott offenbart sich so, wie er ist, somit dreieinig. Doch wie schon gesagt, ist diese Dimension nicht immer von der frommen Vernunft ergriffen worden. Trotzdem war man hier und da, in den Theologien des alten Ägypten, in der Mystik Indiens, in den Überlegungen einiger großer Denker, zur Behauptung von Dreiheiten gelangt.[1] Man hatte erschaut, daß Gottes Geheimnis eine Wirklichkeit von Gemeinschaft in sich und mit dem Universum ist. Allerdings war es diesen Männern und Frauen nie vergönnt gewesen, die Wahrheit dessen nachzuprüfen, was sie bewußt oder unbewußt erschaut hatten. Hier trägt nun das Christentum das Seine bei. Dank Jesus und seinem Geist ist die Menschheit zum vollen Bewußtsein der perichoretischen Wirklichkeit Gottes gelangt: daß wir unter dem Namen »Gott« von jetzt an die Gemeinschaft des Vaters, des Sohnes und des Heiligen Geistes verstehen müssen. Das neue, von keinem vorgängigen Prinzip Ableitbare ist dies: Die Person des Sohnes und die Person des Heiligen Geistes haben sich nicht nur geoffenbart, sondern sich personhaft selbst mitgeteilt. Der dreieinige Gott, der in der menschlichen Geschichte gegenwärtig war – er hat jetzt durch den Sohn und den Heiligen Geist, beide vom Vater gesandt, diese Geschichte als die seine angenommen und wohnt in unserer Mitte als in seiner eigenen Wohnstatt. Die Theologie soll diese uns anvertraute Erkenntnis zu vertiefen suchen. Drei Hauptgründe bewegen uns zur Befassung mit dem Dreifaltigkeitsglauben:

Erstens interessiert es uns, ehrfürchtig zu wissen, wie Gott in sich selbst ist. Wer sich als Freund Gottes fühlt, verspürt den Drang, sein Geheimnis zu erkennen. Wie machen drei Personen-in-Gemeinschaft einen einzigen Gott aus?

Zweitens möchten wir uns besser der beiden göttlichen Selbstmitteilungen, des Sohnes und des Geistes, vergewissern. Wir wurden heimgesucht in den Personen des Sohnes und des Geistes; der Sohn hat die konkrete Wirklichkeit Jesu, der Heilige Geist nach meiner theologischen Theorie die Mariens angenommen. Unser Männliches und unser Weibliches finden sich eingefügt ins Geheimnis der dreifaltigen Gemeinschaft. Wie sind unsere Berufung und der Sinn unseres Lebens im Rahmen dieser Offenbarung zu bestimmen?

[1] Vgl.: *R. Schulte,* Die außerbiblische Gottesoffenbarung als Vorbereitung der Trinitätsoffenbarung, in: MySal II, 1967, 73–82; viele Beispiele auch bei: *J. Brinktrine,* Die Lehre von Gott II: Von der göttlichen Trinität, Paderborn 1954, 183–212; *B. de Margerie,* La Trinité chrétienne dans l'histoire (Théologie historique 31), Paris 1975, 24f.

Schließlich beschäftigt uns die Frage, welche Art Gesellschaft Gott für seine Söhne und Töchter will. Die Form des sozialen Zusammenlebens, die wir heute haben, kann Gott nicht gefallen. In ihr finden die meisten Menschen keinen Platz. Es gibt kaum Teilhabe und Mitbestimmung, wenig Gemeinschaft, und schwere Unterdrückung lastet auf den Armen. Sie schreien nach Gerechtigkeit und organisieren sich zur Befreiung von ihren Ketten, zur Befreiung des Lebens, der Schöpferkraft, des Wohlwollens und der Brüderlichkeit. Woher kommt den Unterdrückten, die glauben, die Inspiration, die sie ihre gesellschaftliche Utopie entwerfen und geschichtliche Konkretisierungen einer anderen Gesellschaft suchen läßt? Genau hier gewinnt der Glaube an die Heiligste Dreifaltigkeit, ans Geheimnis der Perichorese, der trinitarischen Gemeinschaft und der göttlichen Gesellschaft einen besonderen Klang, weil die Dreifaltigkeit als das Modell eines jeden gesellschaftlichen Zusammenlebens erscheint, das gerecht ist, Gleichheit verwirklicht und die Unterschiede achtet. Aufgrund des Glaubens an den dreieinigen Gott fordern die Christen eine Gesellschaft, die Bild und Gleichnis der Dreifaltigkeit sein kann.

Andererseits antwortet der Glaube an die Trinität der Personen, Vater, Sohn und Heiliger Geist, auf die große Suche nach Teilhabe, Gleichheit und Gemeinschaft, die das Bewußtsein der Unterdrückten entflammt: An der Basis der Gesellschaft und innerhalb der Kirche lehnt man die Art ausschließender Gesellschaft ab, unter der wir alle leiden.

1. Allerheiligste Dreifaltigkeit, Gesellschaft und Befreiung

Sehen wir uns näher an, wie die Gesellschaft den Dreifaltigkeitsglauben herausfordert und welchen Beitrag dieser Glaube zu ihrer Befreiung leisten kann.

Alle lateinamerikanischen Gesellschaften leben mit dem Brandmal der Abhängigkeit – zuerst von den spanischen und portugiesischen Kolonialreichen, dann vom expansionistischen europäischen Kapitalismus und derzeit vom Weltkapitalismus. Wir leben alle unter demselben Typ von Entwicklung, den ein tiefer Dualismus kennzeichnet: Einerseits bringt er eine Fülle von Gütern hervor (angeeignet wird sie von den schon entwickelten Ländern oder von den herrschenden Klassen der unterentwickelten Länder) und zum anderen Armut und Elend (die den ohnehin armen Ländern aufgenötigt werden). Entwicklung und Unterentwicklung machen in Wahrheit Vorder- und Rückseite derselben Medaille aus. Analytisch gesehen, handelt es sich um dasselbe Weltsystem der Entwicklung kapitalistischer Muster; es erzeugt tiefe Ungleichheiten jeder Ordnung. In der Dritten Welt sehen wir uns in der Unterentwicklung festgehalten, und zwar durch einen Kapitalismus, der von dem der entwickelten Länder abhängt und in hohem Grade ausschließend ist.

Die Abhängigkeit besteht auf allen gesellschaftlichen Ebenen: im Wirtschaftssystem und bei der gesellschaftlichen Arbeitsteilung; im sozio-kulturellen Bereich, in der politischen Ordnung und auf dem Feld der Religionen. Die schon dem bloßen Auge sichtbare Folge ist die klare Trennung gesellschaftlicher Klassen mit antagonistischen Interessen, die beständig einen hemmungslosen Klassenkampf und gesellschaftliche Instabilität erzeugen. Die wenigen Reichen werden immer reicher, auf Kosten der immer ärmeren Armen.

Die Armen haben viele Gesichter, wie die lateinamerikanischen Bischöfe in Puebla (Nr. 32–39) verkündeten. Es sind entstellte Söhne und Töchter Gottes, ausgesonderte Schwarze, verachtete Eingeborene, verdrängte Frauen, gesellschaftlich und wirtschaftlich ausgebeutete Arme. Das Christentum spielte in diesem widersprüchlichen Prozeß eine zweideutige Rolle, und das konnte nicht anders sein. Jede Gruppe eignete sich auf ihre Weise die christliche Botschaft an. Die herrschenden Klassen gaben ihr eine spiritualistische und verkürzte Wendung, um ihre Herrschaft aufrechterhalten und festigen zu können. Die Mittelschichten schwankten je nach den historischen Umständen: Bald lebten sie ein progressives Christentum, das ihren Interessen als aufsteigende Klasse entsprach, bald ein liberales Christentum, wenn sie von Verarmung bedroht waren. Die unteren Klassen machten eine starke Verinnerlichung der religiösen Werte der herrschenden Klassen mit und lebten deshalb gegen ihre eigenen Bedürfnisse ein Christentum der ergebenen Frömmigkeit, das sich der Dimension der Gerechtigkeit entfremdet hatte. Andererseits entwickelten sie eine Fassung der Botschaft im Sinne von Widerstand und Befreiung, wie sie ihren Wünschen tatsächlich entsprach. Von Anfang an wußte die Kirche die Gewalttaten gegen die Rechte der Indios und der Neger anzuklagen und war ohne Zweifel ein Faktor der Förderung des Lebens. Heute hat die Kirche mehr denn je ihre gesellschaftliche Sendung im Sinn der Befreiung und nicht der Festigung des Status quo übernommen. Sie kämpft für radikale Veränderungen. Die Unterdrückten wissen, daß sie in der Kirche einen Verbündeten und Verteidiger haben. Das Entstehen der

Befreiungstheologie wurde nur aufgrund der befreienden Pastoral jener Kirchen möglich, die es ernst meinten mit ihrer Option für die Armen.

Die geschichtliche Befreiung, epochaler Ausdruck des vollen Heiles in Gott, findet Konkretisierungen in der Teilhabe und Mitbestimmung aller auf den verschiedenen Ebenen des sozialen Lebens, in der Förderung der Menschenwürde, im Schaffen von Entwicklungschancen für alle Menschen. Umfassend und wahrhaft menschlich wird sie sein, wenn sie Gemeinschaft mit Gott stiftet und zum Bewußtsein der Gotteskindschaft und der universalen Brüderlichkeit und Schwesterlichkeit verhilft. Dieses Bewußtsein organisiert sich in der kirchlichen Gemeinde der Jünger Jesu; von dort aus öffnet es sich auf alle die Werte hin, welche die Menschheit dank ihrer Begegnung mit Gott hervorgebracht und mit ihrer Arbeit, Erfindungsgabe und Kunst geschaffen hat.

So strukturiert, kann eine Gesellschaft Sakrament der Dreifaltigkeit sein. Sie erleichtert uns die Aneignung der trinitarischen Gemeinschaft. Solange aber die sozialen Ungleichheiten fortbestehen, wird der Glaube an die Dreifaltigkeit eine Kritik aller Ungerechtigkeiten darstellen und eine Quelle der Inspiration zu grundlegenden Änderungen.[2]

Damit der Glaube an die Allerheiligste Dreifaltigkeit seine befreiende Energie erweisen kann, müssen wir Verzerrungen überwinden, die sich in der Frömmigkeit der Gläubigen und auch im Verständnis der Theologen herausgebildet haben. Wenden wir uns nun dieser Frage näher zu.

2. Zerfall der Erfahrung der drei göttlichen Personen

Die Zerspaltung der lateinamerikanischen Gesellschaft hat die Glaubenserfahrung betroffen; sie schuf Bedingungen, die für einen ganzheitlichen Ausdruck des dreieinigen Geheimnisses nicht günstig sind.[3]

In der Kolonial- und Agrargesellschaft, wie sie noch heute in Lateinamerika und in anderen Teilen der reichen Welt vielfach besteht, ist die Figur des Vaters zentral und eine der Achsen, um die Gesellschaft und

[2] Vgl.: *S. Arce Martínez,* El desafío del Dios trinitario de la Iglesia, in: ders., La teología como desafío, Havanna 1980, 45–54, eine der ersten lateinamerikanischen Studien über die Trinität im Lichte der lateinamerikanischen und speziell der sozialistischen Wirklichkeit Kubas.

[3] Vgl.: *D. Barbé,* A Trindade e a Política, in: ders., A graça e o poder, São Paulo 1983, 76–84.

Kultur organisiert sind. Dem Vater kommen das Wissen und die Macht zu, er fällt die Hauptentscheidungen. Alle hängen von ihm ab; die übrigen gelten als unmündig und untertan. Der Paternalismus beherrscht die Beziehungen in Familie und Öffentlichkeit. Durch den Paternalismus werden die Menschen zu Objekten der Hilfe gemacht und können nie zum Subjekt einer selbständigen Handlung werden. Die Hilfe hält in Abhängigkeit und hindert die Entwicklung der persönlichen und gesellschaftlichen Freiheit.

Dieser Typ der patriarchalischen Gesellschaft projiziert ein Bild Gottes, das zu ihr paßt, weil es ihre Existenz bestärkt und ihr Treiben rechtfertigt. Gott wird als allmächtiger, als allwissender Vater dargestellt, als höchster Richter und absoluter Herr über Leben und Tod. Ihm zur Seite ist eigentlich kein Platz für einen Sohn und einen Heiligen Geist, mit denen er in Gemeinschaft wäre. Sogar Jesus heißt in vielen Barockkirchen Spaniens und Lateinamerikas »mein Vater« oder »Vater von der großen Macht«. Der Mensch fühlt sich mehr als Knecht denn als Kind; untertäniger Diener, fügt er sich dem erhabenen Willen des Vaters, der im Himmel ist. Es herrscht die Religion allein des Vaters. Die bestimmende Beziehung ist die vertikale.

In demokratischeren und moderneren Bereichen, wo horizontale Beziehungen vorherrschen, bildet sich die Figur des *Führers* und *Kämpfers* im Rahmen von Parteien oder gesellschaftlichen Bewegungen heraus. Der persönliche Einsatz wird hoch bewertet, und die charismatischen Figuren übernehmen ihre besondere Rolle der Führung und Begeisterung. Als extremster Ausdruck treten die »Caudillos« und »Condottieri« auf, welche die Massen bezaubern und sich gar als »großer Bruder«, »der Genosse« und »Anführer und Steuermann des Volkes« hinstellen können. Aus dem Schoß dieses Erfahrungstyps ist der Faschismus gekrochen.

In solchem Zusammenhang und in einem unkritischen Milieu wird ein anderes Gottesbild projiziert, diesmal in Übereinstimmung mit der Figur Christi. In nicht wenigen christlichen Kreisen, vor allem der modernen Bewegungen, wird Jesus tatsächlich als »der Bruder« oder »unser Chef und Meister« ausgerufen, und man bildet eine überaus emotionale, jugendliche, begeisterte Frömmigkeit um die Figur des Führers Jesus von Nazaret aus. Christus nachzufolgen heißt in dieser Sicht, seine heroischen und humanitären Einstellungen anzunehmen; im allgemeinen löst man sie ab vom menschlichen Konflikt und von einer tiefen Beziehung zum Transzendenten (dem Vater), von wo doch Jesu Kraft zum Einsatz für das Reich Gottes und für die am schlimmsten Erniedrigten der Erde herstammt. Es ist dies die Religion allein des Sohnes. Die herrschende Beziehung ist die horizontale.

Schließlich gibt es weite gesellschaftliche Bereiche, sei es der wohlhabenden Klassen, sei es der Armen und an den Rand Gedrängten, in denen die Dimension der persönlichen Subjektivität und Kreativität sich sehr stark ausprägt. Solches geschieht besonders in der religiösen Erfahrung der *charismatischen* Gruppen. Leute aus der Mittel- und Oberschicht, die von den Wohltaten des individualistischen Systems leben, das sie privilegiert, neigen der von Innerlichkeit geprägten christlichen charismatischen Bewegung zu und finden dort Befriedigung ihrer religiösen Bedürfnisse: Suche nach Frieden, Überwindung der Konflikte und des Einsamkeitsgefühls. Diejenigen aus den armen und unterdrückten Schichten, denen jegliche gesellschaftliche Teilhabe und Mitbestimmung versagt ist, entdecken im charismatischen Element der Sekten und religiösen Erweckungsbewegungen ein Ausdrucksventil für ihren Drang nach Freiheit, Achtung und Anerkennung. So entsteht die breite Skala von religiösen Erfahrungen, Sekten und Bewegungen, in denen die Dimension der menschlichen Subjektivität und Individualität Ausdruck gewinnt. Häufig hört man dort solche Zeugnisse: »Gott hat mich erleuchtet ... Gott hat mir dieses Weisheitswort eingegeben ... Der Geist hat mich zu dieser Tat getrieben ...« Die Extremform dieser charismatischen Verinnerlichung findet sich im Fanatismus und in der Anarchie. Dies ist die Religion allein des Geistes. Die vorherrschende Beziehung ist die innere.

Diese drei religiösen Äußerungen zeigen den sozialen Zerfall und, in seiner Folge, den Zerfall der Erfahrung des christlichen Gottes als Dreifaltigkeit. Die Vertikalität (Vater), die Horizontalität (Sohn) und die Tiefe (Heiliger Geist) leben in der Erfahrung nicht zusammen, sondern finden sich nebeneinander. Das kann zu krankhaften Äußerungen eines Prinzips führen, das in sich gesund und wahr ist.

Ein zu sehr um den Vater zentriertes Christentum ohne die Gemeinschaft mit dem Sohn und die Verinnerlichung des Heiligen Geistes kann ein unterdrückerisches Bild Gottes als des erschreckenden Geheimnisses hervorbringen, dessen Ratschlüsse unvorhersehbar und absolut verborgen scheinen. Ein auf den Sohn fixiertes Christentum ohne Hinweis auf den Vater und ohne die Einung mit dem Heiligen Geist kann zu Selbstgenügsamkeit und autoritärem Verhalten der Führer und Hirten den Anstoß geben. Ein Christentum endlich, das zu sehr auf den Heiligen Geist baut ohne Verbindung mit dem Sohn und seinem letzten Bezug, dem Vater, begünstigt Anarchismus und Gesetzlosigkeit.

Auf der Basis der Unterdrückung durch die Norm (nur das Bild des Vaters) oder durch die Herrschaft der Führer (nur die Figur des Sohnes) oder durch die Anarchie und Unbesonnenheit der kreativen Geister (nur die Figur des Heiligen Geistes) kann sich eine Gesellschaft nicht aufbauen. Niemand (weder Person noch Gesellschaft) besteht ohne Bezug nach oben und ohne Erinnerung an seinen Ursprung (Vater); ebenso lebt niemand (persönlich und gesellschaftlich) ohne Beziehungen nach den Seiten und ohne die Brüderlichkeit zu pflegen (Sohn); und schließlich gibt es keine Person und keine Gesellschaft, die sich strukturieren könnte, ohne die personale Dimension zu achten und ohne die menschliche Innerlichkeit lebendig zu halten (Heiliger Geist), in der die Kreativität sich entfaltet und die geschichtsumformenden Utopien entworfen werden.

Die Person muß immer als ein Knoten von Beziehungen und die Gesellschaft als ein Gefüge von Beziehungen der Teilhabe und Gemeinschaft gewahrt bleiben. Nur so werden Pathologien vermieden. Schuld am Zerfall der trinitarischen Erfahrung trägt der Verlust der Erinnerung an die Haupt- und Wesensperspektive des Geheimnisses Gottes des Dreifaltigen, das heißt an die *Gemeinschaft* zwischen den göttlichen Personen. Das Nach-oben, das Nach-den-Seiten und das In-die-Tiefe müssen zusammenbleiben und so den sicheren Weg zur rechten christlichen Gottesvorstellung eröffnen. Mit anderen Worten: Der Vater ist immer im Sohn und im Heiligen Geist. Der Sohn verinnerlicht sich im Vater und im Heiligen Geist. Der Heilige Geist eint Vater und Sohn und eint sich ganz mit ihnen. Schließlich fügt die ganze Dreifaltigkeit die Schöpfung in sich selber ein. Die Gemeinschaft ist das erste und das letzte Wort des trinitarischen Geheimnisses. Übersetzen wir diese Glaubenswahrheit ins Gesellschaftliche, so können wir sagen (was schon anklang): »Die Dreifaltigkeit ist unser wahres Gesellschaftsprogramm.«

3. Schwierigkeiten innerhalb des monotheistischen Glaubens

Die Auffassung der Trinität als Gemeinschaft stößt, sobald sie lebendig vollzogen werden soll, auf ungeheure Schwierigkeiten, und zwar wegen der Vorherrschaft des Glaubens an den einen Gott und Herrn. Das Gewicht des Monotheismus, das heißt der Behauptung von Gottes Einzigkeit und Einheit, ist so groß, weil Gründe historisch-gesellschaftlicher Art (dem modernen Geist entspricht die Zentralisierung) wie auch religiöser Art (die Organisation der Kirchen geht vom Autoritätsprinzip aus) ihn fortwährend neu kräftigen. Diese Frage gilt es etwas zu vertiefen; denn hier stecken starke Hindernisse gegen den Befreiungsprozeß vom Glauben aus.[4]

a. Das jüdische Erbe. – Zunächst einmal wurde das Christentum Erbe der großen *jüdischen* Tradition, welche auch die Jesu war. Die Kernbehauptung des Alten Testaments und des geschichtlichen Judentums besteht in dem Glaubensbekenntnis, daß Jahwe einer ist und der einzige wahre und lebendige Gott ist. Dieses Bekenntnis wurde immer wieder mit dem Blut der Martyrer besiegelt. Wie läßt sich dann an einer Dreiheit (Vater, Sohn und Heiliger Geist) festhalten neben oder zusammen mit dieser göttlichen Einzigkeit? Stets blieb man dabei, daß Gott absolut einfach ist, sich nicht teilt und sich nicht verdoppelt. Sonst gälte die Vielheit, und schon befänden wir uns im Polytheismus. Der christliche Glaube an die Dreifaltigkeit muß, auf seine Weise, den Glauben unserer Väter Abraham, Isaak, Jakob, Mose und aller Propheten und Weisen in sich aufnehmen. Wenn wir also »Dreifaltigkeit« sagen, wollen wir Gott nicht vervielfachen. Wir behaupten nicht nur Gottes Einzigkeit, sondern wir bestehen auf der Einheit der drei göttlichen Personen. Wir wollen bekennend ausdrücken, daß diese Einheit sich im Innern einer absoluten Gemeinschaft ergibt.

Zudem stand das Christentum in den ersten Jahrhunderten dem überreichen griechisch-römischen Pantheon gegenüber. Nichts eignete sich besser, den *Polytheismus* zu bekämpfen, als die Behauptung des Monotheismus. Von der Dreifaltigkeit zu reden – ohne das rechte Verständnis des Geheimnisses der einheitwirkenden Gemeinschaft –, das hätte noch bedeutet, einen gewissen Polytheismus beizubehalten. Die vielen Götter wären auf drei reduziert, die der Dreifaltigkeit. Im Grundsatz hätte man an der Vielgötterei festgehalten. Apologetische und seelsorgliche Gründe angesichts einer weithin polytheistischen Kultur ließen den Nachdruck auf dem Monotheismus unbedingt geboten sein. Dieser Akzent auf Gottes Einzigkeit schwächte jedoch die Kraft der Ursprünglichkeit der christlichen Erfahrung des dreifaltigen Gottes. Die unmittelbarste Folge bestand darin, daß ein großer Teil der theologischen Erläuterung der Heiligsten Dreifaltigkeit stets vom einen Gott

[4] Vgl.: *R. Panikkar,* The Trinity and the Religious Experience of Man. Icon – Person – Mystery, New York–London 1973, bes. 9–39; *J. Moltmann,* Trinität und Reich Gottes. Zur Gotteslehre, München 1980, 144–168: Kritik des christlichen Monotheismus; *J. Daniélou,* Théologie du judéo-christianisme, Paris 1958, 196–196; vgl. auch weiter unten Anm. 7.

ausging, um dann zum dreifaltigen Gott zu kommen. Der Monotheismus blieb die Grundidee, von der aus die Dreifaltigkeitslehre ausgearbeitet wurde. Sollte man nicht den umgekehrten Weg einschlagen? In Wahrheit heißt ja der einzige Gott, den es wirklich gibt, Vater, Sohn und Heiliger Geist.

b. Das griechische Erbe. – Zum zweiten erbte die christliche Reflexion das großartige *architektonische griechische Denken.* Sowohl die Alten als auch die Modernen (wie etwa Einstein) waren tief angerührt von der Harmonie und Ordnung des Alls. Diese unleugbare Vernünftigkeit des Ganzen verlangt die Existenz einer höchsten Vernunft; die Vielheit der Ursachen setzt eine letzte Ursache voraus; die Unzahl der Seienden weist auf ein absolutes Sein hin. Die Existenz eines höchsten Seins zu behaupten bedeutet, daß es in allem anwest, was ist, es durchleuchtet und sich in ihm offenbart. Deshalb besteht für die Griechen die ganze Wirklichkeit in einem großen Sakrament, das die unsagbare Gegenwart des höchsten Seins enthüllt. Gott ist dieses höchste Sein, die letzte Ursache, die unendliche Substanz. Im Unterschied zur veränderlichen Welt ist er unveränderlich, anders als die sterblichen Wesen ist er unsterblich, nicht flüchtig-vergänglich wie die Fakten, sondern notwendig.

In der Hierarchie der Wesen läuft alles auf einen letzten unüberschreitbaren Konvergenzpunkt zu. Das Viele führt zum Einen, und vom Einen leitet alles sich ab. Somit steht über der Ordnung aller Wesen die Monarchie des einzigen höchsten Seins.

Diese Reflexion philosphischer Prägung verstärkte den Glauben des Alten Testaments an die Einzigkeit des Gottes Jahwe. Die christliche Theologie, besonders die der großen mittelalterlichen Meister (Thomas, Bonaventura, Albert der Große und andere), hat diesen eindrucksvollen Beitrag der griechischen Philosophie in ihr Werk eingearbeitet. Nicht ohne Grund handelt seit Thomas die westliche Theologie zuerst vom einen Gott und geht erst im Anschluß daran auf den dreifaltigen Gott ein. So nimmt sie in ihrer Systematik sowohl die alttestamentliche Tradition als auch das philosophische Anliegen in die christliche Neuheit des dreieinigen Gottes mit auf.

Allerdings gilt es kritisch festzustellen, daß dieses Verständnis nicht die ganze Erfahrung der Wirklichkeit umfaßt. Es geht aus von der unbestreitbaren Harmonie und Ordnung der Schöpfung. Aber die Wirklichkeit zeigt auch ein anderes Gesicht; es gibt in ihr Unordnung, Sinnlosigkeit, die kein analytischer Verstand erklären kann, es gibt

Gewalt, Zerfall und Sünde. Der Schrei des schuldlosen Ijob und Adams Entsetzen nach seinem Fall lassen sich nicht wegwischen. Wie aber kann man in der tiefsten Erfahrung des Leidens Gott als letzte Ursache und höchstes Sein denken?

Dieser Frage wegen mußten die christlichen Denker dieser Richtung die Theodizee ausarbeiten, das heißt die Rechtfertigung Gottes angesichts der grausamen Wirklichkeit des Leidens insbesondere der Unschuldigen. Wie läßt sich beides behaupten: Gottes Güte und die Schlechtigkeit von Teilen der Welt? Wie viele Gründe man sich auch ausdenken konnte, das Leid ist nicht überwunden, die Verderbtheit nicht geheilt.

Die schlichte Behauptung der göttlichen Güte läßt nicht die offene Wunde sich schließen, sie blutet weiter. Die Leugnung Gottes um der absurden Widersprüche der Welt willen löst das Problem ebensowenig, ohne Gott schmerzt das Leid weiter, ja noch schlimmer, weil ihm keine Hoffnung bleibt.

Einen möglichen Ausweg finden wir im Buch Ijob: Der Glaube an Gott treibt zum Protest gegen das Leid und zum Engagement für seine Überwindung durch tätige Solidarität. Die Theologie des leidenden Gottesknechtes im Alten Testament zeigt, daß Gott dem Schmerz seiner Kinder nicht gleichgültig zusah. Er selbst nahm ihn auf sich und hat ihn erlöst.[5]

c. Das Erbe des modernen Denkens. – Drittens wurde das Problem vom modernen Denken scharf wahrgenommen. Dieses bestärkt im Ergebnis die Fortdauer des untrinitarischen Monotheismus. Man sagt: Die Welt ist nicht in Ordnung. Solche kann aber geschaffen werden, und zwar durch die menschliche Arbeit. Ausgangspunkt für das Nachdenken über Gott ist nun weniger die Welt als der Mensch in seiner Praxis. Von den menschlichen Fragestellungen, von der Persontiefe und vom existentiellen Geheimnis aus gewinnt das Wort »Gott« seinen Sinn. Was ist der letzte Sinn des Tuns? Der Mensch bestimmt sich als Person und der Geist als Freiheit.

Wenn das menschliche Sein als Person auftritt, dann ist Gott die absolute Person; wenn das menschliche Sein sich als Geist darstellt, dann west Gott als der unendliche Geist an; wenn das menschliche Sein als Geheimnis aufbricht, dann wird Gott das abgründige Geheimnis

[5] Vgl.: *G. Gutiérrez,* Hablar de Dios desde el sufrimiento del inocente. Una reflexión sobre el libro de Job, Lima 1986.

sein. Diese höchste Personalität schenkt sich selbst, führt einen Dialog mit den menschlichen Personen und tritt in die Geschichte der Menschen mit ein.

Doch bleibt diese Denkweise auf der Ebene des Monotheismus, der einen und einzigen unendlichen Person, des einzigen höchsten Geistes. Diese Tendenz wurde um so mehr verstärkt, je dringender die Auseinandersetzung mit dem *Atheismus* wurde, mit der systematischen Negation eines letzten Prinzips, eines Sinnes aller Sinne, eines unendlichen Bewußtseins.

Die Notwendigkeit, auf den Atheismus zu antworten, ließ die Christen sich mehr mit dem *einen* Gott, dem Ergebnis der anthropologischen und philosophischen Argumentation, beschäftigen als mit dem Zeugnis von der Dreifaltigkeit als absoluter Gemeinschaft der drei göttlichen Personen.

Kein Wunder deshalb, daß Immanuel Kant schrieb: »Aus der Dreieinigkeitslehre, nach dem Buchstaben genommen, läßt sich schlechterdings nichts fürs Praktische machen, wenn man sie gleich zu verstehen glaubte, noch weniger aber, wenn man inne wird, daß sie gar alle unsere Begriffe übersteigt. – Ob wir in der Gottheit drei oder zehn Personen zu verehren haben, wird der Lehrling mit gleicher Leichtigkeit aufs Wort annehmen, weil er von einem Gott in mehreren Personen (Hypostasen) gar keinen Begriff hat, noch mehr aber weil er aus dieser Verschiedenheit für seinen Lebenswandel gar keine verschiedene Regel ziehen kann.«[6]

Diese Bemerkung Kants erweist, daß die Trinität im üblichen Verständnis sich in ein logisches Geheimnis verwandelt hatte und kein Geheimnis unseres Heiles mehr war. Sie war eher zu einer Kuriosität verkürzt, statt als die Realität zu gelten, die uns angeht, weil sie unsere eigene Existenz hell macht und uns die letzte Struktur des Universums und des Menschenlebens mitteilt: Gemeinschaft und Teilhabe. Von daher rühren Formen und Regeln des gesellschaftlichen und persönlichen Verhaltens, wie wir später noch im einzelnen auszuführen haben.

4. Politische Gefahren eines untrinitarischen Monotheismus

Während Kant keinerlei praktische Folge des Dreifaltigkeitsgeheimnisses sah, haben andere gefährliche politische und religiöse Folgen

[6] *I. Kant,* Der Streit der Fakultäten (1798) (Akademie-Ausgabe VII), Berlin 1917, 38f.

jenes Monotheismus aufgezeigt, der vom trinitarischen Gottesverständnis losgelöst ist.[7] Der strenge Monotheismus kann den Totalitarismus und (politisch oder religiös) die Machtkonzentration in einer einzigen Person rechtfertigen. Hier vollzieht sich eine seltsame Dialektik: Autoritäre Konzepte können zu starrem Monotheismus führen; ebensowohl kann die theologische Sicht eines untrinitarischen Eingottglaubens als ideologische Rechtfertigung einer Macht dienen, die in einer einzigen Person konzentriert ist, etwa dem Fürsten, dem Monarchen oder dem religiösen Führer.

Solche Konsequenzen blieben keineswegs Spekulation. Schon in den ersten Jahrhunderten des Christentums gab es Denker, die Schlüsse wie die folgenden zogen: So wie Israel kraft des Glaubens an den einzigen Gott ein einziges Volk ist, wird auch die Menschheit, die jetzt noch in viele Völker und Sprachen zerteilt ist, eine einzige Menschheit unter dem Befehl eines einzigen politischen Herrn werden; so wie es einen einzigen Herrn im Himmel gibt, muß es einen einzigen Herrn auf Erden geben; so wie ein einziger Gott existiert, muß auch ein einziges Königtum, eine einzige Monarchie herrschen.[8] In solcher Art rechtfertigte man den Absolutismus der christlichen Kaiser.

In der Neuzeit, während des Absolutismus der Könige, gab es Ideologen, die auf ähnliche Weise argumentierten: Der König mit absoluter Macht ist Bild und Gleichnis des absoluten Gottes. So wie Gott über allen Gesetzen steht (Deus legibus solutus est), steht auch der Fürst über allen Gesetzen (princeps legibus solutus est). Die Willkür des Souveräns begründet die Gesetze, nicht die Wahrheit und Gerechtigkeit. Wiederum wurden mit theologischen Gründen die absolutistischen christlichen Könige gerechtfertigt.

Solch starres Verständnis des Monotheismus führte zur Übermacht der einen Seite und zur Unterjochung der anderen, ergab Willkür und Absolutismus der einen Seite, Abhängigkeit und Knechtschaft der anderen. Die Freiheit kollektiv auszuüben ist verboten, nur der Herr-

[7] Vgl.: *Y. Congar,* Der politische Monotheismus der Antike und der trinitarische Gott, in: Concilium 17 (1981) 195–199; *Fr. Dvornik,* Early Christian and Byzantine Political Philosophy. Origins and Backgrounds, 2 Bde., Washington 1966; *E. Peterson,* Der Monotheismus als politisches Problem, in: ders., Theologische Traktate, München 1951, 45–158; *J. Moltmann,* Trinität und Reich Gottes, 207–220; *B. Forte,* Trinità come storia, Turin 1985, 13–24.

[8] Siehe auch das Beispiel, das *J. Moltmann* von einem politisch-religiösen Absolutismus gibt, indem er Tschingis Khan zitiert: »Im Himmel gibt es niemanden als allein den einen Gott; auf Erden niemanden als den einen Herrscher Tschingis Khan, den Sohn Gottes«, in: Die einladende Einheit des dreieinigen Gottes, in: Concilium 21 (1985) 35–41, hier 36 (Zitat nach: *M. de Fernandy,* Tschingis Khan, Hamburg 1958, 153).

scher ist frei, die übrigen sind Knechte. Als Demokratielehrlinge hatten die Bürger es enorm schwer, weil diese Art Ideologie dem Volk eingetrichtert worden war; ihre Folgen spüren wir bis heute.[9]

Ebenfalls den Weg öffnen kann der untrinitarische Eingottglaube zu einer unflexiblen Auffassung der *Einheit der Kirche,* zu einer monopolistischen Sicht der sakralen Macht. Wie es im Himmel ein einziges Haupt gibt (Gott), so muß es auch auf Erden ein einziges Haupt geben, das ihn darstellt, den Papst. Schon Ignatius von Antiochien († 104) begründete die Einheit der kirchlichen Gemeinde mit folgender Argumentation: ein einziger Gott, ein einziger Christus, ein einziger Bischof, eine einzige Ortsgemeinde. Die Funktion des Papstes wird als Dienst an der Einheit aufgefaßt; doch weithin in religiösen Kreisen stellt man sich diese Einheit innerhalb des monarchisch-monotheistischen Schemas vor: eine Kirche, ein Papst, ein Petrus, ein Christus und ein Gott. Es gab Epochen, in denen der Papst als der sichtbare Gott auf Erden angesehen wurde, der »Deus terrenus«.[10] Wer es wagte, an jenem Typ von Einheit zu rütteln, lief die Gefahr der Exkommunikation, oder er mußte sich total unterwerfen. Dementsprechend hatte der Papst die suprema postestas inne und war den positiven Gesetzen der Kirche nicht untertan.

Diese Auffassung führt zu einem Pyramiden-Modell von Kirche, mit der Konzentration der sakralen Macht nur auf einer Seite (Hierarchie) und der vollständigen Entmachtung der anderen (Laien). Wenn die Einheit solcherart aufgefaßt und organisiert wird, trägt das nicht zum Entstehen einer Gemeinde von Brüdern und Schwestern bei (es sei denn metaphorisch) noch zu einer Kirche, die als ganze dienende Kirche ist.

Es gibt noch eine andere politische Ableitung aus dem Monotheismus, deren Auswirkungen unsere Kultur bis heute weithin beeinflussen: das Patriarchat, den Paternalismus. Der einzige Gott wurde als der große Patriarch hingestellt, als höchter Vater und absoluter Herr. Man schrieb ihm die Prädikate der absoluten Machthaber unserer Kultur zu, sei es im Bereich der Familie (Herrschaft des Vaters), sei es im Bereich

[9] Der soziale Paternalismus und der politische Patriarchalismus der lateinamerikanischen Gesellschaften finden in einer gewissen christlichen Predigt von Gott als dem alleinigen Herrn (und himmlischen Vater) unaufhörlich neue ideologische Nahrung. Diese antidemokratische Tradition bringt Donoso Cortés auf den Begriff: »Alles für das Volk, aber nichts durch das Volk«. Vgl. dagegen A. Lincolns »Alles für das Volk und alles durch das Volk«.

[10] Vgl.: *Y Congar,* L'Ecclésiologie du Haut Moyen-Age. De Saint Grégoire le Grand à la désunion entre Byzance et Rome, Paris 1968, 388f.

der Gesellschaft (absolute Herrschaft des Kaisers oder Fürsten). Somit fand die gesellschaftlich-geschichtliche Herrschaft des Vaters über die Familie, des Macho über die Frau, der männlichen Figuren über die weiblichen ihre Wurzeln und ihre theologisch-ideologische Rechtfertigung in einer allzu einheitsbetonten Gottesvorstellung. Gott wird bloß als Vater aufgefaßt und nicht auch als Mutter von unendlicher Zärtlichkeit oder als ewiglich Vater und Mutter zugleich. Die Ausschließlichkeit, mit der man auf Gott die Vaterfigur übertrug, hat verhindert, daß die religiöse Erfahrung der Frauen und Männer, die immer auch eine mütterliche Tiefe besitzt, sich in Richtung auf Ganzwerdung und mehr Menschlichkeit auswirken konnte.[11]

Solche politischen und religiösen Verzerrungen lassen sich radikal korrigieren, wenn man sich dem christlichen Dreifaltigkeitsgott zukehrt. Aus der Dreieinigkeit ergeben sich wichtige Folgerungen, die Kant - Opfer eines einzigen, von der praktischen Vernunft postulierten Gottes - nicht vermuten konnte. Die Diktatoren und Tyrannen können aus dem dreieinen Gott niemals Gründe beziehen, die ihre absolutistische Anmaßung rechtfertigen, weil eben Gottes Einheit weniger die Einzigkeit des einzigen Prinzips ist als die Einheit der göttlichen Personen Vater, Sohn und Heiliger Geist. Sie leben in ewigem Ineinander voller Gemeinschaft, ohne aus der Besonderheit jeder Person einen Grund für den Vorrang der einen vor der anderen zu machen. Diese vollständige Gemeinschaft der Personen, die volle Perichorese ineinander, voneinander her, füreinander und miteinander, zerstört die Figur des einzigen und einsamen universalen Alleinherrschers, diese Grundlage für die Ideologisierung der totalitär ausschließlichen Macht. Allein die menschliche Gemeinde von Brüdern und Schwestern, geboren aus Gemeinschafts- und Teilhabebeziehungen, kann das lebendige Symbol der ewigen Dreifaltigkeit sein.

Ähnlich ist die communio/koinonia (Gemeinschaft) viel angemessener als die potestas sacra, wenn man die Kirche von innen heraus verstehen will. Als ein Netz aus Gemeinden, das die Gemeinschaft mit den Brüdern und Schwestern und die Teilhabe an allen Gütern lebt, erbaut sich die Kirche von der Dreieinigkeit aus und bildet deren geschichtliches Sakrament.

[11] Vgl. die Studien von *F. K. Mayr,* Trinitätstheologie und theologische Anthropologie, in: Zeitschrift für Theologie und Kirche 68 (1971) 427–477;*ders.,* Patriarchalisches Gottesverständnis? Historische Erwägungen zur Trinitätslehre, in: Theologische Quartalschrift 152 (1972) 224–255; *ders.,* Die Einseitigkeit der traditionellen Gotteslehre, in: C. Heitmann/H. Mühlen (Hrsg.), Erfahrung und Theologie des Heiligen Geistes, Hamburg–München 1974, 239–272.

Die Einheit der Kirche verwirklicht sich, jenseits der sakralen Macht in der Verantwortung des Petrus und seiner Nachfolger, durch die Dreifaltigkeit selbst, auf deren Modell Jesus selbst in seiner Abschiedsrede sich bezogen hat: »Daß alle eins seien wie du Vater in mir und ich in dir, daß sie in uns seien und die Welt glaube, daß du mich gesandt hast« (Joh 17,21). Wiederum zeigt sich die Idee der Gemeinschaft und gegenseitigen Verbundenheit als Ursprung dynamischer und einbeziehender Einheit. Gott ist nicht so sehr eine einsame Macht, sondern eine unendliche Liebe, die sich darbietet, um andere Mitgenossen in der Liebe hervorzubringen.

Im Geheimnislicht der Gemeinschaft zwischen den göttlichen Personen läßt sich das Modell einer Kirche entwerfen, die wirklich befreit und Prinzip der Befreiung ist. Es erscheint Kirche als Gemeinde von Brüdern und Schwestern, vereint um den vom Vater der Güte gesandten Sohn, damit sie im Schwung des Geistes auf bewußte und engagierte Weise das Reich Gottes voranbringe, welches hereinbricht, sooft das gerechte Leben und die persönliche und gesellschaftliche Freiheit triumphieren.

Dieses von der dreifaltigen Gemeinschaft inspirierte Kirchenmodell konkretisiert sich durch gleichmäßigere Verteilung der sakralen Macht, durch Dialog, durch Offenheit für alle den Gliedern der Gemeinde gewährte Charismen, durch Überwindung jeglicher Diskriminierung, besonders derjenigen aus patriarchalischem und Macho-Geist, durch unaufhörliche Suche nach Konsens mittels der organisierten Teilhabe aller.

5. *Die einbeziehende Einung der drei göttlichen Personen*

Um die Sackgasse zu vermeiden, in die eine strikte Auffassung des Monotheismus führt (sei er vortrinitarisch bei den höheren Religionen und im Judentum, sei er untrinitarisch, wenn er die Dreifaltigkeit der Personen nicht beachtet), müssen wir uns zum christlichen Gott hinkehren, zum Vater, zum Sohn und zum Heiligen Geist. Die ewigen Personen koexistieren ineinander. Ein lebendiger Liebesschwung eint sie so, daß sie durch die einbeziehende, volle und restlose Einung überhaupt erst sie selber sind. Es handelt sich um die perichoretische Einung, wie wir noch des näheren ausführen werden, das heißt, wir haben es mit der besonderen Einheit der Dreifaltigkeit zu tun, mit gleichermaßen ewigen, allmächtigen und liebenden Personen. Diese Einheit gründet sich auf die wesenhafte Offenheit der einen Person für die andere, mehr noch, auf die wechselseitige Durchdringung der einen in der anderen, so daß sie immer miteinander sind. Diese Einheit ist nach außen offen, denn sie nimmt die geliebten Menschen auf, auch die verlorenen, die Verzeihung suchen, und umfaßt das All in seiner Ganzheit.

Die trinitarische Auffassung Gottes gewährt uns eine umgreifende Erfahrung des göttlichen Geheimnisses. Jeder Mensch bewegt sich innerhalb einer dreifachen Dimension: Transzendenz, Immanenz und Transparenz.

Gemäß der *Transzendenz* richtet er sich nach oben (oder zum Urgrund hin) in Richtung auf die Ursprünge seiner selbst und auf die höchsten Richtpunkte. In dieser Erfahrung zeigt sich der Vater, denn er ist der Gott des Ursprungs ohne Ursprung, der Gott des Anfangs ohne Anfang, der Gott des Quells, aus dem alles erströmt. Er ist der letzte Bezug.

Gemäß der *Immanenz* findet der Mensch sich bei sich selber vor, bei der zu organisierenden Welt, bei der Gesellschaft, die er in horizontalen und vertikalen Beziehungen aufbaut. Die Immanenz stellt den Raum der menschlichen Offenbarung dar. Der Sohn ist des Vaters Offenbarung schlichthin; in seiner Menschwerdung nimmt er auf sich die menschliche Situation, so wie sie ist, in ihrer Größe und ihrem Verfall. Er will eine brüderliche und schwesterliche Gesellschaft (horizontal), die ihre Wurzeln anerkennt (vertikal).

Gemäß der *Transparenz* wollen wir die Transzendenz mit der Immanenz vereint sehen, die Menschenwelt mit Gottes Welt, so daß sie – bei Achtung der Unterschiede – aufeinander hin durchsichtig werden. In der menschlichen Anstrengung wollen wir Gottes Geschenk erfahren; wir sehnen uns nach einem neuen Herzen und nach der Verwandlung des Alls. Der Heilige Geist macht die Kraft des göttlichen und menschlichen Liebesstroms, die Verklärung des Ganzen aus.

Was wäre der Mensch, wenn er nicht den Vater hätte, nicht in etwas Größerem verwurzelt wäre, nicht geborgen im Geheimnis der Zärtlichkeit? Er wäre wie ein im Weltraum verlorener Meteor, ein Wanderer ohne Weg und Ziel.

Was würde aus uns, hätten wir nicht den Sohn, wüßten wir nicht, woher wir kommen, nähmen wir nicht jeden Augenblick das Leben als Geschenk entgegen, könnten wir nicht den mütterlichen Vater oder die väterliche Mutter lieben? Was würde aus der menschlichen Person, hätte sie nicht dialogische und geschwisterliche Beziehungen, könnte sie sich nicht auf ein Du hin öffnen? Sie wäre nicht nur ein Wanderer ohne Weg und Ziel, sondern ein einsamer Wanderer in einer feindseligen und dunklen Welt.

Was würde aus dem Menschen ohne Heiligen Geist, ohne ein Hineintauchen in sein eigenes Herz, ohne die Kraft, zu sein und die Schöpfung zu verwandeln? Er wäre ein Wanderer ohne Begeisterung und des Mutes beraubt, den er zu seinen Schritten braucht. Ohne den Geist könnten wir nicht an Jesus glauben noch uns vertrauensvoll dem Schoß des Vaters überlassen.

Wie Transzendenz, Immanenz und Transparenz den umfassenden Einheitsschwung der Existenz ausmachen, so ähnlich vereinigen sich Vater, Sohn und Heiliger Geist ganzheitsstiftend in der vollen und wesenhaften wechselseitigen Gemeinschaft. Jede menschliche Person entsteht als Bild und Gleichnis der Dreifaltigkeit; die Sünde führt zu einem Riß in dieser Wirklichkeit, zerstört sie aber nicht völlig. Die Gesellschaft wurde von Ewigkeit her von Gott gewollt; sie sollte Sakrament der dreieinigen Gemeinschaft in der Geschichte sein; die gesellschaftliche und strukturelle Sünde verfinstert diese Berufung, die als Herausforderung immer weiter gilt; gerecht werden sollen wir ihr mittels der historischen Befreiungen, welche auf die Schaffung von Zuständen abzielen, in denen Vater, Sohn und Heiliger Geist in der Zeit bedeutet werden können.

II. Wie die Heiligste Dreifaltigkeit sich uns geoffenbart hat

Üblicherweise und zu Recht sagt man, das Geheimnis der Heiligsten Dreifaltigkeit bilde das Herz des Christentums, weil wir mit Gott selbst zu tun haben, so wie Gott *ist,* das heißt als Vater, Sohn und Heiliger Geist. Wenn es so ist, würden wir erwarten, daß diese Quellwahrheit von jedem Wort in den Gründungstexten unseres Glaubens, den biblischen Schriften, bezeugt werde. Tatsächlich aber finden wir in ihnen nicht die besonderen Ausdrücke, mit denen die Kirche ihren Glauben ausdrückt: »drei Personen«, »eine Natur«, »Hervorgänge«, »Sendungen« usw. Das bedeutet jedoch nicht, daß die Schriften uns die Offenbarung der Dreifaltigkeit nicht mitteilen; sie teilen sie uns voll mit, doch auf andere Weise. Solche Feststellung verpflichtet uns, genau zwischen *Lehre* von der Dreifaltigkeit und *Wirklichkeit* der Dreifaltigkeit zu unterscheiden.

1. Lehre von der Trinität und Wirklichkeit der Trinität

Die Lehre von der Dreifaltigkeit stellt die menschliche und systematische Ausarbeitung über die transsubjektive Wirklichkeit der Trinität dar. Die Lehre setzt die Offenbarung der Heiligsten Dreifaltigkeit als Dreifaltigkeit voraus und bedeutet das strenge menschliche Bemühen um Vertiefung dieses Geheimnisses. In diesem Sinn hat die Trinitätslehre ihre lange Geschichte mit verschiedenen Tendenzen; sie ist eine unermeßliche Ansammlung von Überlegungen, Wegen, Abwegen und dogmatischen Definitionen, welche die Glaubensgemeinschaft durch die Jahrhunderte hin betrieben hat.

Die Wirklichkeit der Trinität hängt nicht von der Lehre ab. Vater, Sohn und Heiliger Geist waren in der Geschichte der Menschen immer gegenwärtig, haben immer ihre Liebe mitgeteilt und das menschliche Werden in die göttliche Gemeinschaft der drei Personen eingefügt. Mit anderen Worten: Die Wirklichkeit der Trinität drückt sich nicht nur in den Lehren oder Sätzen aus, die wir etwa in der Schrift auf die drei Personen beziehen mögen. Zuerst einmal ist die Dreifaltigkeit eine Tatsache; erst danach ist sie eine Lehre über diese Tatsache. Weil sie zuerst eine Tatsache ist, die im menschlichen Leben in jeder Epoche seiner Entwicklung stets gegenwärtig war, können wir vom »Auftauchen« des trinitarischen Bewußtseins in der Geschichte bis zu seiner vollen Bewußtwerdung im Neuen Testament sprechen.

Wir können mit Fug und Recht von Vorbereitungen der *Offenbarung* der trinitarischen Wirklichkeit vor dem Christusereignis sprechen, sei es in den Geschehnissen und Worten des Alten Testaments, sei es in den Weltreligionen und in den Geschehnissen der Geschichte. Die in der Geschichte anwesende Dreifaltigkeit hat sich allmählich entschleiert, ließ sich vom frommen Nachdenken der Menschen entdecken, bis Jesus Christus und der Heilige Geist sie uns voll geoffenbart haben, weil diese beiden Personen hypostatisch in Beziehung zu uns getreten sind. Das Neue Testament bezeugt die menschgewordene Gegenwart des Sohnes und die pneumatische des Heiligen Geistes, sei es durch das Ereignis in sich, sei es durch die Worte, die den Sinn dieses Ereignisses kundtun.

2. *Die beiden Hände des Vaters, die uns anrühren: Der Sohn und der Heilige Geist*

Jesus Christus zeigt sich als Sohn Gottes des Vaters durch seine Worte, sein Beten, sein befreiendes Tun, seinen Tod und seine Auferstehung in der Kraft des Geistes. Er ist es, der uns die Dreifaltigkeit offenbart. Auch der Geist, wie er in Maria anwesend ist, Christi heilige Menschheit formt, in der Taufe auf Jesus herabkommt, ihn zum beständigen Träger des Geistes macht, seine irdische Realität durch die Auferstehung verklärt, mit Feuer die Herzen der Apostel ermutigt – auch der Geist offenbart uns den Abba-Gott und das Geheimnis des Gottessohns.

Irenäus (†208) sagt uns, daß der Sohn und der Geist die beiden Hände darstellen, durch die der Vater uns anrührt und nach seinem Bild und Gleichnis formt.[1] Sie wurden in die Welt gesandt, um ihr Zelt unter uns aufzuschlagen und unsere eigene Daseinssituation anzunehmen, damit wir erlöst und der dreifaltigen Gemeinschaft eingegliedert würden.

[1] Vgl.: *Irenäus von Lyon,* Adversus haereses V 6,1 (SChr 153, 72–81; dt.: BKV 4/2, 163–165).

Diese beiden Endgeschehnisse offenbaren Gott absolut so, wie er in sich selbst ist. Denn sie schließen ein, daß Sohn und Geist sich uns ganz und gar mitgeteilt haben, ohne Rückstand und Rest. Sie haben eine neue Zeit eröffnet: für uns und auch für sich. Auf sie blickend, achtsam für ihre Taten und Mitteilungen, entdecken wir die dichte Gegenwart der drei trinitarischen Personen. Außerhalb dieses Ereignisses unendlicher Zärtlichkeit des Vaters zu seinem Sohn in der Einung mit dem Geist wären unsere Ideen über die Trinität nichts weiter als Spekulationen oder Behauptungen ohne konkrete Erhärtung.

Diese Tatsache wurde anfänglich so angenommen, wie es ihr gebührt: im Lob, in der Freude des Herzens, das sich zu Dank und Feier auftut. Deshalb bildete *die liturgische Atmosphäre* jenen Bereich, in dem der Glaube an die Dreifaltigkeit sich ausdrückte. Die Doxologien, das heißt die Gebete zum Lob und Ruhm (so die Bedeutung des griechischen »doxa«), wie sie noch heute unsere Feiern kennzeichnen, sind die ersten Zeugnisse der Anerkennung der Dreifaltigkeit im Glauben der betenden Gemeinde. Alles geht vom Vater aus, durch den Sohn im Heiligen Geist, und muß unter Rühmen und Danken zum Vater zurückkehren, durch den Sohn im Heiligen Geist.[2] Justin, der erste christliche Philosoph (†167), empfiehlt: »Bei allem aber ... preisen wir den Schöpfer des Alls durch seinen Sohn Jesus Christus und durch den Heiligen Geist.«[3]

Die *sakramentale Praxis,* vor allem der Taufe und der Eucharistie, stellt den zweiten Bereich dar, in dem die Christen den Dreieinigkeitsglauben bekannten. Schon im Matthäusevangelium wird der Brauch der Urkirche festgehalten, »im Namen des Vaters, des Sohnes und des Heiligen Geistes« (Mt 28,19) zu taufen. Die ältesten eucharistischen Anaphoren, wie die der »Traditio apostolica«, sind gleicherweise trinitarisch strukturiert.

Das Tun bei Taufe und Eucharistie führt zu den ersten Andeutungen von *Bekenntnissen des Glaubens* an die trinitarische Wahrheit. Bei Paulus lesen wir in liturgischer Perspektive: »Die Gnade des Herrn Jesus Christus und die Liebe Gottes (des Vaters) und die Gemeinschaft des Heiligen Geistes sei mit euch allen« (2 Kor 13,13).

Die dritte Situation, die zur voll bewußten Erkenntnis der trinitarischen Wahrheit führte, ist die *theologische Reflexion* über die Natur

[2] Vgl.: *A. Hamman,* Die Trinität in der Liturgie und im christlichen Leben, in: MySal II, 1967, 132–144.

[3] *Justin der Martyrer,* Apologie I 67 (Florilegium Patristicum 2, Bonn 1911, 108 f.; dt.: BKV 12, 136).

Christi und des Heiligen Geistes. In tiefgehenden Diskussionen gelangten die Christen des 4. und 5. Jahrhunderts zu der Definition, daß der gestorbene und auferstandene Jesus Sohn Gottes ist, eines Wesens mit dem Vater, und daß ebenso der Heilige Geist, Herr und Lebensspender, eines Wesens mit Vater und Sohn ist; damit haben sie in der Tat eine lehrhafte Formulierung über den christlichen Gott aufgestellt.

Solcherart erweist sich die Dreifaltigkeit als das letzte Fundament der Heilsgegenwart des Vaters durch seinen in Jesus Mensch gewordenen Sohn und durch seinen in den Begnadeten und in der Kirche lebendig und wirksam gewordenen Geist. Wollten wir die Dreifaltigkeit nicht denkend annehmen, so würde es uns ganz unmöglich, an dem festzuhalten, was der Glaube der Apostel und aller Zeiten von Jesus Christus und seinem Geist bekannte: daß sie als von Gott dem Vater Gesandte wahrhaft Gottes Gegenwart in unserem geschichtlichen Fleisch sind.

Sehen wir uns nun näher die Weise an, wie die Dreifaltigkeit sich im Leben und im Wort Jesu und im Wirken des Heiligen Geistes geoffenbart hat.[4] Auf Details eingehen können wir nicht, die Richtung und die wesentlichen Elemente mögen uns genügen.

3. Jesus, der Sohn, offenbart den Vater unendlicher Güte

Der Gott Jesu ist keine Illustration dessen, was wir auf anderen Wegen schon von Gott wußten. Eigentlich bezieht Jesus sich nicht lehrhaft auf seinen Gott, antwortet nicht auf die übliche Frage: Wer ist Gott? Jesus antwortet, *wer* Gott sei, in dem Maße er zeigt, *wie* Gott handelt.

a. Die politische Symbolik: Der Gott des Gottesreiches. – Wie handelt Gott? Um das zu klären, nimmt Jesus eine Figur der politischen Symbolik auf. Unzählige Male spricht er vom Reich Gottes. Gott handelt, indem er das Reich baut und einführt. »Reich« meint kein Territorium, sondern die Handlungsweise Gottes, mittels deren er sich zum Herrn über seine ganze Schöpfung macht; es geht somit um die Ausübung der Macht, die von all dem befreit, was sich Gott verweigert und sich gegen

[4] Vgl.: *F. J. Schierse,* Die neutestamentliche Trinitätsoffenbarung, in: MySal II, 1967, 85–129; *A. W. Wainwright,* The Trinity in the New Testament, London 1962; *Versch.,* La Trinidad en la Biblia (Semanas de Estudios Trinitarios 6), Salamanca 1973; *F. A. Pastor,* Kerygma bíblico e ortodoxia trinitária, in: ders., Semântica do mistério, São Paulo 1982, 5–22.

ihn auflehnt, und die Gottes letzten Plan in Kraft setzt: das Leben in Gemeinschaft, Brüderlichkeit und Gerechtigkeit. Diese Gottesherrschaft hat nichts zu tun mit dem antiken Satrapen oder dem modernen Despoten, die einsam in ihrer Macht und allein über allen stehen, sondern sie gleicht dem Mahl, wo sich alle miteinander zum Feiern setzen, der neuen Stadt, in der alle Brüder und Schwestern sind und Gott inmitten seiner Kinder alle bedient. Deshalb zeichnen die Bilder der Gemeinschaft und Teilhabe die Weise der Gottesherrschaft.

Jesus versteht sich als Ausrufer und Verwirklicher dieses Reiches, denn er fühlt sich selbst als dessen wesentlicher Teil: »Wenn ich mit Gottes Finger die Dämonen austreibe, ist es ein Zeichen, daß gewiß das Reich Gottes zu euch gekommen ist« (Lk 6,20). Jesu Praxis führt das Gottesreich herauf, weil sie eine Praxis der Gemeinschaft mit den Armen ist, der Versöhnung mit den Sündern, des Zusammenlebens mit allen, besonders mit denen am Rande, und des Dienstes ohne Unterschied an jedem, dem er begegnet.

Diese Praxis Gottes und Jesu offenbart, daß Gottes Wesen Gemeinschaft ist (und nicht die Einsamkeit des Einen), Überfluß des Lebens für diejenigen, die es am meisten bedroht fühlen, wie die Leidenden und Armen. Auf ganz durchsichtige Weise offenbart diese Gemeinschaft sich in Jesu Verhältnis zu seinem Vater.

b. Die Familiensymbolik: Abba, lieber Vater unendlicher Güte. – Die Evangelien haben uns die Ursprünglichkeit von Jesu Erfahrung mit seinem Gott aufbewahrt.[5] Es handelt sich um etwas äußerst Intimes und Einzigartiges; denn Jesus drückte es mit einem Wort aus, das aus der Symbolik der Familiengemeinschaft stammt, *Abba,* was in der Kindersprache *Papa, Väterchen* hieß. Es geschah beim Beten, wobei er fast immer allein war (vgl. Mk 1,35; 6,46; 14,32–42; Lk 3,21; 5,16; 6,12; 9,28; 11,1), daß Jesus zu seinem Vater rief.

Dieser Vater offenbart seine unendliche Güte, weil er nicht wartet, bis Frauen und Männer ihn suchen. Er selbst geht auf die Suche nach seinen Töchtern und Söhnen, besonders nach den Verirrten und Leidenden. So wird er in Jesu Gleichnissen dargestellt als jemand, der »die Undankbaren und Schlechten liebt« (Lk 6,35), als Gott der Sünder und nicht der Gerechten (Lk 15,7), als Vater des verlorenen Sohnes (Lk 15,11–32), der verlorenen Münze (Lk 15,8–10), des verirrten

[5] Vgl.: *W. Marchel,* Dieu-Père dans le Nouveau Testament, Paris 1966; *L. Boff,* Vater unser. Das Gebet umfassender Befreiung, Düsseldorf [3]1984, 42–72.

Schafes (Lk 15,4–7; Mt 18,12–14). Selbstverständlich ist er der gute Vater auch den Kindern, die gesund und ihm zu Hause treu geblieben sind (Lk 15,31); indes zeigt er sich erbarmungsvoll mit den Enterbten und Verlorenen, wie das Gleichnis vom verlorenen Sohn beispielhaft zeigt.

Solche Erfahrung der Intimität mit dem lieben Vater wird bei Jesus nicht zu einer Lehre, sondern zu einer Praxis. Er selbst, gerade wie der Vater im Himmel, wird solidarisch mit allen Verachteten; sie sind die ersten Empfänger seiner Botschaft (Lk 6,20), und am Verhalten zu ihnen läßt er Heil und Unheil sich entscheiden (Mt 25,31–46).

Einerseits bezieht Jesus sich auf diesen Gott, betet zu ihm, läßt, kurz gesagt, trotz aller Intimität eine Distanz und Unterschiedenheit durchscheinen. Andererseits handelt Jesus anstelle dieses Vaters, verhält sich als derjenige, welcher des Vaters Reich heraufführt, identifiziert sich mit dem Vater. Wer zu Gott betet und ihn dabei Väterchen, lieber Vater nennt, zeigt, daß er sich wahrhaft als sein Sohn fühlt (Mt 11,25–27; Mk 12,1–9; 13,32). Tatsächlich nennt er sich selbst so und drückt damit das Bewußtsein seiner Sohnschaft aus.

4. In Jesus offenbart sich der ewige Sohn, der Fleisch wurde

Bedeutsamer noch als seine ausdrückliche Selbstverkündigung als Sohn ist, daß Jesus als Gottes Sohn lebte und sich verhielt. Seine Lebenspraxis offenbart eine Autorität, die zur Sphäre des Göttlichen gehörte. Das geschah nicht ganz unbemerkt von den Juden, die Jesus letztlich nicht nur wegen unterschiedlicher Deutung der Traditionen und gesetzlichen Vorschriften verwarfen, sondern weil ihnen klar wurde, daß er die höchste, Gott selbst eigene Autorität beanspruchte. Er war nicht bloß Gottes Stellvertreter in der Welt, sondern ließ ihn in seiner barmherzigen Güte sichtbar und greifbar werden. Er vergab Sünden und führte so etwas Neues jenseits von Gesetz und Tradition ein, etwas, was ausschließlich Gott zukam (Mk 2,7). Richtig sagten die Juden, er habe sich Gott gleichgestellt (Joh 5,18).

Mehr noch, Jesus fordert Glauben an ihn selbst. Gewiß ist dieser Glaube mit Wunder- und Heilungsgeschichten verknüpft. Doch genau in solchen Situationen offenbart sich in der dichten Praxis der Geschichte, was es tatsächlich heißt, Gottes Sohn zu sein. Der von Jesu befreiender Tat Begünstigte (der Aussätzige, der Blinde, die gekrümmte Frau usw.) macht sich klar, daß die personhafte Macht des heilenden und rettenden Gottes auf ihn wirkt. Jesus handelt als einer, der in sich den Quell der göttlichen Macht hat. Er erbittet nicht vom Vater die Wunderkraft, sondern er handelt wunderbar, als Inhaber der göttlichen Macht. In Jesu Person und Praxis wird das, was dem Menschen unmöglich ist, möglich (Mk 10,27).

Statt Sätze zu suchen, in denen Jesus sein Sohnesbewußtsein zeigt (vgl. Mt 11,25–27; Mk 12,1–9; 13,32), sollten wir eher auf seine Einstellungen achten. Sie sprechen überzeugender und umfassender. Indes wollen wir bei zwei Stellen verweilen, die Jesu Sohnesbeziehung zu Gott, seinem Vater, deutlich zeigen.

Lk 10,21–22 (Mt 11,25–27): »Zu dieser selben Stunde jubelte Jesus im Heiligen Geist und sagte: Ich preise dich, Vater, Herr über Himmel und Erde, daß du dies vor den Weisen und Klugen verborgen gehalten hast, um es den Einfältigen zu enthüllen. Ja, Vater, so hat es dir gefallen. Alles ist mir von meinem Vater übergeben worden; und niemand weiß, wer der Sohn ist, als allein der Vater, und wer der Vater ist, als allein der Sohn und wem der Sohn es offenbaren will.«

Zunächst stellen wir hier die Anwesenheit der drei göttlichen Personen fest. Es ist der Geist, der uns die Gegenwart des Sohnes in der niedrigen Gestalt Jesu von Nazaret offenbart. Der Sohn seinerseits offenbart uns den Vater. Im Lob, nicht durch Spekulation haben wir Zugang zu diesem Geheimnis. Deshalb ist die Sphäre, in der uns die Offenbarung der Dreifaltigkeit mitgeteilt wird, die liturgisch-doxologische. Hier müssen alle, auch die Weisen und Klugen, zu Gott beten lernen, wie die Kinder beten, wenn sie ihn »lieber Vater« nennen. Sie müssen vergessen, daß sie weise und klug sind, denn ihre Klugheit und Weisheit vermag die Gemeinschaft der Drei nicht zu begreifen, ohne Gott zu vervielfachen. Reflexion ohne Frömmigkeit erniedrigt die Glaubenswahrheit und hindert den Zugang zu ihrem Verständnis; nur wer sich klein macht, erfaßt die Offenbarung.

»Alles ist mir von meinem Vater übergeben worden«: Dieses »alles« ist im stärksten Sinn zu nehmen. Erstens empfängt der Sohn vom Vater die Sendung, das Gottesreich – es ist das Reich des Vaters – heraufzuführen. Sodann empfängt er die ganze Erkenntnis darüber, wer der Vater ist, um sie den anderen mitzuteilen. Schließlich ist das, was den Sohn Sohn sein läßt, vom Vater empfangen. Hier wird angedeutet, daß der Sohn auf derselben Wirklichkeitshöhe steht wie der Vater.

»Niemand weiß, wer der Sohn ist, als allein der Vater, und wer der Vater ist, als allein der Sohn, und wem der Sohn es offenbaren will.«

Mit dieser Wendung stehen wir vor einer ausschließlichen Erkenntnis; es gibt in der gegenseitigen Beziehung ein Geheimnis, das für einen Dritten undurchdringlich ist. Der Vater besitzt ein Frühersein gegenüber dem Sohn. Die Erkenntnis, die der Vater vom Sohn hat, gründet sich darauf, daß der Vater dem Sohn Ursprung gibt. Der Sohn empfängt alles vom Vater. Weil er alles empfing, kennt allein der Sohn wahrhaft den Vater. Die Erkenntnis bedeutet in diesem Fall nicht nur einen Vernunftvollzug; weit eher ist sie eine Anerkennung, eine Beziehung zweier Intimitäten, ein Erlebnis von Gemeinschaft aus wechselseitiger Hingabe. Darum kann der Vater seine Erkenntnis in Form der Liebe ausdrücken: »Dieser ist mein vielgeliebter Sohn« (Mt 3,17). Und Jesus kann erwidern: »Mein Abba, mein lieber Vater« (Joh 20,17).

Allein der Sohn offenbart den anderen den Vater. Er ist der dauernde und unersetzbare Weg zum letzten Geheimnis, das wir Vater nennen. Wir können von jetzt an nicht mehr vom Vater sprechen, ohne zuvor vom Sohn zu sprechen. Er allein gibt uns den wahren Hinweis, wie der Vater handelt, und das heißt, wie er wirk-lich ist. Um zu wissen, wer der Vater ist, müssen wir deshalb beobachten, wie der Sohn handelt. Seine Praxis und seine Worte eröffnen uns Zugang zum Vater, keinen abstrakten und metaphysischen Zugang, sondern den einer Geschichte, besser: einer offenbarenden Geste des Vaters auf dem Weg seines Sohnes inmitten der Söhne und Töchter. Deshalb genügt es nicht, im Sinn eines bloßen Glaubensbekenntnisses an den Sohn zu glauben, unbekümmert um die Ethik. Erst die Nachfolge läßt uns Jesus als Sohn entdecken. Diese Entdeckung läßt uns die Person des Sohnes lieben und so den Vater lieben, auf den der Sohn immer wieder verweist. Die Ethik bringt uns zur Ontologie, die Nachfolge führt uns zum Credo. Jesus hat für uns die Ordnung aufgestellt: »Was nennt ihr mich Herr, Herr, und tut nicht, was ich euch sage?« (Lk 6,46).

Der andere fundamental wichtige Text wird durch die Theologie des Johannes formuliert, des biblischen Autors, der tiefer als jeder andere ins Sohn-Gottes-Geheimnis Jesu eingedrungen ist: »Ich und der Vater sind eins.« (Joh 10,30). »Daß alle eins seien wie du, Vater, in mir und ich in dir, daß sie in uns seien und die Welt glaube, daß du mich gesandt hast« (Joh 17,21). Beachten wir, daß der Text 10,30 nicht sagt: »Ich und der Vater, das *ist* einer (griechisch: heis)«, vielmehr: »Wir sind eins«, das heißt, wir sind eine Gemeinschaftswirklichkeit. Diese Gemeinschaft wird 17,21 verdeutlicht: Es handelt sich um ein Im-anderen-Sein; jeder ist er selbst, ist nicht der andere; doch sind sie so aufeinander hin offen, daß sie eins, nämlich Gott sind. Der theologischen Reflexion kommt es zu, diesen tritinarischen Schlüsselsatz zu vertiefen, wie es die Kirche auf systematische Weise vom 3. Jahrhundert an bis in unsere Tage getan hat.

5. *In Jesu Leben und Tun ereignet sich die Offenbarung des Heiligen Geistes*

Mehr als durch Worte offenbart der Heilige Geist sich durch Jesu Taten und durch sein befreiendes Auftreten. Jesu Hinweise auf den Heiligen Geist sind sehr selten (vgl. Mk 3,28–30; Joh 14,16ff), dennoch tritt die Wirklichkeit des Geistes andauernd in Erscheinung.[6] Die Evangelien, besonders Lukas, stellen Jesus nicht einfach als Charismatiker dar, der hin und wieder vom Geist ergriffen wird, vielmehr wird schon die Menschwerdung des Sohnes selbst als Werk des Geistes aufgefaßt (Lk 1,35; Mt 1,20). Somit ist Jesus von seinem Anfang an voll des Geistes. Auf ihn steigt der Geist hernieder anläßlich seiner Taufe durch Johannes den Täufer (Mk 1,9–11; Lk 3,21–22; Joh 1,32–33), im Gefühl seiner Geistsalbung verkündet er sein messianisches Programm (Lk 4,18). Der Geist ist es, der »ihn in die Wüste treibt« (Mk 1,12), und von dort kehrt er »in der Kraft des Geistes nach Galiläa« zurück (Lk 4,14). Der Geist macht jene Kraft (dynamis) und jene Vollmacht (exusia) aus, mit denen er Wunder und befreiende Gesten tut (Mk 3,20–30). Ausdrücklich sagt Jesus: »Wenn ich Dämonen durch den Geist Gottes austreibe, dann ist Gottes Reich schon zu euch gekommen« (Mt 12,28).

Diese Kraft, die der Geist ist, wohnt in Jesus, entströmt ihm auf eine Weise, die ihn selbst überrascht, wie bei der Heilung der blutflüssigen Frau: »Da spürte Jesus, daß eine Kraft von ihm ausging« (Mk 5,30). Diese Kraft, die in Jesus und zugleich von ihm verschieden ist, bedeutet das, was die apostolische Gemeinde später die Gegenwart des Heiligen Geistes nennen wird. Diese Gegenwart des Geistes bekundete sich offen im Ereignis der Auferstehung. Da wird Jesus dem Fleische nach ganz von der Kraft des Geistes verklärt. Paulinisch gesprochen verwandelt er sich in einen geistlichen Leib, das heißt in eine Wirklichkeit, welche die Kennzeichen des Geistes annimmt, der die Fülle des göttlichen Lebens birgt (vgl. 1 Kor 15,45).

[6] Vgl.: *Y. Congar,* Der Heilige Geist, Freiburg – Basel – Wien 1982, 29–73.

Als Abschluß dieses Abschnitts können wir sagen: Jesus offenbart einen Vater-Gott, im Maße dieser Vater-Gott sein Reich heraufführt, seine Barmherzigkeit zeigt und den Menschen die Freiheit wiedergibt. Jesus selbst offenbart sich als Sohn, im Maße er im Namen des Vater-Gottes und an seiner Stelle die geschichtliche Praxis des Gottesreichs eröffnet, die in Freiheit, Gemeinschaft mit denen am Rande und in unbegrenztem Vertrauen auf den Vater besteht. In dieser Praxis Jesu zeigt sich auch das befreiende Tun des Geistes. Die Gegner freilich fälschen es um zum Werk Beelzebuls, zum Werk des unreinen Geistes statt des Heiligen Geistes (Mk 3,22). Die Dreifaltigkeit kann nicht außerhalb dieses Befreiungskontextes verstanden werden; sie ist keine theologische Merkwürdigkeit, die für sich selbst Wert hätte; immer geht es um eine Gemeinschaftswirklichkeit, die uns erlöst, befreit und unsere Menschlichkeit bereichert und erfüllt.[7] Deshalb ist die Dreifaltigkeit ein Heilsmysterium, geoffenbart zu unserer Erlösung.

6. Der Heilige Geist offenbart in der Geschichte den Vater und den Sohn

Der Heilige Geist stellt, wie gesagt, die andere Hand dar, durch die der Vater uns anrührt, um uns zu befreien. Er hat, ähnlich wie der Sohn, sein Zelt unter uns aufgerichtet, zuerst in Maria anläßlich von Jesu Empfängnis (Lk 1,35: »Der Heilige Geist wird über dich kommen«), dann über Jesus selbst bei seiner Taufe, endlich über die ganze apostolische Gemeinde, die an Pfingsten um Maria versammelt war (Apg 2).

Wie offenbart der Heilige Geist uns bei seinem Tun das trinitarische Geheimnis? Es würde zu weit führen, wollten wir die Auffassung des Paulus und des Johannes über den Heiligen Geist im einzelnen erläutern; sie sind nicht immer leicht verständlich.[8] Doch bei beiden Theologen spürt man eine Hauptlinie, die unter den verschiedensten Formulierungen immer wiederkehrt: Der Geist leitet uns zur Entdeckung Jesu als Gottes Sohn, und er befähigt uns, Abba, lieber Vater, zu rufen.

Zuerst einmal zeigt sich der Geist selbst als Gott. Während des gesamten Offenbarungsprozesses macht der Geist die aktivierende *Kraft* Gottes in der Geschichte aus. In diesem Sinn bedeutet er Gott selbst,

[7] Vgl.: *H. Echegaray,* A prática de Jesus, Petrópolis 1982, 133–159; *Ch. Duquoc,* Dieu différent. Essai sur la symbolique trinitaire, Paris 1977, 43–60.

[8] Vgl. die detaillierte Analyse von *F. J. Schierse,* Die neutestamentliche Trinitätsoffenbarung, 113–125; sowie: *B. Forte,* Trinità come storia, 27–59.

insofern er handelt, erneuert, neue Wege auftut in der Geschichte mit den Menschen und mit der Schöpfung.

Das Werk des Geistes besteht im Grunde darin, allen den Sohn zu offenbaren und das befreiende Wirken des Sohnes zu vergegenwärtigen. Der Zugang zum Sohn geschieht durch den Geist. Deshalb wird er mit Recht Geist Christi genannt (Röm 8,9) oder Geist des Herrn (2 Kor 3,17; Phil 1,19) oder auch Geist seines Sohnes (Gal 4,6). Der Geist bildet so etwas wie die Atmosphäre, welche die Begegnung des Sohnes mit den Getauften ermöglicht, so daß sie mit ihm einen Leib bilden (1 Kor 12,13). Folglich sind die ihm zugeschriebenen Funktionen mit denen des Sohnes vertauschbar; beide sind in den Getauften (1 Kor 1,30; 2 Kor 5,7; Röm 8,9); Sohn wie Geist wohnen in den Herzen der Gläubigen (Röm 8,10; 2 Kor 13,5; Gal 2,20; Röm 8,9; 1 Kor 3,16). Gleichermaßen ist die Rede vom Frieden, von der Liebe, der Ehre und dem Leben des Geistes wie des Sohnes, die sich in die Getauften ergießen.

Dieser Geist ist es auch, der »die Tiefen der Gottheit (des Vaters) erforscht ... niemand erkennt das, was Gottes ist, außer dem Geiste Gottes« (1 Kor 2,10f). Der Geist leitet uns zu dem als Abba erkannten Gott. Johannes führt uns in seiner Dreifaltigkeitstheologie vor Augen, warum. Weil »der Geist vom Vater ausgeht« (Joh 15,26), der Vater ihn uns auf Bitten des Sohnes sendet und gibt (Joh 14,16). Der Geist gibt uns Zugang zum Sohn, weil der Sohn ihn uns vom Vater aus (Joh 15,26) gesandt hat (Joh 16,8).

Der Geist teilt keine andere Wahrheit mit als die des Sohnes; er nimmt von dem, was Jesus gehört, und gibt es uns zu erkennen (Joh 16,14). Dank dem Wirken seines Lichtes bleibt das Geheimnis des Sohnes des Vaters keine Realität der Vergangenheit, sondern als Heilserfahrung für jede Generation stets aktuell.

In den Zeugnissen des Neuen Testaments wird der Heilige Geist als ein göttlicher Jemand anerkannt, der persönlich handelt, bleibt, tröstet, für uns eintritt; er teilt uns den Geist des Gebetes mit, das Wissen, Kinder Gottes zu sein, die Erfahrung Gottes als des Vaters und die vielen Dienst-Charismen in der Gemeinde mit Blick auf das Gemeinwohl (vgl. Röm 8,9–11.25.27; Gal 4,6; 1 Kor 12,8.11 u. a.). »Um ›Person‹ im Sinne des kirchlichen Dogmas zu sein«, so belehrt uns der Exeget Franz Joseph Schierse,[9] »genügt es, wenn der Geist eine vom Vater und Sohn relativ verschiedene, aber mit ihnen wesensgleiche

[9] *F. J. Schierse,* Die neutestamentliche Trinitätsoffenbarung, 125.

Wirklichkeit bedeutet.« Eben dieser Befund liegt in den neutestamentlichen Zeugnissen vor. Der Geist findet sich stets mit Vater und Sohn verbunden, und in der Geschichte führt er uns mittels der dauernden Wiederaufnahme der Botschaft Jesu und kraft der Öffnung auf den Vater hin immer tiefer ins dreifaltige Geheimnis ein.

7. Die Dreierformeln im Neuen Testament: Anzeichen des Bewußtseins von der Dreieinigkeit

Im Neuen Testament gibt es noch keine Trinitäts-*Lehre,* doch allmählich formt sich das klare Bewußtsein, daß Jesus Christus, der Vater und der Geist gleichermaßen Gott sind. Hier und da scheinen in Dreier-Formeln Anzeichen dieses Bewußtseins auf.[10] Sie können nicht als erdrückende Beweise der dreifaltigen Offenbarung aufgelistet werden, sind aber gleichwohl Zeugnisse der ursprünglichen Gemeinschaftserfahrung hinsichtlich Gottes Wirklichkeit. Noch findet keine Reflexion statt, noch stellt man nicht, wie später, die Fragen: Wie vereinbart sich die Erfahrung Gottes als Vater, Sohn und Geist mit der erfahrenen strengen Einzigkeit Gottes? Wie lassen sich die Beziehungen der göttlichen Drei zueinander zusammenhängend verstehen? Was im Neuen Testament vorliegt, ist die Gegenwart des trinitarischen Glaubens in der Doxologie und besonders in der Taufkatechese. In diesen Zusammenhängen tauchen die Dreierformeln auf, Grundlage für eine trinitarische Orientierung unseres christlichen Gottesverständnisses. Die wichtigsten Stellen seien hier angeführt.

a. Matthäus 28,19. – »Geht also hin, macht zu meinen Jüngern alle Völker und tauft sie im Namen des Vaters, des Sohnes und des Heiligen Geistes.« Die Taufformel ist ausdrücklich trinitarisch; sie wird in keinem der anderen Evangelien bezeugt, stellt also ein Sondergut des Evangelisten Matthäus dar. Es besteht praktisch Einmütigkeit unter den Fachleuten, daß diese Formulierung nicht auf den auferstandenen Jesus zurückgeht. In ihr hat die Lehre der Gemeinde des Evangelisten sich auskristallisiert, die schon viel über den Sinn des wichtigsten Ritus der alten Kirche, der Taufe, nachgedacht hatte. Anfangs taufte man »im Namen Jesu Christi« (Apg 8,16; 19,5; vgl. 1 Kor 1,13.15). Der

[10] Vgl. auch die minutiösen Analysen bei: *A. W. Wainwright,* The Trinity in the New Testament, 237–247.

Name steht für die Person. Im Namen des Vaters, des Sohnes und des Heiligen Geistes getauft zu werden heißt, in die Gemeinschaft dieser drei Personen hineingetauft, ihrem besonderen Schutz anvertraut zu werden. Wir wissen aus der Didache und durch Justin (sie sind die ersten Zeugen), daß es vor der Taufe eine besondere Katechese über das christliche Mysterium gab. Bei dieser Einweihung lernten die Katechumenen, daß der Vater seinen Sohn in die Welt gesandt hat und daß der Geist in die Herzen der Gläubigen ausgegossen worden ist. Paulus faßt diese Urdaten im Brief an die Galater zusammen: »Ihr seid alle Kinder Gottes durch den Glauben an Christus Jesus. Alle, die ihr auf Christus Jesus getauft worden seid, habt Christus angezogen ... Da ihr nun Kinder seid, hat Gott in unsere Herzen den Geist seines Sohnes gesandt, der ruft Abba, Vater« (3,26–27; 4,6). Die Formel des Matthäus ist gewiß einige Jahre lang in den Gemeinden umgelaufen, ehe sie in die Evangelientradition aufgenommen wurde und ihren jetzigen Platz fand. Die Urgemeinden haben solche Sätze furchtlos dem Auferstandenen in den Mund gelegt; denn sie waren überzeugt, daß er anwesend sei (»ich bin bei euch alle Tage bis zum Ende der Welt«: Mt 28,20) und die Glaubenden ins wachsende Verständnis seines Geheimnisses einführe. Dieses Verständnis setzte schon die Gottheit der drei Namen voraus, ohne bereits zu einer lehrmäßigen Formulierung solcher Überzeugung zu gelangen. Doch ist es bezeichnend, daß schon um das Jahr 85, da Matthäus sein Werk abfaßte, sich eine klare trinitarische Formulierung des Glaubens der matthäischen Kirche feststellen läßt.

b. 2 Korinther 13,13. – »Die Gnade des Herrn Jesus Christus und die Liebe Gottes und die Gemeinschaft des Heiligen Geistes sei mit euch allen.« Diese Dreierformel, die noch heute in der Liturgie gebraucht wird, besaß gewißlich ihre Lebenssphäre in den Feiern der Alten Kirche. Von dort hat Paulus sie genommen und verbreitet sie, unter kleinen Variationen, in seinen Briefen (vgl. Röm 16,20.21; 1 Kor 16,23; 1 Thess 5,28; 2 Thess 3,18). Jesus Christus wird als »Gnade« angesehen, weil sich in ihm »die Liebe« Gottes zeigt (vgl. Röm 5,7; 8,39), die biblisch dasselbe wie Gnade ist. »Die Liebe Gottes« meint den Vater, da bei Paulus und allgemein im Neuen Testament »Gott« immer für den Vater steht; dieser Vater hat die Welt so sehr geliebt, daß er seinen Sohn sandte. »Die Gemeinschaft des Heiligen Geistes«: Der Geist schenkt der Gemeinde unzählige Gaben und auch die Gemeinschaft aller zugunsten aller (vgl. 1 Kor 14,5). Diese Formel deutet schon auf die Dreifaltigkeitslehre hin. Der häufige Gebrauch, den die

Liturgie von ihr machte, hat zweifellos die Ausbildung einer Trinitätslehre beschleunigt.

c. 2 Thessalonicher 2,13–14. – »Wir sind Gott euretwegen immerwährenden Dank schuldig, daß Gott euch, vom Herrn geliebte Brüder, als erste zum Heil erwählt hat. So seid ihr durch den Geist geheiligt und zum Glauben an die Wahrheit gekommen. Dazu hat er euch durch unsere Heilsverkündigung gerufen: daß ihr die Herrlichkeit unseres Herrn Jesus Christus erlangen sollt.« Diese Verse zeigen, wie sich im Geist des Verfassers alles um diese drei Gnaden- und Heilsquellen herum strukturiert, den Vater, den Sohn und den Heiligen Geist. Wir können zwar nicht sagen, daß die Formulierung trinitarisch sei, wohl aber finden wir hier ein Denken, das sich trinitarisch organisiert. Gäbe es kein solches Denken, so wäre es unmöglich zu den trinitarischen Ausdrucksweisen, erst im Gottesdienst (Doxologie), dann in der theologischen Reflexion, gekommen.

d. 1 Korinther 12,4–6. – »Gewiß gibt es verschiedene Gnadengaben, aber es ist ein und derselbe Geist; und verschiedene Weisen zu dienen, aber nur ein und denselben Herrn; und verschiedene Kraftwirkungen, aber ein und denselben Gott, der alles in allen zur Wirkung bringt.« Der Zusammenhang ist kirchlich; Paulus bedenkt den Reichtum an Diensten und Ämtern, die in der Gemeinde entstehen, weil sie sich in geistgeschenktem Enthusiasmus zu Christus, dem Sohn Gottes, hält. Vom Gemeindeleben läßt sich nicht sprechen, ohne die drei lebendigen und strukturierenden Prinzipien jeder christlichen Neuheit einzubeziehen, den Vater, den Sohn und den Geist. Ebenso läßt sich von den Äußerungen des Geistes nicht sprechen ohne Hinweis auf Christus, dessen Geist er ist, und auf den Vater, der alles umfaßt. Wenn hier auch keine offenkundige trinitarische Lehre vorliegt, so sind doch Elemente für eine künftige gegeben.

e. Andere paulinische Dreiertexte. – Es gibt eine beachtliche Reihe von Texten in den paulinischen Schriften, die nicht direkt trinitarisch sind, aber ein trinitarisches Denken zeigen, das sich später zu einer ausgeführten Trinitätslehre entfaltet hat.[11] Die Texte gewinnen ihre Bedeutung nicht einfach aus sich selbst, sondern durch die Wichtigkeit, die sie in späteren Überlegungen bei den Vätern und Theologen der Kirche

[11] Vgl.: *J. N. D. Kelly,* Early Christian Doctrines, London ^{3}1965, 23f.

angenommen haben. Die Bedeutung eines Textes beschränkt sich für eine rechte Hermeneutik nicht auf den Sinn, den er in seinem ursprünglichen Zusammenhang hat, sondern umfaßt auch die praktischen und theoretischen Entfaltungen, die er auslöst. Ich bringe die hauptsächlichen Stellen:

»Daß aber durch das Gesetz niemand vor Gott gerechtfertigt wird, ist offensichtlich ... Christus hat uns erlöst vom Fluche des Gesetzes ..., damit wir durch den Glauben die Verheißung des Geistes empfingen« (Gal 3,11–14).

»Weil ihr Söhne seid, hat Gott den Geist seines Sohnes in unsere Herzen gegeben, der ruft: Abba, Vater« (Gal 4,6).

»Gott ist es, der uns mit euch zusammen einen festen Stand in Christus gegeben und uns gesalbt hat. Er hat uns das Siegel aufgeprägt und den Geist als Angeld in unsere Herzen gegeben« (2 Kor 1,21f).

»Ihr gebt euch selbst als Empfehlungsbrief Christi zu erkennen, der durch uns ausgefertigt ist, geschrieben nicht mit Tinte, sondern mit dem Geist des lebendigen Gottes, nicht auf steinerne Tafeln, sondern in fleischerne Herzen« (2 Kor 3,3).

»Das Reich Gottes besteht nicht in Essen und Trinken, sondern in Gerechtigkeit, Frieden und Freude durch den Heiligen Geist. Wer darin Christus dient, der ist Gott wohlgefällig und gilt etwas bei den Menschen« (Röm 14,17f).

»Ich bin ein priesterlicher Diener Christi Jesu für die Heiden, ein Verkünder der Heilsbotschaft Gottes. So möge das Opfer, das ich in Gestalt der Heidenvölker darzubringen habe, Gott wohlgefällig sein, geheiligt durch den Heiligen Geist« (Röm 15,16).

»Ich bitte euch aber bei unserem Herrn Jesus Christus und der Liebe des Geistes: Steht mir mit eurer Fürbitte zu Gott bei« (Röm 15,30).

»Die wahrhaft Beschnittenen sind wir, die wir im Geist Gottes dienen und uns rühmen in Christus Jesus, statt unser Vertrauen auf uns selbst zu setzen« (Phil 3,3).

»Durch ihn (Jesus Christus) haben wir beide, Juden und Heiden, zusammen Zugang zum Vater in demselben Geist« (Eph 2,18).

»Durch ihn (Christus) wird das ganze Gebäude zu einem geschlossenen Ganzen zusammengefügt und wächst zu einem heiligen Tempel im Herrn heran. Durch ihn werdet auch ihr bei dem Aufbau des geistlichen Gotteshauses mit eingebaut« (Eph 2,20–22).

»Darum beuge ich meine Knie vor dem Vater, von dem jedes Geschlecht auf Erden wie im Himmel seinen Namen hat: Er möge euch durch den Reichtum seiner Herrlichkeit verleihen, durch seinen Geist Vermögen und Stärke zu gewinnen für den inwendigen Menschen. Christus möge durch den Glauben in euren Herzen wohnen ...« (Eph 3,14–17).

f. Dreierformeln in den anderen Schriften des Neuen Testaments. – Das Dreiermuster erscheint nicht nur in den paulinischen, sondern auch in anderen neutestamentlichen Schriften. Wir brauchen sie hier nicht zu analysieren, denn ihr trinitarischer Gehalt ist sehr gering. Doch zeigen sie die Gegenwart eines Denkens, das die göttlichen Drei beim Heilswerk stets zusammen schaut. So zum Beispiel die bekannten Texte Tit 3,4–6; 1 Petr 1,2; Jud 20,21; Offb 1,4f; Hebr 6,4. Aufgabe der Reflexion wird es im 3. und 4. Jahrhundert sein, die neutestamentlichen Gemeindeerfahrungen des Glaubens, der Feier und der katechetischen Unterweisung in begriffliche Lehren zu übersetzen, die beides festhalten: die Einheit der Natur und Gemeinschaft und die Dreifaltigkeit der Personen im Geheimnis des christlichen Gottes. Damit soll nicht angedeutet sein, das Dunkle des Neuen Testamentes werde in der Vätertheologie hell. Das Dreifaltigkeitsgeheimnis wird immer dunkel sein, im einen wie im anderen Ausdruck. Doch alles christliche Nachdenken wird unvermeidlich immer auf die Zeugnisse achten müssen, die zuerst das erhabene Geheimnis des Vaters, des Sohnes und des Heiligen Geistes als die höchste Offenbarung des göttlichen Mysteriums geahnt haben.

8. Christliches Neulesen des Alten Testaments: Die Vorbereitung auf die Offenbarung

Dank ihrem trinitarischen Bewußtsein können die Christen das Vergangene, seien das die Weltreligionen, sei es das Alte Testament, auf ihre besondere Weise lesen, um dort Vorzeichen der vollen Offenbarung zu entdecken, die mit dem Christusereignis im Neuen Testament geschehen ist.

Dabei wird vorausgesetzt: Wenn der einzige wahre Gott die Dreieinigkeit der Personen ist, dann schließt jede geschichtliche Offenbarung Gottes eine Offenbarung der Dreieinigkeit ein. Es kann sein, daß diese Offenbarung von den Menschen nicht angemessen als dreifaltige Offenbarung begriffen wird; trotzdem bleibt sie eine echte dreifaltige Offenbarung. Eben weil sie echt ist, lassen sich hie und da Andeutungen und Spuren ahnen, die auf den dreipersönlichen Charakter des göttlichen Geheimnisses hinweisen.[12] Solches Verständnis begründet das christliche Neulesen insbesondere des Alten Testaments.

Die alttestamentlichen Verfasser legen bewußt den Monotheismus zugrunde, ausgehend von der heilsgeschichtlichen Erfahrung Gottes, der zugunsten des Volkes handelt; von da aus bekundete er seine Schöpfertat am Universum. Doch hat dieser Monotheismus nichts zu tun mit der Starre des absoluten Subjekts im modernen Denken oder mit der deistischen Auffassung, für die das letzte Prinzip des Alls dem Verlauf der Geschichte und dem Los der Schöpfung fremd gegenübersteht.

Jahwe ist ein Gott, der sich offenbart, einen Bund mit dem Volke schließt, die Unterdrückten aus den Unterdrückungen befreit und die Hoffnung auf ein Reich des Friedens und der Freiheit weckt. Er ist ein Gott voller Leidenschaft und unbeschränkter Menschenfreundlichkeit. In einem Wort: Jahwe ist zutiefst ein lebendiger Gott, Schöpfer des Lebens und Schützer dessen, der sein Leben bedroht fühlt (vgl. Ps 42,3; 84,3; Jer 10,10; 23,36; Dtn 6,27). Weil er lebendig ist, finden sich bei Gott Entwicklungen, die von den Christen als Anzeichen der dreipersönlichen Offenbarung aufgefaßt werden. Die eindrucksvollste Gestalt in dieser Hinsicht ist der Engel Jahwes, der das Volk begleitet, den Unterdrückten hilft und Gottes Weisheit und Energie darstellt (vgl. Ex 14,19; Gen 16,7; 1 Kön 19,5; 2 Kön 1,3; 2 Sam 14,20). Einmal erscheint er von Gott verschieden, dann mit ihm identisch (Gen 31,11.13; Ex 3,2.4). Auch die drei Männer oder Engel, die dem Abraham in Mamre (Gen 18) erscheinen – Gestalten, welche die Reflexion der Väter und die trinitarische Ikonographie (denken wir an die berühmte Ikone von Rublew aus dem 15. Jahrhundert) so sehr beeinflußt haben –, bezeichnen durchaus eine geheimnisvolle Wirklichkeit, die für die Frage nach der göttlichen Natur offen bleibt.[13]

In den Spätschriften des Alten Testaments erscheinen drei Arten von Personifizierungen Jahwes, die für unser Thema der trinitarischen

[12] Vgl.: *R. Schulte,* Die außerbiblische Gottesoffenbarung als Vorbereitung der Trinitätsoffenbarung, bes. 49–82; *R. Panikkar,* The Trinity and the Religious Experience of Man, 9f.

[13] Die Pluralform in Gen 1,26: »Laßt uns den Menschen machen nach unserem Bild und Gleichnis« (vgl. Gen 3,22; 11,17; Jes 6,8) hat keinen trinitarischen Charakter; es handelt sich dabei, wie einige meinen, um einen pluralis maiestatis oder, nach der Meinung anderer Exegeten, um einen pluralis deliberationis: Gott geht mit sich selber zu Rate; der Plural ist lediglich stilistisch zu verstehen. Auch das dreifache »Heilig« der Seraphim in Jes 6 hat keinen trinitarischen Charakter; die dreifache Wiederholung des »Heilig« ist ein stilistisches Mittel zur Betonung der Transzendenz und Hoheit Gottes. Dessenungeachtet spielten die genannten Stellen eine bedeutende Rolle in den trinitarischen Spekulationen der Kirchenväter.

Vorbereitung im Alten Testament sehr aufschlußreich sind. Zunächst wird die göttliche Weisheit personifiziert. Die Weisheit geht durch die Welt und wirkt inmitten der Menschen. Die Weisheitslieder personifizieren sie in solcher Weise, daß sie schon eine mehr oder minder selbständige Existenz gewinnt (vgl. Spr 1,20–23; 8; 9,1–6; Ijob 28; Sir 24; Weish 6,12–8,1). Mit der Weisheit verknüpft ist auch die Personifizierung des Wortes Gottes (Ps 119,89; 147,15ff; Weish 16,12). Einerseits offenbart das Wort Gottes die Erhabenheit Gottes; denn er schafft alles durch sein Wort; andererseits tut er seine Gegenwart bei den Männern und Frauen kund, indem er kraft dieses Wortes Weisung, Gericht und Heil bewirkt. Schließlich kommt es im Alten Testament zu einer Hypostasierung von Gottes Geist. Im Tiefsten ist dieser Geist Gott in seiner Kraft und seiner Gegenwart in Schöpfung und Geschichte. Diese Kraft zeigt sich in der Schöpfung, in den politischen Führern, in den Propheten und besonders im Messias, dem herausgehobenen Träger des Geistes (vgl. Jes 42,1–3; 61,1f). Es wird eine Zeit kommen, da alle den Geist besitzen werden (Jes 4,4–6), der die Herzen erneuert (Ez 36,26f) und eine Neuschöpfung vollzieht (Ez 11,19; 18,31; 36,26; 37,1–14). Durch den Geist ist Jahwe inmitten des Volkes; im Neuen Bund wird der Glaube sagen: Der Geist wird wie in einem Tempel wohnen in der Gemeinde der Gläubigen, die das wahre Volk Gottes darstellt.

Mit diesen und anderen alttestamentlichen Perspektiven will ich nicht sagen, daß wir dort schon die dreipersönliche Offenbarung Gottes antreffen. Was wir antreffen, ist eine wachsende Annäherung Gottes; ohne seine Transzendenz zu verlieren, tritt er mehr und mehr in die Geschichte und ins Herz der Gläubigen ein und zeigt so seine Tendenz zur Selbstmitteilung. Dieses Selbstgeschenk Gottes sehen wir im Neuen Testament bezeugt: Sohn und Geist werden vom Vater gesandt für das Leben der Welt. Das Alte Testament hat einen Wert in sich, denn es bezeugt Gottes geschichtliche Offenbarung an ein Volk; doch zur Fülle kommt seine innere Dynamik, wenn wir es von der endgültigen Kundgabe in Christus und im Geist her lesen, die das Neue Testament bezeugt. Dann können wir mit Epiphanius theologisch bekennen: »Die Einheit wird schon bei Mose gelehrt, die Zweiheit bei den Propheten verkündet, die Dreiheit in den Evangelien gefunden.«[14]

[14] Vgl. hierzu auch den Aufsatz von *L. Boff,* O dogma da Santíssima Trindade na Sagrada Escritura, in: Sponsa Christi 19 (1965) 264–269.

III. Bemühungen um das Verständnis der trinitarischen Wahrheit

Aus all dem bisher Dargestellten hat sich klar ergeben, daß der Glaube an die Dreieinigkeit, an Vater, Sohn und Heiligen Geist, in seinen Anfängen eher eine selbstverständliche Glaubenserfahrung war als eine vom Verstand ausgearbeitete Lehre. Man taufte im Namen des Vaters, des Sohnes, des Heiligen Geistes – so melden es uns die hauptsächlichen alten Zeugnisse, beginnend mit dem Schluß des Matthäusevangeliums.

Zur Taufe, die üblicherweise Erwachsenen gespendet wurde, trat das Glaubensbekenntnis, das als »Glaubensregel«, als »regula fidei«, galt, da es den Grundrahmen absteckte, innerhalb dessen die Gemeinde sich verstand. Man nannte es auch »redditio symboli«, das heißt: Aufsagen des Symbolums. »Symbolum« bedeutet hier den Fachbegriff für die Formeln, in denen die Kirche ihren Glauben zusammenfaßt. Wir kennen viele solcher Symbola;[1] eines der bekanntesten geht auf die Mitte des 2. Jahrhunderts zurück und ist nichts anderes als das Taufsymbol der römischen Kirche. Bis heute wird es beim Taufritus von den Eltern und Paten aufgesagt. Es lautet:

»Ich glaube an Gott, den *Vater,* den Allmächtigen, den Schöpfer des Himmels und der Erde, und an Jesus Christus, seinen eingeborenen *Sohn,* unseren Herrn, empfangen durch den Heiligen Geist, geboren von der Jungfrau Maria, gelitten unter Pontius Pilatus, gekreuzigt, gestorben und begraben, hinabgestiegen in das Reich des Todes, am dritten Tage auferstanden von den Toten, aufgefahren in den Himmel; er sitzt zur Rechten Gottes, des allmächtigen Vates; von dort wird er kommen, zu richten die Lebenden und die Toten. Ich glaube an den *Heiligen Geist,* die heilige katholische Kirche, Gemeinschaft der Heiligen, Vergebung der Sünden, Auferstehung des Fleisches und das ewige Leben. Amen.«

Dieser Text ist deutlich von einer bewußt trinitarischen Auffassung geprägt. Doch haben sich bis zum 3. Jahrhundert wenige mit den Problemen beschäftigt, die sich hinter solchen Formulierungen verbergen.

[1] Die ersten Glaubensbekenntnisse gesammelt bei: DS 1–76.

Wie vertragen sich die Drei mit dem biblischen Glauben an die strikte Einzigkeit Gottes? Sind sie nur nebeneinander? Welche Art Beziehung gibt es zwischen Vater, Sohn und Heiligem Geist? Existiert irgendeine Ordnung in den Beziehungen? All dies wurde gefeiert, verkündigt und geglaubt, aber nicht reflektiert.

1. Irrwege: Anregungen für die Dreifaltigkeitslehre

Von der Mitte des 2. Jahrhunderts an erscheint allmählich, besonders zu Alexandrien in Nordägypten, einem großen Zentrum der Studien und Debatten, eine Schicht gebildeter Christen.[2] Sie wissen umzugehen mit der - platonischen, neuplatonischen, stoischen - Philosophie der Zeit; sie kennen die Gnosis, die vielleicht die stärkste Konkurrenz des antiken Christentums war. Die Gnosis stellt sich dar als Befreiungsweg aufgrund der Kenntnis des Geheimnisses unserer Existenz: Woher wir kommen, wohin wir gehen und welches unsere gegenwärtige Situation ist. Sie schmolz synkretistisch allerlei religiöse und philosophische Elemente zusammen und machte es spekulativer Phantasie und Leichtgläubigkeit eben recht.

Die christlichen Intellektuellen (Justin, Klemens von Alexandrien, Athenagoras, Origenes), die solche Luft atmeten, sahen sich mit zwei Hauptaufgaben konfrontiert:

Erstens ging es darum, den Glauben selbst nach dem Feiern auch zu denken; dabei mußten die innerkirchlichen Probleme im Blick bleiben. Reflexion verlangt Strenge; sie fragt: Was heißt es genau, wenn wir verkünden, daß der Vater Gott ist, der Sohn Gott ist und der Heilige Geist Gott ist? Hingehen mag Übertreibung in der Liturgie und sogar Überschwang der Worte in der Frömmigkeit. Denn wer betet, kümmert sich nicht um Exaktheit und Akribie der Sprache. Sobald man aber Gottes Wahrheit wissen will, bricht die Theologie als formale Denkdisziplin auf. Man sucht zunächst nach dem klaren Begriff und seinem Ausdruck durch ein genaues Wort.

[2] Hierzu vgl. die verschiedenen Dogmengeschichten, insbesondere: *L. Scheffczyk,* Lehramtliche Formulierungen und Dogmengeschichte der Trinität, in: MySal II, 1967, 146–217; *J. Lebreton,* Histoire du dogme de la Trinité des origines au Concile de Nicée, 2. Bde., Paris 1927/28; *Th. de Régnon,* Études de théologie positive sur la Sainte Trinité, 4 Bde., Paris 1892–1898; *A. Adam,* Lehrbuch der Dogmengeschichte I, Gütersloh 1965; *B. de Margerie,* La Trinité chrétienne dans l'histoire (Théologie historique 31), Paris 1975; *G. L. Prestige,* God in Patristic Thought, London 1964; *E. Hoornaert,* A memória do povo cristão, Petrópolis 1986; dt. Düsseldorf 1987.

Die Reflexion vollzieht sich mit den der Kultur je eigenen Denkzeugen. In unserem Fall fühlten die christlichen Intellektuellen sich als Erben der Denkmittel aus dem Judentum und der griechisch-römischen Kultur. In diesen Formen versuchten sie auf kritischem Niveau wiederzugeben, was die Frömmigkeit auf ihre spontane Weise sagte.

Bei Gebet und Feier herrschen jene Bilder vor, die eine Gefühlsladung und eine ihnen eigene Kraft besitzen. So wirken die Bilder Vater, Sohn und Heiliger Geist (philologisch: Wind oder Hauch) kräftig auf unsere Einbildungskraft. Sie bringen bestimmte Einstellungen mit sich und fassen bestimmte Gefühlsinhalte zusammen; solcherart bauen wir unsere Beziehung und unsere Begegnung mit Gott auf.

Die Reflexion hat ihre eigene begriffliche Notwendigkeit und bricht mit den Bildern. Sie führt Begriffe mit einem Minimum an Gefühl und einem Maximum an vernünftiger Einsicht ein. Der Reflexion eignet unvermeidlich ein gewisser Formalismus; anders die trinitarische Glaubenserfahrung (bei Taufe, Liturgie und eucharistischer Feier); sie umfaßt viele Bilder und eine reiche Symbolik. Die Reflexion läßt all diesen Gefühlsreichtum hinter sich und entwirft Denkmodelle, die vernunftbestimmt und innerlich geschlossen sind. Sie fordert keine konkreten Haltungen, sondern bleibt im Abstrakten und, höchstens, im Kontemplativen. Man muß zugeben, daß hier ein gewisser Preis zu zahlen ist: größere Klarheit in den Begriffen gegen geringere Wärme der Frömmigkeit und weniger Dringlichkeit der Umkehr. Die theologischen Formulierungen über die Heiligste Dreifaltigkeit werden sich durch höchstes Abstraktionsniveau auszeichnen, durch einen Begriffsformalismus, wie der Westen ihn zuvor nicht gekannt hat. Neben dem Glauben an die Dreifaltigkeit entsteht die Lehre von der Trinität. Ihre Hauptströmungen sollen in diesem Kapitel vorgestellt werden.

Zweitens hatten die christlichen Intellektuellen sich Problemen zu stellen, die von außerhalb auf die Kirche eindrangen. Von drei Seiten kamen schwere Einwände: aus dem traditionellen Judentum, aus der griechischen polytheistischen bzw. philosophischen Kultur und aus dem Gnostizismus. Man mußte dringend zeigen, daß die christliche Weise, Gott als Vater, Sohn und Heiligen Geist zu bezeichnen, in sich logisch war. Es galt, die Dreieinigkeit festzuhalten und zu verteidigen gegen den jüdischen Monotheismus, gegen den griechischen Polytheismus,[3] gegen die Lehre von den Emanationen und Vermittlungen, die

[3] Aufgrund ihrer Verteidigung der Trinität sowohl gegen einen falschen Monotheismus als auch gegen den Vorwurf des Polytheismus wurden die Christen verschiedentlich des Atheismus beschuldigt. Vgl. hierzu den Ausruf eines Apologeten des 2. Jahrhunderts, *Athenagoras:*

die neuplatonische Philosophie vortrug, und gegen die theogonischen Spekulationen der Gnostiker. Aus Theologen mußten die christlichen Intellektuellen zu Apologeten werden.

Aus dieser doppelten Anstrengung, der innerkirchlich-theologischen und der apologetischen nach außen gegen die Einwände der Kultur, erwuchs die Dreifaltigkeitslehre. Sie entstand nicht von einem Tag auf den anderen; es war ein mühsames Tasten, mit endlosen Diskussionen, anstrengenden Begriffsfestschreibungen und dem Auftreten vieler Häresien. Die Häresien sind Lehren, die den Glauben nicht zu sich selbst kommen noch die Frömmigkeit sich darstellen lassen, oder Formulierungen, die den richtungweisenden Aussagen der Heiligen Schrift widersprechen. Die Häresien sind eine große Gefahr für den Glauben; trotzdem lassen sie die Theologie voranschreiten,[4] denn zu ihrer Widerlegung braucht es viel Studium und eine sorgfältige Vertiefung des eigenen Glaubens. Zuweilen stellen die Häresien gar Begriffe bereit, die später die orthodoxe Lehre tragen. Beispiel dafür ist gerade die Trinitätslehre, in der sich Schlüsselwörter häretischer Herkunft finden. So wurde der Ausdruck »trias« (Dreiheit = Dreifaltigkeit) zum ersten Mal von Theodotos verwendet, einem monarchianischen Häretiker (er behauptete die absolute Einzigkeit = Monarchie Gottes) um die Mitte des 2. Jahrhunderts. Zustimmend aufgenommen wurde er später von Theophilos von Antiochien, einem großen Apologeten des 2. Jahrhunderts, und so gelangte er in den theologischen Sprachgebrauch der Orthodoxie.[5] Tertullian († 220) übernimmt aus der Gnosis des Valentinos den technischen Ausdruck »prolatio« (Hervorbringung), um den Hervorgang des Sohnes aus dem Vater auszudrücken. Ebenso stammt das Schlüsselwort der Trinitätslehre, »homousia« (Wesenseinheit) von den Gnostikern Ptolemäus, Theodotos und Heraklion.[6]

»Wer soll sich da noch auskennen, wenn er Leute, die einen Gott Vater und einen Gott Sohn und einen Heiligen Geist bekennen und nachweisen, daß dieselben mächtig sind in der Einigung und verschieden in der Ordnung, als Atheisten verschrieen hört?«: Legatio pro christianis 10 (ed. W. R. Schoedel, Oxford 1972, 22f.; dt.: BKV 12, 285f.).

4 Ich gehe nicht so weit, mit *E. Bloch* zu sagen: »Denken ist Überschreiten ... Das Beste an der Religion ist, daß sie Ketzer schafft« (in: Atheismus im Christentum. Zur Religion des Exodus und des Reichs, Frankfurt 1968, 15. 23). Eine solche Einstellung betont lediglich den Fortschritt des Bewußtseins, ohne den Glauben der Gläubigen zu respektieren.

5 Siehe die Beispiele bei *L. Scheffczyk,* Lehramtliche Formulierungen, 162f.

6 *A. von Harnack* betrachtete die Gnostiker – obgleich Häretiker – als die ersten christlichen Theologen: Lehrbuch der Dogmengeschichte I: Die Entstehung des christlichen Dogmas, Tübingen 1909, 250f.; sie waren es auch, die als erste über die Trinität nachdachten: *A. Orbe,* Hacia la primera teología de la procesión del Verbo I/1 (Analecta Gregoriana 99), Rom 1958, 4; vgl. auch: *B. de Margerie,* La Trinité, 102–104. Die Gnostiker entfalteten dabei jedoch mehr eine Theogonie und eine Kosmogonie als eine wirkliche Trinitätslehre, wie sie bei christlichen Theologe wie Irenäus und Tertullian erscheint, die die Gnosis bekämpften.

Nehmen wir die Frage wieder auf. Bekennen, daß Jesus Gottes Sohn, Gott selbst im Fleische ist, den Heiligen Geist als Gott verkünden – ist das bloß fromme Übertreibung, eine hochjubelnde rhetorische Figur, oder steckt darin wirklich ein objektiver Gehalt? Ist Gott wirklich in sich selbst Vater, Sohn und Heiliger Geist? Oder haben wir es bloß mit einem Problem der Anthropologie zu tun, ist es mithin eine Frage des menschlichen Denkens, das sich den großen Themen gern im Dreischritt nähert? Gott wäre in sich selbst ein einziger, erschiene nur *für uns* als Drei? Dies alles muß von den christlichen Denkern im 2. bis 4. Jahrhundert geklärt werden. Sehen wir uns drei Lösungsversuche an, die ehedem für irrig befunden wurden und heute noch bleibende Versuchungen darstellen, sich das Geheimnis der Dreifaltigkeit auf ihre Weise zu vergegenwärtigen.

a. Vater, Sohn und Heiliger Geist, drei Erscheinungsweisen desselben Gottes? – Der Modalismus. – Die Christen fühlten sich als Erben des alttestamentlichen Glaubens, laut welchem Gott einer und einzig ist und in unzugänglichem Lichte wohnt. Andererseits bezeichneten sie den gestorbenen und auferstandenen Jesus als Gott. Wie vereinbaren sich beide Behauptungen? Einige christliche Theologen in Rom (Noetus und Praxeas im 2., Sabellius im 3. Jahrhundert) lösten die Frage folgendermaßen: Gott ist tatsächlich einer und einzig. Er begründet eine kosmische Monarchie, denn er allein ist Herr über alles; durch ihn regieren die Könige und herrschen die Herrscher. Indes hat dieser einzige Gott, in seiner geschichtlichen Mitteilung, sich unter drei Offenbarungsweisen gezeigt (daher *Modalismus,* wie Harnack im 19. Jahrhundert sagte). Dieselbe einzige Gottheit erscheint unter drei Gesichtern (prosopa) und wohnt auf drei verschiedene Weisen (idia perigraphe) in unserer Mitte, als Vater, Sohn und Heiliger Geist. Sofern derselbe Gott erschafft und uns das Gesetz gibt, heißt er Vater; sofern derselbe Gott uns erlöst, heißt er Sohn; sofern derselbe Gott uns heiligt und uns immer das Leben gibt, heißt er Heiliger Geist. Derselbe Gott hätte also drei Pseudonyme. Der Modalismus lehrte: Gott ist unteilbar, es gibt in ihm keine Gemeinschaft dreier Personen; was es gibt, ist die göttliche Einzigkeit, die sich für uns mittels dreier verschiedener Weisen abzeichnet. Können wir nach solchem Verständnis Jesus in ruhiger Frömmigkeit weiterhin als Gott denken und verkünden? Sind Vater, Sohn und Geist nicht drei *Wörter* für dieselbe einzige göttliche Wirklichkeit? Folgerichtig sagte man auch, daß es aufs gleiche hinauslaufe, ob man behauptet: Der Vater ist Mensch geworden, der

Vater hat gelitten und ist am Kreuz gestorben (Patripassianismus), oder: Der Sohn ist Mensch geworden, hat gelitten und ist am Kreuz gestorben.

Diese Deutung bestärkt kräftig die Lehre von der Einheit und Einzigkeit Gottes, löst aber letztlich die Dreifaltigkeit auf. Diese ist im Grunde keine Wirklichkeit, sondern nur ein Wort. So läßt sich Christus ohne Gott denken und Gott ohne Christus. Durch ein solches Verständnis ist das Judentum noch nicht überwunden, die christliche Neuheit der drei göttlichen Personen noch nicht verstanden, die doch unter sich eine Gemeinschaftseinheit begründen. Der Modalismus wurde verworfen als ungenügend zum Ausdruck des christlichen Glaubens an die Dreifaltigkeit der Personen, die wirklich unterschieden sind und doch in absoluter Gemeinschaftsfülle leben.

b. Ist der Vater der einzige Gott, sind Sohn und Heiliger Geist untergeordnet? – Der Subordinatianismus. – Es geht um dasselbe Problem wie eben: Man bekennt seinen Glauben an einen einzigen Gott, und zugleich wird in Frömmigkeit und Liturgie Jesus Christus als Gott verkündet. So hieß es denn: Man soll Jesus Christus kluge Verehrung zollen, doch nicht derart, daß man ihn Gott selbst gleichstellt; denn solches Übermaß zerstört den echten Sinn für Gott. Christus kann Gott ähnlich (homoiusios), jedoch niemals ihm gleich (homousios) sein. Er ist das erste Geschöpf, das Urbild aller Geschöpfe, aber nicht Gott.

So dachten einige Christen, zum Beispiel im Jahr 260 der Bischof von Antiochien, Paul von Samosata, oder der Theologe Arius († 336) in Alexandrien. Im übrigen gibt es tatsächlich Aussprüche Jesu im Neuen Testament, die offen die Unterordnung des Sohnes unter den Vater andeuten (vgl. Joh 14,28: »Der Vater ist größer als ich«; vgl. Mt 19,16; Mk 10,7; Lk 18,18; Apg 2,36; 1 Kor 15, 20–28; Phil 2,5–11).

Um beide Behauptungen, die über Gottes Einzigkeit und die über Jesu Göttlichkeit, festhalten zu können, behalf sich Arius mit der platonischen Religionsphilosophie, die zu Alexandrien in voller Blüte stand. Laut dieser Strömung stellt Gott ein unauslotbares, absolut transzendentes Geheimnis dar. Kraft seiner eigenen Natur ist er unsagbar und unmitteilbar. Um mit der Welt in Kontakt zu treten, bedient er sich eines Mittlers: des Logos. Dieser Logos ist nicht Gott, gehört aber zur göttlichen Sphäre; er ist das Urgeschöpf und Vorbild aller Geschöpfe. (Der Prolog des Johannesevangeliums dagegen identifiziert Jesus, den Sohn Gottes, mit dem Logos und fügt hinzu: »Und der Logos war Gott« [Joh 1,1].)

Arius und die Seinen betonten die Tatsache, daß Jesus ein vollkommener Mensch war, weil in ihm der Logos sein Zelt aufgerichtet hatte; er war voll des Geistes und erreichte den Gipfel der Vollkommenheit - so sehr, daß er einen göttlichen Namen verdiente. Er wurde vom Vater als sein Sohn *adoptiert*. Doch gegenüber dem abgründigen Geheimnis des Vaters bleibt der Sohn stets untergeordnet (*Subordinatianismus* - vom Vater geschaffen oder gezeugt, bzw. *adoptianistischer Subordinatianismus* - vom Vater adoptiert). Er wird als das dem Vater ähnlichste Geschöpf bezeichnet, das sich denken läßt, gelangt indes nicht zur Wesensgleichheit mit dem Vater. Solcherart versuchte diese Strömung - deren Problematik bis heute aktuell geblieben ist - den beiden Behauptungen des frommen Gottesvolkes gerecht zu werden: Gott behält seine Einzigkeit, denn er hat niemanden seinesgleichen zur Seite, und er besitzt zugleich einen Erstgeborenen, der im höchsten Maße vollkommen ist und göttlich deshalb, weil Gott ihn als Sohn angenommen und zum Mittler, Erlöser und ausschließlichen Zugangsweg der Menschheit zum Geheimnis des Einen eingesetzt hat.[7]

Nach vielen Diskussionen hat das Konzil von Nizäa (325) feierlich den Glauben an Jesus Christus definiert, »den Sohn Gottes, als Einziggeborener gezeugt vom Vater, das heißt aus der Wesenheit des Vaters, Gott von Gott, Licht vom Lichte, wahrer Gott vom wahren Gott, gezeugt, nicht geschaffen, wesenseins (griechisch: homousios) mit dem Vater, durch den alles geworden ist, was im Himmel und was auf Erden ist« (DS 125/NR 155).

Mit dieser für alle Christen verbindlichen Definition ist das Schicksal des christlichen Gottesverständnisses besiegelt. Gott kann nie mehr als des ewigen Einen Einsamkeit gedacht werden. Die Einheit des dreifaltigen Gottes ist etwas Eigentümlich-Einzigartiges, nämlich die Einheit von Personen, die immer voneinander durchdrungen sind. Gottes Einheit ist nicht rein und schlicht die des Alten Testaments; wenn das Christentum den biblischen Monotheismus aufnimmt, so innerhalb der einzigen Gemeinschaft der Personen, denn nur sie existieren als Gott Vater, Sohn und Heiliger Geist. Gottes Herrsein bedeutet nicht mehr die himmlische Monarchie samt den politischen und religiösen Ableitungen, die wir oben aufgedeckt haben. Gottes Herrsein zeigt sich nicht in der Oberherrschaft des einen über die anderen, sondern in der Gemeinschaft aller untereinander, in der gegenseitigen Hingabe und in der Freiheit. Später werden wir diese Aussagen vertiefen.

[7] Siehe den Hinweis auf zeitgenössische Texte bei: *F. A. Pastor,* Semântica do mistério. A linguagem teológica da ortodoxia trinitária, São Paulo 1982, 47–80, bes. 51–54.

c. Sind Vater, Sohn und Heiliger Geist drei Götter? – Der Tritheismus. – Die Überwindung des starren (vor- und untrinitarischen) Monotheismus und des Subordinatianismus, das heißt der Sieg der Frömmigkeit des Volkes Gottes über die gespreizte Spekulation der Theologen,[8] ließ freilich für einen weiteren Irrtum den Weg offen: den Tritheismus. Der Tritheismus behauptet die drei göttlichen Personen. Er nimmt den Vater, den Sohn und den Heiligen Geist an, jedoch als drei unabhängige, selbständige Substanzen. Er bejaht nicht, daß es eine Beziehung zwischen ihnen gibt und daß die Gemeinschaft konstitutiv für die göttliche Person ist. Von daher kommt es zu der Feststellung, die Dreifaltigkeit bedeute das Bekenntnis des Glaubens an drei Götter. Man zählt die göttlichen Drei zusammen, als gäbe es nicht hinter jeder Person einen Einzigen, der unmöglich addiert werden kann. Überdies reflektiert der Tritheismus nicht über die philosophischen Unzuträglichkeiten einer Dreigötterlehre: die Koexistenz dreier Absoluter, dreier Ewiger, dreier Schöpfer.

Die Rede von der Dreieinigkeit behauptet zwar die objektive Existenz dreier Einziger: des Vaters, des Sohnes und des Heiligen Geistes. Sie glaubt sie jedoch nicht getrennt und unbezogen. Der Dreieinigkeitsglaube sieht die Personen ewig in unendlicher Gemeinschaft aufeinander bezogen. Wir können demnach sagen: Es gibt drei Personen einer einzigen Gemeinschaft. Die Perichorese (circumincessio: Durchdringung der Personen) vollzieht sich nicht nachträglich zur Konstituierung der göttlichen Personen; sie ist vielmehr ursprünglich und konstitutiv zugleich mit den Personen gegeben.

In verschleierter Form besteht der Tritheismus weiter, wenn man die Einheit der Personen schwächt, so geschehen durch Joachim von Fiore († 1202). Nach ihm ergibt sich die Einheit der Personen aus der kollektiven Einung zwischen ihnen (unitas collectiva et similitudinaria: DS 803) kraft der zwischen den dreien herrschenden Freundschaft, nach Art der Vereinigung der Christen in der Kirche oder der Bürger, die ein Volk bilden. Hier wird zwar der Unterschied gesehen, doch nicht angemessen die wesenhafte und perichoretische Gemeinschaft. Die Gefahr des Tritheismus liegt nahe.[9]

[8] Siehe die interessante Studie von *J. Lebreton,* Le désaccord de la foi populaire et de la théologie savante dans l'Église chrétienne du IIIe siècle, in: Revue d'histore ecclésiastique 19 (1923) 481–506; 20 (1924) 5–37.

[9] Auch *Roscellin von Compiègne* († 1125) dachte die göttlichen Personen als drei autonome Naturen »sicut tres angeli aut tres animae« (nach: *Anselm von Canterbury,* De incarnatione Verbi 1: Opera omnia, ed. F. S. Schmitt, Edinburgh 1938–1961, t.I, vol. II,4). Gilbert von

Die drei genannten Irrwege kennzeichnen nicht nur in der Vergangenheit falsche Trinitätsvorstellungen. Noch heute wirken sie im Denken und Sprechen vieler Gläubiger und sogar solcher, die den Dienst des Wortes in der Kirche haben. Man kann recht glauben, aber in Begriff und Wort diesen Glauben irrig darstellen. Vielmals redet man von Gott, als wären wir Juden oder Moslems, als hätte es nicht die trinitarische Offenbarung gegeben, wie das Christentum sie empfing; oder man redet von der Dreifaltigkeit, vom Vater, vom Sohn und vom Geist, auf eine Weise jedoch, daß sie als drei Götter erscheinen, weil man so tut, als gäbe es drei Bewußtseinszentren, drei Willen, drei unterschiedliche Intelligenzen nebeneinander; oder man bezieht sich auf den Sohn und den Heiligen Geist, als wären sie geringere Wirklichkeiten, untertan dem wahren Gott, der allein der Vater wäre.

2. *Schöpfer des trinitarischen Sprachgebrauchs: Theologen auf dem sicheren Weg*

Sehen wir uns nun einige Theologen an, die uns gelehrt haben, recht über die Gottheit des Vaters, des Sohnes und des Heiligen Geistes zu sprechen, so daß wir die erwähnten Irrwege meiden. Es gab furchtbare Wort- und Formelkämpfe; auch politische, theologiefremde Interessen waren beteiligt. Das zeigt, daß die Reflexion nie vom Leben abgelöst, sondern immer engagiert ist, weil sie alle Bedeutungsdimensionen der menschlichen Existenz umfaßt.

a. Die ökonomische Trinität als Ausgangspunkt: Irenäus. – Der heilige Irenäus († 202) wird als einer der größten bischöflichen Theologen der Alten Kirche angesehen. Seine Schriften (»Adversus haereses« und »Darlegung der apostolischen Verkündigung«) bezeugen nicht nur den gemeinsamen Dreifaltigkeitsglauben, sondern auch schon eine ernsthafte Reflexion über dieses Geheimnis.[10]

Poitiers († 1154) betonte die Autonomie der Personen der Natur so sehr, daß er schließlich zu einer Quaternität gelangte. Dieser Glaube wurde 1184 durch das Konzil von Reims verurteilt (DS 745). Vgl. hierzu auch: *G. di Napoli,* La teologia trinitaria di Gioacchino da Fiore, in: Divinitas 23 (1979) 281 f.; ferner: *B. Forte,* Trinità come storia, 81–85.

10 Eine gute Zusammenfassung der Trinitätstheologie des Irenäus bietet: *C. Folch Gomes,* A doutrina da Trindade eterna. O significado da expressão »três pessoas«, Rio de Janeiro 1979, 219–231.

Die ersten Dreifaltigkeitstheologen waren anscheinend die gnostischen Valentinianer.[11] Ihre Spekulationen verloren sich in der Betrachtung der Hervorgänge göttlicher Personen; dabei mischten sie biblische Elemente mit theogonischen und kosmogonischen Mythologien und erlegten sich keinerlei Kontrolle durch die Rahmenbefunde des Neuen Testaments auf. Ein Nachdenken über die Trinität an sich, das nicht von der ökonomischen Trinität, das heißt der Dreifaltigkeit, wie sie sich in unserer Heilsgeschichte zeigt, ausgeht und sich ständig an ihr mißt, solches Denken artet eben im allgemeinen in wuchernde Phantasien aus.

Irenäus mußte gegen die gespreizten Spekulationen der Gnostiker Front machen. Daß sein Denken bis heute so wichtig ist, beruht auf dem (fast positivistischen) Nachdruck, mit dem er sagt, auszugehen sei vom konkreten Glauben (der Glaubensregel) und den biblischen Zeugnissen. Von dort aus wagt Irenäus sich, andachtsvoll und fromm, an die Erforschung der Dreifaltigkeit, wie sie von Ewigkeit her in sich selber ist.

In seiner »Darlegung der apostolischen Verkündigung« schreibt er: »Das ist die rechte Ordnung unseres Glaubens, die Grundlage des Gebäudes und die Sicherheit des Weges: Gott der Vater, ungeworden, unendlich, unsichtbar, ein Gott Schöpfer des Alls. Das zunächst ist das erste Hauptstück unseres Glaubens. Das zweite Hauptstück sodann ist das Wort Gottes, der Sohn Gottes, Christus Jesus unser Herr, welcher den Propheten erschienen ist, gemäß der Gestalt (Natur) ihrer Weissagungen und nach den Bestimmungen der Vorsehung des Vaters, er, durch den alles geworden ist. Derselbe wurde auch am Ende der Zeiten Mensch unter den Menschen, um alles vollkommen zu vollenden; er wurde sichtbar und körperlich, um den Tod zu besiegen und das Leben zu zeigen (vgl. 2 Tim 1,10) und Gemeinschaft und Frieden zwischen Gott und den Menschen zu bewirken. Das dritte Hauptstück sodann ist der Heilige Geist, durch den die Propheten weissagten, und die Väter die göttlichen Dinge lernten, die Gerechten vorangingen auf dem Weg der Gerechtigkeit, und der in der Fülle der Zeiten aufs neue über die Menschheit ausgegossen wird auf der ganzen Erde, die Menschen für Gott neu zu schaffen.«[12]

Dieses kleine trinitarische Lehrstück legt den Akzent auf die Heilsdimension der Dreifaltigkeit. Sie ist das letztlich Wichtige; denn in

[11] Siehe oben Anm. 6.

[12] *Irenäus von Lyon,* Demonstratio apostolicae praedicationis I 1, 6 (SChr 62, 39 f.; dt.: BKV 4, 588 f.).

seiner Erlösungstat offenbart Gott sich so, wie er ist, als Vater, Sohn und Heiliger Geist. Doch beschränkt Irenäus sich nicht auf diese Perspektive. Insbesondere betont er im Hinblick auf den Sohn dessen Präexistenz und wahre Gemeinschaft mit dem Vater: »Nicht unerschaffen bist du, o Mench, und lebtest nicht von Ewigkeit mit Gott, wie es dem Wort zukommt.«[13] »Denn nicht nur vor Adam, sondern schon vor aller Schöpfung verherrlichte das Wort seinen Vater, indem es in ihm blieb, und es selbst wurde von dem Vater verherrlicht.«[14] Bei solcher Wechselbezüglichkeit bleibt er nicht stehen, sondern schließt auch den Heiligen Geist ein: »Dieser Gott wird verherrlicht von seinem Wort, welches ein ewiger Sohn ist, und vom Heiligen Geist, welcher die Weisheit des Vaters von allem ist.«[15]

Als einer der Begründer der theologischen Reflexion hat Irenäus nicht immer zur genauen Formulierung gefunden. Es gibt bei ihm andere Passagen, in denen ein gewisser Modalismus oder Subordinatianismus anklingt. Insgesamt jedoch läßt sein Denken klar die Unterscheidung der göttlichen Drei hervortreten.

b. Die Dreieinigkeit ist eine Gemeinschaftsdynamik: Origenes. – Origenes (182–253) gilt als das größte theologische Genie des Christentums.[16] Für ihn bedeutet die Dreifaltigkeit eine ewige Gemeinschaftsdynamik; sie ist nicht als eine in sich geschlossene Wirklichkeit zu denken, sondern als ein Prozeß ewiger Verwirklichung. Gott ist Einer (monas), ist aber nicht allein. Wie das Licht Glanz aussendet, so ähnlich ist Gott der Vater Ursprung des Logos-Sohnes. Vater und Logos bringen auch den Heiligen Geist hervor.

Origenes ist der erste Theologe, der das Wort »hypostasis« (Person) gebraucht, um die göttlichen Drei in Gott zu kennzeichnen.[17] Der Unterschied der Personen ist ewig; so ist bei ihm der Modalismus völlig abgetan. Kraft seines dynamischen Trinitätsverständnisses hat er jedoch die Tendenz zu einem starken Subordinatianismus: Der Vater läßt aus sich den Sohn ausströmen und durch den Sohn den Heiligen

13 *Irenäus von Lyon,* Adversus haereses II 25,3 (SChr 294, 254f.; dt.: BKV 3, 172).

14 Adv. haer. IV 14,1 (SChr 100/2, 538f.; dt.: BKV 4,361).

15 Demonstratio I,10 (SChr 62,46; dt.: BKV 4,591).

16 Vgl.: *J. Daniélou,* Origène, Paris 1948, 243–258; eine gute Zusammenfassung bietet auch: *J. Barbel,* Der Gott Jesu im Glauben der Kirche. Die Trinitätslehre bis zum 5. Jahrhundert, Aschaffenburg 1976, 65–68.

17 Vgl.: *Origenes,* Contra Celsum 8,12 (SChr 150, 200f.; dt.: BKV 53, 744f.); vgl. auch: Com. in Ioann. II 10,75 (SChr 120, 254f.).

Geist. Sie bilden nicht drei Prinzipien, sondern Ableitungen aus dem einzigen Prinzip aller Gottheit und Tat, das der Vater ist. Diese Idee der Dreieinigkeit als Beziehungs- und Mitteilungsgefüge dreier unterschiedener Personen wird als fruchtbare Grundlage späterer systematischer Dreifaltigkeitsreflexion dienen.

c. Gott ist eins und nicht einer: Tertullian. – Der Hauptschöpfer der orthodoxen trinitarischen Sprache, die ebenso den Modalismus wie den Subordinatianismus vermeidet, war Tertullian (169–220), Laientheologe, hervorragender Sprachkenner und Jurist aus Karthago in Nordafrika. Er schuf 509 neue Substantive, 284 Adjektive, 28 Adverbien und 161 Verben. So ist es kein Wunder, daß von ihm das ehrwürdige Wort »trinitas« (Dreifaltigkeit) ebenso stammt wie auch die Formel, die den wahren Glauben an den dreieinigen Gott ausdrücken wird: »una substantia, tres personae«,[18] eine Substanz in drei Personen. Tertullians Auffassung zum Thema stellen wir hier nicht im einzelnen dar;[19] es mag uns genügen, wenn wir sein Anliegen und die begriffliche Strenge verstehen, die er einführte: Sie hat der ganzen späteren Entwicklung als Modell gedient.

Tertullians zentrale These klingt so: »Unitas ex semetipsa derivans trinitatem«[20]: Die Einheit leitet aus sich selbst die Dreifaltigkeit ab. Wie das? Tertullian antwortet: Gott ist nicht schlechthin einer, sondern eins. Mit anderen Worten, Gott ist nicht eine in sich selbst eingeschlossene Monade, sondern eine Wirklichkeit im Prozeß (dispensatio oder oeconomia), die eine zweite und eine dritte Person hervorbringt, die zu Gottes Substanz und zu Gottes eigener Tat gehören. Diese zwei Personen sind verschieden, aber nicht entzweit (distincti, non divisi), unterschieden, aber nicht getrennt (discreti, non separati). Der Prozeß ist ewig, da der Vater immer den Sohn zeugt und ihn von sich ausgehen läßt (prolatio); derselbe Vater ist durch den Sohn auch ewiglich Ursprung des Heiligen Geistes. Es gibt eine Ordnung (dispensatio, oeconomia) bei diesem Mitteilungsprozeß: Der Vater ist die Ganzheit der göttlichen Substanz; der Sohn und der Heilige Geist sind »portiones

[18] Weitere ähnliche Formeln finden sich in: De pudicitia 21: »tres personae unius divinitatis« (CCL 2, 1328); Adversus Praxeam 25: »tres unum sunt, non unus« (CCL 2, 1195); ebd. 2: »tres autem ... gradu ... forma ... specie unius autem substantiae et unius status et unius potestatis« (CCL 2,1161).

[19] Siehe folgende Studien: *J. Moingt,* Théologie trinitaire de Tertullien, 3 Bde. (Théologie 68–70), Paris 1966; *Th. L. Verhoeven,* Studien over Tertullianus' Adversus Praxeam, Amsterdam 1948.

[20] *Tertullian,* Adversus Praxeam 3 (CCL 2, 1161).

totius«, individuelle Mitteilungen (Personen) dieses substantiellen Ganzen.

Substanz entspricht der Einheit der göttlichen Drei; *Person* markiert das Unterscheidende. In Gott existieren deshalb die Einheit der gleichen Substanz im Vater, im Sohn und im Heiligen Geist und die Verschiedenheit der Personen des Vaters, des Sohnes und des Heiligen Geistes, die sich von dieser selben Substanz herleitet; indem diese sich ewig mitteilt, hält sie die Gemeinschaft und die Einheit mit den Mitteilungen aufrecht. Anders gesagt: Gottes Einheit ist immer die Einheit der Personen; das Eine Gottes ergibt sich aus den Dreien.

Dieser göttliche Einheits- und Unterscheidungsprozeß strahlt auf die Schöpfung aus. Das Wort drückt sich in der Geschichte aus und nimmt unser Fleisch an. Der Geist erfüllt Schöpfung und Herzen mit Leben. Beide führen alles zur immanenten Trinität zurück, und so wird Gott alles in allem sein.

Tertullian hat die fundamentalen Zusammenhänge des Dreifaltigkeitsverständnisses festgelegt. Zwar hat er die Beziehungen zwischen den drei Personen nicht ausgearbeitet; das war erst nach den Konzilsdefinitionen in Nizäa möglich (325). Doch hat er scharfsinnig den Weg gesehen, dem es zu folgen gilt, damit die Besonderheit des christlichen Gottes sich nicht verliere.

d. Die göttlichen Personen als Beziehungsgefüge: Die Kappadozier. – Was bei Tertullian fehlte – das Nachdenken über die Beziehungen zwischen den drei göttlichen Personen –, das finden wir wohlausgestaltet bei den Kappadoziern.[21] Bei ihnen handelt es sich um drei große Theologen aus Kappadozien in Kleinasien: Basilius den Großen (330–379), seinen Bruder Gregor von Nyssa (335–394) und ihren Freund Gregor von Nazianz (329–390). Die Kappadozier gehen nicht von der Einheit der göttlichen Natur aus, sondern von den drei göttlichen Personen. Sie stellen die erste Wirklichkeit dar. Aus der Gemeinschaft und aus den Beziehungen, welche die drei Personen untereinander verbinden, erblüht dann die Einheit, die das Wesen der Personen ausmacht. »Person« (griechisch: hypostasis) steht hier für die konkrete, individuelle Einzelexistenz. Bliebe es bei dieser Behauptung, so bestünde offensichtlich die Gefahr der Dreigötterlehre. Was den Tritheismus über-

[21] Vgl.: *M. Gomes Mourão de Castro,* Die Trinitätslehre des hl. Gregor von Nyssa, Freiburg 1938; *A. M. Ritter* Das Konzil von Konstantinopel und sein Symbol, Studien zu Geschichte und Theologie des II. Ökumenischen Konzils (Forschungen zur Kirchen- und Dogmengeschichte 15), Göttingen 1965.

winden läßt, ist die Betrachtung der Eigentümlichkeit jeder Person, die sich immer in Beziehung zu den anderen Personen definiert, angefangen beim Vater, dem Quell und Ursprung aller Gottheit.

So ist es die Besonderheit des Vaters, *ungezeugt* zu sein: von niemandem gezeugt, vielmehr aller Gottheit Ursprung; die Besonderheit des Sohnes ist es, ewig vom Vater *gezeugt* zu sein, alle seine substantielle Wirklichkeit vom Vater zu empfangen; die Besonderheit des Heiligen Geistes liegt darin, daß er vom Vater *ausgeht* auf eine gegenüber dem Sohn verschiedene Weise (er ist kein zweiter Sohn) oder durch den Sohn.

Die Kappadozier beschränken sich auf diese Differenzierung der Personen auf rein formaler Ebene. Aus heiliger Ehrfurcht schweigen sie, was den eigenen Gehalt jeder göttlichen Person betrifft, den Abgrund des Geheimnisses, unzugänglich der spekulierenden Vernunft, wenn auch vom Glauben fromm geahnt. Sie sagen, daß die Gemeinschaft vollkommen ist, denn der Vater verwirklicht alles durch das Wort im Heiligen Geist. Die Dreieinigkeit kann nur als Gefüge gegenseitiger Wahrheits- und Liebesbeziehungen verstanden werden.

Der große Beitrag der Kappadozier hängt mit der Klärung der Lehre über den Heiligen Geist als Gott, als göttliche Person zusammen. In der Tradition gab es da immer eine gewisse Schwierigkeit. Die Schrift spricht vom Geist als Wind, Feuerzungen, Taube; es heißt, daß er in unsere Herzen ausgegossen ist, vom Himmel herabkommt usw. Solche Ausdrücke lassen schwer einsehen, daß der Heilige Geist eine göttliche Person sein soll. Trotzdem bezieht Jesus sich auf ihn als einen Beistand, einen Tröster, einen Jemand. Gregor von Nazianz hielt 380 eine berühmte Predigt, worin er die verschiedenen damals üblichen Bezeichnungen zusammenfaßt: »Für einige ist er eine Energie, für andere ein Geschöpf, für noch andere Gott ... Andere nehmen wie wir die Dreifaltigkeit an, wagen jedoch zugleich zu sagen, daß nur die erste Person an Substanz und Energie unendlich sei, während die zweite unendlich an Energie, aber nicht an Substanz und die dritte auf keine dieser Weisen unendlich sei.«[22] Die Anhänger eines gewissen Macedonius († 362), auch Pneumatomachen (= Geistbekämpfer) genannt, leugneten offen die Gottheit des Heiligen Geistes. Auf dem Konzil von Konstantinopel (381) wurden dank der Mitarbeit Gregors von Nyssa und Gregors von Nazianz alle Zweifel mit der feierlichen Definition behoben: »Ich glaube an den Heiligen Geist, den Herrn und Lebens-

[22] *Gregor von Nazianz,* Oratio theologica V 5 (PG 36,137).

spender, der vom Vater ausgeht; er wird mit dem Vater und mit dem Sohne zugleich angebetet und verherrlicht, er hat gesprochen durch die Propheten« (DS 150/vgl. NR 250).

So ist der rechte Glaube an die Dreifaltigkeit als Einheit der drei Personen Vater, Sohn und Heiliger Geist festgelegt worden.

e. Eine systematische Auslegung des Dreifaltigkeitsgeheimnisses: Die Personen als jeweils ewig aufeinander bezogene Subjekte: Augustinus. – Die Anschauungen der Kappadozier über das Beziehungsgeflecht wurden vom heiligen Augustinus (354–430) bis zu ihrem vollen Ausdruck vorangetrieben, so daß hier der Hauptkern der menschlichen Einsicht in das unsagbare Dreifaltigkeitsgeheimnis vor uns liegt. Augustinus verbrachte viele Jahre über seinem genialen Werk »De trinitate« (399–422) in 15 Büchern (I–VII biblisch-positiv geprägt, VIII–XV mit spekulativem Zuschnitt). Seine Lehre sollte die gesamte nachfolgende Reflexion im Bereich der lateinischen Theologie inspirieren. Für Augustin ist Gott im absoluten Sinn nicht – wie für die Mehrzahl der östlichen Theologen – der Vater, sondern die Dreifaltigkeit, Vater, Sohn und Heiliger Geist zusammen. Sein Werk ist durchzogen von Wendungen ähnlich dieser: »Die Dreifaltigkeit ist der einzige wahre Gott«,[23] oder auch: »Gott ist die Dreifaltigkeit«[24].

Mutig und zugleich fromm stellt Augustin sich dem Problem: Wie vereinbart sich der Glaube an den einzigen Gott mit dem Glauben an die Dreiheit der Personen? Gottes Einzigkeit zu behaupten, heißt das nicht jegliche personhafte Unterscheidung unmöglich machen? An der persönlichen Unterscheidung (der Dreifaltigkeit) festzuhalten, heißt das nicht die Einzigkeit auflösen? Um diese Frage zu beantworten, übernimmt und vertieft Augustin die Kategorie der Beziehung, die von den griechischen Vätern verwendet worden war. Beim Verhältnis zwischen Einheit und Dreiheit überwiegt der Einheitspol. Die Einheit kommt der göttlichen Substanz (Wesenheit oder Natur) zu, die in jeder der göttlichen Personen anwest; deshalb sind die drei »eines Wesens«. Indes existiert diese göttliche Substanz solcherart, daß sie notwendig und ewiglich als Vater, Sohn und Heiliger Geist subsistiert. Die drei Personen *sind* drei Beziehungen, die mit der göttlichen Substanz zusammenfallen. Diese Beziehungen vermehren weder noch verändern

[23] Vgl.: *Augustinus,* De trinitate I 6,10f. (CCL 50, 39f.; dt.: BKV II/13, 15); vgl.: *O. du Roy,* Intelligence de la foi en la Trinité selon Augustin, Paris 1966.

[24] Vgl.: De trin. VII 6,12 (CCL 50, 266; dt.: BKV II/13, 259); XV 4,6 (CCL 50a, 467; dt.: BKV II/14, 258).

sie die Substanz, sondern offenbaren diese selbe Substanz in ihrem inneren Zueinander. Der Vater ist ewig Vater, weil er den Sohn hat, der Sohn ist ewig Sohn, weil er Sohn des Vaters ist, und der Heilige Geist ist seit ewig Heiliger Geist, weil er vom Vater und vom (oder durch den) Sohn gehaucht wird. Keiner von ihnen hat einen Anfang, keiner wird enden; denn hätten sie Anfang und Ende, so wären sie akzidentell, nicht substantiell.

Um die Einheit in der Dreiheit und die Dreiheit in der Einheit zu verdeutlichen, hat Augustin zwei berühmte Analogien ausgearbeitet, die darauf beruhen, daß der Mensch nach Gottes Bild und Gleichnis geschaffen ist – Näheres darüber später –: Geist, Erkenntnis und Liebe (mens, notitia, amor)[25] bzw. Gedächtnis, Verstand und Wille (memoria, intelligentia, voluntas)[26]. Jeder der Begriffe enthält die anderen; der Geist erkennt und liebt; die Erkenntnis setzt Geist und Liebe voraus; die Liebe schließt Geist und Erkenntnis ein; die drei sind eben die menschliche Seele, die beständig Leben und Tun ist in einer vollständigen Gleichzeitigkeit von Wirken und Sein. Ebenso erinnert sich keiner, wenn er nicht will und versteht; noch versteht er, wenn er nicht will und sich erinnert; noch will, wer nicht versteht und sich erinnert. Diese Analogien geben uns ein blasses Bild – wenn auch das für den Menschengeist vollkommenste – der Einheit und Verschiedenheit in der Dreifaltigkeit.

Die drei Personen sind für Augustin drei bezügliche Subjekte, das heißt, sie sind wechselseitig aufeinander bezogen. Sein bedeutet Sein an sich (esse ad se dicitur); die Person jedoch bedeutet Sein bezogen auf und miteinander (persona vero relative).[27] Augustin hat den Personbegriff genial vertieft;[28] er ist sich jedoch klar über das Ungenügen des Begriffs; denn der wird als Allgemeinbegriff auf jeden der göttlichen Drei angewandt, die doch voneinander verschieden sind. Für jede eigene Wirklichkeit bedürfte es eigentlich eines eigenen Namens. Warum verfahren wir bei der Dreifaltigkeit der Personen nicht so? Jede göttliche Person ist auf ihre eigene Weise Person. Diese Tatsache bleibt unausgedrückt, wenn wir den Personbegriff verwenden. Augustin behält ihn bei, trotz seines Ungenügens, aus Achtung vor der theologischen Tradition, die sich an diese Redeweise gewöhnt hat, und auch weil wir – wie

[25] Vgl.: De trin. IX (CCL 50, 292–310; dt.: BKV II/14, 42–66).
[26] Vgl.: De trin. X 11,17–12,19 (CCL 50a, 329–332; dt.: BKV II/14, 89–93).
[27] Vgl.: De trin. VII 6,11 (CCL 50, 261; dt.: BKV II/13, 253f.).
[28] Vgl.: De trin. V (CCL 50, 206–227; dt.: BKV II/13, 187–212) und De trin. VII (CCL 50, 244–267; dt.: BKV II/13, 232–260).

er sagt – keine bessere Weise finden, durch Worte das auszudrücken, was wir ohne die Worte verstehen. Aus diesem Grunde gebraucht Augustin lieber die biblischen Begriffe »Vater«, »Sohn« und »Heiliger Geist«, die aus sich selber dynamisch und bezüglich sind.

Auf die übrigen Themen der Dreifaltigkeitstheologie des heiligen Augustin können wir nicht näher eingehen. Ich weise nur noch auf die glückliche Verbindung hin, die ihm zwischen gewagtester Spekulation und tiefster Frömmigkeit gelungen ist. Nie hat er aus dem Blick verloren, wie sehr das Geheimnis in der Geschichte, in den menschlichen Erfahrungen und in der Betrachtung erlebt wird. »Vides trinitatem, si caritatem vides«: Du siehst die Dreifaltigkeit, wenn du die Liebe siehst![29] Dieser Ausspruch liegt allen seinen Spekulationen zugrunde. Mit anderen Worten: Es ist die Praxis der Liebe, die den wahren Zugang zum Dreifaltigkeitsgeheimnis eröffnet.

f. Der eine und dreifaltige Gott: Thomas von Aquin. – Das theologisch-spekulative Genie des Thomas (1225–1274) hat das Werk Augustins weitergeführt. Er hat ein überaus logisches trinitarisches System geschaffen. Zunächst geht er von dem aus,[30] was bei der Dreifaltigkeit eins ist, nämlich von dem einen Wesen. Somit ist von Anfang an der göttliche und wesenseine Charakter der Personen sichergestellt. Dann erforscht er die Hervorgänge; dabei folgt er dem von Augustin eröffneten Weg und nimmt als Analogie den Geist: So wie er ist, erkennt er (Wort, Sohn) und liebt (Geschenk, Heiliger Geist). Nachdem er so die Unterschiede der Personen von den Hervorgängen aus festgestellt hat (verschiedene Weisen, wie eine aus der anderen hervorgeht), analysiert er die realen Beziehungen zwischen ihnen. Hier vertieft und – in gewisser Weise – vervollständigt Thomas Augustins Intuitionen. Die Beziehungen sind gegeben durch die Tatsache der Hervorgänge; wenn man aber wohl erwägt, um welche Art von Beziehungen es sich handelt, so wird nach Thomas klar, daß genau sie es sind, welche die Dreifaltigkeit innerlich begründen. Die Beziehungen bestehen dauerhaft in sich selbst (relationes subsistentes); denn in Gott gibt es nichts Zufälliges,

[29] De trin. VIII 8,12 (CCL 50, 287; dt.: BKV II/14, 37).

[30] Vgl.: *Thomas von Aquin,* Summa theologiae I, q.2 prol. (Deutsche Thomas-Ausgabe Bd. 1,35); vgl.: *P. Vanier,* Théologie trinitaire chez St. Thomas d'Aquin, Paris 1953; *F. Bourassa,* Note sur le traité de la Trinité dans la Somme Théologique de St. Thomas, in: Science et Esprit 27 (1975) 187f.

[31] Vgl.: *Thomas von Aquin,* Summa theologiae I, q.28, a.2 (Deutsche Thomas-Ausgabe Bd. 3, 27–32).

Akzidentelles wie bei den Geschöpfen. Augustin hatte die Personen als bezogene Subjekte gesehen, hatte auch erfaßt, daß die Beziehung mit dem Wesen zusammenfällt; nicht aber hatte er klar gesagt, daß die Beziehungen selbst substantiell seien. Thomas nun definiert die göttlichen Personen genau als *in sich bestehende Beziehungen,* als relationes subsistentes.[32] So wie »Person« jemanden unterschieden in der menschlichen Natur Bestehenden (Subsistierenden) bedeutet, so ähnlich bedeutet »Person« in der Dreifaltigeit jemanden unterschieden in der göttlichen Natur Bestehenden. Dieser Bestehende ist immer in ewiger Beziehung mit den anderen Bestehenden. So haben wir die göttlichen Personen, die als andauernd und ewig aufeinander bezogen Bestehende den einzigen Gott oder die einzige göttliche Natur ausmachen. Damit hat Thomas die von Augustin eröffnete spekulative Dynamik zu ihrer Fülle gebracht und ist für den Westen der große systematische Theologe des dreifaltigen Geheimnisses geworden. Später werden wir sehen, wie in einer veränderten kulturellen Situation neue Aspekte den Personbegriff ergänzen werden, immer jedoch im Gespräch mit diesen beiden großen Lehrmeistern des christlichen Denkens.

3. Der Kampf der Wörter und Formeln: Eine Natur und drei Personen

Jede Wissenschaft hat ihre Fachausdrücke, mit denen sich verständlich machen läßt, was gesagt werden soll. Die Theologie besitzt ein großes Erbe an Schlüsselwörtern, die dazu dienen, auszudrücken, was der Glaube denkt. Die Wörter sind für die Theologie wichtiger als für jede andere Wissenschaft; denn Gott sieht keiner, noch erfährt ihn jemand empirisch, wie wir die Realitäten der Welt erfahren. Die Fachwörter der Theologie fixieren den Konsens, der sich nach vielerlei Tasten, Irren und Gelingen mancher Generation christlicher Denker eingestellt hat.

Besonders in der Trinitätslehre sind wir an eine gewisse Anzahl von Wörtern (und Begriffen) gebunden, ohne die wir die Tradition und den geltenden Sprachgebrauch unseres Glaubens nicht verstünden. Sie muß jeder sich aneignen, der zu einer theologischen Sicht seines Glaubens gelangen will, die über die schlicht existentielle und katechetische Formulierung hinausreicht.

[32] Vgl.: Quaest. disp. de potentia q.9, a.4 (ed. Marietti, Turin–Rom 1949, 230–234).

Auch dürfen wir nicht vergessen, daß jedes Schlüsselwort der Theologie große Kontroversen in sich schließt, weil es die tiefen Glaubensgeheimnisse sowie die ungeheure Anstrengung, ihren Inhalt zu klären, in sich birgt. Jedes Wort fixiert einen bestimmten Gehalt und bestimmt eine gewisse Denkrichtung. Freilich umfaßt kein Gehalt die ganze Tiefe des Geheimnisses. Dieses bleibt ewig frisch und fordert zu neuen Formulierungen heraus.

Als beispielsweise Tertullian die Ausdrücke »Dreieinigkeit«, »Ökonomie« (die Ordnung der göttlichen Namen: erstens der Vater, zweitens der Sohn, drittens der Heilige Geist) und andere verbreitete, spürte er die Verwirrung, die dadurch bei den einfachen Gläubigen ausgelöst wurde, die immer die große Mehrheit des christlichen Volkes bilden. Sie hatten sich von der Vielgötterei zum Glauben an den einzigen Gott bekehrt. Das war ein großer Schritt gewesen. Bei der Verkündigung der Dreifaltigkeit hatten sie jetzt den Eindruck, als ob es zu dem zurückginge, was sie aufgegeben hatten, zum Polytheismus. »Monarchiam tenemus!« So schrieen sie; das heißt: Wir halten die Monarchie (den Monotheismus) fest. Tertullian, der bedeutende Theologe, bekennt: »Sie klagen uns an, wir predigten zwei oder drei Götter, und sind überzeugt, daß sie es sind, die den einzigen Gott anbeten.«[33] Und sogleich gibt er sich größte Mühe, zu zeigen, daß die Dreifaltigkeit nicht die Einheit zerstört, weil die Dreifaltigkeit aus der Einheit erfließt. Durch ihre eigene innere Natur begründet die göttliche Einheit die Dreifaltigkeit, nicht durch einen Teilungsvorgang (das wäre Polytheismus), sondern durch ein Ganzheitsprinzip, das der Gottheit wesenhaft zukommt.

a. Wie nennen wir das Unterscheidende in Gott? – Jetzt taucht folgendes Problem auf: Wie sollen wir bei Gott das nennen, was sich unterscheidet, und wie das, was immer dasselbe ist? Mit anderen Worten: Welchen gemeinsamen Namen sollen wir den Dreien geben, dem Vater, dem Sohn und Heiligen Geist? Wie heißt ihre Einheit, da sie einen einzigen Gott ausmachen? Die Entwicklung war bei Lateinern und Griechen unterschiedlich. Um der Klarheit willen halte ich mich streng an die wesentlichen Elemente, im Bewußtsein freilich, daß die Wirklichkeit damit stark vereinfacht wird.

[33] *Tertullian,* Adversus Praxeam 3 (CCL 2, 1161f.).

Um das zu bezeichnen, was in Gott Drei ist, verwendeten die Griechen das Wort »prosopon«.[34] »Prosopon« bedeutet eine konkrete individuelle Wirklichkeit wie Josef, Maria, dieses Pferd hier, diese Pflanze dort. Es kommt nicht darauf an, ob diese Wirklichkeit bewußt ist oder nicht, ob sie Person oder Sache ist – der Ton liegt darauf, daß es um etwas Individuelles und Objektives geht. Auf die Dreifaltigkeit angewandt, bedeutet das: In Gott gibt es drei: Vater, Sohn und Heiligen Geist, verschieden, konkret und objektiv. Der christliche Gott sind drei prosopa. *Wie* jedes prosopon (die Individualität eines jeden) ist, das wird durch das Wort nicht geklärt.

Tertullian übersetzt »prosopon« mit »persona« (deutsch: Person). Für die Lateiner ist Person das konkrete *menschliche* Individuum; ein Pferd oder einen Baum würde man nicht Person nennen. Tertullians Übersetzung ist richtig, fügt aber dem griechischen »prosopon« einen dort nicht vorhandenen Beiklang von Subjektivität, Geistigkeit Personhaftigkeit hinzu, sosehr Tertullian selbst »persona« an »res« (konkrete Sache) angleicht. Wenn Tertullian sagt, daß es in Gott drei Personen gibt, will er – wie die Griechen – folgendes sagen: In Gott gibt es drei konkrete, unterschiedene, objektive Wirklichkeiten, Vater, Sohn und Heiligen Geist, mithin drei objektive Individualitäten. Folglich geht es nicht bloß um Worte, sondern um objektive Wirklichkeiten.

Zusammenfassend läßt sich sagen: In Gott bestehen drei prosopa (Griechen) oder drei personae (Lateiner), das heißt drei konkrete Individualitäten, die das Neue Testament Vater, Sohn und Heiligen Geist nennt.

b. Wie nennen wir das Einende in Gott? – Um die Einheit in Gott zu bezeichnen, nämlich das, was die drei Personen eint, verwendeten die Griechen den Ausdruck »hypostasis«. Die Philologie dieses griechischen Wortes deutet klar seinen Gehalt an: das, was darunter ist, das Grundlegende, das Bleibende angesichts der Unterscheidungen, die getroffen werden können. »Hypostasis« wurde auch gleichbedeutend mit »usia« gebraucht, was Wesen bedeutet. Das Wesen ist, wie wir noch sehen werden, dasjenige, wodurch eine Sache das ist, was sie ist.

[34] Zu diesem ganzen Problem vgl. *C. Folch Gomes,* A doutrina da Trindade eterna, der sich in dieser Studie der Frage widmet, was »drei Personen« in der antiken Geschichte und im modernen Denken bedeutet. Vgl. dazu auch: *R. Cantalamessa,* Die Entwicklung des persönlichen Gottesbegriffs in der christlichen Spiritualität, in: Concilium 13 (1977) 160–166; *G. L. Prestige,* God in Patristic Thought, London 1964, 157–168.

In Gott gibt es demnach eine Hypostase, Usie oder Wesenheit und drei Personen.[35]

Die Lateiner übersetzten »hypostasis« mit »substantia«; denn es besteht eine vollkommene sprachliche Entsprechung zwischen den beiden Wörtern (hypo = sub = darunter; stasis = stantia vom Verb »stare«, stehen). Substanz bezeichnet also dasselbe wie Wesen: das Stabile, was sich nicht ändert und was bleibt, wenn es zu Verschiedenheiten kommt. Die Lateiner sagten mithin: In Gott gibt es una substantia et tres personae - eine Substanz und drei Personen.

c. *Verwirrung und Klärung der Wörter.* - Gegen Ende des 3. Jahrhunderts kam es zu einer großen Verwirrung. Die Griechen sahen sich gezwungen, den Begriff »prosopon« zur Bezeichnung der drei göttlichen Personen aufzugeben, weil das Wort nunmehr von den Modalisten gebraucht wurde, die damit ihre Häresie verbreiteten. Der Modalismus hält dafür, daß Gott ein einziger sei und sich in ihm keinerlei Unterschied finde. Wie oben schon hervorgehoben, behaupteten die Modalisten, dieser eine einzige Gott habe sich mittels dreier Pseudonyme, Gesichter oder Masken offenbart, als Vater, als Sohn und als Heiliger Geist.

Nun kann Gesicht oder Maske auf griechisch durch »prosopon« ausgedrückt werden. Die Redeweise, es gebe in Gott drei prosopa (Gesichter, Masken oder objektive Individualitäten), konnte in häretischem Sinn mißverstanden werden, so daß die trinitarische Botschaft zerstört war. Der Klarheit halber und um falsche Auffassungen zu meiden, ersetzten die Griechen »prosopon« durch »hypostasis«.

Warum dieser Wechsel? War »hypostasis« nicht als Ausdruck der Einheit in Gott reserviert? Warum wurde sie jetzt genommen, um den Unterschied zu bedeuten? Der Grund liegt darin, daß »hypostasis« nicht nur einen abstrakten Begriff bezeichnet: die Substanz, das Bleibende im Wandel einer konkreten Realität. »Hypostase« konnte auch eine objektive und *währende,* subsistierende Realität bedeuten im Gegensatz zu einer unbeständigen Realität, einem bloßen Wort ohne Inhalt. Nicht selten war Hypostase gleichbedeutend mit Ding (»pragma« auf griechisch und »res« auf lateinisch). Überdies hatte Origenes, das größte Genie des Christentums, zum ersten Mal dieses

[35] Die Verdrängung des Begriffes »hypostasis« durch »usia« wurde durch das Konzil von Nizäa (325) erleichtert, das mit seinem »homousios« die *eine* »usia« sowohl des Vaters wie auch des Sohnes definierte. Das bedeutet, daß Christus dieselbe Natur und dasselbe Wesen wie der Vater besitzt.

Wort »Hypostase« gebraucht, um die drei Personen der Dreifaltigkeit zu bezeichnen. Und die Autorität des Origenes wog schwer zu jener Zeit. Somit kam man überein, den Vater, den Sohn und den Heiligen Geist drei Hypostasen zu nennen.[36] Hypostase wird gleichbedeutend mit Person.

Statt der alten »hypostasis«, die Gottes Einheit bezeichnete, blieb man bei ihrem Synonym, der »usia«. Die Griechen drückten ihren Dreieinigkeitsglauben so aus: In Gott gibt es drei Hypostasen und eine Usie (treis hypostaseis kai mia usia); die Lateiner sagten: tres personae et una essentia vel substantia, auf deutsch: Gott existiert in drei Personen und in einer Natur, Wesenheit oder Substanz.

Die Verwirrung kam auf, als die Lateiner das neu verwendete, auf die drei Personen bezogene »hypostasis« übersetzten. Statt mit »persona« (Person) übersetzten sie es wörtlich mit »substantia« (Substanz, Natur, Wesen). Und da war die Häresie offenkundig: Es gebe in Gott drei Substanzen (Naturen), mithin gebe es drei Götter. Darum bestanden die Lateiner darauf, daß man den schon seit jeher geheiligten Begriff »prosopon« beibehalte. Diese Verwirrung zeigte sich in Antiochien gegen Ende des 4. Jahrhunderts.

Etwa zwanzig Jahre hindurch befanden sich zwei Bischöfe samt ihren Parteien in heftigem Streit. Die Partei des Bischofs Meletius († 381) wollte beim Ausdruck »drei Hypostasen« für die drei Personen bleiben, gemäß dem Sprachgebrauch der drei großen Kappadozier; da drohte die Gefahr, sie auf tritheistische oder subordinatianische (arianische) Weise zu verstehen. Die Partei des Bischofs Paulinus hingegen war für den Ausdruck »drei prosopa« und erfreute sich des Beistands der Westlichen, des Papstes Damasus († 384) und des heiligen Athanasius von Alexandrien († 373); hier drohte die Gefahr, sie auf modalistische Weise zu verstehen. Die eine Gruppe bannte die andere mit dem Anathem; die Griechen kritisierten vor allem den Begriff »prosopon« (konkrete Individualität), da er sehr zweideutig sei und nach Modalismus klinge; die Lateiner kritisierten den Ausdruck »hypostasis« (im bewährten Sinn des Origenes: bestehende konkrete Individualität), weil sie fürchteten, er werde wörtlich verstanden und dann

[36] Das Konzil von Alexandrien (362) unter dem Vorsitz des Athanasius billigte die Formel von den »drei Hypostasen« als legitim. Dabei wurde geklärt: »Drei Hypostasen« ist nicht mehr Synonym für »drei Usien« (drei Wesenheiten), denn dies würde zum Tritheismus führen, nämlich zur Behauptung dreier Götter. Falls »hypostasis« als Synonym für »usia« fortbestünde, müßten wir sagen: In Gott gibt es nur eine Hypostase bzw. eine Usie (Natur, Substanz oder Wesenheit).

ins Lateinische nicht als »persona« (Person) übersetzt, sondern als »substantia« (Substanz, Natur); das würde zur Dreigötterlehre oder zum Subordinatianismus führen. Der Einklang wurde dank Gregor von Nazianz im Ökumenischen Konzil von Konstantinopel (381) erreicht. Er stellte klar die Gleichbedeutsamkeit der griechischen Formel »Hypostasen« und der lateinischen Formel »Personen« heraus; sie wurde von allen angenommen.

Im Jahre 382 sandten die Bischöfe, die beim Ersten Konzil von Konstantinopel 381 anwesend waren, ein Glaubensbekenntnis an Papst Damasus, worin sie diese Gleichbedeutsamkeit folgendermaßen erläuterten: Wir glauben »an die einzige Gottheit und Macht und Substanz (usia) des Vaters, des Sohnes und des Heiligen Geistes, an die gleiche Würde und die gleich ewige Herrschaft in drei vollkommenen Hypostasen (hypostaseis), das heißt in drei vollkommenen Personen (prosopa)«. Wie man sieht, erscheinen hier die klassischen Fachbegriffe: eine Wesenheit oder Substanz (usia) und drei Hypostasen oder prosopa, nämlich drei Personen.

d. Besteht wirklich Bedeutungsgleichheit zwischen Hypostase und Person? – Die Absicht der lateinischen und griechischen Theologen war es, mit verschiedenen Wörtern denselben Glauben auszudrücken. Indes haben die Wörter unterschiedliche Konnotationen und lassen Perspektiven anklingen, die auf lateinisch und griechisch keineswegs immer dieselben sind. Hier kommt es darauf an, daß wir Klarheit haben über die echte Absicht der Konzilsväter beim Gebrauch der Wörter »Hypostasen« (Griechen) und »Personen« (Lateiner). Alle bleiben dabei, daß Gott in drei Verschiedenen, zusammen Existierenden besteht. Die Drei sind nicht bloß etwas Verbales oder Metaphorisches, sondern etwas real Objektives und Konkretes. In einer Formel gesagt, die das christologische Dogma als Paradigma heranzieht: Was bei Christus eines ist (die göttliche Person des Sohnes), ist bei der Dreifaltigkeit vielfach (die drei Personen); was bei Christus vielfach ist (die zwei Naturen, die göttliche und die menschliche) ist bei der Dreifaltigkeit eines (eine einzige Usie oder Substanz oder Natur). Dies war die Aussageabsicht des Konzils, und eben darum geht es dem Glauben.

Was ist der konkrete Gehalt der Drei? Anscheinend hat das Konzil von Konstantinopel darüber nichts definiert. Es ließ die Frage offen; sollten die Theologen nachdenken. Augustinus sagt es ausdrücklich: »Wenn man jedoch fragt, was diese drei sind, dann wird die große Armut offenbar, an welcher die menschliche Sprache leidet. Immerhin hat man die Formel geprägt: drei Personen, nicht um damit den wahren Sachverhalt auszudrücken, sondern um nicht schweigen zu müssen.«[37]

Freilich haben die von den Griechen und Lateinern verwendeten Wörter – philologisch und pragmatisch – verschiedene Konnotationen. Die Griechen gebrauchen »hypostasis«, um das auszudrücken, was sich in Gott unterscheidet. An sich bezeichnet das Wort »hypostasis« im Alltagsgebrauch nur ein konkretes und von anderen verschiedenes Individuum, so könnte ein Pferd, ein Baum, ein Mensch Hypostase heißen. Beim Gebrauch dieses Wortes fiel kein Akzent auf die Dimension der Subjektivität, sondern allein auf die der Objektivität. Mit anderen Worten: Da ist ein unterschiedliches und identifizierbares Etwas, das nicht das andere ist, sondern sich von ihm unterscheidet. Auf die Dreifaltigkeit angewandt heißt das: Miteinander existieren drei objektive und unter sich verschiedene Wirklichkeiten: der Vater, der Sohn und der Heilige Geist, die Heiligste Dreifaltigkeit.

Da es sich um Gott handelt, nimmt das Wort »hypostasis« offenkundig einen subjektiven Gehalt an; doch nicht notwendigerweise; das Wort an sich soll betonen, daß der christliche Gott die Existenz dreier wirklicher »Dinge« (pragmata) einschließt, die nicht bloß eingebildet sind: den Vater, den Sohn und den Heiligen Geist. Doch müssen wir feststellen, daß die Forschung der letzten zwanzig Jahre gezeigt hat, daß der Ausdruck »prosopon« (Person) bei wichtigen Theologen wie Tertullian, Novatian, Irenäus und anderen einen subjektiven Beiklang angenommen hat. Beim Erklären der Bibeltexte, in denen eine mögliche Dreifaltigkeitsoffenbarung angedeutet ist (Gen 1,26; 19,24; Jes 45,14f; Ps 44,1.8; 109,1), gebrauchten sie den Ausdruck »prosopon/persona« (Person) in einer Perspektive von Dialog und Wechselbeziehung, mindestens zwischen Vater und Sohn, so daß der subjektive und »personale« Charakter der göttlichen Drei deutlich wird.[38]

Das lateinische Wort »persona«, das der Hypostase entspricht, weist in seinem Gebrauch auf diese Dimension der Subjektivität hin. Für die Lateiner schließt Person die Idee eines bewußten Subjekts ein, eines Gesprächspartners und nicht einer bloß objektiven und konkreten Realität. »Person« läßt demnach die Idee anklingen, daß die

[37] *Augustinus,* De Trinitate V 9,10 (CCL 50, 216f.; dt.: BKV II/13, 201); vgl. auch: De Trin. VII 6,11 (CCL 50, 261–265; dt.: BKV II/13, 253–258).

[38] Vgl.: *C. Andresen,* Zur Entstehung und Geschichte des trinitarischen Person-Begriffes, in: Zeitschrift für die neutestamentliche Wissenschaft 52 (1961) 1–39; *B. Studer,* Zur Entwicklung der patristischen Trinitätslehre, in: Theologie und Glaube 74 (1984) 81–93, der sich zustimmend zur Sicht Andresens äußert.

Drei gleicherweise Inhaber der göttlichen Eigenschaften sind, wie es das Glaubensbekenntnis des Papstes Damasus an den Bischof Paulinus zeigt: Die Drei sind gleichermaßen lebendig, lebenspendend, Schöpfer des Alls, Erlöser usw. (DS 173). Das Wort »Person« läßt spontan an Drei Göttliche denken, wie der Glaube es immer geglaubt hat.

Die Frage ist: Sind Hypostase und Person gleichbedeutend? In einem ersten Sinne ja, sofern Griechen und Lateiner ausdrücken wollen, daß Gott drei »Wirklichkeiten« einschließt und deshalb dreifaltig ist. Ja auch insofern, als »prosopon« bei einigen Autoren (welche die Trinitätstheologie zu formulieren halfen) schon einen personhaften Bezug aufwies. Nein hingegen an vielen Stellen, wo »hypostasis« nicht jene Dimension der Subjektivität einschließt, die bei der lateinischen »persona« mitschwingt. Ich wiederhole: Hypostase sagt die Objektivität der göttlichen Drei aus und Person ihre Subjektivität. Obwohl sie verschiedene Konnotationen haben, ergänzen beide Begriffe einander; also läßt sich sinnvoll sagen: Das, was objektiv ist, wenn wir von Gott sprechen, ist die Natur (usia oder substantia); und das, was subjektiv ist, sind die drei Personen (personae oder hypostaseis).

Jedenfalls wird von der lateinischen Personauffassung aus die westliche Theologie (Augustinus, Boethius, Thomas von Aquin, Duns Skotus und die Modernen) auf ursprüngliche Weise den Personbegriff vertiefen, um ihn rechtgläubig auf die Heiligste Dreifaltigkeit anwenden zu können. Doch davon wird später zu handeln sein.

IV. Das dogmatische Verständnis der Heiligsten Dreifaltigkeit

In diesem Teil soll knapp die verpflichtende Lehre dargestellt werden, wie sie auf den großen Konzilien hinsichtlich der Dreifaltigkeit festgelegt worden ist: Die christliche Erfahrung, die sich im Glauben an Gott Vater, Sohn und Heiligen Geist ausdrückte, brauchte an die 150 Jahre des Nachdenkens, bis sie als Doktrin mit ihren Fachwörtern (Denkzeugen) formuliert wurde, mittels deren wir rechtgläubig über dieses erhabene Geheimnis zu *sprechen* vermögen. Die Zeit reicht von den Anfängen des 3. Jahrhunderts (Tertullian) bis zum Konzil von Konstantinopel 381. Die Formulierung der Dreifaltigkeitslehre erfolgte parallel zur Lehre über Christus, den wesensgleichen Sohn Gottes des Vaters.

1. Offizielle Aussagen des Lehramtes

Aus den vielen offiziellen Lehramtsverkündigungen (seien sie päpstlich, wie die der Päpste Dionysius und Damasus, seien sie die von Konzilien) hebe ich einige hervor, die mir die Substanz des dogmatischen Glaubens an die Trinität zu enthalten scheinen. Ich gebrauche den Ausdruck »dogmatisch« im positiven Sinne: Er bezeichnet die für alle Gläubigen verbindliche Lehre, wie sie offiziell von der authentischen Lehrinstanz der Kirche, dem Lehramt der Ökumenischen Konzilien oder dem feierlichen der Päpste, ausgedrückt ist.

a. Das Symbolum von Nizäa: Der dem Vater wesenseine Sohn. – Auf den 19. Juni 325 berief der Kaiser Konstantin in die kleine Stadt Nizäa 318 Bischöfe, die bis zum 25. August desselben Jahres versammelt blieben. Gegen die Arianer, die Jesus Gott bloß ähnlich sein ließen, nicht aber ihm gleich an Natur, definierten die Konzilsväter aufs feierlichste die folgende Formel, die den Weg zu einer dreifaltigen Gottesauffassung eröffnet:

»Wir glauben an den einen Gott, den allmächtigen *Vater,* Schöpfer aller sichtbaren und unsichtbaren Dinge, und an den einen Herrn Jesus

Christus, den *Sohn* Gottes, als Einziggeborener gezeugt vom Vater, das heißt aus der Wesenheit des Vaters, Gott von Gott, Licht vom Lichte, wahrer Gott vom wahren Gott, gezeugt, nicht geschaffen, wesenseins mit dem Vater, durch den alles geworden ist, was im Himmel und was auf Erden ist, der um uns Menschen und um unseres Heiles willen herabgestiegen und Fleisch und Mensch geworden ist, gelitten hat und am dritten Tage auferstanden ist, aufgestiegen zu den Himmeln und kommen wird, zu richten die Lebenden und die Toten. Und an den *Heiligen Geist*.

Diejenigen aber, die da sagen, es habe eine Zeit gegeben, da der Sohn Gottes nicht war, und er sei nicht gewesen, bevor er gezeugt wurde, und er sei aus nichts geworden oder aus einer anderen *Substanz* (hypostasis) oder *Wesenheit* (usia), oder der Sohn Gottes sei wandelbar oder veränderlich, diese schließt die apostolische und katholische Kirche aus« (DS 125–126/NR 155–156).

Ich unterstreiche folgende Punkte: Erstens wird der Glaube an die Dreifaltigkeit, Vater, Sohn und Heiligen Geist ausgesagt. Zweitens wird das Verhältnis zwischen Vater und Sohn definiert: Sie sind desselben Wesens; hier steht das Schlüsselwort »homousion«: der gleichen und selben *Wesenheit;* wie wir sahen, wird dieses Wort sich durchsetzen, wenn es darum geht, bei der Trinität das auszudrücken, was eint. Drittens wird das Wort »hypostasis« als gleichbedeutend mit »usia« oder »substantia« gebraucht; wir hatten schon verfolgt, daß es bis Nizäa so war; später nimmt unter dem Einfluß des Origenes sowie entscheidend durch die Kappadozier »hypostasis« den Sinn von »prosopon« an und bezeichnet die *Person,* das Unterscheidende in Gott. Schließlich spricht man vom Heiligen Geist, ohne objektiv etwas zu präzisieren; dies geschieht dann in der Zeit nach dem Konzil von Nizäa bis zum Ersten Konzil von Konstantinopel 381; doch steht fest, daß der Geist ins gemeinsame kirchliche Credo gehört.

Nizäa entscheidet über den späteren Weg der Christologie und der Dreifaltigkeitslehre, weil es klärt, daß in Gott drei koexistieren, Vater, Sohn und Heiliger Geist, welche die Einheit und Einzigkeit Gottes ausmachen.

b. Das nizäno-konstantinopolitanische Symbolum: Der Heilige Geist ist Gott wie der Vater und der Sohn. – Was Nizäa angedeutet hatte, wurde im Ökumenischen Konzil von Konstantinopel voll ausgeführt. 150 Bischöfe waren zwischen Mai und Ende Juli 381 versammelt; sie erklärten: Dem Heiligen Geist kommt die gleiche Ehre wie dem Vater und dem Sohn zu, er ist mithin Gott. Sehen wir uns den Text an, der das Credo von Nizäa aufnimmt und vervollständigt:

»Wir glauben an den einen *Gott,* den allmächtigen Vater, Schöpfer Himmels und der Erde, aller sichtbaren und unsichtbaren Dinge.

Und an den einen Herrn, Jesus Christus, Gottes einziggeborenen *Sohn.* Er ist aus dem Vater geboren vor aller Zeit: Gott von Gott, Licht vom Lichte, wahrer Gott vom wahren Gott; gezeugt, nicht geschaffen, *eines Wesens* mit dem Vater. Durch ihn ist alles geschaffen. Für uns Menschen und um unseres Heiles willen ist er vom Himmel herabgestiegen. Er hat Fleisch angenommen durch den Heiligen Geist aus Maria, der Jungfrau, und ist Mensch geworden. Gekreuzigt wurde er sogar für uns. Unter Pontius Pilatus hat er den Tod erlitten und ist begraben worden. Er ist auferstanden am dritten Tage gemäß der Schrift. Er ist aufgefahren in den Himmel und sitzet zur Rechten des Vaters. Er wird wiederkommen in Herrlichkeit, Gericht zu halten über Lebende und Tote, und seines Reiches wird kein Ende sein.

Und an den *Heiligen Geist,* den Herrn und Lebensspender, der vom Vater ausgeht. Er wird mit dem Vater und dem Sohne zugleich angebetet und verherrlicht. Er hat gesprochen durch die Propheten.

Und an die eine, heilige, katholische und apostolische Kirche. Wir bekennen die eine Taufe zur Vergebung der Sünden. Wir erwarten die Auferstehung der Toten und das Leben der zukünftigen Welt. Amen« (DS 150/vgl. NR 250).

In diesem Credo wird mit ganzer Klarheit auf das hingewiesen, was in Gott Drei ist: Vater, Sohn und Heiliger Geist; der Konzilstext gebraucht allerdings nicht den typischen und (dank der Mühe Gregors von Nazianz) von allen angenommenen Fachausdruck »drei Hypostasen« (griechisch) oder »drei Personen« (lateinisch). Mit gleicher Klarheit wird die Einheit der Substanz oder Natur bei den Dreien ausgedrückt. Man beachte, daß es in der Formel nur heißt, der Heilige Geist gehe vom Vater aus. Offen bleibt die Weise, wie er hervorgeht: direkt oder *durch den Sohn* (griechische Spiritualität) oder *auch vom Sohn* (lateinische Spiritualität).

c. Das »pseudoathanasianische« Symbolum »Quicumque«: Einheit in der Dreiheit und Dreiheit in der Einheit. – Auf der Grundlage der von Nizäa und Konstantinopel gesicherten Punkte (Gott ist drei Personen oder Hypostasen und eine Substanz oder Wesenheit) errichtete der geniale Augustinus die erste wahrhaft systematische Behandlung des Dreifaltigkeitsdogmas. Augustin markiert den typisch westlichen Zugangsweg zum Geheimnis (freilich nicht exklusiv; auch östliche Theologen haben diesen selben Weg beschritten, etwa Gregor von Nazianz, Epiphanius und andere). Er geht aus von Gottes absoluter Einheit. Gott schlechthin bedeutet nicht wie bei den Griechen den Vater, sondern die Dreifaltigkeit der Personen, da »Vater, Sohn und Heiliger Geist der eine wahre Gott sind«[1]. Von dieser Einheit geht er zur Betrachtung jeder der Personen über. Diese Differenzierung der Einheit kommt von der absolut substantiellen Beziehung her, die Gott eigen ist. Die Beziehungen, die Gott zu sich selber hat, sind keine weiteren Bestimmungen oder Modifikationen seines Wesens; sie sind dieses Wesen selbst in innerer, ewiger Korrelation. Diese absoluten Beziehungen machen den einzigen wahren Gott aus, welcher Vater, Sohn und Heiliger Geist heißt. Die Einheit in der Dreiheit und die Dreiheit in der Einheit: das ist die Grundformel des Augustinus.

Dieser theologische Ausdruck des gemeinsamen Dreifaltigkeitsglaubens verleiblichte sich in einem (nach seinem lateinischen Anfang »Quicumque« genannten) Credo, das irrigerweise dem heiligen Athanasius (295–373) zugeschrieben wurde. In Wahrheit wurde es zwischen 430 und 500 von einem unbekannten Autor in Südfrankreich verfaßt. Dieses Symbolum gewann eine enorme Autorität – bis dahin, daß man es dem nizäno-konstantinopolitanischen gleichstellte und in die Liturgie aufnahm. Es besitzt indessen eine innere Grenze, weil es allzusehr Einheit und Dreiheit gegenüberstellt, ohne ihr Wechselverhältnis hinreichend zu klären. Ich setze den Text hierher, weil in ihm alle Fachbegriffe des dogmatischen Verständnisses vorkommen:

»Wer da selig werden will, der muß vor allem den katholische Glauben festhalten; wer diesen nicht in seinem ganzen Umfange und unverletzt bewahrt, wird ohne Zweifel ewig verlorengehen.

Dies aber ist der katholische Glaube: Wir verehren den einen Gott in der Dreifaltigkeit und die Dreifaltigkeit in der Einheit, ohne Vermengung der Personen und ohne Trennung der Wesenheit. Eine andere nämlich ist die Person des Vaters, eine andere die des Sohnes, eine andere die des Heiligen Geistes. Aber Vater und Sohn und Heiliger Geist haben nur Eine Gottheit, gleiche Herrlichkeit, gleich ewige Majestät. Wie der Vater, so der Sohn, so der Heilige Geist. Unerschaffen ist der Vater, unerschaffen der Sohn, unerschaffen der Heilige Geist.

[1] *Augustinus,* De trinitate I 6,12 (CCL 50, 41; dt.: BKV II/13, 16); ferner: De trin. XV 4,6 (CCL 50a, 467; dt.: BKV II/14, 258). Vgl. *F. Bourassa,* Théologie trinitaire chez Saint Augustin, in: Gregorianum 58 (1977) 675–725.

Unermeßlich ist der Vater, unermeßlich der Sohn, unermeßlich der Heilige Geist. Ewig ist der Vater, ewig der Sohn, ewig der Heilige Geist. Und doch sind es nicht drei Ewige, sondern Ein Ewiger, wie auch nicht drei Unerschaffene und nicht drei Unermeßliche, sondern Ein Unerschaffener und Ein Unermeßlicher. Ebenso ist allmächtig der Vater, allmächtig der Sohn, allmächtig der Heilige Geist, und doch sind es nicht drei Allmächtige, sondern Ein Allmächtiger. So ist der Vater Gott, der Sohn Gott, der Heilige Geist Gott, und doch sind es nicht drei Götter, sondern es ist nur Ein Gott. So ist der Vater Herr, der Sohn Herr, der Heilige Geist Herr, und doch sind es nicht drei Herren, sondern es ist nur Ein Herr. Denn wie wir nach der christlichen Wahrheit jede Person einzeln als Gott und Herrn bekennen, so verbietet uns doch auch der katholische Glaube, drei Götter oder Herren anzunehmen. Der Vater ist von niemand gemacht, noch geschaffen, noch gezeugt. Der Sohn ist vom Vater allein, nicht gemacht, noch geschaffen, sondern gezeugt. Der Heilige Geist ist vom Vater und vom Sohn, nicht gemacht, noch geschaffen, noch gezeugt, sondern hervorgehend. Es ist also Ein Vater, nicht drei Väter, Ein Sohn, nicht drei Söhne, Ein Heiliger Geist, nicht drei Heilige Geister. Und in dieser Dreieinigkeit ist nichts früher oder später, nichts größer oder kleiner, sondern alle drei Personen sind gleich ewig und gleich groß, so daß in allem, wie bereits vorhin gesagt wurde, sowohl die Einheit in der Dreifaltigkeit, als auch die Dreifaltigkeit in der Einheit anzubeten ist. Wer daher selig werden will, muß dies von der Heiligsten Dreifaltigkeit glauben« (DS 75/ NR 915).

Wie man sieht, herrscht eine lehrhafte Betrachtung mit geradezu formularhaftem Charakter vor. Anders als die früheren Symbola, in denen die ökonomische Trinität (ihre Offenbarung, ihr Geschichtshandeln) im Vordergrund stand, bleibt man hier in der Perspektive der immanenten Trinität. Man spürt: Die Dreieinigkeitslehre ist bereits gesichert: Einheit der Substanz und Verschiedenheit der Personen mit gleicher Würde; deshalb werden jeder alle göttlichen Attribute zuerkannt.

d. Die Symbola der Konzilien von Toledo und Florenz: Der Heilige Geist geht vom Vater und vom Sohn aus (Filioque). – Wo das nizänokonstantinopolitanische Symbol sich auf den Heiligen Geist bezieht, läßt es ihn vom Vater ausgehen, ohne den Sohn zu nennen. Die Lateiner wollten die Wesenseinheit auch des Heiligen Geistes stärken und so den arianischen Subordinatianismus bekämpfen, der sich im gotischen

Spanien immer noch hielt; deshalb begannen sie zu sagen, daß der Heilige Geist vom Vater und vom Sohn (Filioque) ausgeht. Der Text des Ersten Konzils von Toledo im Jahre 400 heißt so:

»Es existiert auch der Tröstergeist, der weder Vater noch Sohn ist, sondern *vom Vater und vom Sohne* ausgeht. Es ist also ungezeugt der Vater, gezeugt der Sohn, nicht gezeugt der Heilige Geist, vielmehr geht er aus *vom Vater und vom Sohn«* (DS 188).

Im Jahrhundert darauf, beim Dritten Konzil von Toledo, läßt 589 König Rekkared, neu vom Arianismus bekehrt, die neue Formel des »Filioque« (und vom Sohn) in das nizäno-konstantinopolitanische Symbol einfügen. Im sogenannten Symbol des Königs Rekkared, das bei diesem Konzil von Toledo verfaßt wurde, heißt es klar:

»Auch vom Heiligen Geist bekennen und verkünden wir gleicherweise, daß er *vom Vater und vom Sohne* ausgeht und mit dem Vater und dem Sohne dieselbe Substanz besitzt: Deshalb ist die dritte Person der Dreifaltigkeit der Heilige Geist, der auch mit dem Vater und dem Sohne das Wesen der Gottheit besitzt« (DS 470).

Die Formel war tauglich, die Leugner der Gottheit des Sohnes und des Heiligen Geistes (die Arianer) zu bekämpfen; sie verbreitete sich in der ganzen lateinischen Kirche, bis im Jahre 1004, anläßlich der Krönung Heinrichs II. durch Papst Benedikt VIII. in Rom, das Credo mit der Einfügung des »Filioque« in der Petersbasilika gesungen wurde.

Die Orientalen sahen es als einen schismatischen Akt an, den geheiligten Text des gemeinsamen Credo umzugestalten; erst recht, wo doch das Konzil von Ephesus (431) das Anathem über jeden verhängt hatte, der »einen anderen Glauben« als den des Konzils von Nizäa bekennen sollte. Das Konzil von Chalcedon (451) hatte dieselbe Sanktion erneuert.

Doch waren auch theologische Gründe im Spiel. Für die Ostkirche ist einziger Ursprung der göttlichen Personen der Vater (Monarchie des Vaters). Johannes von Damaskus faßte im 8. Jahrhundert die östliche Position so zusammen: »Der Heilige Geist aber ist (nicht Sohn des Vaters, er ist) Geist des Vaters, da er vom Vater ausgeht – ohne Geist keine Betätigung –, aber auch Geist des Sohnes, nicht weil er aus ihm, sondern weil er durch ihn vom Vater ausgeht. Urgrund ist nämlich nur der Vater.«[2] Der Vater ist also nach der griechischen Auffassung der Ursprungsquell aller Gottheit und der Verschiedenheit der Personen. In einem anderen Text betont Johannes von Damaskus: »Den Sohn

[2] *Johannes Damaszenus,* De fide orthodoxa I 12 (PG 94, 849; dt.: BKV 44, 36).

nennen wir nicht Ursache noch Vater, wir sagen vielmehr, er ist aus dem Vater und der Sohn des Vaters ... Dagegen behaupten wir nicht, daß der Heilige Geist aus dem Sohne ist, nennen ihn jedoch Geist des Sohnes.«[3] Der Sohn und der Geist gehen zusammen und miteinander vom Vater aus, insofern das Wort und der Hauch (Geist) zusammen aus des Vaters Mund kommen.[4]

Wir wollen jetzt nicht in diese zähe Diskussion eintreten; wir wollen nur die Perspektive der Orientalen verstehen und die Schwierigkeiten, die sie mit dem ins Credo eingefügten »Filioque« hatten. Neben politischen Streitigkeiten zwischen Ost und West war es auch dieses Problem des »Filioque«, was 1054 zu einem schmerzlichen Schisma führte, als der päpstliche Legat Humbert auf dem Altar der Hagia Sophia in Byzanz seine Urkunde niederlegte, welche die Griechen anklagte, das »Filioque« aus dem Credo gestrichen zu haben!

Das *Konzil von Florenz* (von 1431–1447) formulierte nach schwierigen Diskussionen einen dogmatischen Text zur Versöhnung zwischen der westlichen Auffassung des »Filioque« und der klassischen der Griechen (vom Vater durch den Sohn: ek Patros dia Hyiu):

»Über den Hervorgang des Heiligen Geistes. Im Namen der Heiligen Dreifaltigkeit, des Vaters, des Sohnes und des Heiligen Geistes, definieren wir mit der Zustimmung dieses Heiligen Allgemeinen Konzils von Florenz, damit diese Glaubenswahrheit von allen Christen geglaubt und angenommen werde und alle so bekennen: daß der Heilige Geist *aus dem Vater und dem Sohn* ewiglich ist und sein Wesen und sein subsistierendes Sein zugleich aus dem Vater und dem Sohne hat und von beiden ewiglich als von einem Prinzip und durch eine einzige Hauchung hervorgeht. Wir erklären: Wenn die heiligen Lehrer und Väter sagen, der Heilige Geist gehe vom Vater durch den Sohn aus, so ist dies so zu verstehen, daß auch der Sohn gemäß den Griechen Ursache, gemäß den Lateinern aber Prinzip des Bestehens (der Subsistenz) des Heiligen Geistes ist wie auch der Vater. Und weil alles, was des Vaters ist, der Vater selbst seinem eingeborenen Sohn bei der Zeugung gegeben hat, außer dem Vater-Sein, so hat auch dies, daß der Heilige Geist aus dem Sohn hervorgeht, der Sohn selbst ewiglich vom Vater, von dem er auch ewiglich gezeugt ist. Überdies definieren wir, daß jene Deuteworte ›Filioque‹ (und vom Sohn) – der Erklärung

[3] De fide orthodoxa I 12 (ebd.).
[4] Vgl.: *P. Evdokimov,* L'Esprit Saint dans la tradition orthodoxe, Paris 1969, 56.

der Wahrheit halber und weil es damals notwendig war – erlaubter- und vernünftigerweise dem Symbolum hinzugefügt worden sind« (DS 1300–1302).

Diese Erklärung ist vom 6. Juli 1439 datiert. Wie man sieht, gab es ein Bemühen um Versöhnung. Von ihrer Grundkonzeption aus (die ich noch erklären werde) unterscheiden die Griechen zwischen der Ursprunghaftigkeit des Vaters (arche) und der des Sohnes (aitia); für die Griechen ist Gott im Grunde der Vater; von ihm geht alles aus, denn er ist der einzige Ursprung von allem und von allen, auch von Sohn und Geist; wenn der Sohn auch Ursprung ist, so ist er es auf vom Vater empfangene Weise; deshalb unterscheiden sie die zwei Ursprungsweisen. Die Lateiner – das geht aus dem Text hervor – fassen die beiden Ursprungsweisen mit dem einen Ausdruck »Prinzip« zusammen. Indem sie zusammen den Heiligen Geist hauchen, bilden Vater und Sohn nicht zwei Prinzipien; sie sind ein einziges Prinzip (gut sagt das Konzil von Florenz: tamquam ab *uno* principio; DS 1300), weil der Sohn zusammen mit dem Vater den Heiligen Geist haucht, insofern er Sohn des Vaters ist und nicht Sohn schlechthin. Die Ausdrücke: Der Heilige Geist geht vom Vater *und vom* Sohn aus (Lateiner), und: Der Heilige Geist geht vom Vater *durch* den Sohn aus (Griechen), können vollkommen dasselbe besagen.

e. Dekret für die Jakobiten: Die Durchdringung der drei Personen (Perichorese). – Bei den göttlichen Personen ist nichts früher, höher, größer, geringer, später. Sie sind miteinander ewig, reich, allmächtig. Der Grund, den das Lehramt anführt, ist die Einheit derselben Natur, Substanz oder Wesenheit, die in jeder Person ist. Wegen der gemeinsamen Natur ist jede Person ganz in der anderen, durchdringt sie und wird von ihr durchdrungen (Perichorese). Das Konzil von Florenz hat in seinem Dekret für die Jakobiten (die Kopten und Äthiopier) im Jahre 1442 die Gemeinschaft zwischen den göttlichen Personen ausgedrückt, die das Grundthema unserer Überlegungen ist. Es handelt sich um die Perichorese (dieser griechische Begriff bedeutet die dreifaltige Gemeinschaft), die Grundlage für ein personhaftes und lebendiges Verständnis der Heiligsten Dreifaltigkeit.

»Wegen dieser Einheit ist der Vater ganz im Sohn, ganz im Heiligen Geist; ist der Sohn ganz im Vater, ganz im Heiligen Geist; ist der Heilige Geist ganz im Vater, ganz im Sohn. An Ewigkeit ist keiner früher als der andere, an Größe ragt keiner über den anderen hinaus oder ist ihm überlegen an Macht. Denn ewig und ohne Anfang ist, daß der Sohn vom Vater seinen Ursprung nahm, und ewig und ohne Anfang ist, daß der Heilige Geist vom Vater und Sohn hervorgeht.

Was der Vater ist oder hat, hat er nicht von einem anderen, sondern aus sich, er ist ein ursprungloser Ursprung. Was der Sohn ist oder hat, hat er vom Vater: er ist Ursprung aus dem Ursprung. Was der Heilige Geist ist oder hat, hat er zugleich vom Vater und vom Sohn. Aber nicht sind Vater und Sohn zwei Ursprünge des Heiligen Geistes, sondern sie sind nur *ein* Ursprung. So wie auch Vater, Sohn und Heiliger Geist nicht drei Ursprünge der Schöpfung, sondern nur *ein* Ursprung sind« (DS 1331/NR 285 f).

f. Das Vierte Laterankonzil: Harmonie zwischen immanenter und ökonomischer Trinität. – Vielleicht die begrifflich klarste Formulierung, die zwischen ökonomischer und immanenter Trinitätssicht das Gleichgewicht hält, verdanken wir dem Vierten Laterankonzil, das 1215 unter dem Vorsitz von Papst Innozenz III. gehalten wurde. Es handelt sich um zwei Texte, einen gegen die Waldenser und Albigenser und einen gegen den Abt Joachim von Fiore. Hier der erste:

»Wir glauben fest und bekennen mit aufrichtigem Herzen, daß es nur einen wahren ewigen unermeßlichen und unveränderlichen unfaßbaren allmächtigen und unaussprechlichen Gott gibt: den Vater, den Sohn und den Heiligen Geist: drei Personen, aber nur eine Wesenheitssubstanz und ganz einfache Natur: der Vater ist von keinem, der Sohn vom Vater allein und der Heilige Geist von beiden zugleich: ohne Anfang, immerwährend und ohne Ende zeugt der Vater, wird der Sohn gezeugt, geht der Heilige Geist hervor: gleichen Wesens und gleicher Vollkommenheit, gleich allmächtig und gleich ewig, der eine Ursprung aller Dinge, der Schöpfer der sichtbaren und unsichtbaren, der geistigen und der körperlichen. Er hat in seiner allmächtigen Kraft zu Anfang der Zeit in gleicher Weise beide Ordnungen der Schöpfung aus dem Nichts geschaffen, die geistige und körperliche, das heißt die Engelwelt und die irdische Welt, und dann die Menschenwelt, die gewissermaßen beide umfaßt, da sie aus Geist und Körper besteht. Der Teufel aber und die anderen bösen Geister sind von Gott ihrer Natur nach gut geschaffen, aber sie sind durch sich selbst schlecht geworden. Der Mensch jedoch sündigte auf Eingebung des Teufels. Diese Heilige Dreifaltigkeit, ungeteilt in der gemeinsamen Wesenheit und unterscheidbar durch die Eigentümlichkeiten der Personen, hat zuerst durch Moses, die heiligen Propheten und ihre anderen Knechte nach einem vollkommen geordneten Plan für die Zeiten die Heilslehre dem Menschengeschlecht mitgeteilt.

Endlich aber hat der einziggeborene Sohn Gottes, Jesus Christus, den Weg des Lebens noch deutlicher geoffenbart, er, dessen Menschwerdung von der ganzen Dreifaltigkeit gemeinsam gewirkt wurde (a tota Trinitate communiter incarnatus), der, empfangen aus der immerwährenden Jungfrau Maria durch Mitwirkung des Heiligen Geistes, wahrer Mensch wurde: bestehend aus einer vernünftigen Seele und dem menschlichen Fleisch, eine Person in zwei Naturen« (DS 800–801/NR 918–919).

Ebenso klar sind die trinitarischen Texte gegen Joachim von Fiore:

»Unter Zustimmung des Konzils glauben und bekennen wir ..., daß es nur eine höchste Wirklichkeit gibt, unbegreiflich und unaussprechlich, die in Wahrheit der Vater, der Sohn und der Heilige Geist ist; zugleich drei Personen und jede einzelne von ihnen Person; und darum gibt es in Gott nur eine Dreifaltigkeit, nicht eine Vierfaltigkeit. Denn jede der drei Personen ist jene Wirklichkeit, nämlich die göttliche Substanz, Wesenheit oder Natur. Sie allein ist das Urprinzip von allem, neben dem es kein anderes gibt; jene Wirklichkeit aber ist nicht zeugend noch gezeugt noch hervorgehend, es ist vielmehr der Vater, der zeugt, der Sohn, der gezeugt wird, und der Heilige Geist, der hervorgeht, so daß die Unterscheidungen in den Personen sind, die Einheit aber in der Natur ist. Mag also ein anderer der Vater, ein anderer der Sohn, ein anderer der Geist sein, nicht jedoch etwas anderes: das, was der Vater ist, ist der Sohn und voll und ganz auch der Heilige Geist. So hält der orthodoxe und katholische Glaube fest, daß sie wesenseins sind. Der Vater hat nämlich, von Ewigkeit den Sohn zeugend, ihm seine Substanz mitgeteilt, wie dieser selbst bezeugt: Was mir der Vater gegeben hat, ist größer als alles (Joh 10,29). Man kann darum nicht sagen, daß er ihm einen Teil seiner Substanz mitgeteilt habe und einen Teil für sich behalten habe, da die Substanz des Vaters unteilbar, vollständig einfach ist. Man kann aber auch nicht sagen, daß der Vater zeugend dem Sohn seine Substanz überantwortet hat, als ob er sie dem Sohne so mitgeteilt hätte, daß er sie nicht mehr für sich behielte; sonst hätte er aufgehört, Substanz zu sein. Es ist also offenbar, daß der Sohn in seiner Geburt die Substanz des Vaters ohne jede Minderung empfangen hat, und so der Vater und der Sohn ein und dieselbe Substanz besitzen: Und so ist der Vater und der Sohn ein und dieselbe Wirklichkeit und ebenso der Heilige Geist, der von beiden ausgeht« (DS 804–805).

In diesen beiden Formulierungen begegnen wir den klassischen Ausdrucksweisen des Dreifaltigkeitsdogmas: eine einzige Natur und drei verschiedene Personen; die Unterscheidung der Personen voneinander rührt von ihrem Ursprung her: der Vater ursprungslos, der Sohn vom Vater und der Heilige Geist von Vater und Sohn. Die Konzilsverkündigung hält die immanente Trinität (die Personen in sich selbst) und die ökonomische Trinität (ihr Geschichtshandeln) wunderbar im Gleichgewicht.

g. Die Erklärung »Das Geheimnis des Sohnes Gottes«: Von der ökonomischen zur immanenten Trinität. – In unseren Eingangsüberlegungen über die Rahmendaten des Glaubens, wie sie sich im Neuen Testament finden, ist klargeworden, daß Gott sich so geoffenbart hat, wie er selber ist, das heißt als Dreifaltigkeit: Vater, Sohn und Heiliger Geist. Ausgehend von der Dreifaltigkeit, die sich in Jesu Lebensweg und im Wirken des Heiligen Geistes gezeigt hat, ist uns – wenn auch im Halbschatten – doch die Schau des Geheimnisses selbst gewährt: jener Gemeinschaft, in der die drei göttlichen Personen miteinander leben. Neuerdings haben einige Theologen – im Rahmen eines radikalen Denkens, das die Geschichtlichkeit bis in Gott verlegt – die Auffassung vertreten, daß Gott als Dreifaltigkeit einmal begonnen habe, als er eine Beziehung zu seiner Schöpfung aufnahm. Das hieß der Ewigkeit der Trinität Schach bieten. Solche Theologumena (theologische Thesen) provozierten einen Erlaß der Glaubenskongregation vom 21. Februar 1972. Er ist wichtig, weil er nicht nur den Seinscharakter der Trinität bekräftigt (Gott ist ewig dreifaltig, weil das seine Natur ist), sondern auch die Ordnung unserer Erkenntnis: von der Ökonomie zur Theologie, von der geschichtlich geoffenbarten Trinität zur Trinität, wie sie in sich selbst ist. Hier der Text:

»Der Gedanke, daß die Offenbarung uns im ungewissen über die Ewigkeit der Dreifaltigkeit und vor allem über die Existenz des Heiligen Geistes als Person in Gott, verschieden von Vater und Sohn, gelassen habe, steht klar im Widerspruch zum Glauben. Es stimmt, daß das Geheimnis der Heiligsten Dreifaltigkeit uns in der Heilsökonomie offenbart wurde, hauptsächlich in Christus selbst, der vom Vater in die Welt gesandt wurde und zusammen mit dem Vater den Heiligen Geist dem Volke Gottes sendet, um es zu beleben. Aber durch diese Offenbarung wird den Gläubigen eine sichere Erkenntnis des inneren Lebens Gottes gegeben, in welchem der zeugende Vater, der eingeborene Sohn und der hervorgehende Heilige Geist desselben Wesens und vollkommen gleich, gleich allmächtig und gleich ewig sind« (AAS 64 [1972] 237f).

Das Verhältnis zwischen ökonomischer und immanenter Trinität bleibt gewahrt, ebenso die »sichere Erkenntnis«, die wir, aufgrund dieses Verhältnisses, von der Dreifaltigkeit, wie sie in sich selber ist, entfalten können.

Um diesen Teil über die Lehraussagen abzuschließen, sei an das Dekret des Konzils von Florenz für die Jakobiten vom 4. Februar 1442 erinnert, wo ein überaus wichtiges Prinzip für die Dreifaltigkeitstheologie aufgestellt wurde; zum ersten Mal hatte es Anselm von Canterbury († 1109) formuliert: »In Deo omnia sunt unum, ubi non obviat relationis oppositio – In Gott ist alles eins, außer wo die Beziehungen in Gegenrichtung zueinander stehen« (vgl. DS 1330/NR 284). Auf diesem Konzil von Florenz hatte Johannes, der Theologe der Lateiner, folgendes bezeugt: »Gemäß den griechischen und lateinischen Kirchenlehrern ist es allein die Beziehung, welche bei den göttlichen Hervorbringungen die Personen vervielfacht; sie heißt Ursprungsbeziehung und hat zwei Pole: von wem einer ist und wer von einem anderen ist.« Ähnlich sagte der hochgelehrte Erzbischof Bessarion von Nizäa (Theologe der Griechen und später Kardinal) beim selben Konzil von Florenz: »Jeder weiß, daß die Personennamen der Dreifaltigkeit relativ sind.«[5] Mit anderen Worten: In Gott ist alles eins (Erschaffung, Erlösung, Größe, Unendlichkeit, Güte), wo nicht das jeder Person ausschließlich Eigene es hindert; so ist es dem Vater ausschließlich eigen, ursprungslos zu sein; dem Sohn ist es eigen, gezeugt vom Vater auszugehen; dem Heiligen Geist, von Vater und Sohn gehaucht zu sein. Außer diesen Eigentümlichkeiten ist in der Dreifaltigkeit alles eins, alles wird gemeinsam von der ganzen Dreieinigkeit verwirklicht.

2. Drei Tendenzen trinitarischer Systematisierung

Die theologische Trinitätslehre hat genaue Denkzeuge, das heißt Fachbegriffe, konstruiert, mit denen sie die Wahrheit Gottes, des Drei-Einen ausdrückt. Es gelten strenge Regeln für das trinitarische Sprachspiel; so vermeidet man Häresien (entstellte Formulierungen des Glaubens) und kann mehr oder minder treffend auf möglichst sorgfältige Weise das unsagbare Geheimnis sagen.[6]

[5] Erläuternde Fußnote zum Dekret über die Jakobiten in den von Karl Rahner besorgten Ausgaben [28]1952–[31]1957 des »Denzinger« (Nr. 703). In den folgenden, von Adolf Schönmetzer besorgten Ausgaben erscheint dieser Hinweis nicht mehr.

[6] Vgl. die eindringlichen Mahnungen *Augustins* an alle, die dieses erhabene Geheimnis ergründen wollen. Der Bischof von Hippo betont, daß »nirgends das Irren gefährlicher, das Suchen mühseliger, das Finden fruchtbringender ist«: De trin. I 3,5 (CCL 50, 32; dt.: BKV II/13, 7).

Jeder Fachbegriff hat seinen bestimmten Platz im Sprachspiel; doch der Akzent wechselt, je nach dem, auf welche Weise man die Rahmendaten des Glaubens systematisiert.

In der Geschichte der trinitarischen Reflexion (und auch theoretisch gesehen) lassen sich drei große Systematisierungstendenzen unterscheiden.[7] Nicht von ungefähr, denn das Thema der Trinität muß im Blick auf die zu bekämpfenden Irrtümer gedacht und ausgelegt werden. In einem vom *Polytheismus* beeinflußten Milieu (das war der Fall des Römerreiches und der lateinischen Theologen im allgemeinen) betont die trinitarische Reflexion natürlich zuerst Gottes Einzigkeit; finge sie mit der Predigt der Dreifaltigkeit an, so würden die Hörer einen auf drei statt vieler Götter reduzierten Polytheismus zu hören vermeinen; die Situation begünstigt eine auf Gottes Einheit konzentrierte Reflexion und geht von dort zur Verschiedenheit der Personen über.

In einem anderen Milieu, wo man auf dem Monotheismus und Gottes absoluter *Monarchie* besteht, niemanden sonst an Gottes Seite anerkennt und so Jesu Christi Gottheit leugnet (das war die Situation der griechischen Denker, die sich gegen den Arianismus und Modalismus wandten), wird die Reflexion dahin gebracht, die Verschiedenheit in Gott zu betonen. Man beharrt auf der Dreifaltigkeit und den Personen (Vater, Sohn und Heiliger Geist); von der Verschiedenheit ausgehend kommt man zur Einheit; nur so widersteht man den Irrtümern eines starren Monarchismus, der für die Annahme der Dreifaltigkeit keinen Raum läßt.

In einer anderen Situation, wo der *Individualismus* stark vorherrscht, weil es zwischen den Menschen (in persönlicher und sozialer Hinsicht) an Gemeinschaft und Solidarität fehlt (das ist der Fall bei unseren ausschließenden Gesellschaften kapitalistischer Produktionsweise), ist die Reflexion aufgefordert, ihren Blick nicht so sehr auf den *einen* Gott noch auf die Dreiheit zu richten, vielmehr auf die Form der Beziehung, die zwischen den göttlichen Personen besteht; betont werden soll die Gemeinschaft als erstes und fundamentales Prinzip in

Thomas von Aquin befleißigt sich im Traktat über die Trinität der »cautela et modestia«: Summa theologiae I, q.31, a.2 (Deutsche Thomas-Ausgabe Bd. 3, 85).

[7] Die Typisierung, die natürlich entsprechende Vereinfachungen mit sich bringt, wurde erstmals angeregt durch *Th. de Régnon,* Études de théologie positive sur la Sainte Trinité, Bd. 1, Paris 1892, 335–340. 428–435; *X. Pikaza,* Trinidad y ontología en torno al planteamiento sistemático del misterio trinitario, in: Éstudios Trinitarios 8 (1974) 189–236, bes. 200–205; *H. Barré,* Trinité que j'adore. Perspectives Théologiques, Paris 1965, 21–54.

Gott und in allen Wesen, die nach dem Bild und Gleichnis der dreifaltigen Beziehungen geschaffen sind.

Man sieht, wie die verschiedenen Tendenzen sich von außen nach innen definieren; sie alle wollen die Glaubenswahrheit für die menschliche Existenz bedeutsam machen, wo diese an Beschädigungen leidet, die eben durch die Glaubenswahrheit gebessert werden können; überdies hilft die Trinitätslehre der Existenz und der Gesellschaft, ihre eigene, von der Dreifaltigkeit gewollte Wahrheit zu finden. – Sehen wir uns diese drei Tendenzen kurz an.

a. Von der Einheit der Natur zur Dreifaltigkeit der Personen. – Im Credo beten wir: »Credo in unum Deum ... Ich glaube an den einen Gott ...« In dieser Formel kann sich eine echte geistliche Erfahrung ausdrücken, die sich auf Gottes Einzigkeit konzentriert. Man läßt die Vielfalt der »Götter« hinter sich, und der Mensch spricht mit dem einzigen Prinzip, dem Herrn von Himmel und Erde, Gott, dem Anfang und Ziel des Ganzen. Beim Beten wendet der Glaubende sich nicht an eine Dreieinigkeit, an einen Vater, Sohn und Heiligen Geist, sondern schlicht ans höchste, persönlichste, geistliche und der menschlichen Suche zugängliche Geheimnis. Wie kommt man von dieser Einheit zur Dreifaltigkeit der Personen? Zwei Wege wurden ausgearbeitet, die historische Irrtümer vermeiden: Einerseits dürfen die Personen nicht als Ausdrucksweisen desselben einzigen Gottes (Modalismus), andererseits dürfen sie nicht als absteigende Entfaltung des einzigen Gottes aufgefaßt werden (Subordinatianismus oder Arianismus).

Der erste Weg sieht so aus: Gott ist der *absolute Geist* von höchster Vollkommenheit. Jeder Geist (auch der geschaffene) denkt und will als Verwirklichung seines Wesens. Der vollkommenste Geist ist »reflexivus sui«, das heißt, er denkt auch sich selbst aufs vollkommenste, er bringt in sich einen absolut vollkommenen Selbstausdruck hervor. Er erzeugt das, was der Glaube Sohn oder Wort nennt. Beim Erzeugen dieses Selbstausdruckes offenbart Gott sich als Vater, der fähig ist, einen ewigen eingeborenen Sohn zu zeugen. Vater und Sohn denken sich nicht nur gegenseitig, sondern lieben sich auch ewiglich. Die Wechselliebe beider ist so vollkommen und absolut, daß sie Heiliger Geist heißt. Diese Dreifaltigkeit der Personen vervielfacht den vollkommensten Geist nicht, sondern tut seine ewige innere Dynamik kund. Also sind die göttlichen Personen dieser selbe Geist in seinem ewigen Prozeß. Somit müssen wir sagen, daß die Personen kein je eigenes, sondern ein einziges Wesen haben: den vollkommensten Geist.

Dieser vollkommenste Geist wird in der Trinitätstheologie einzige Substanz oder Natur genannt.

Der zweite Weg inspiriert sich an einer langen mystischen Tradition, die von Platon über Augustin, Bonaventura und die mittelalterliche Franziskanerschule bis hin zu heutigen Autoren reicht. Nach dieser Tradition ist Gott viel mehr als ein vollkommenster Geist: er ist das *höchste Gut, die allerhöchste Liebe.* Dem Guten und der Liebe ist es eigen, sich zu verströmen und selbst mitzuteilen, von sich auszugehen und dem anderen sich zu schenken. Nun bezeugt die Offenbarung, daß Gott Liebe ist (1 Joh 4,8.16). Wenn das unendliche Liebesprinzip sich ausweitet, zeigt es sich als Wort oder Sohn, von derselben Natur. Das Wort ist mit dem Vater ein einziger Gott, verschieden von ihm als Sohn. Die Liebesbeziehung und gegenseitige Hingabe zwischen Vater und Sohn ist so erhaben und vollkommen, daß sie den Heiligen Geist hervorbringt, den Ausdruck der Gemeinschaft zwischen beiden. Solcherart schließt sich der Liebeskreis der höchsten Liebenden, die von einer einzigen Liebes-Wirklichkeit sind.

In dieser Auffassung ist die Einheit gewährleistet, denn sie bildet den Ausgangspunkt; tatsächlich geht man von der Einheit und Einzigkeit des höchsten Geistes oder der unendlichen Liebe aus und schreitet voran, bis man bemerkt, daß die innere Dynamik dieser Summa Res, dieser höchsten Wirklichkeit, sich innerlich differenziert. So kommt es zu den göttlichen Personen als drei Weisen, sich *wirklich* zu konkretisieren und *wahrhaft* dieselbe göttliche Natur zu haben. Die systematische Behandlung beginnt mit der Rede von dem einen Gott (de Deo uno) und wendet sich dann zum dreifaltigen Gott (de Deo trino). Thomas von Aquin war der genialste Systematiker dieser Perspektive, indem er die Einsichten Augustins weiterführte. So sagt er in der »Summa theologiae«: »Zuerst betrachten wir, was das göttliche *Wesen* betrifft (Quaestionen 2–26); zweitens, was die Unterscheidung der *Personen* anbelangt (Quaestionen 27–43); drittens alles, was sich auf den Schöpfungsprozeß der Geschöpfe durch Gott bezieht (von Quaestio 44 an).«

Die dauernde Gefahr dieser Auffassung, die von der Einheit des göttlichen Wesens ausgeht, besteht im Modalismus; dieser meint, die göttlichen Personen erschienen als *Weisen* desselben Seins, so daß es nicht wirklich Drei in Gott gibt. So würden wir stets auf der Stufe des Monotheismus verbleiben. Um dieser Gefahr zu entgehen und ein rechtgläubiges Verständnis zu bewahren, wird die Theologie (vor allem, doch nicht ausschließlich die lateinische) betonen, daß die

Weisen, dasselbe Wesen zu besitzen und zu konkretisieren, *wirkliche und verschiedene* Weisen sind; es geht also nicht um Ausdrucksweisen oder Etappen der Offenbarung an uns und folglich um ein rein verbales Problem. Die Weise, wie der Vater das Wesen besitzt, ist wirklich von der des Sohnes verschieden, und beide sind ihrerseits auch verschieden von der des Heiligen Geistes. Der wirkliche Unterschied in den Besitz- und Konkretisierungsweisen desselben einzigen Wesens gründet auf dem unterschiedlichen Hervorgang einer Person aus der anderen. So sagen wir: Der Vater (die erste Person) besitzt das Wesen als nicht gezeugtes noch mitgeteiltes Wesen, er ist ursprungsloser Ursprung; der Sohn (die zweite Person) empfängt das Wesen durch Zeugung vom Vater; der Heilige Geist (die dritte Person) empfängt das Wesen durch Hauchung von Vater und Sohn zusammen.

Die Personen definieren sich durch die Beziehungen der einen zur anderen; nie sind sie absolut, in sich bestehend (das kennzeichnet das Wesen), sie sind vielmehr *relativ,* das heißt aufeinander bezogen. Wir müssen unser Verständnis hier an der Lehre des Ersten Konzils von Toledo (675) ausrichten: Der Vater bezieht sich auf den Sohn, der Sohn auf den Vater und der Heilige Geist auf beide; obwohl man um der Beziehung willen von drei Personen spricht, glaubt man doch an eine einzige Substanz (DS 528). Mit anderen Worten: Die Personen erhalten ihr Personsein einzig von der Beziehung, die jede mit der anderen unterhält.

Der Unterschied zwischen den Personen ist wirklich, deshalb ist eine nicht die andere, obwohl eine immer auf die anderen bezogen ist. Der Unterschied zwischen den Personen und dem Wesen dagegen kann nicht *real* sein, sonst hätten wir eine Vierheit: ein Wesen und dazu die drei Personen. Der Unterschied kann auch nicht nur *mental* sein, denn das wäre bloßer Modalismus; es gäbe ein einziges Wesen und drei verbal und mental verschiedene Weisen, dasselbe auszudrücken. Indes muß es irgendeinen Unterschied zwischen dem einen Wesen und den Personen geben. Die Theologen sagen, es gelte eine *formale* Unterscheidung (*virtuell* nach der thomistischen Schule), dank der die Dreiheit nicht in der Einheit aufgehe und zugleich die Unterschiedenheit innerhalb der göttlichen Selbigkeit gewahrt bleibe. Bei der formalen Unterscheidung wird die Wirklichkeit nicht vervielfacht, doch ist es möglich – wie im Fall der Dreifaltigkeit –, zu drei untereinander verschiedenen Seinsweisen derselben Wirklichkeit zu kommen. Diese drei Weisen haben ihr Fundament nicht in unserem Geist, sondern in der Wirklichkeit selbst. Genau dies bedeutet die *formale* Distinktion:

Unter einer anderen *Formalität* ergibt sich dieselbe Wesenheit, Natur oder Wirklichkeit.[8] Trinitarisch gesprochen heißt das: Gottes Wirklichkeit (Natur) wird erfaßt als verwirklicht unter der Formalität des Vaters, des Sohnes und des Heiligen Geistes. Dieser Gedanke will die Dynamik und den inneren Reichtum derselben und einzigen göttlichen Wirklichkeit ausdrücken.

So versteht man, warum die drei göttlichen Personen zusammen dieselbe einzige Natur besitzen, versteht die Einheit der Attribute (der Vater ist ewig, der Sohn ist ewig, der Heilige Geist ist ewig; so auch unendlich, Schöpfer, barmherzig usw.) und die Einheit beim Handeln nach außen (die drei göttlichen Personen handeln in der Geschichte untrennbar zusammen, erlösend, rettend, vergottend, alles zum ewigen Reich der Herrlichkeit führend). Zusammenfassend können wir sagen: Obwohl jede Person wahrhaft Gott ist, sind alle drei Personen ein einziger Gott. Dies ist der Grundgedanke dieser Richtung, welche die Glaubensdaten über den dreifaltigen Gott von der Einheit und fundamentalen Einzigkeit der göttlichen Natur aus systematisiert.

b. Von der Wesenseinheit des Vaters zur Dreifaltigkeit der Personen. – Im Credo beten wir: »Credo in unum Deum *Patrem omnipotentem* ... Ich glaube an den einen Gott, *den Vater, den Allmächtigen* ...« Wir können die Betonung auf Gottes personhaften Charakter legen, dann erscheint er als Vater. Der Vater ist Gott schlechthin, wie die griechischen Theologen sagten: »Er ist Quell und Ursprung der Gottheit.« Die Einheit besteht nicht so sehr in der bei den drei Personen gleichen göttlichen Natur, sondern »die Einheit ist der Vater, aus dem und auf den hin sich die anderen herleiten«[9]. Es gibt nur *einen* Gott, weil es einen einzigen göttlichen Quell gibt, den allmächtigen Vater. Es gibt nur *ein* Prinzip der Gottheit, den Vater, und deshalb gilt die strengste Monarchie. Doch teilt der Vater sein ganzes göttliches Wesen dem Sohn mit; allein bzw. durch den Sohn oder mit ihm schenkt er sein ganzes Wesen auch dem Heiligen Geist. Beim Geheimnis der Dreifaltigkeit kommt also alles vom einzigen Zeugungs- und Hauchungsprinzip her, das der Vater ist. Die Einheit besteht im mitgeteilten Wesen des Vaters. Deshalb sind die drei göttlichen Personen wesenseins; denn sie haben auf absolute Weise an der einen Wesenheit des Vaters teil.

[8] Eine detailliertere Erklärung des Begriffs der »Formaldistinktion«, insbesondere bei Duns Skotus, und seiner Anwendung auf die Theologie der Trinität findet sich bei: *M. Schmaus,* Der Glaube der Kirche. Handbuch katholischer Dogmatik I, München 1969, 577f.

[9] *Gregor von Nazianz,* Oratio 42,15 (PG 36, 476).

Bei diesem Verständnis sind die Beziehungen zwischen den Personen der Heiligsten Dreifaltigkeit nicht von Gegensatz oder Trennung bestimmt, sondern von Verschiedenheit in der Gemeinschaft mit dem Vater. Der Vater teilt alle seine Weisheit, alle seine Liebe, all seinen Willen, alle seine Ewigkeit dem Sohn und dem Geiste mit. Deshalb gibt es nicht drei Ewige, sondern nur einen Ewigen, einen Heiligen, einen Herrn. Anders als bei der zuvor dargelegten Auffassung erscheint bei dieser die göttliche Natur (Substanz oder Wesenheit) schon personalisiert. Der Vater ist es, der die Ursprungsbeziehungen von sich ausgehen läßt, denn er stellt den einzigen Quell und Ursprung jeder Beziehung dar.

Die Unterscheidung der Personen in bezug auf den Vater erschöpft sich keineswegs in der Unterscheidung; so würde nur klar, daß der eine nicht der andere ist, der Vater nicht der Sohn usw. Die Unterscheidung soll vielmehr die Gemeinschaft ermöglichen. Eine ewige Liebesbeziehung umfaßt die drei Personen und macht sie voneinander untrennbar. Laut Johannes von Damaskus ist die Gottheit »ungeteilt in Geteilten und gleichsam in drei zusammenhängenden und ungetrennten Sonnen eine Verbindung und Einheit des Lichtes«[10]. Wegen der Wesenseinheit ist jede der Personen Gott. Gott ist die drei Personen, zusammengesehen, in absoluter ewiger Gemeinschaft.

Diese Gemeinschaft ist so absolut, daß die Dreizahl jede mathematische Zahl übersteigt. Basilius (auch der Große genannt), der bedeutende Theologe des Heiligen Geistes, sagt dazu: »Wir zählen nicht vom einen zum vielen, sagen nicht eins, zwei, drei oder erster, zweiter, dritter ... Indem wir Gott von Gott verehren, bekennen wir die Eigenart der Hypostasen und bleiben wir in der Monarchie, ohne das göttliche Geheimnis in die Vielheit zu zerteilen.«[11] Mit anderen Worten: Drei heißt nichts Quantitatives, sondern eine unsagbare Ordnung dreier, die in der Gemeinschaft eins sind. Sehr glücklich hat es ein moderner orthodoxer Theologe formuliert: »Die Dreiheit der Personen, geeint durch den Unterschied und unterschieden durch die Einheit, bedeutet eine Unterscheidung, die sich nicht entgegensetzt, sondern sich setzt: sie setzt die anderen.«[12]

Diese Weise, unsere Gedanken über die Trinität zu systematisieren, bleibt auf dem Boden des Neuen Testaments. Dort wird von jeder der Personen gesprochen als von einer selbständigen Wirklichkeit mit ihrer

[10] *Johannes Damaszenus,* De fide orthodoxa I 8 (PG 94, 828; dt: BKV 44, 26f.).
[11] *Basilius von Caesarea,* De spiritu sancto 18 (SChr 17, 404–407).
[12] *P. Evdokimov,* L'Esprit Saint, 44.

je eigenen Tat der Erlösung und Vergottung des Menschen, ganz ohne Abstraktheit und essentialistischen Formalismus. Wenn man von und zu Gott spricht, denkt man nicht zuerst an ein göttliches Wesen, ein namenloses Geheimnis, sondern richtet sich konkret an den Vater, den Sohn und den Heiligen Geist. So läuft man nicht Gefahr, Gott zu entpersönlichen. Und wenn man an Gottes Einheit denkt, dann nicht an eine gemeinsame Natur, ein bei jeder Person identisches Substrat, sondern man denkt an den Vater, der seine ganze Substanz den übrigen Personen mitteilt. Die Dreifaltigkeit ist eins, weil sie vom Einen stammt, vom Vater.

War die Gefahr der vorigen Tendenz der Modalismus, so ist es bei dieser der Subordinatianismus. Beide Tendenzen gehen von der Einheit aus, sei sie als Natur gesehen oder als Person (Vater). Die Monarchie des Vaters ist so absolut, daß in ihm alles besteht und sich löst. Sohn und Heiliger Geist sind Ausdrücke (wenngleich ewige und unendliche) des einzigen Prinzips, des Vaters. Der Vater ist im Grunde alles. Die übrigen Personen sind ewige Ableitungen Seiner. Zweifellos behauptet man immer wieder die Wesensgleichheit, indes begünstigen die theologischen Formulierungen doch, weil eben alles vom Vater stammt, ein subordinatianisches Verständnis.

Leichter läßt sich der Gefahr begegnen, wenn wir stets bedenken, daß es sich um Beziehungen zwischen göttlichen und höchst lebendigen Personen handelt; keiner definiert sich, wie es bei uns Menschen geschehen mag, gegen den andern, vielmehr zu ihm, für ihn, von ihm her, mit ihm und in ihm. Schön sagte Gregor von Nazianz: »Die Ehre des Prinzips (Vater) besteht nie in der Erniedrigung derer, die von ihm ausgehen ... Jeder, für sich betrachtet, ist Gott, ... und Gott ist die Drei, zusammen gesehen, jenes wegen der Wesenseinheit, dieses wegen der Monarchie (des Vaters).«[13]

c. Von der Dreiheit der Personen zur Einheit der Wesens-Gemeinschaft. – Diese Tendenz sucht von der besonderen Erfahrung des christlichen Glaubens auszugehen, der zuerst die Dreifaltigkeit bekennt. Was wirklich existiert, sind der Vater, der Sohn und der Heilige Geist. Weil ewige Gemeinschaft und Einheit zwischen den Dreien besteht, gibt es einen einzigen Gott. Es genügt nicht die Behauptung, daß drei Personen existieren: Das könnte auf die Häresie des Tritheismus hinauslaufen (als gäbe es drei Götter). Was es zu betonen gilt, ist die

[13] *Gregor von Nazianz,* Oratio 40 (PG 36, 419 B. 417 B).

Tatsache, daß jede Person voll und ganz in den anderen ist. Die Tradition, besonders die kappadozischen Theologen und Johannes von Damaskus (†749) bestanden auf der vollständigen trinitarischen *Perichorese.*[14] Die entsprechenden lateinischen Fachausdrücke »circumincessio« oder »circuminsessio« bedeuten »die innere und vollkommene Einwohnung einer Person in der anderen« (intima et perfecta inhabitatio unius personae in alia). Die drei göttlichen Personen durchdringen einander gegenseitig.

Jesus hat schon klar gesagt: »Glaubt mir, daß ich im Vater bin und der Vater in mir ist« (Joh 14,11); oder auch, indem er die Menschen mit einschließt: »Daß alle eins seien wie du, Vater, in mir und ich in dir, daß sie in uns seien und die Welt glaube, daß du mich gesandt hast« (Joh 17,21). Dank der radikalen und ewigen Gemeinschaft zwischen den drei göttlichen Personen »ist der Vater ganz im Sohn, ganz im Heiligen Geist; ist der Sohn ganz im Vater, ganz im Heiligen Geist; ist der Heilige Geist ganz im Vater, ganz im Sohn. An Ewigkeit ist keiner früher als der andere, an Größe ragt keiner über den anderen hinaus oder ist ihm überlegen an Macht«, wie es auf dem Konzil von Florenz 1442 heißt (DS 1331/NR 285).

Zwischen den drei Personen vollzieht sich ein solch ewiger Liebestausch, das Leben kreist so absolut zwischen ihnen, die Gemeinschaft ist so unendlich, so sehr gibt jede Person den anderen alles, was sie kann, daß sie eine Einung bilden. Die drei besitzen nur einen Willen, eine einzige Vernunft und eine einzige Liebe.

Wir dürfen uns nicht vorstellen, die drei göttlichen Personen seien wie drei Individuen, die sich nachträglich in Gemeinschaft aufeinander beziehen und vereinen. Solche Vorstellung entginge nicht dem Tritheismus. Wir müssen sagen, daß die Personen nicht nur untereinander Beziehungen eingehen, sondern daß sie sich eben durch den Lebens- und Liebestausch als Personen konstituieren. Sie sind also verschieden, um sich zu einen, und einen sich, nicht um zu verschmelzen, sondern um einander zu enthalten. Mehr noch als Einheit desselben gemeinsamen Wesens oder Einheit desselben Ursprungs (des Vaters) wäre die Einheit eine Einung der Personen kraft ihrer gegenseitigen Gemeinschaft miteinander. Zum »Filioque« hat folglich das »Spirituque« zu treten.

Diese ewige Liebes- und Lebens-Perichorese zwischen Vater, Sohn und Heiligem Geist stellt das Quellmuster jeglicher Liebe, Lebendig-

[14] Vgl.: *Johannes Damaszenus,* De fide orthodoxa I 8 (PG 94, 828 f.; dt.: BKV 44, 24–26).

keit und Gemeinschaft in der nach dem Bilde der Dreieinigkeit gemachten Schöpfung dar.

Wir wollen diese Perspektive jetzt nicht weiter ausführen, sondern sie als unsere eigene Konzeption später genauer und vollständiger darstellen; wir werden ihre Bedeutsamkeit für Gesellschaft und Kirche aufzeigen, insofern sie zu mehr Teilhabe und Mitbestimmung, zu mehr Gemeinschaft und Symmetrie auf allen Ebenen menschlicher Beziehungen führt.

Soviel zu den drei bekannten Systematisierungsmöglichkeiten des Dreifaltigkeitsglaubens. Wenden wir uns jetzt den Schlüsselwörtern zu, mittels deren das Denken in etwa sinnvoll über ein so erhabenes Geheimnis zu sprechen vermag. Zum Schluß, soviel steht fest, werden der kritische Theologe und der scharfsichtige Gläubige im ehrfurchtsvollen Schweigen verharren. Die Dreifaltigkeit erscheint dann als Geheimnis, das eher meditiert und angebetet werden muß als reflektiert und erkundet. Das jedoch eben erst zum Schluß; im Augenblick bedarf es noch der Anstrengung des Begriffs.

3. Das trinitarische Sprachspiel: Erklärung der Schlüsselbegriffe

a. Eine einzige Substanz, Natur, Wesenheit. – Um auszudrücken, was in Gott eines ist, hat die Lehrüberlieferung der Kirche diese drei Fachwörter gebraucht: »Substanz«, »Natur« und »Wesen«. Sie werden gleichbedeutend verwendet (DS 804), obwohl jedes eigene Nuancen aufweist.

Substanz (vom lateinischen »sub-stare«, darunterstehen) bezeichnet jene Wirklichkeit, die auf dauernde Weise alle Differenzierungen trägt, die in ihr oder über ihr oder von ihr aus sich ableiten. So sagen wir beim Dreifaltigkeitsgeheimnis, daß die göttliche Substanz das ist, was dauernd die drei Personen Vater, Sohn und Heiligen Geist trägt und eint; die göttliche Substanz ist in jeder der Personen, auf verschiedene Weise und gleich wirklich, wahr und voll, so daß von der Einzigkeit und Einheit der göttlichen Substanz aus die Einheit der Personen sich ergibt.

Natur (lat. »natura« von »nasci«, geboren werden; griech. »physis« von »phyomai«, ich werde geboren) bezeichnet diese selbe Substanz, insofern sie ein Ursprungs- und Tätigkeitsprinzip darstellt. So können wir uns die göttliche Natur als solche Überfülle an innerem Leben, an Vernunft und Liebe vorstellen, daß sie sich differenziert und zu drei wirklich (nicht nur für uns) verschiedenen Weisen konkretisiert: den drei Personen; diese selbe, auf drei verschiedene Weisen personalisierte Natur handelt auch nach außerhalb des Dreifaltigkeitskreises und schafft das All der Wesen als Offenbarung ihrer Herrlichkeit (vgl. DS 804).

Wesenheit (lat. »essentia«) bezeichnet den inneren Seinsgrund, durch den etwas das ist, was es ist. Gottes Wesen (divinitas, Gottheit) ist das, was Gott in sich selbst ausmacht, im Unterschied zu jedem anderen Sein. Gottes Wesen ist also das Sein, das Gute, die Liebe, die Wahrheit in der Weise des Unendlichen, Ewigen, Allmächtigen usw. Das Wesen meint die Substanz oder Natur auf abstraktere Weise, sofern wir uns fragen, was denn eigentlich Gott bedeute im Unterschied zu allen übrigen Seienden um uns her.[15]

Wir dürfen nie vergessen, daß solche Schlüsselbegriffe Denkzeuge sind, theoretische Instrumente der griechisch-lateinischen Kultur, mittels deren wir über Gottes Geheimnis etwas stammeln, um nicht ganz stumm zu bleiben. Strenggenommen ist Gott weder Substanz noch Natur noch Wesen, er ist über all diese Kategorien hinaus; wenn wir solche Wörter dennoch auf die göttliche Wirklichkeit anwenden, so stets analog und angenähert, wenn auch durchaus in ihrem »eminenten« Sinn, der jeglichen Schatten der Unvollkommenheit ausschließt. Mangel an Wachsamkeit hinsichtlich der Grenzen unseres Redens von Gott kann – wie schon erwähnt – zu theologischen Verzerrungen führen.

b. Drei real unterschiedene Hypostasen, Subsistenzen, Personen. – Um zu bezeichnen, was in Gott drei ist, gebrauchte die offizielle Theologie der Kirche die Wörter »Hypostase« (griechisch), »Person« und »Subsistenz« (lateinisch). Trotz der besonderen Nuancen eines jeden dieser Wörter sind sie in der trinitarischen Sprache gleichbedeutend. Sehen wir uns kurz den Sinn eines jeden an.

Hypostase bezeichnet die Individualität, die in und durch sich unterschieden von allen übrigen existiert. So müssen wir sagen, daß jede göttliche Person in sich und für sich, unterschieden von den beiden anderen existiert.[16]

[15] Gott ist nicht Gott, weil er die Gottheit besäße, wie Waldemar Mensch ist, weil er das Menschsein besitzt, das allerdings auch Karl und Thomas und unbegrenzt vielen anderen eigen ist. Gott ist Gott aufgrund seiner eigenen Gottheit (Deus est ipsa deitas; Deus est quod habet). Die göttliche Substanz, das göttliche Wesen existiert in absoluter numerischer Einheit und Einzigkeit, aber sie existiert, wenn auch als die eine, so doch unter drei realen Weisen der Aneignung oder Subsistenz, die eben die drei göttlichen Personen sind.

[16] Die Scholastik hat diesen Sachverhalt auf die Formel gebracht: »indivisum in se, divisum ab

Subsistenz ist der lateinische Ausdruck für Hypostase. Jede göttliche Person ist ein Subsistierendes, das heißt, sie besitzt wirkliches Dasein, unabhängig von unserem Geist und unserer Vorstellung, insofern sie in sich und durch sich selbst besteht.

Person bezeichnet die vernünftige Individualität, das geistige Subjekt, das sich selbst besitzt. Wie wir gesehen haben, wurde der Ausdruck anfangs nur gebraucht, um die objektive Existenz von dreien in Gott zu bedeuten. Mit dem Ausdruck »Person« oder »Hypostase« wollte man nicht mehr sagen als dies. Da bei »Person« indes für die Lateiner eine gewisse Subjektivität und Geistigkeit mitschwang, eröffnete sich der Weg zu theologischer Vertiefung. Das theologische Nachdenken über diese Personwirklichkeit bedeutet eine der großen kulturellen Leistungen des Westens. Innerhalb des Diskurses des Glaubens über die Heiligste Dreifaltigkeit und das Geheimnis der Menschwerdung ist diese Kategorie ausgearbeitet worden – heute gewiß die wichtigste der planetarischen Kultur.

Wir wollen nicht auf die verschiedenen Etappen der Anreicherung des Personverständnisses eingehen. Nur drei entscheidende Momente seien hervorgehoben, die zu einer besseren Annäherung an Gottes unbegreifliches Geheimnis helfen können.

Der erste Sinn von Person ist der antike: das subsistierende, *existierende, von den anderen verschiedene Subjekt.* Mit dieser Formulierung trat man dem monotheistischen Einheitsdenken entgegen, das die Vielheit der Personen in Gott nicht zugab; ebenfalls vermieden wurde der Modalismus (die Personen sind bloß menschliche Betrachtungsweisen). Es besteht jedoch die Gefahr des Tritheismus, denn man betont zu sehr die Individualität der drei Personen. Dieser Gefahr entgeht man mit der Versicherung, daß sie alle wesenseins sind bzw. daß Sohn und Geist von einem einzigen Prinzip ausgehen (der Substanz des Vaters). Wenn die Personen untereinander verschieden sind, so weil jede anders vom einzigen Prinzip ausgeht bzw. weil jeder dieselbe einzige göttliche Substanz anders zu eigen ist.

Solche Auffassung hilft zu verstehen, daß die eine Person nicht die andere ist und daß wirklich und wahrhaftig drei göttliche Personen existieren. Doch sie denkt noch nicht über die Eigenheit in jeder Person nach. Was ist der konkrete Gehalt jeder Person? Der heilige Augustinus meint bekümmert: »Wenn man . . . fragt, was diese drei sind, dann

omni alio«; es handelt sich also um ein Indviduum, das rein in sich existiert und das von allen übrigen gänzlich geschieden ist.

wird die große Armut offenbar, an welcher die menschliche Sprache leidet. Immerhin hat man die Formel geprägt: drei Personen, nicht um damit den wahren Sachverhalt auszudrücken, sondern um nicht schweigen zu müssen.«[17] Überdies stellt Augustin folgende Frage: Wenn jede der Personen wirklich von der anderen verschieden ist, warum nennen wir sie dann, mit einem gemeinsamen Gattungsbegriff, Person? Müßten wir nicht jeder einen besonderen Namen geben? Augustin kommt zu dem Schluß: »Das trifft ... nicht zu. Person ist ja ein Gattungsname, so sehr, daß auch der Mensch mit diesem Ausdruck benannt werden kann, obwohl zwischen Gott und Mensch ein gewaltiger Unterschied besteht.«[18] Anders gesagt: Die Unterscheidung ist bloß einer der Aspekte der Person. Es gibt andere; im Mittelalter betonte man insbesondere den der Unmitteilbarkeit oder Nichtrückführbarkeit der Person.

Der zweite Sinn von Person ist durch das kraftvolle Nachdenken der Scholastik über die Hervorgänge und Beziehungen zwischen den göttlichen Dreien erarbeitet worden.[19] Durch die Beziehung ist ein Pol auf den anderen hingeordnet. In Gott ist diese Hinordnung ewig und substantiell (nicht akzidentell und vergänglich wie beim Geschöpf), deshalb bestehen die Beziehungen in sich selbst. Person bedeutet dann eine subsistierende Relation, das heißt eine in sich bestehende Beziehung oder die *individuelle und unmitteilbare Subsistenz einer vernünftigen Natur*. Bei der Dreieinigkeit wird alles, was möglich ist, vergemeinschaftet, tritt ins ewige Beziehungsgefüge ein und vervollkommnet die trinitarische Gemeinschaft.

Allerdings läßt auch die vollkommenste und ewigste Gemeinschaft stets etwas draußen: die Tatsache, daß da einer ist, der dem anderen alles gibt. Der Vater gibt dem Sohn alles, außer dem Umstand, Vater zu sein; der Sohn gibt dem Vater und dem Heiligen Geist alles, außer dem Umstand, vom Vater gezeugter Sohn zu sein; der Heilige Geist gibt dem Vater und dem Sohn alles außer dem Umstand, von Vater und Sohn gehaucht zu sein. Diese Unmitteilbarkeit begründet für die mittelalterlichen Theologen das Wesen der Person. Duns Skotus, genialer Franziskanertheologe, der über die Eigenart der Person tief nachgedacht

[17] *Augustinus,* De trinitate V 9, 10 (CCL 50, 217; dt.: BKV II/13, 201).

[18] De trin. VII 4,7 (CCL 50, 257; dt.: BKV II/13, 248).

[19] Siehe *F. Bourassa,* Personne et conscience en théologie trinitaire, in: Gregorianum 55 (1974) 471–493. 677–791; *ders.,* Sur la Trinité. Dogme et théologie, in: Science et Esprit 24 (1972) 257–284; eine gute Zusammenfassung der scholastischen Diskussion bietet: *C. Folch Gomes,* A doutrina da Trindade eterna, 310–370.

hat, definiert sie als aktuelle und potentielle Unmitteilbarkeit. Anders gesagt: Die Person ist gerade im Akt der totalen Selbsthingabe an den anderen an sich und für sich in totaler Unabhängigkeit vom anderen. Von da her versteht man das trinitarische Axiom, daß in Gott alles eins oder den drei Personen gemeinsam ist außer der Beziehung in Gegenrichtung, durch die eine Person von der anderen ausgeht und sich somit von ihr unterscheidet. Schlicht gesagt: In Gott ist alles eins, außer daß der Vater Vater ist, der Sohn Sohn und der Heilige Geist Heiliger Geist.

Daß sie Selbstbewußtsein haben, ist nichts, was die Personen voneinander unterscheidet. Selbstverständlich hat jede Person Selbstbewußtsein, dieses kommt ihr aber durch die göttliche Substanz zu, die jeder zugehört. Der Realismus dieser substantiellen Unmitteilbarkeit könnte zum Tritheismus führen. Dem wird mit der Feststellung begegnet, daß die drei Personen wirkliche Konkretisierungen derselben einzigen göttlichen Substanz sind. Die Unmitteilbarkeit der Person liegt in der je eigenen Weise, wie sie wirklich (nicht modalistisch) diese göttliche Substanz konkretisiert.

Gegen den ersten Personbegriff gehalten, stellt dieser zweite einen Fortschritt dar: Er betont die Beziehung zwischen den göttlichen Dreien. Freilich hebt er an der Beziehung das hervor, was nicht in die Beziehung eingeht, da es ihre Möglichkeitsbedingung ist: die Unmitteilbarkeit eines jeden in der Mitteilung. Die moderne Reflexion wird genau das zu erforschen suchen, was vom mittelalterlichen Denken weniger beachtet worden ist.

Der dritte Personbegriff wird vom *modernen* Denken her konstruiert. Hier taucht die Person als ein *Sein für* auf, ein *Beziehungsknoten,* eine Identität, die sich von der Beziehung zum anderen her verwirklicht und vervollkommnet. Erstens ist die Person ein bewußtes An-sich-Sein; sie besitzt eine ontologische Gestalt (substantielle Gestalt, würden die Klassiker sagen). Doch zweitens ist sie so strukturiert, daß sie sich immer zum anderen hin ausrichtet. Bei der Begegnung mit dem anderen reichert das An-sich-Sein sich an und nährt die Gegenseitigkeit (Reziprozität) mit dem anderen. Innerlichkeit (das Bewußtsein in seinem ontologischen Aspekt) und Offenheit auf den anderen hin (die Freiheit und die sittliche Dimension) machen die der Person eigene Seinsweise aus. Jesus verweist auf diese Dialektik zwischen sich und dem Vater: »Ich bin im Vater, und der Vater ist in mir« (Joh 14,11; 17,21).

Dieser Begriff hilft uns, die Beziehungen zwischen den göttlichen Dreien zu verstehen. Es geht nicht darum, die moderne Personauffassung starr auf die Dreifaltigkeit anzuwenden; denn bei ihr haben wir kein dreifaches Bewußtsein, sondern ein einziges wie auch eine einzige Freiheit und dieselbe Glückseligkeit. Höchstens könnten wir sagen, daß wir bei der Dreifaltigkeit ein einziges substantielles Bewußtsein haben (Natur), das sich real durch drei göttliche Bewußte (Personen) ausdrückt. Wir können festhalten: Jede göttliche Person ist, analog gesprochen, ein Zentrum von Innerlichkeit und Freiheit, dessen Seinsweise (Natur) darin besteht, immer in Beziehung zu den anderen Personen zu sein; so wird verhindert, daß wir zu einem bloßen Tritheismus kommen. Hat die Tradition nicht dasselbe sagen wollen, wenn sie von den drei Subsistierenden in der göttlichen Natur sprach?

Dieser moderne Begriff widersetzt sich dem klassischen nicht, sondern führt ihn fort und weiter; so macht er das Dreifaltigkeitsgeheimnis vom Persongeheimnis her zugänglicher und läßt uns besser einsehen, warum dieses Geheimnis der Person Bild und Gleichnis der drei göttlichen Personen ist.

Erneut müssen wir uns der Bruchstückhaftigkeit unserer Denkzeuge erinnern, mit denen wir den christlichen Gott zu bezeichnen versuchen, Vater, Sohn und Heiligen Geist. Daß es in Gott Eins und Drei gibt, gehört zum Glauben. Daß wir das Eine in Gott Natur, Substanz oder Wesen nennen und die Drei: Personen, Hypostasen, Subsistierende - das ist Theologie, menschliche Konstruktion, um die Wirklichkeit des Geheimnisses besser zu ahnen. Recht hatte Augustinus damit, daß solche Ausdrücke (»Natur« und »Person«) aus der Not geboren sind, mehr um Irrtümer und Häresien zu vermeiden, als um ein angemessenes Verständnis der Allerheiligsten Dreifaltigkeit auszudrücken.

c. Zwei Hervorgänge: durch Zeugung und durch Hauchung. - Die heilsgeschichtliche Erfahrung Gottes gibt uns kund, daß es zusammen mit dem Vater, dem absoluten und letzten Geheimnis, den Sohn und den Heiligen Geist gibt, die auch Gott heißen. Zudem hören wir, daß der Sohn von Gott ausgeht und kommt (Joh 8,42) und daß der Heilige Geist durch den Sohn vom Vater gesandt wird, denn dieser Geist der Wahrheit geht vom Vater aus (Joh 15,26). Es gibt eine Ordnung bei den drei Personen: Erster ist der Vater, zweiter ist der Sohn, und dritter ist der Heilige Geist. Die Zeugnisse für die Offenbarung dieses Geheimnisses bekräftigen ebenfalls, daß die Personen auseinander hervorgehen. Mit Hervorgang (»processio« oder »emanatio« auf lateinisch, »ekporeusis« oder »probole« auf griechisch) wird der Ursprung einer Person aus der anderen bezeichnet. So gibt es beim Dreifaltigkeitsgeheimnis zwei Hervorgänge: den des Sohnes und den des Heiligen Geistes. Der Vater zeugt seit aller Ewigkeit den Sohn, und mit dem Sohn (durch ihn) haucht er den Heiligen Geist.

Wohlgemerkt kann es sich in Gott nicht um eine zeitliche Abfolge handeln, denn in Gott ist alles ewig und zugleich (es gibt kein zeitliches Vorher und Danach). Auch haben die Ursprungsakte keinerlei Passivität an sich; denn in Gott entsprechen sich Ausströmen und Einströmen von Leben, Liebe und Geist.

Der Vater geht von niemandem aus. Das Konzil von Florenz stellt 1442 fest: »Was der Vater ist oder hat, hat er nicht von einem anderen, sondern aus sich, er ist ein ursprungloser Ursprung« (DS 1331/ NR 286). Ihm kommt die Ursprungslosigkeit zu, das Urquell-Sein, aus dem alles sich ergießt.

Um den trinitarischen Hervorgang der Personen zu erklären, gebraucht die Theologie seit Augustinus (und das Lehramt hat sich diese Hermeneutik zu eigen gemacht) eine vom menschlichen geistigen Vollzug herstammende Analogie. Wir haben darauf beim Thema der drei Grundtendenzen trinitarischer Reflexion schon hingewiesen. Die Analogie gründet auf den besonderen inneren Vorgängen des Menschengeistes. Es ist dem Geiste eigen, sich selbst gegenwärtig zu sein, sich durch eine Vernunftoperation eine Idee seiner selbst zu machen, ein geistiges Selbst-Wort zu verfertigen. Auch ist es dem Geist eigen, sich selbst zu lieben, durch eine Willensoperation sich selbst total zu bejahen. Das denkende Subjekt wird für sich selbst zum gedachten Objekt; zwischen diesen beiden Polen stellt sich eine Verbindung her, welche die Liebe ist.

Analog zu diesem menschlichen Vollzug lassen sich im absoluten Geist zwei innere Operationen auseinanderhalten, ohne Gottes unendliche Einfachheit zu verletzen: Erkenntnis und Willen. Der Vater erkennt sich absolut, und der Ausdruck davon (Logos, Wort) ist der Sohn. Dies ist der erste Hervorgang; er besitzt den Charakter einer *Zeugung*. Diese Zeugung wird mit den Worten ausgesagt, die man auch beim menschlichen Erkenntnisvorgang gebraucht (Konzeption, Reproduktion); weil es sich um einen ewigen und absolut vollkommenen Vorgang handelt, ist der Vater nicht *Ursache* des Sohnes, sondern teilt ihm das eigene Sein mit; deshalb nennt man den Vater nicht Ursache, sondern *Prinzip, Ursprung* des Sohnes.

Gott Vater beschaut und liebt sich im Sohn. Die Liebe, die Vater und Sohn eint, heißt Heiliger Geist. Wie der Sohn durch eine Vernunftoperation hervorgeht, so geht der Heilige Geist durch eine Willensoperation von Vater und Sohn hervor.

So gehen, durch zwei Ursprungshervorgänge, Sohn und Heiliger Geist hervor, jeder in seiner Ordnung: der Sohn vom Vater allein, der Heilige Geist vom Vater und vom Sohn (nach lateinischer Auffassung). Ohne Anfang, ohne Unterbrechung, ohne Ende, zeugt der Vater, wird der Sohn geboren, geht der Heilige Geist hervor (vgl. DS 804).

Wenn wir jede der Personen studieren, werden wir diese Art analogen Verstehens näher analysieren, um uns klarer zu werden, was die Hervorgänge in Gott sind.

d. Vier reale Relationen. – Weil der Sohn vom Vater ausgeht und der Heilige Geist (nach den Lateinern) von Vater und Sohn als einem einzigen Prinzip, sind zwischen den drei göttlichen Personen geistige Beziehungen (Relationen) in Kraft. Beziehung bedeutet die Hinordnung einer Person auf die andere, die Verknüpfung zwischen den göttlichen Dreien.

Aufgrund der Hervorgänge unterscheiden wir in der Dreifaltigkeit vier reale Beziehungen: Die *Vaterschaft* des Vaters zum Sohn (1), die *Sohnschaft* des Sohnes zum Vater (2), die *aktive Hauchung* des Vaters und des Sohnes zum Heiligen Geist (3); die *passive Hauchung* des Heiligen Geistes zu Vater und Sohn (4).

Wie man sieht, konstituieren die Beziehungen die Personen.[20] Mit anderen Worten: Durch die Beziehung setzt eine Person die andere und unterscheidet sich so von ihr; jede setzt wesenhaft die andere voraus und erfordert sie. So setzt der Vater den Sohn voraus; der Sohn erfordert den Vater; den Heiligen Geist versteht man nur in der Hauchung von Vater und Sohn. Die Personen leben in Gegensatz (eine ist nicht die andere) und Erfordernis (eine setzt die andere).[21]

[20] Vgl.: *Augustinus,* De trinitate VII 4,9 (CCL 50, 259f.; dt.: BKV II/13, 250f.). Augustinus ist sich vollkommen der Problematik bewußt, die mit der Einführung des Begriffs »Person« für die drei Namen (Vater, Sohn und Heiliger Geist) gegeben ist. Jede Person ist eine Einzigkeit. Wie also kann man einen Allgemeinbegriff – Person – auf den Vater, den Sohn und den Geist zugleich anwenden? »Was bleibt uns also übrig, als zuzugeben«, sagt Augustinus, »daß diese Formeln unter dem Zwange, über die Dreieinigkeit zu reden, geschaffen wurden. Gegenüber den Angriffen und Mißverständnissen der Häretiker bedurfte es ja eines umfassenden Gesprächs« (a. a. O.).

[21] Die aktive Hauchung (spiratio) durch den Vater und den Sohn läßt den Heiligen Geist hervorgehen (processio) und konstituiert so eine Eigentümlichkeit (proprietas) sowohl des Vaters wie auch des Sohnes. Gleichzeitig konstituiert sie aber auch einen relativen Gegensatz zur dritten göttlichen Person. In der Logik der trinitarischen Beziehungen müßte sie eine persönliche Eigentümlichkeit konstituieren. Dies trifft aber nicht zu, weil die aktive Hauchung nicht als ein von Vaterschaft und Sohnschaft verschiedenes Prinzip gedacht wird. Vielmehr sind Vater und Sohn das einzige Prinzip des Heiligen Geistes (wobei der Sohn das Prinzipsein vom Vater empfängt). Die passive Hauchung ist die Eigentümlichkeit des Heiligen Geistes; sie bringt

Jede der Personen gibt den anderen alles (alle Vollkommenheiten) außer dem, was ihr ausschließlich eigen und deshalb unmitteilbar ist: im Vater die Vaterschaft, im Sohn die Sohnschaft, im Heiligen Geist die passive Hauchung. Treffend sagt das Konzil von Florenz (1442): »Alles, was der Vater hat, gab er bei der Zeugung seinem eingeborenen Sohn, *außer dem Vatersein*« (DS 1301). Dasselbe gilt für den Heiligen Geist. Die Vaterschaft ist die persönliche Eigentümlichkeit (Proprietät) des Vaters; durch sie unterscheidet er sich vom Sohn. Der Sohn konstituiert durch seine Sohnschaft den Vater als Vater. Dasselbe gilt für den Heiligen Geist in Beziehung zu seinem Ursprungsprinzip, dem Vater und dem Sohn (immer nach dem lateinischen Verständnis).

Aufgrund der Beziehungen versteht man das Axiom, das sich als Idee schon bei Basilius (Gegen Eunomius 1,19) und Gregor von Nazianz (Oratio 29,16) findet und dem Anselm von Canterbury zu seiner klassischen Formulierung verholfen hat: »In Gott ist alles eins, außer wo die Beziehungen in Gegenrichtung zueinander stehen.«[22] Nur die Personen machen in Gott den Unterschied aus; alles sonst ist eins und von den drei Personen gleichermaßen innegehabt.

Wir haben schon früher bedacht, daß diese Beziehungen seinsmäßig sind. Das heißt, daß jede Beziehung mit der göttlichen Substanz identisch ist: Im Vater ist die ganze göttliche Substanz, so auch im Sohn und im Heiligen Geist, jedesmal in verschiedener Aneignungsweise.

e. Fünf Notionen. - Als trinitarische Notionen bezeichnet man die Charakeristika oder Unterscheidungsmerkmale, an denen man die Personen an ihnen selbst, in ihrem Unterschied voneinander erkennen kann. Üblicherweise zählt man fünf Notionen: *Vaterschaft* und *Ursprungslosigkeit* (Prinzip) für die erste Person (Vater); *Sohnschaft* (Wort, Bild, Ausdruck, Sakrament) für die zweite Person (Sohn); *aktive Hauchung* für Vater und Sohn; *passive Hauchung* für den Heiligen Geist (Geschenk, Liebe, Band zwischen Vater und Sohn).

keine weitere Person hervor, denn der Geist konstituiert die Einheit zwischen Vater und Sohn und beschließt so den trinitarischen Kreis. Wenn dies so ist, dann müssen wir sagen: Es gibt drei konstitutive Personrelationen: die Vaterschaft, die Sohnschaft und die passive Hauchung.

22 »In Deo omnia sunt unum, ubi non obviat relationis oppositio«: De processione Spiritus Sancti 1 (*Anselm von Canterbury,* Opera omnia, ed. F.S. Schmitt, Edinburgh 1938-1961, t.I, vol.II, 180f.). Das Konzil von Florenz (1439) hat dieses Axiom übernommen (DS 1330). Für eine vertiefte Analyse dieses Axioms und seiner historischen Wurzeln vgl.: *M. Schmaus,* Katholische Dogmatik I, München [6]1960, 494f.; *H. Mühlen,* Person und Appropriation. Zum Verständnis des Axioms: In Deo omnia sunt unum, ubi non obviat relationis oppositio, in: Münchner Theologische Zeitschrift 16 (1965) 37-57.

f. Essentielle und notionale Sätze. – *Essentielle* Sätze heißen solche Behauptungen, die sich auf die göttliche Wesenheit (essentia) beziehen. Sie gelten sowohl für Gottes Wesen wie für die Personen, die es tragen. So können wir sagen: Gott ist barmherzig, die Dreifaltigkeit ist barmherzig, der Vater ist unendlich barmherzig.

Notionale Sätze sind solche, die sich nur auf die Personen in ihrer Unterschiedenheit voneinander beziehen. So sagen wir, daß Zeugung und Hauchung (die zwei trinitarischen Hervorgänge) notionale Wirklichkeiten sind und notionale Sätze zulassen. Wir sagen auch, daß es in Gott vier notionale Vollzüge gibt (die sich auf die Eigentümlichkeiten der Personen beziehen): aktive und passive *Zeugung* sowie aktive und passive *Hauchung*. Ebenso behaupten wir, daß es fünf notionale Eigentümlichkeiten gibt: Ursprungslosigkeit, Vaterschaft, Sohnschaft, Hauchen und Gehauchtwerden.

g. Perichorese. – Die Gemeinschaftsbeziehungen zwischen den drei Personen, die völlig ineinander sind, bis zur Wesenseinheit von Vater, Sohn und Heiligem Geist, lassen uns die volle gegenseitige Durchdringung der Personen betrachten. Solche Wirklichkeit wird mit dem griechischen Wort »perichoresis« und lateinisch als »circuminsessio« oder »circumincessio« ausgedrückt.[23] Wie die Philologie der Begriffe andeutet, bezeichnen sie das Zusammenwohnen, Mit-Sein und Einander-Durchdringen der göttlichen Personen. Es gibt einen totalen Lebenskreislauf und eine vollkommen gemeinsame Gleichheit zwischen den Personen, ohne irgendein Vorher oder Darüber. Alles ist in ihnen gemeinsam und wird einander mitgeteilt, außer dem Unmitteilbaren: dem, was sie voneinander unterscheidet. Der Vater ist ganz im Sohn und im Heiligen Geist; der Sohn ist ganz im Vater und im Heiligen Geist; und der Heilige Geist ist ganz im Vater und im Sohn. Von daher beziehen wir die Utopie der Gleichheit, die die Unterschiede achtet, der vollen Gemeinschaft und der gerechten Beziehungen für Gesellschaft und Geschichte.

h. Die Dreifaltigkeit als einziges Handlungssubjekt. – Die Perichorese läßt uns verstehen, daß die drei göttlichen Personen in der Schöpfung stets gemeinsam handeln. Wenn sie schaffen (den Kosmos, den Menschen, die Geschichte), retten, richten, in den Ablauf der Ereignisse eingreifen, ist die Gemeinschaft zwischen ihnen so, daß sie immer

[23] Wir werden dieses Thema ausführlich in Kapitel VII behandeln.

zusammen handeln. Anderenfalls gäbe es drei Unendliche, drei Schöpfer, drei Ewige; die Durchdringung der göttlichen Drei zerbräche.

i. Eigenes und zugeeignetes Tun. – Alles Tun *ad extra* (nach außerhalb der Trinität), innerhalb der Schöpfung, muß den drei göttlichen Personen gemeinsam zugeschrieben werden. Indes schreiben Liturgie und Frömmigkeit aufgrund einer gewissen Entsprechung der einzelnen Person ein Tun zu, was an sich den Dreien zukommt. So schreibt man dem Vater die *Schöpfung* zu, weil er in der Dreifaltigkeit der Zeuger und (zusammen mit dem Sohn) der Haucher ist; dem Sohn schreibt man die *Offenbarung* zu, weil er in der Dreifaltigkeit der Ausdruck und die Offenbarung des Vaters ist; die Erlösung schreibt man ihm zu, weil er es war, der Mensch wurde und uns erlöst hat; dem Heiligen Geist schreibt man die *Heiligung* zu, weil er auf hervorragende Weise der Heilige heißt. Solches Tun wird dieser oder jener Person *zugeeignet* (appropriiert), obwohl es den Dreien gemeinsam ist. Wenn die Dreifaltigkeit als »letzte Wirkursache« (DS 3814/NR 889) in bezug auf die Schöpfung handelt, sind Vater, Sohn und Heiliger Geist stets zugleich und in vollkommener koinonia am Werk.

Es gibt aber auch *eigenes* Tun der einen oder der anderen Person. Die Person nimmt eine persönliche Beziehung mit einem Geschöpf auf. Hier geht es genaugenommen nicht um Schöpfung (denn da würden die Personen miteinander handeln), sondern um eine persönliche Selbstmitteilung des Sohnes oder des Heiligen Geistes an das Geschöpf. Die Personen nehmen das Geschöpf, auf das sie sich persönlich einlassen, gleichsam in die Dreifaltigkeit auf. So müssen wir sagen, daß die Menschwerdung ein eigenes Werk des Sohnes ist; denn nur er hat sich inkarniert. Selbstverständlich gibt es bei der Menschwerdung eine Gegenwart des Vaters (der den Sohn sendet) und des Heiligen Geistes (der dabei ist und in Mariens Schoß die Menschheit des Sohnes formt); wer jedoch tatsächlich Mensch wird, ist allein der Sohn. Dasselbe würde ich vom Heiligen Geist sagen: Nach meinem Theologumenon wurde der Geist zu Maria gesandt und hat sie solcherart vergeistet (pneumatifiziert), daß dieses Tun ihm eigen ist; ebenso ist es mit seiner Gegenwart im Leben der Gerechten und als Seele der Kirche.

j. Die göttlichen Sendungen. – Das Nachdenken über die Eigentaten hilft uns, die göttlichen Sendungen zu verstehen. Die Sendungen bezeichnen die Gegenwart der göttlichen Person im Geschöpf; es handelt sich, wie gesagt, um die Selbstmitteilung einer Person an ein

Geschöpf. Die göttlichen Personen schenken sich nicht nur einander im Dreieinigkeitskreis. Das Ausströmen göttlichen Lebens und die Fruchtbarkeit der Liebe machen, daß die Personen sich nach außen, in der Schöpfung, selbst mitteilen. Es hat der Dreifaltigkeit jedoch nicht genügt, uns Güte, Schönheit, Liebe, Kraft usw. zu geben. Sie wollte einen aus unserer Geschichte in ihre eigene ewige Geschichte einfügen. So sandte der Vater seinen Sohn in die Welt, um im Menschen Jesus alle Menschen zu vergotten, zu Wort und Sohn zu machen. Er sandte zusammen mit dem Sohn den Heiligen Geist, um in der Frau Maria die Menschheit zu vergeistlichen und Gottes mütterliches Antlitz zu offenbaren.

Die Schrift spricht ausdrücklich von der Sendung des Sohnes in die Welt; der Sohn wurde vom Vater gesandt (Joh 3,16; 5,23.36.38); der Heilige Geist wurde auch vom Vater durch den Sohn gesandt (Lk 24,19; Joh 14,16.26; 15,26; 16,7; Gal 4,6). Durch die persönliche Gegenwart des Sohnes und des Geistes in der Welt offenbart sich uns das unsagbare und geheimnisvolle Antlitz des Vaters. Inkarnation und Pneumatifikation bedeuten schon die totale Ankunft Gottes bei seiner Schöpfung und (vorweggenommen) die Krönung der Schöpfung in Gott und seinem Reich. Deshalb sind sie eschatologische, endgültige Ereignisse, Vorschein des ewig von Gott gewollten Zieles.

k. Ökonomische und immanente Trinität. – Die kurze Reflexion über die göttlichen Sendungen führt uns zu einem anderen Ausdruck, der geklärt werden muß; Karl Rahner hat ihn als Axiom formuliert: »Die ›ökonomische‹ Trinität ist die ›immanente‹ Trinität und umgekehrt«;[24] die Weise, wie Gott den Menschen begegnet, ist die Weise, wie er in sich subsistiert. Unter ökonomischer Trinität verstehen wir die Gegenwart der Dreifaltigkeit bzw. der verschiedenen göttlichen Personen in der Heilsgeschichte. Diese Geschichte hieß in der Alten Kirche »oikonomia«, Abfolge der Etappen eines göttlichen Planes, der sich fortschreitend verwirklicht und zugleich offenbart. So sagen wir, daß sich dank dem konkreten Weg Jesu Christi, des menschgewordenen Sohnes Gottes, und dank dem Wirken des Heiligen Geistes in der Geschichte das Geheimnis der Dreifaltigkeit uns mitgeteilt hat. In der Offenbarungs- und Glaubenserfahrung der Christen ist Gott als Vater, als Sohn und

[24] *K. Rahner,* Der dreifaltige Gott als transzendenter Urgrund der Heilsgeschichte, in: MySal II, 1967, 317–397, hier 328; eine kritische Analyse der Reichweite und der Grenzen dieses Axioms findet sich bei: *W. Kasper,* Der Gott Jesu Christi, Mainz 1982, 333–337: Das trinitarische Geheimnis Gottes.

als Heiliger Geist erschienen. Die Dreieinigkeit, wie sie sich in diesem Ablauf der Heilsgeschichte offenbart, nennen wir ökonomische Trinität.

Nun offenbart Gott sich so, wie er ist. Wenn er für uns als dreieinig erscheint, so deshalb, weil er in sich selbst dreieinig ist; nicht nur für uns, sondern auch in sich ist Gott Vater, Sohn und Heiliger Geist. Wenn Gott als Quellgeheimnis und ursprungloser Ursprung erscheint, also als absolute Transzendenz, mithin als Vater, so weil Gott Vater ist. Wenn er sich uns als erleuchtendes Wort und Wahrheit geoffenbart hat, mithin als ewiger Sohn und Logos, so weil Gott Wahrheit ist. Wenn er sich uns als Liebe und Kraft mitgeteilt hat, welche die Verwirklichung von Gottes letztem, tiefstem Plan betreibt, mithin als Heiliger Geist, so weil Gott Heiliger Geist ist. Die dreifaltige Wirklichkeit macht, daß die göttliche Kundgabe in der Geschichte dreifaltig ist; die wirkliche dreifaltige Kundgabe Gottes läßt uns verstehen, daß Gott wirklich die Dreifaltigkeit der Personen ist, Vater, Sohn und Heiliger Geist. Die Dreifaltigkeit in sich selbst, die inneren Beziehungen zwischen den göttlichen Personen, das ewige Geheimnis dreifaltigen Hervorgangs, all dies nennen wir die immanente Trinität.

4. Aussageregeln für ein trinitarisch richtiges Sprechen

Die trinitarische Reflexion hat durch die Jahrhunderte hin eine strenge Grammatik der Redeweise über Gott und die göttlichen Personen entwickelt mit dem Ziel, den Glauben vor unangemessenen oder irrigen Ausdrucksweisen zu bewahren. Nicht um Zähmung des Mysteriums geht es, sondern um Sprachregelung, damit weder das göttliche Wesen zerteilt noch die Personen vermischt werden.

a. Die Hauptwörter, die Gottes Wesen bedeuten, müssen in der Einzahl gebraucht werden: die Barmherzigkeit, die Güte, die Weisheit. Man sagt beispielsweise nicht: drei Weisheiten, drei Götter ... sondern: eine Weisheit, ein einziger Gott.

b. Die Eigenschaftswörter dürfen, wenn auf die Personen angewandt, in der Mehrzahl gebraucht werden: der Vater ist allmächtig, der Sohn barmherzig, oder auch Vater und Sohn sind (in gleicher Weise) barmherzige, allmächtige Personen. – Auf die göttliche Natur angewandt, müssen die Eigenschaftswörter in der Einzahl gebraucht werden: ein einziger allmächtiger, ewiger, guter Gott, und nicht drei allmächtige, ewige usw.

c. Die trinitarischen Eigenschafts- und Umstandswörter sollen nicht gebraucht werden, um die Natur zu bezeichnen. So soll man nicht sagen: der dreifache Gott, oder: im einzigen Gott existiert die Trinität, sondern: der eine Gott ist die Dreifaltigkeit. Indes darf man sagen: der dreieine Gott (DS 528).

d. Die persönlichen Eigentümlichkeiten (Proprietäten) darf man nicht auf die göttliche Natur beziehen. Es heißt also nicht: die Natur zeugt, wird geboren, geht hervor, sondern man sagt: der Vater zeugt, der Sohn wird geboren, der Heilige Geist geht hervor (DS 804). Im Sinne der Person jedoch (da jede Person Gott ist) darf man sagen: Gott ist Vater, Gott leidet, Gott stirbt am Kreuz usw.

e. Bestimmte trinitarische Begriffsprägungen drücken die Glaubenswahrheit besser aus. So sagt man nicht, die Personen hätten ein *gleiches* Wesen, sondern ein und *dasselbe* Wesen, weil Gottes Wesen nicht gemeinsam, sondern *einzig* ist, von einer absoluten numerischen Einheit.

In Übereinstimmung mit dem früher Gesagten formuliert man: Der Vater ist ein anderer, der Sohn ist ein anderer und der Heilige Geist ist ein anderer, aber nicht etwas anderes; denn die drei haben die einzige und selbe Natur (DS 805).

Auch sagt man nicht: drei verschiedene, sondern: drei unterschiedene Personen; noch darf Gott einsam heißen, denn Gott ist immer dreieinig.

Fassen wir die trinitarische Grammatik in einigen kurzen Sätzen zusammen, so können wir mit dem heiligen Bonaventura (†1274) im »Breviloquium« sagen: In Gott unterscheiden wir

eine Natur (Wesenheit oder Substanz),

zwei Hervorgänge: Sohn und Heiligen Geist,

drei Personen (Hypostasen): Vater, Sohn und Heiligen Geist,

vier Beziehungen: Vaterschaft, Sohnschaft, aktive Hauchung, passive Hauchung,

fünf Notionen: Ursprungslosigkeit, Vaterschaft, Sohnschaft, aktive Hauchung, passive Hauchung.

5. *Schluß: Sieben Sätze trinitarischer Rechtgläubigkeit*

Nach all diesen Klärungen können wir die wichtigsten Aussagen des orthodoxen Dreifaltigkeitsglaubens, wie er von der Kirche erarbeitet worden ist, in sieben Sätzen zusammenfassen.

Erster Satz über die erste Person der Dreifaltigkeit: Sie ist Gott *Vater,* allmächtiger Schöpfer von Himmel und Erde, Prinzip ohne Prinzip, Quell und Ursprung des dreifaltigen Lebens. Er ist der Vater des eingeborenen Sohnes. Er ist auch aktives Hauchprinzip des Heiligen Geistes (DS 1, 10, 19, 21, 25, 27, 36, 40, 44, 46, 48, 50, 55, 60, 64, 71, 125, 139, 150, 441, 470, 485, 490, 525, 572, 683, 1330, 1862, 3326).

Zweiter Satz über die zweite Person der Dreifaltigkeit: Sie ist der *Sohn,* ewig vom Vater gezeugt, trotzdem aber kein Geschöpf. Durch Mitteilung erhält er vom Vater die göttliche Natur, das Wesen und die Substanz, nicht durch Willkürentschluß noch durch irgendeinen äußeren Zwang. Er ist wesenseins mit dem Vater und sein Wort, Bild und Sakrament, ebenso in der innerdreifaltigen Sphäre wie bei seiner Sendung als Menschgewordener (DS 2, 11, 25, 40, 60, 71, 125, 150, 178, 258, 266, 300, 683, 3350, 40–51, 250–263, 430, 441).

Dritter Satz über die dritte Person der Dreifaltigkeit: Sie ist der *Heilige Geist,* der von Vater und Sohn als von einem einzigen Prinzip ausgeht, ihnen wesenseins ist und mit ihnen zugleich angebetet und verherrlicht wird. Der Hervorgang des Geistes aus Vater und Sohn (oder auch durch den Sohn) darf nicht Zeugung genannt werden, sondern ist Hauchung, ewiger Ausdruck der gegenseitigen Liebe von Vater und Sohn (DS 570, 1300, 1529, 1552, 1561, 1690, 1986, 330, 3331).

Vierter Satz hinsichtlich der Eigentümlichkeiten und der Heilssendungen der göttlichen Personen. In der immanenten Ordnung (der Dreifaltigkeit in sich) sagt man, daß dem Vater die Ursprungslosigkeit und die Vaterschaft eigen ist, dem Sohn das Gezeugtsein, dem Geist das Gehauchtsein von Vater und Sohn (auch durch den Sohn). In der Ordnung der Heilsgeschichte (der ökonomischen Trinität) bekennt der Glaube, daß der Vater Ursprung der Heilsgeschichte und der Sendungen des Sohnes und des Heiligen Geistes ist. Dem Sohn eigen ist die Menschwerdung, dem Heiligen Geist eigen ist die Sendung der Heiligung und der Formung von Jesu Menschheit im Schoß der Jungfrau Maria (DS 71, 188, 284, 367, 470, 532, 800; 101, 145, 527, 538, 1522, 3806; 60, 145, 681, 3325).

Fünfter Satz zur Unterscheidung der göttlichen Personen in der innergöttlichen Sphäre. Die Personen unterscheiden sich durch die Beziehung von Hervorgang und Ursprung. Sie sind unterschieden, um sich zu einen, und die Unterscheidung gründet auf dem wechselseitigen relativen Gegensatz zwischen den göttlichen Personen: Vaterschaft, Sohnschaft, aktive und passive Hauchung (DS 73, 125, 250, 188, 408, 470, 527, 532, 570, 800, 850, 973, 1330).

Sechster Satz bezüglich der Gemeinschaft zwischen den drei göttlichen Personen. Zwischen den Personen und der göttlichen Natur besteht lediglich ein formaler oder virtueller Unterschied, anderenfalls hätten wir eine Quaternität, eine Vierfaltigkeit (die drei Personen plus die göttliche Natur). Die gegenseitige Durchdringung, das Ineinander-Sein, Voneinanderher- und Füreinander-Sein (Perichorese) begründet das Insein der göttlichen Personen (DS 534, 745, 800, 803, 1330, 3814), den Ausdruck der ewigen Gemeinschaft.

Siebter Satz hinsichtlich des Geheimnis-Charakters der dreifaltigen Offenbarung: Sogar als geoffenbarte bleibt die Wahrheit über die Allerheiligste Dreifaltigkeit ein stets auf neues menschliches Verständnis hin offenes Geheimnis, ein absolutes Mysterium, das sich uns in Freiheit und Liebe schenkt, um uns zu vergöttlichen (DS 3115, 3225). Mysterium ist es kraft seines Wesens und bleibt deshalb auch in der Ewigkeit Mysterium.

V. Die Heiligste Dreifaltigkeit in der theologischen Bilderwelt

Die Strenge der trinitarischen Formeln und die straffen theologischen Ausdrucksweisen gelten für den Gebrauch der christlichen Glaubensgelehrten. Es ist zuzugeben, daß derlei Geisteskonstruktionen nur schwerlich das Gebet inspirieren und das Herz entflammen. Sie sind nötig für die Einsicht in den Glauben; hier liegt ihre Bedeutungskraft. Doch stellen sie nicht den einzigen Zugang zum dreifaltigen Geheimnis dar. Die Sprache der Katechese, der Predigt und der Frömmigkeit verwendete in hohem Maß die Bilderwelt. Durch Symbole und Bilder konkretisieren wir in der Tat besser die Bedeutsamkeit dieses erhabenen Mysteriums. Auch die heiligen Väter mühten sich - bei ihren langen und glühenden Erwägungen über die Heiligste Dreifaltigkeit - um Analogien, Figuren und Bilder.

1. Bedeutendes, Bedeutetes und Bedeutung

Unterscheiden wir vor der weiteren Erklärung drei Begriffe: das Bedeutende, das Bedeutete und die Bedeutung. Das *Bedeutende* (Signifikant) wird von den Fachausdrücken gebildet, die bei der Darlegung dieser Glaubenswahrheit gebraucht werden, wie wir es im vorigen Kapitel betrachtet haben (Natur, Person, Beziehung, Hervorgänge, Sendungen usw.). Das *Bedeutete* (Signifikat) wird vom Gehalt des Bedeutenden gebildet (Natur ist das Einende in Gott, sie ist ein und dieselbe bei den drei Personen; Person ist, was den Vater, den Sohn und den Heiligen Geist voneinander unterscheidet und sie zugleich verbindet; Hervorgang ist die zwischen den drei göttlichen Personen bestehende Ordnung, so daß nach der traditionellen Lehre der Sohn vom Vater ausgeht und der Heilige Geist vom Vater und vom Sohn bzw. durch den Sohn). *Bedeutung* (Signifikation) ist der Gefühlsgehalt, die Wertschwingung, die jeder Pol (Bedeutendes und Bedeutetes) in unserem Leben hervorruft. Im Reich der Bedeutungen tauchen die Bilder und Symbole auf, mittels deren wir uns umfassend auf das dreifaltige Geheimnis beziehen, besser: auf den Vater, auf den Sohn und den Heiligen Geist. Die

Bilder ersetzen nicht die Fachausdrücke und auch nicht die von der Kirche definierten Inhalte;[1] wir müssen wissen, was wir sagen wollen und was wir vom dreieinen Gott nicht sagen dürfen, wenn wir über dieses Geheimnis nachzudenken versuchen. Doch sollen die Bilder das, was wir abstrakt und begrifflich gegenwärtig haben, konkretisieren und materialisieren.

So wie unsere Wörter und unsere Begriffe ihre Reichweite und ihre Grenze haben (sie verbergen mehr von der Dreifaltigkeit, als sie uns offenbaren), ebenso haben die Bilder ihr enges Gültigkeitsfeld. Viele von ihnen schließen sogar Gefahren ein, weil sie uns die Illusion vermitteln, wir hätten in den Maschen unserer Bilderwelt die unermeßliche Wirklichkeit des dreifaltigen Geheimnisses eingefangen.

Die Wichtigkeit der Bilder besteht darin, daß sie uns helfen, gegenüber der Dreifaltigkeit in sich selbst und gegenüber jeder der göttlichen Personen bestimmte Einstellungen zu leben. Wenn wir etwa »Vater« oder »Mutter« sagen, so entspricht dem in uns ein bestimmter Widerhall, der in die Tiefe unserer Psyche reicht. Wir haben es hier mit wertgeladenen Urbildern, Archetypen zu tun, weil sie mit den unsere psychische Struktur prägenden Urerlebnissen verbunden sind. Wenn wir »Sohn« sagen, taucht in uns das Gefühl der Beziehung zu Vater und Mutter auf, nicht der Abhängigkeit, sondern der Liebe aufgrund des Ursprungs; sie kann sich als Anerkennung, Hingabe und Dank zeigen. Ebenso kommt uns, wenn wir »Heiliger Geist« sagen, alles in den Sinn, was Geist an Leben, Wirklichkeitsverständnis, Gemeinschaft und Liebe bedeutet. Wer sich von der durch den Geist bewirkten Ermutigung leiten läßt, empfängt den Sohn, und wer den Sohn empfängt, entdeckt das väterliche und mütterliche Antlitz Gottes. Diese Einstellungen machen die Basis unseres lebendigen Glaubens an die Heiligste Dreifaltigkeit aus. Pädagogisch gesehen, bezeichnen sie auch den Ausgangspunkt für die Reflexion. Wie könnte es anders sein? Der heilige Gregor von Nyssa (†394), sagt in seinem großen Katechismus (Oratio catechetica magna): »Wie wir von menschlichen Verhältnissen aus durch eine hoch emporsteigende Betrachtung in der göttlichen Natur das Wort erkannten, so werden wir auf dem nämlichen Wege noch auf den Begriff des Geistes oder des Hauchs geführt, wenn wir gewisse Abschattungen und Abbilder der unaussprechlichen Macht in unserer

[1] *Augustinus,* der das große psychologisch-anthropologische Bild von der Trinität ausgearbeitet hat, war sich sehr wohl bewußt, daß es sich dabei nicht um wirkliche Analogien handelt, sondern nur um näherungsweise Bilder des Unzugänglichen: vgl. Sermo 52, 10, 23 (PL 38, 364).

eigenen Natur ins Auge fassen ... Bei der göttlichen Natur ist die Existenz eines Hauchs oder Geistes frommgläubig gesetzt (gleichwie die Existenz des Wortes Gottes zugegeben wurde), wenn das göttliche Wort nicht unvollkommener sein kann als das menschliche; außerdem würden wir ja das menschliche Wort mit Geist-Hauch ausstatten, das göttliche aber dessen berauben.«[2] Diese Pädagogik leitet die Heiligste Dreifaltigkeit nicht von unserer Erfahrung ab; umgekehrt: im Licht der Dreieinigkeit entdeckt sie im menschlichen Erleben Ähnlichkeiten und Analogien; diese bekräftigen den Glauben, daß wir nach dem Bild und Gleichnis Gottes, der stets dreifaltig ist, geschaffen sind. Wir wollen nun einige dieser symbolischen Strukturen näher anschauen.

2. Die »ökonomische« Symbolik

Am ehesten zugänglich ist die Dreifaltigkeit weiterhin auf die Weise, die der dreifaltige Gott selbst erwählt hat, um sich auf dem Weg Jesu Christi zu offenbaren. Erinnern wir uns nur an das im zweiten Kapitel Gesagte. Dort sahen wir, wie dank der Beziehungen, die Jesus mit seinem Gott unterhält, den er Vater nennt, sich in einem befreienden Kontext zugleich der Vater und der Sohn offenbaren. Jesus versteht sich als der Gesandte des Vaters und lebt eine tiefe Verbundenheit mit ihm, so daß er sich auf göttliche Weise äußert. Die Kraft, die ihn ergriff, die Begeisterung, die seine Predigt erfüllte, und die Ausstrahlung, die auf seine Hörer wirkte, offenbarten den Menschen den Heiligen Geist. Die Dreifaltigkeit gibt sich uns in Jesu Leben und Praxis zu erkennen; es handelt sich dabei nicht um eine abstrakte Reflexion über die Tiefen des Mysteriums, sondern um von Jesus vorgelebte Beziehungen, Einstellungen und Taten, die uns vor göttliche Bedeutungen führen. Die »ökonomische« Symbolik, die in den Wörtern »Vater«, »Sohn« und »Heiliger Geist« enthalten ist, läßt uns zu Gottes Wirklichkeit vordringen, so wie er ewig ist – eben Drei-Einigkeit. Durch das Tun der göttlichen Personen naht sich die Dreifaltigkeit: der Vater, der den Sohn sendet, als letzter Bezugspunkt der ganzen Geschichte; der Sohn, der im Namen des Vaters zugunsten der Menschen, besonders der Armen und Sünder, spricht und handelt; der Geist, der uns dazu bringt, den Sohn anzunehmen, und uns ermuntert, den Vater anzubeten.

[2] *Gregor von Nyssa,* Oratio catechetica magna 2,1 (PG 45, 17f.); vgl. *A. Hamman,* La Trinidad en la catequesis de los Padres griegos, in: ders., La Trinidad en la cetequesis (Semana de Estudios Trinitários 12), Salamanca 1978, 87–101.

Diese »ökonomische« Sprache durchzieht die theologischen Zeugnisse der Kirchenväter. Zum Beispiel schreibt Ignatius von Antiochien († 104) an die Epheser: »Ihr seid ja Bausteine am Tempel des Vaters, zubereitet für den Bau Gottes des Vaters, wobei ihr hinaufgezogen werdet in die Höhe durch das Hebewerk Jesu Christi, was das Kreuz ist, und euch als Seil dient der Heilige Geist.«[3] Die drei göttlichen Personen erscheinen in ihrem Tun in der Geschichte der Menschen. Die Dreifaltigkeit ist nicht ein Mysterium reiner Kontemplation; sie ist ein Geheimnis der Transformation des Menschenlebens, des Einbruchs neuer Lebensformen, die jenem Leben immer ähnlicher werden, das sich in den göttlichen Dreien konkretisiert.

3. Die Symbolik der Frömmigkeit

Die Heiligste Dreifaltigkeit durchzieht den Alltag des Christen, der eine ausdrückliche christliche Praxis lebt. So beginnen alle Gebete und liturgischen Vollzüge und jede wichtige Handlung mit der Anrufung des Vaters, des Sohnes und des Heiligen Geistes. Abgeschlossen werden sie als Dank und Preis an den Vater durch den Sohn im Heiligen Geist.

Diese dreifaltige Gegenwart wird in den sakramentalen Riten sichtbar, besonders bei Taufe und Eucharistie. Seit der »Traditio apostolica« des Hippolyt (†235) bis zur heutigen Feier haben wir die dreifache Frage nach den drei göttlichen Personen mit ihren jeweiligen Zueignungen (Appropriationen). Bei der Eucharistiefeier, dem sacramentum fidei,[4] vollzieht sich eine Art universaler Rekapitulation: Die Heilsgeschichte geht auf den Vater zu mittels des Befreiungswerkes des Sohnes in der umformenden und einenden Kraft des Heiligen Geistes.

4. Die archetypische Symbolik

Die Gegenwart der Drei ist mehr als eine Frage der Zahl. Die Drei – das hat insbesondere C. G. Jung gezeigt[5] – ist ein überall bezeugter Arche-

[3] *Ignatius von Antiochien,* An die Epheser 9,1 (ed. J. A. Fischer, Schriften des Urchristentums I: Die apostolischen Väter, Darmstadt [8]1981, 148 f.).

[4] Zum Ganzen vgl.: *A. Hamman,* Die Trinität in der Liturgie und im christlichen Leben, in: MySal II, 1967, 132–144.

[5] Vgl.: *C. G. Jung,* Versuch einer psychologischen Deutung des Trinitätsdogmas, in: ders., Zur Psychologie westlicher und östlicher Religion (Gesammelte Werke XI), Zürich 1963, 119–218; vgl. dazu: *P. Unterste,* Theologische Aspekte der Tiefenpsychologie von C. G. Jung, Düsseldorf 1977, 74 f. 162 ff.

typ. Er drückt die Ganzheit aus; psychologisch ist er das Symbol der Individuation der menschlichen Person im Maße, wie Unbewußtes und Bewußtes sich schöpferisch und harmonisch verbinden. Die Dreizahl erscheint unter tausend Formen in Träumen, Kunstdarstellungen und begrifflichen Formulierungen. Dieses Symbol kommt den Erfordernissen des Menschenlebens entgegen, das seine Ganzheit, Gemeinschaft und Fülle sucht. Es zeigt - anthropologisch sichtbar - die religiöse Wahrheit, daß die menschliche Person Bild und Gleichnis des dreifaltigen Gottes ist.

Beim Blick auf die Darstellungen der Dreifaltigkeit zeigt sich, daß zu ihr hinzu häufig ein viertes Element (im allgemeinen weiblicher Natur) tritt: die Schöpfung, die Jungfrau Maria, die Eucharistie. Diese Tatsache zerstört durchaus nicht das Wesen des trinitarischen Symbols. Sie beweist nur seinen inneren Reichtum. Das vierte Element bedeutet die Öffnung der Ganzheit, der Totalität, mittels der Einbeziehung eines fremden Elementes, das so an der Ganzwerdung, der Integration, teilhat. Die menschliche Ganzwerdung (die durch die Dreiheiten ausgedrückt wird) kommt nicht in sich selbst zur Ruhe, vollzieht sich auch nicht bloß durch die Verbindung sämtlicher psychischer Energien, sondern schließt auch die anderen, die Welt und die Geschichte ein. Ähnlich ist es beim Geheimnis der Heiligsten Dreifaltigkeit. Tatsächlich ist der dreieinige Gott, wie er uns bekannt ist, niemals allein; er teilt sich selbst mit, indem er das All erschafft und sodann dem vernünftigen Wesen in Liebe und Gemeinschaft sich selber schenkt. Deshalb ist, wie gesagt, das Dreifaltigkeitsgeheimnis für uns Pilger stets heilsgeschichtlich, ein ewiger Gemeinschaftsvollzug, der aus dem streng trinitarischen Kreis nach außen überströmt. Diese Tatsache wird vom Symbol der Vier ausgedrückt: Es bezeichnet eine Totalität, die offen ist und andere Elemente integriert. Die berühmte Ikone von Andrej Rublew (um 1410) zeigt wunderbar die drei gleichen und zugleich unterschiedenen göttlichen Personen um einen Tisch und auf ihm die Eucharistie. Das vierte Element ist sowohl die Eucharistie wie die Person selbst, die das Bild betrachtet, sich von ihm begeistern läßt und so am Prozeß der Vergottung teilhat (dem Zentralthema der östlichen Spiritualität und Theologie).

Anderswo werden die drei Personen bei der Krönung der Jungfrau Maria dargestellt, etwa auf dem Bild im Dreifaltigkeitsheiligtum (einem der wenigen in der Welt, in denen ausdrücklich die Dreifaltigkeit verehrt wird) zu Goiás in Mittelbrasilien. Eindrucksvoll ist auch das großartige Deckengemälde im Chor der Kirche Unserer Lieben

Frau von Nazaret in Cachoeira do Campo (in Minas Gerais) oder die Krönung der Jungfrau durch die Heiligste Dreifaltigkeit in der Kathedralbasilika von San Juan del Rey.[6] Andere Darstellungen zeigen die Dreifaltigkeit, gestützt auf einen Kreis, der die Schöpfung bedeutet. Besonders stark im Ausdruck ist das Dreifaltigkeitsfresko in der Kirche von Urschalling bei Prien am Chiemsee; dort ist der Heilige Geist als eine Frau zwischen dem Vater und dem Sohn dargestellt; jeder hält liebevoll eine Hand über den Busen der Frau; am unteren Abschluß des Freskos sieht man die göttlichen Personen vereint, zusammen mit den deutlich erkennbaren Symbolen der menschlichen Zeugung. Alle diese Beispiele drücken konkret die Glaubenswahrheit aus, daß die Dreifaltigkeit ein Geheimnis der Gemeinschaft und Liebe ist, die das ganze All umfaßt und durchdringt, um es an ihrem Lebensozean teilhaben zu lassen.

5. *Die anthropologische Symbolik*

Im Lichte des Dreifaltigkeitsglaubens vertieft sich die Einsicht des Glaubens, daß die menschliche Person Bild und Gleichnis der Gottheit ist (vgl. Gen 1,27). Wenn es ein Realsymbol dieses erhabenen Geheimnisses gibt, dann wird das gerade die Lebensdynamik des Menschen sein. Sie zeigt sich erstens als vitales Zugleich und Ineinander dreier Grundkonkretisierungen, wie schon Augustinus gesehen und in seinem Werk über die Dreifaltigkeit breit ausgeführt hat.[7] Anfangs ist da das tiefe Gefühl, daß die menschliche Person ein Geheimnis ist; je mehr es erkannt wird, um so mehr tut sich der Erkenntnis auf; es gibt keine Kategorien, die den ganzen Überschwang eines konkreten Daseins aufnehmen könnten. Indes tut dieses Geheimnis sich als Selbstverständnis und Wahrheit des eigenen Seins kund; nicht die Vernunft ist es, die versteht, es ist die Person, die als vernünftig und Trägerin der Wahrheit ihrer selbst hervortritt. Dieses Geheimnis drückt sich nicht nur ver-

[6] Vgl.: *J. G. Vidigal de Carvalho,* A devoção à Santíssima Trindade na época colonial, Viçosa 1979; ferner die *Redemptoristen von Aparecida,* Santuário da Trindade. Sua história, sua imagem, sua mensagem, Aparecida do Norte 1982.

[7] Vgl.: *Augustinus,* De trinitate IX–XV (CCL 50, 292–50a, 535; dt.: BKV II/14, 42–333); vgl. dazu das klassische Werk von *M. Schmaus,* Die psychologische Trinitätslehre des hl. Augustinus, Münster 1927, und die kritischen Anmerkungen dazu von: *A. Turrado,* Art. »Trinidad«, in: Gran Enciclopedia Rialp XXII, Madrid 1975, 775–782; *B. de Margerie,* La Trinité chretienne dans l'histoire, Paris 1975, 397–417; *A. van den Berg,* A SS. Trindade e a existência humana, in: Revista Eclesiástica Brasileira 33 (1973) 629–648; 36 (1976) 323–346; *M. F. Sciacca,* Trinité et unité de l'esprit, in: Augustinus Magister 1 (1954) 521–533.

nünftig aus; es teilt sich auch mit und stellt eine Gemeinschaft der Liebe mit dem anderen her; nicht der Wille ist es, der liebt; es ist die Person, die liebt und sich selber schenkt. Das tiefe Gefühl, die Vernunft und der Wille bzw. das Geheimnis, die Wahrheit und die Liebe sind nicht nur Seelenkräfte, sie sind das Menschenleben selber in seinem Selbstvollzug als dynamische Einheit, stets identisch und zugleich in sich differenziert. Solche Äußerungen offenbaren sich als Gestaltungen einer größeren Wirklichkeit, von der sie stammen und deren Bilder sie sind: des dreieinigen Gottes, des Vaters, des Sohnes und des Heiligen Geistes. Dank der Analogie mit der menschlichen Existenz (die ja ihrerseits nach dem Bild der Dreifaltigkeit geschaffen ist) können wir sagen: Das abgründige Geheimnis als Geheimnis, ursprungslos und Ursprung von allem, Quell und letzter Bezug von allem, entspricht der Person des Vaters. Dieses selbe Geheimnis, insofern es sich mitteilt und als Wahrheit zeigt, symbolisiert den Sohn. Sofern dieses Geheimnis sich schließlich in Liebe gibt und durch den Sohn alles mit dem Vater vereint, bedeutet es den Heiligen Geist.

Nicht vor drei Geheimnissen stehen wir, vielmehr vor einem einzigen offenen und lebendigen Geheimnis in einem ewigen Prozeß des Bei-Sich-Seins, Von-Sich-Ausgehens und Zu-Sich-Zurückkehrens, der die Schöpfung, insbesondere die Menschen, einbezieht. Je mehr jemand die Radikalität seines eigenen Lebens lebt, in Reinheit und Ganzheit seiner Konkretisierungen, desto mehr wird er zum potentiellen Offenbarer der Dreieinigkeit in der Geschichte, um so mehr macht er aus sich einen Zugang zum letzten, höchsten Geheimnis, das in seiner eigenen Existenztiefe wohnt: zum Vater, Sohn und Heiligen Geist.

6. Die familiare Symbolik

Die anthropologische Symbolik betont vorwiegend die *inner*subjektiven Beziehungen (das Menschenleben als Ausdruck der Trinität) und legt den Akzent besonders auf die Einheit des dreifaltigen Gottes. Die Familiensymbolik hat den Vorteil, die *inter*subjektiven Beziehungen zu unterscheiden und so Gottes Dreipersönlichkeit hervorzuheben.[8]

Schon das Alte Testament sah in der Ehe ein Symbol der Liebesbeziehung zwischen dem auserwählten Volk und seinem Gott. Das Neue Testament sieht in der ehelichen Liebesvereinigung ein Symbol der

[8] Zu diesem Bild vgl. die detaillierte Studie von: *B. de Margerie,* La Trinité, 368–390.

Liebe Christi zur gläubigen Menschheit (der Kirche: Eph 5,23). In der Tradition der Kirche, bei den großen griechischen Theologen wie Gregor von Nazianz, Methodius und Ephräm wurde diese Analogie häufig verwendet. Was bei ihr zählt, sind die drei Pole, die bei aller Verschiedenheit stets aufeinander bezogen sind: Vater, Mutter und Kind (Adam, Eva, Set). Miteinander bilden sie eine einzige Wirklichkeit: die Familie. Vater und Mutter lieben sich, erkennen sich und erkennen sich an. Das Kind ist das Zeugnis der Wirklichkeit dieser Liebe vor den Eltern und allen anderen. Analog vollziehen sich in der Trinität Erkenntnis- und Liebesbeziehungen – der Heilige Geist ist der Beweis, daß Vater und Sohn sich lieben; er verkündigt und bezeugt diese Liebe. Er ist der »condilectus«, der Mitgeliebte. Mitsammen bilden die Drei die Familie Gottes, wo alles kreist und alles im selben Lebenskreis beschlossen ist, ähnlich wie bei der menschlichen Familie. Diese Analogie kann uns machtvoll ergreifen, stützt sie sich doch auf die natürlichste menschliche Erfahrung, die vom christlichen Glauben zum Sakrament erhoben ist: das eheliche Leben. Es geht nicht darum, den sexuellen Unterschied in die Analogie einzuführen; betrachtet werden nur die personalen Unterschiede, welche die Einheit in Vielfalt der einen und selben Familie begründen.

7. Die kirchliche Symbolik

Tertullian hat einen berühmten Ausdruck geprägt, dessen Sinn in der Theologie wenig entfaltet worden ist: ». . . wo drei, der Vater, der Sohn und der Geist, sind, (ist) auch die Kirche . . ., welche den Leib der drei bildet«[9]. Wo erscheint das dreifaltige Geheimnis heute in größerer Sichtbarkeit? In jener Gemeinschaft von Glaube, Hoffnung und Liebe, die bewußt das Einheitsideal zu leben sucht, das Jesus seinen Jüngern vor Augen gestellt hat: »Daß alle eins seien wie du, Vater, in mir und ich in dir, damit auch sie in uns seien« (Joh 17,21). Die Einheit der Kirche besteht nicht in bürokratischer Einförmigkeit, sondern in einer Perichorese zwischen allen Gläubigen, im Dienst an den anderen (der Mission).[10] Diese Einheit baut sich auf drei Hauptachsen auf: dem Glauben, dem Kult und der Organisation mit dem Ziel des inneren Zusammenhalts, der Liebe und der Mission. Diese drei Momente sind

[9] *Tertullian,* De baptismo VI 1 (CCL 1, 282; dt.: BKV 7, 282 f.).

[10] Vgl.: *Y. Congar,* La tri-unité de Dieu et l'Église, in: La vie spirituelle, Nr. 604 (1974) 687–703; *B. Forte,* La chiesa icona della Trinità, Brescia 1984, 27–59.

Konkretisierungen eben der Gemeinde, die sich versammelt, um den Glauben auszurufen und zu vertiefen, um die Gegenwart der magnalia Dei (Großtaten Gottes) in der Geschichte von gestern und heute zu preisen, und die organisiert ist mit dem Ziel des harmonischen Aufbaus desselben Leibes für den Dienst an den anderen, besonders den Armen, und die Mission. Nicht drei Teile der Kirche sind das, sondern die eine und selbe Kirche, die sich in diese drei konkreten Momente ihrer geschichtlichen Verwirklichung entfaltet. Diese Einheit beschränkt sich nicht nur auf die religiöse Perspektive; sie übersetzt sich in einen Entwurf der Güter- und Lebensgemeinschaft, wie er in der Urgemeinde der Apostelgeschichte gelebt wurde (Apg 2,44–45; 4,34–36). In dem Maße, wie die Gemeinde diese Durchdringung realisiert, wird sie tatsächlich Typus und Analogie der Dreifaltigkeit, macht sie diese den Augen der Menschen gleichsam spürbar. In der Nachfolge aus dem Geist des Evangeliums wird die Kirche der Tempel des dreieinigen Gottes. Die dreifaltige Einheit, die stets Einheit der göttlichen Drei ist, spiegelt sich in der Einheit der vielen wider, die eine einzige Gemeinde bilden (vgl. UR 2). Diese Symbolik ist – wie alle genannten anderen auch – allein im Prozeß gegeben, in der Gemeinde, die sich immer wieder erneuert und ihre institutionellen Erstarrungen überwindet. Sie ist »der Leib der Drei« nicht schon durch das bloße Faktum, daß sie als Kirche existiert und sich so nennt, sondern im dauernden Bemühen, zur Glaubens-, Feier- und Dienstgemeinde zu werden.

8. Die soziale Symbolik

Jede menschliche Gesellschaft baut sich auf, strukturiert sich und überdauert geschichtlich dank der dialektischen Interaktion dreier Basis-Instanzen: Wirtschaft, Politik und Symbolik. Durch die wirtschaftliche Instanz stellen die Menschen die Produktion und Reproduktion des Lebens durch den organisierten Zugang zu den Gütern der Erde sicher; diese Instanz ist grundlegend, weil sie alle ohne Unterschied betrifft, dauernde Aufmerksamkeit verlangt und alle weiteren Lebensäußerungen ermöglicht. Durch die politische Instanz organisieren die Menschen die gesellschaftlichen Beziehungen, die Ordnung des Zusammenlebens und die Arbeitsteilung im Blick auf das Gemeinwohl; niemand lebt außerhalb des Geflechts sozialer Beziehungen, und jeder nimmt einen bestimmten Platz im menschlichen Gefüge ein. Die symbolische Instanz (Ideen, Philosophien, Religionen usw.) stellt den Sinn bereit, den die Menschen sich geben können: ihrer Arbeit, ihrem Zusammenleben, ihren Siegen und Niederlagen, ihrer Geschichte und dem Tod. Keine menschliche Organisation kommt ohne diese drei Grundachsen aus: Alle müssen das Leben sichern, sich gemeinschaftlich und gesellschaftlich aufeinander beziehen sowie ihr Tun bewerten und ihrer Hoffnung Sinn geben. Diese drei Instanzen durchdringen einander immer und setzen sich gegenseitig voraus. Sie sind nicht drei trennbare Teile (gemäß einem liberal-bürgerlichen Mißverständnis), sondern drei Vergeschichtlichungen ein und derselben Gesellschaft, so daß in der Wirtschaft stets auch die Politik und die Symbolik stecken, in der Politik die Wirtschaft und die Symbolik und in der Symbolik die Wirtschaft und die Politik: eine wahre Perichorese der Instanzen. Die drei Instanzen konkretisieren sich geschichtlich auf verschiedene Weisen; die einen bieten mehr Teilhabe und Brüderlichkeit, andere führen zu mehr Trennung und Konflikt. Je mehr eine Gesellschaft geschichtliche Interaktionsformen verwirklicht, in denen die Menschen ihr persönliches, soziales und utopisches Leben gefördert und freigesetzt sehen, desto mehr wird sie zum Spiegel der Dreifaltigkeit: des Zusammenlebens der Unterschiede in der Gemeinschaft und Einheit ein und desselben Lebens und Mysteriums. Wir haben es schon ausführlich erwogen: Die Urwirklichkeit der Trinität besteht eben in der Durchdringung, im harmonischen Mitsein der göttlichen Drei, die somit vermöge der Dialektik der drei sozialen Grundinstanzen in der Gesellschaft einen wenn auch blassen Widerschein finden.

9. Die materielle Symbolik

Schon in den ältesten trinitarischen Reflexionen wurde aus pädagogischen Gründen auf Analogien der materiellen Schöpfungsordnung zurückgegriffen. So nannte man Sonne, Strahlen und Licht, die eine einzige Wirklichkeit bilden, oder auch Feuer, Licht und Wärme oder drei Kerzen, die sich an der Spitze treffen und eine einzige Flamme bilden, oder das eine Kleeblatt mit drei unterschiedenen Blättern. Andere verweisen auf die drei fundamentalen Energien der physischen Welt: Schwerkraft, elektromagnetische und Atomkraft bilden die eine und selbe Wirklichkeit der Energie.[11] Die Aussagekraft dieser Bilder ist

[11] Vgl.: *C. Kaliba,* Die Welt als Gleichnis des dreieinigen Gottes. Entwurf zu einer trinitarischen Ontologie, Salzburg 1952, 165–199.

recht beschränkt, da sie formal sind und wenig Bezug zu unseren Lebens- und Sinngebungsprozessen haben. Die materielle Symbolik vermag wohl Lehren zu verdeutlichen, doch nicht die Begegnung mit dem dreieinigen Gott.

10. Die formale Symbolik

Schließlich hat die christliche Pädagogik auch rein formale Symbole aus der Mathematik genommen, etwa das gleichseitige Dreieck; es hat eine einzige Fläche und drei absolut gleiche Seiten. Dieses formale Symbol wurde dann mit einem Nimbus, einem Strahlenkranz, versehen, um die Herrlichkeit der Trinität auszudrücken, und mit kurzen Formeln illustriert, die an die Einheit der Natur wie auch die Unterschiedenheit und Gleichheit der Personen erinnern sollten.

11. Schluß: Symbole sind unersetzlich, doch begrenzt

Nach diesen kurzen Reflexionen über die trinitarische Symbolik gilt es, Wichtigkeit und Grenze solcher Wahrnehmung und Verinnerlichung des Glaubensgeheimnisses hervorzuheben. Schon die großen Theologen wie Johannes von Damaskus und Thomas von Aquin[12] haben klar gesehen: Das Göttliche sich ausmalen zu wollen ist töricht, ja gottlos; denn Gott kann, weil unkörperlich, nie durch körperliche Figuren dargestellt werden. Indes wird es uns dank der ganzen Schöpfung, dank dem menschlichen Sein und dank der Tatsache der Menschwerdung des Gottessohnes doch möglich, die in der Geschichte sich spiegelnden Bilder des Göttlichen zu ahnen. Bei diesen Bildern (so lehrte 1215 das Vierte Laterankonzil) ist die Unähnlichkeit zwischen Schöpfer und Geschöpf größer als die Ähnlichkeit (DS 806). Deshalb zeigt die gesamte menschliche Bilderwelt, aus welcher Erfahrungsquelle sie auch stamme, sich als begrenzt. Auf der Ebene der vernunftmäßigen Erkenntnis vermag sie die lichte Finsternis des dreifaltigen Geheimnisses nicht zu durchleuchten.[13]

[12] Vgl.: *Johannes Damaszenus,* De fide orthodoxa IV 16 (PG 94, 1172); *Thomas von Aquin,* Summa theologiae III, q.25, a.3 ad 1 (Deutsche Thomas-Ausgabe Bd. 26, 195 f.).

[13] Vgl. die kritischen Anmerkungen zur Lehre von den Spuren der Trinität bei *K. Barth,* Die kirchliche Dogmatik I/1: Die Lehre vom Wort Gottes, Zollikon-Zürich [11]1985, 325-367.

Freilich gibt es – wie schon anfangs betont – das Feld der menschlichen Bedeutung, die besser durch Bilder als durch begriffliche Kategorien ausgedrückt wird. Diese gehen nicht hinreichend auf das Verlangen des menschlichen Geistes ein, den es in seiner unendlichen Leidenschaft nach einem Ausdruck des Ganzen drängt. Dieses Ganze läßt sich allein durch Symbole ausdrücken, die aus den Tiefen des persönlichen und kollektiven Unbewußten aufbrechen. Kein möglicher mehr oder minder systematischer Begriff kann die Symbole des Ganzen ersetzen, besonders in ihrem Charakter existentieller Bedeutsamkeit, unbedingten Wertes und sinnvoller Einung alles einzelnen in einem letzten Sinn. In diesem Kontext gewinnen die oben entwickelten trinitarischen Symbole ihren unersetzbaren Wert. Durch sie konkretisiert sich der Glaube, der Mensch selbst fühlt sich der Dreieinigkeit teilhaft, und die Dreieinigkeit wird im Alltag gegenwärtig. Es waltet hier eine wahre Perichorese, deren Urbild die Perichorese der göttlichen Personen selber ist.

VI. Die Trinitätslehre in einer veränderten kulturellen Situation

1. Veränderungen, die die Trinitätslehre betreffen

Die klassische Trinitätslehre leidet, wie die vorigen Kapitel zeigten, an hohem Formalismus. Nur den in die Trinitätsgrammatik und -syntax Eingeweihten ist es gegeben, die Tiefen des Mysteriums zu verkosten. Die große Mehrheit der Gläubigen, sogar der Priester und Bischöfe, distanziert sich argwöhnisch von den allzu steilen Flügen der theologischen Vernunft. Der Eindruck (der dann auch sein Gewicht für die Glaubenspraxis hat) nach den Tüfteleien der Theologie ist der, daß die Trinität sich mehr als mysterium logicum darstellt denn als mysterium salutis.

Trotz allem versichert uns der Glaubenssinn, daß das Dreifaltigkeitsgeheimnis das ursprünglichste, nächstliegende und den Sinn des Lebens erhellendste Geheimnis sein muß, das sich vorstellen läßt. Es muß eine Weise der Darbietung geben, die diesen Reichtum nicht versteckt, sondern ihn angemessen mitteilt. Es bleibt der Verdacht (und es gibt keine hinreichenden Gründe, die das Gegenteil beweisen), daß die begriffliche und terminologische Kompliziertheit weniger am Geheimnis selbst liegt als an unserem Kulturerbe und unserer Vorgehensweise, welche die Klarheit der Begriffe und Formen höherschätzt als die Einbeziehung in die Existenz.

Überdies ist ein Kennzeichen unserer Epoche die Krise des Verstandes. Seit der instrumentell-analytische Verstand seine Zerstörungskraft erwiesen hat – in den Kriegen, im Zerbrechen fast aller Ökosysteme und in der Erzeugung totalitärer Ideologien –, hegen wir ihm gegenüber tiefverwurzelte Vorbehalte. Wir mißtrauen seinen Flügen, seinen Ableitungen, seiner Fähigkeit, Wahrheit und Irrtum zu scheiden. Schließlich gehen wir Wirklichkeit und Wahrheit nicht nur durch den *Logos* an, sondern hauptsächlich durch das *Pathos,* nicht nur mit dem Verstand, sondern auch mit dem Herzen – was die Religionen stets gewußt und auch vorgelebt haben. Aus all diesen Gründen hat die klassische Trinitätslehre – die Vertrauen in den Verstand und Begeisterung für seine Leistung voraussetzte – für unsere Generationen (wenn auch nicht für alle einzelnen) einen Großteil ihrer Überzeugungskraft verloren.

Es kommt darauf an, wiederum die Erfahrung des Glaubens an den christlichen Gott, den Vater, den Sohn und den Heiligen Geist, zu machen. Beim Sprechen von der Dreifaltigkeit müssen wir im Glauben das in unserer Rede ausgedrückte göttliche Phänomen *sehen*. Mit anderen Worten: Es braucht dringend eine verläßliche Brücke zwischen der Ökonomie und der Theologie. Ich verdeutliche: Die Reflexion über die göttlichen Personen an sich, in ihrem ewigen Lebensprozeß (Theologie) muß sich eng an ihre Kundgabe innerhalb unserer Heilsgeschichte halten, an die Menschwerdung des Sohnes in Jesus Christus und an das Tun des Heiligen Geistes, der sich in Maria pneumatifiziert hat und in den Geschichtsprozessen stets wirkend gegenwärtig ist (Ökonomie).

Wollen wir das Geheimnis des dreifaltigen Gottes neu sagen, dann können wir nicht von den Beiträgen unserer modernen Kultur absehen, die das Trinitätsverständnis unmittelbar betreffen. Die letzten beiden Jahrhunderte erlebten den Einbruch der Subjektivität; vom Bewußtsein wurde überaus viel gehalten, die menschliche Person wurde aufs höchste geschätzt; die Geschichte wird als Grundkategorie genommen, um Leben, Gesellschaft und Freiheit zu verstehen. Es entstanden die Wissenschaften vom Menschen, von der Gesellschaft, von der Geschichte. Die Kategorie *Person,* so entscheidend für die Dreifaltigkeitslehre, erfuhr Vertiefungen, die in früheren Jahrhunderten unmöglich gewesen wären. Warum sollten wir solche Beiträge nicht für unseren Zugang zum Geheimnis des Vaters, des Sohnes und des Heiligen Geistes verwerten?

Wir ahnen immer klarer, daß Gott und Welt nicht einfach gegensätzliche Wirklichkeiten sind, wie Immanenz und Transzendenz, Zeit und Ewigkeit, Geschöpf und Schöpfer. Eine statische Seinsauffassung begünstigte diese Art vergegenständlichender Metaphysik. Führen wir statt dessen die Kategorien »Geschichte«, »Prozeß«, »Freiheit« usw. ein, so zeigt sich die Dynamik, das Beziehungsgefüge, die Dialektik des Aufeinanderverwiesenseins. Die Welt enthüllt sich als nicht bloße Veräußerlichung, Entäußerung Gottes, vielmehr als Gefäß seiner Selbstmitteilung. Die Welt fängt an, zur Geschichte des dreifaltigen Gottes zu gehören.

Diese Wahrheit wird durch Menschwerdung und Vergeistlichung, durch Inkarnation und Pneumatifikation, bestätigt. Etwas von der Schöpfung und von der Geschichte fängt an, endgültig der zweiten bzw. der dritten Person der Heiligsten Dreifaltigkeit anzugehören. Welche Folgen hat für unser Dreifaltigkeitsverständnis die Tatsache, daß der Mensch durch Jesus und durch Maria unverlierbar ins dreieinige Geheimnis eingefügt ist? Die Trinitätsreflexion hat recht wenig über dieses für uns unendlich beseligende Ereignis nachgedacht. Es zeigt sich dabei, wie Welt und Gott in einer Art Perichorese zu denken sind und nicht bloß gemäß den Kategorien von Gegensatz und Unterscheidung. Solche Tatsachen überzeugen uns von der Dringlichkeit, die Dreifaltigkeitslehre neu zu bedenken, um das Trinitätsgeheimnis in helleres Mittagslicht zu stellen. Die lehrhaften Aussagen sollen dabei auf die Wirklichkeit des dreieinigen Gottes zielen und uns möglichst tief ins Herz des Geheimnisses versetzen.

2. Zugangswege zur Dreifaltigkeit

Ich will einige Tendenzen darstellen, wie systematisches christliches Denken die Herausforderungen einer veränderten Kultur aufgreifen kann. Es geht nur darum, einige Strömungen zu beschreiben, ohne bei Autoren und Werken ins einzelne zu gehen; das haben andere schon mit mehr Kompetenz getan.[1] An einem entscheidenden Punkt wird in allen Tendenzen festgehalten: Bei der Trinitätsreflexion muß man stets von der ökonomischen Trinität ausgehen, das heißt von der Offenbarung des Geheimnisses, so wie sie in den christlichen Schriften dargestellt wird.

Die Dreifaltigkeit wurde nicht als »Lehre« geoffenbart, sondern als Geschichte des in Jesus Mensch gewordenen Sohnes und als lebenspendendes Tun des Heiligen Geistes in Maria, in der Kirche und in der Menschheit, wobei den Hintergrund und letzten Bezug stets das Geheimnis des Vaters bildet. Die Offenbarung begegnet in einer Erzählung und nicht in einer förmlichen Reflexion, obwohl auch diese im Johannesevangelium nicht fehlt. Die patristischen und liturgischen Studien haben erwiesen, daß dies stets der Ausgangspunkt der großen trinitarischen Reflexion der Kirche war.

Von der ökonomischen Trinität ausgehend und die Rahmendaten der heilsgeschichtlichen Offenbarung stets im Blick behaltend, kann

[1] Zu einer ersten Orientierung siehe: *C. Folch Gomes,* A doutrina da Trindade eterna, Rio de Janeiro 1979, 15–162. 310–352; *B. Grom/J. R. Guerro,* El anuncio del Dios cristiano, Salamanca 1979, 34–57; *J. M. Alonso,* La reflexión teológica trinitaria hoy, in: ders., La Trinidad hoy, Salamanca 1971, 169–202; *B. de Margerie,* La Trinité chrétienne dans l'histoire (Théologie historique 31), Paris 1975; *C. Welch,* The Trinity in Contemporary Theology, London 1953; *W. Breuning,* Trinitätslehre, in: H. Vorgrimler/R. Vander Gucht (Hrsg.), Bilanz der Theologie im 20. Jahrhundert. Perspektiven, Strömungen, Motive in der christlichen und nichtchristlichen Welt III, Freiburg 1970, 21–36; *U. Ruh,* Das unterscheidend Christliche in der Gottesfrage. Zu neueren Entwicklungen in der Trinitätstheologie, in: Herderkorrespondenz 36 (1982) 187–192; *Versch.,* Trinidad y vida cristiana, Salamanca 1979; *B. Forte,* Trinità come storia, Turin 1985, 68–88.

die Theologie sich zu einer Spekulation erheben, welche die immanente Trinität zu erahnen sucht: wie die göttlichen Personen in sich selber sind und aufeinander sich beziehen.

Hier zeichnen sich verschiedene theoretische Einstellungen ab: Bei der ersten, der *doxologischen,* begnügt der Theologe sich mit dem, was das Neue Testament und die liturgische Tradition ausdrücken. Aus Scheu vor einer Spekulation, die sich von der Heilsgeschichte losmacht, verzichtet er auf jeden Schritt über die Rahmendaten hinaus. Er bleibt bei der Doxologie stehen, beim Lob und bei der liturgischen Feier der drei göttlichen Personen: »per Filium in Spiritu Sancto ad Patrem« oder »a Patre per Filium in Spiritu Sancto«. Hier gibt es praktisch keine Theologie, sondern nur Exegese und Frömmigkeit.

Bei der zweiten, der *historizistischen* Einstellung hält der Theologe sich strikt an die geschichtliche Offenbarung der Dreifaltigkeit. Die Geschichte stellt sich ihm als Prozeß Gottes selber dar. Der eine und einzige Gott wird gemäß einigen Theologen im Verlauf der Durchdringung seiner Schöpfung dreifaltig. So beginnt in der Geschichte eine »Trinifikation des einen Gottes aufgrund seiner freien Entscheidung zur Selbsthingabe an die Schöpfung, wie sie in Jesus geschah«[2]. Nach dieser Auffassung wäre die Dreifaltigkeit nicht ewig, vielmehr würde sie einen Geschichtsprozeß Gottes selber kundtun. Ich nenne diese Einstellung historizistisch, weil sie die Geschichte dermaßen verabsolutiert, daß sie neue Wirklichkeiten geradezu in Gottes Geheimnis projiziert. Diese Einstellung scheint mit der Glaubenstradition zu brechen; deshalb können wir sie nicht übernehmen.

Bei der dritten, der *dialektischen* Einstellung nimmt der Theologe radikal an, was die Gegenwart der Dreifaltigkeit in der Geschichte und die Geschichte in der Dreifaltigkeit bedeutet. Es handelt sich um ein Heilsgeheimnis, das nicht unserer Neugier, sondern unserer Vergottung halber mitgeteilt worden ist.

Gott offenbart sich so, wie er ist; wenn er sich als Vater, Sohn und Heiliger Geist geoffenbart hat, ist dies das Zeichen dafür, daß er in sich Vater, Sohn und Heiliger Geist ist. Somit können wir als Basisaxiom der trinitarischen Reflexion formulieren: *»Die ›ökonomische‹ Trinität ist die ›immanente‹ Trinität und umgekehrt.«*[3]

[2] Vgl.: *P. Schoonenberg,* Trinität – der vollendete Bund. Thesen zur Lehre vom dreipersönlichen Gott, in: Orientierung 37 (1973) 115–117; *B. Forte,* Trinità come storia, bietet eine vollkommen orthodoxe Reflexion über die Trinität in der Geschichte und die Geschichte in der Trinität.

[3] *K. Rahner,* Der dreifaltige Gott als transzendenter Urgrund der Heilsgeschichte, in: MySal II, 1967, 328.

In Inkarnation und Pneumatifikation geschieht diese Identifizierung. In der Geschichte ereignet sich eine Selbsthingabe des Sohnes und des Heiligen Geistes, die nicht einfach Frucht der Wirkursächlichkeit des einen Gottes ist, sondern eine *eigene Tat* jeder dieser Personen. Die Menschwerdung ist die persönliche Selbsthingabe des Sohnes, so daß er wirklich, ohne Bild oder Metapher, als Sohn in der heiligen Menschheit Jesu Christi gegenwärtig ist. Ähnlich könnten wir vom Heiligen Geist im Hinblick auf Maria sprechen (entsprechend meinem Theologumenon). Sohn und Heiliger Geist werden als vom Vater gesandt bezeugt, der in ihnen jeweils auf besondere Weise da und am Wirken ist. So konkretisieren Inkarnation und Pneumatifikation die Einheit der immanenten mit der ökonomischen Trinität und umgekehrt.

Von dieser Grundlegung aus kann die Theologie tun, was man von ihr erhofft: über Gott den Dreieinen nachdenken - nicht nur in seiner Beziehung zur Geschichte, sondern auch in sich selbst, als verborgenes Mysterium, das sich offenbart und in der Offenbarung Mysterium bleibt. Von hier aus ergibt sich eine systematische Ausarbeitung der geoffenbarten Dreifaltigkeitswahrheit.

Innerhalb der systematischen christlichen - katholischen und protestantischen - Ausarbeitung vor dem gemeinsamen Hintergrund der ökonomischen Trinität als Ausgangspunkt lassen sich verschiedene Tendenzen unterscheiden. Ich zähle nur die wichtigsten auf.

a. Fortführen und Vertiefen der Tradition. - Es gibt eine bedeutende Zahl von Theologen,[4] die den neuzeitlichen Beitrag zum Begriff der *Person* aufnehmen und das klassische Verständnis (Person als subsistens distinctum) weiterführen und erweitern wollen. Das heutige Verständnis nutzt Einsichten, die sich keimhaft bei den Kappadoziern, bei Thomas, Bonaventura und Duns Skotus finden.[5] Für die Modernen bedeutet die Person im Grunde ein Sein-in-Beziehung. Die Person ist ein Subjekt, das als autonomes Zentrum existiert, ausgestattet mit Bewußtsein und Freiheit. Um den Tritheismus zu vermeiden, betont man die *Beziehung,* die totale Öffnung der göttlichen Person aufeinander hin; dank der Tatsache, daß es sich bei ihr um eine geistige Wirk-

[4] Ich nenne nur einige wenige bekannte Autoren, deren trinitätstheologische Arbeiten bekannt geworden sind: C. Folch Gomes, R. Guardini, M. Schmaus, B. Lonergan, F. Bourassa, H. Mühlen, G. Lafont, G. Ebeling, E. Brunner.

[5] Siehe die gelehrten Untersuchungen von *F. Bourassa,* Personne et conscience en théologie trinitaire, in: Gregorianum 55 (1974) 471–493; *ders.,* Sur la Trinité. Dogme et théologie, in: Science et Esprit 24 (1972) 257–284; *ders.,* Questions de théologie trinitaire, Rom 1970.

lichkeit handelt, ist die Person wesenhaft Bewußt-Sein, nicht bloß im psychologischen Sinn als Zentrum aller psychischen Aktivität, sondern in ontologischem Sinn als dauerndes Bei-sich-Sein des Geistes. Es handelt sich folglich um eine Gegenwart von Subjekt zu Subjekt und nicht nur um die Gegenwart des Objekts für das Subjekt. In der klassischen Terminologie würden wir sagen: Das dreifaltige Bewußtsein ist ein *essentieller Akt*. Weil es ein essentieller (zum Wesen gehöriger) Akt ist, nimmt jede der Personen an ihm teil; insofern erscheint er als ein *notionaler Akt*. Mithin gibt es ein Bewußtsein und drei bewußte Subjekte.

In der strengen Formulierung von Bernard Lonergan können wir somit sagen: »Der Vater, der Sohn und der Heilige sind, mittels eines realen Bewußtseins, drei Subjekte, die sich sowohl ihrer selbst als auch der beiden anderen und ebenso ihres notionalen wie ihres essentiellen Aktes bewußt sind.«[6] Vater, Sohn und Heiliger Geist sind drei vernünftige und freie Subjekte; doch haben sie dieselbe Vernunft und denselben Willen, ähnlich wie ein Dreieck drei Winkel hat, aber ein und dieselbe Fläche.[7] Jede Person behauptet sich als Ich, nicht um sich in sich selbst zu verschließen, sondern um sich den anderen beiden schenken zu können. So ergibt sich eine wahre psychologische Perichorese.

Diese Perichorese der Subjekte läßt sich auch anders ausdrücken, nämlich nach dem Modell einer fundamentalen ontologischen Analytik der Beziehungen Ich-Du-Wir. Bei der personalen Existenz treffen wir auf zwei Beziehungsweisen mit je besonderen Charakteristika. Die erste wird von der Ich-Du-Beziehung gebildet und ergibt den *Dialog*. Die zweite begründet die Beziehung der Gemeinschaft zwischen Ich/Du und läßt das *Wir* entspringen. Die persönlichen Fürwörter »ich-du-wir« bezeichnen das Individuum, nicht sofern es in sich verschlossen bleibt, sondern sofern es auf den anderen als auf sein Gegenüber oder seinen Partner hin offen ist (vgl. Gen 2,18). Der Vater kann das innertrinitarische Ich heißen, welches das innertrinitarische Du, den Sohn, hervorruft. Der Sohn ist nicht nur das Wort *des* Vaters, sondern auch das Wort *zum* Vater. Somit kommt es zwischen Ich und Du zum Dialog der Erkenntnis und Liebe, der gegenseitigen Anrede und Antwort.

[6] *B. Lonergan,* Divinarum Personarum conceptio analogica, Rom 1956, 165; eine gute Zusammenfassung des trinitarischen Entwurfs von B. Lonergan findet der Leser bei *C. Folch Gomes,* A doutrina da Trindade eterna, 72–95.

[7] Vgl.: *R. Garrigou-Lagrange,* Le clair-obscur de la Sainte Trinité, in: Revue Thomiste 45 (1939) 647–664, hier 659.

Der Heilige Geist, der durch eine aktive Hauchung von Vater und Sohn ausgeht, läßt sich als das *Wir* von Vater und Sohn ansehen. Er ist »unser Geist« (des Vaters und des Sohnes). Andererseits bezieht er sich auch in Wahrheit und Liebe auf Vater und Sohn. Diese Beziehung macht seine Personhaftigkeit aus. Bei der Perichorese Vater–Sohn ist einer im anderen; bei der Perichorese des Heiligen Geistes ist die Person des Heiligen Geistes in den beiden Personen des Vaters und des Sohnes zugleich.

Mit der Formel von Heribert Mühlen, der diese Sicht ausgearbeitet hat, können wir sagen: »Der Heilige Geist ist als Person eine Person in zwei Personen.«[8] Derart verdeutlicht sich die Besonderheit des Heiligen Geistes, die in der klassischen Reflexion ohne klare Lösung geblieben war.

Diese trinitarische Reflexion stellt die Glaubenswahrheit ins gebührende Licht, daß die menschlichen Personen nach dem Bild und Gleichnis der Dreifaltigkeit geschaffen sind. Das Spiel der Liebe, des Lebens und der intersubjektiven Beziehungen im Schoß der Heiligsten Dreifaltigkeit spiegelt sich in den menschlichen und gesellschaftlichen Bezogenheiten und drängt auf Umgestaltung der gegenwärtigen verderbten Situation hin, damit sie mehr zum Widerschein der Realität werde, die aller Gemeinschaft zugrunde liegt.

b. Alternativen zum Personbegriff. – Andere Theologen[9] indes beobachten, wie leicht der moderne Personenbegriff in die Irre führt, sobald er auf die Dreifaltigkeit angewandt wird. Verstehen wir Person als Subjektivität, als geistiges Zentrum von Handlung und Freiheit, und wenden wir das Wort ohne weiteres auf die Trinität an, so verfallen wir – wie sie sagen – in einen vulgären Tritheismus. In der Dreifaltigkeit findet sich das Bewußtsein nicht verdreifacht, obwohl jede Person bewußt ist; sie ist es jedoch nicht aufgrund der drei Subjektivitäten, sondern wegen des einen Bewußtseins, das mit den göttlichen Dreien wesenseins ist. Bewußtsein und Freiheit unterscheiden nicht, sondern sind den drei Personen gemeinsam.

Wenn die klassische Theologie von Person spricht, meint sie nicht dasselbe wie die Modernen. Wenn wir das den Leuten nicht jedesmal

[8] *H. Mühlen,* Der Heilige Geist als Person. In der Trinität, bei der Inkarnation und im Gnadenbund: Ich – Du – Wir, Münster 1963, 164; *ders.,* Una mystica persona. Die Kirche als das Mysterium der Identität des Heiligen Geistes in Christus und den Christen: Eine Person in vielen Personen, Paderborn 1967.

[9] Wir denken dabei insbesondere an *K. Rahner,* Der dreifaltige Gott, 343f., und an *K. Barth,* Die Kirchliche Dogmatik I/1, Zollikon-Zürich 1964, 165f.

erklären, laufen wir Gefahr, daß sie das Geheimnis auf häretische Weise auffassen.

Dieser Schwierigkeit wegen schlägt z. B. Karl Barth vor, daß man auf einen ebenfalls alten Ausdruck zurückgreife, der zur Zeit der Trinitätsdiskussionen in der Kirche des 4. und 5. Jahrhunderts aufkam: *Seinsweise.* Damit wird der griechische Begriff »tropos hyparxeos« oder der lateinische »modus entitativus« übersetzt.[10] Die Seinsweise ist kein neues Sein. So hält Barth an der Einheit in Gott fest und ermöglicht zugleich eine Unterschiedenheit. Die Personen bedeuten somit für Barth »drei Seinsweisen«[11] des einen und selben absoluten und ewigen Subjekts.

Er schlägt jedoch vor, den Personbegriff für Gott beizubehalten, um so eine unpersönliche, substantialistische Vorstellung zu überwinden; Gott ist das absolute Subjekt, unendlicher Geist und deshalb ein Bewußtseins-, Liebes- und Freiheitszentrum, eben göttliche Person.

Karl Rahner bietet eine geniale Reflexion über die Trinität und beabsichtigt dabei, sie der christlichen Erfahrung anzunähern, daß dieses Geheimnis sich ja in uns vollzieht, noch ehe eine Lehre darüber formuliert wird. Rahners Grundidee besteht darin, Gott als ein absolutes Geheimnis darzustellen, das sich selbst mitteilt. Diese Selbstmitteilung hat einen dreifachen Aspekt: Die Selbstmitteilung als mitgeteilte Wirklichkeit, die souverän und unbegreiflich bleibt, als Prinzip ohne Prinzip, als ursprungloser Ursprung, heißt Vater; die Selbstmitteilung als Wirklichkeit, die ausgedrückt wird und als Wahrheit da ist, heißt Sohn; die Selbstmitteilung als Wirklichkeit, welche die Selbstmitteilung in Liebe aufnimmt, heißt Heiliger Geist. Dieser dreifache Aspekt der Selbstmitteilung, mahnt Rahner, ist nicht als bloß *verbale* Entfaltung einer in sich ununterschiedenen Mitteilung aufzufassen, sondern als wahrhaft *wirklicher* Unterschied.

Um diese dreifache Selbstmitteilung des einen göttlichen Geheimnisses auszudrücken, sollten wir – so rät Rahner – den klassischen Gebrauch des *Person*-Begriffes nicht aufgeben. Es ist ein geheiligter

[10] Zum Begriff »Seinsweise« vgl.: *K. Barth,* Die kirchliche Dogmatik I/1, 379f.; ferner: *C. Welch,* The Trinity in Contemporary Theology, London 1954, 190f. Die Formel wurde von Basilius und anderen Kirchenvätern verwendet; selbst Thomas von Aquin charakterisiert Person als einen »modus existendi«: Quaest. disp. de potentia q.9, a.4 (ed. Marietti, Turin – Rom 1949, 232f.). Zu den patristischen Belegen für diese Formel siehe: *G. L. Prestige,* God in Patristic Thougt, London 1964, 242–264, bes. 245–249.

[11] *K. Barth,* Die Kirchliche Dogmatik I/1, 379f.; ferner: *C. Welch,* The Trinity in Contemporary Theology, 190f.

Begriff, an dem es festzuhalten gilt. Doch hat der Theologe ihn so zu erklären, daß sein dogmatischer Sinn immun gegen die Risiken wird, die im modernen Sinn von »Person« lauern. In der Nachfolge von Barth, doch mit einer kleinen Verdeutlichung versteht Rahner die Person als »distinkte Subsistenzweise«[12]. Rahner sieht einen Vorteil darin, das, was in Gott drei ist, so auszudrücken, denn damit komme auch Gottes Einheit in den Blick. »Drei Personen« hingegen drücke an sich hinsichtlich der Einheit dieser Personen nichts aus; man müsse die Einheit an die »drei Personen« herantragen.

Was Rahner mit dieser Alternative zu »Person« an theologischer Klarheit gewinnt (weil er das falsche Drei-Götter-Bild auflöst), verliert er an geistlicher Klarheit. Niemand betet eine »distinkte Subsistenzweise« an; angebetet wird der Vater, der Sohn und der Heilige Geist. »Distinkte Subsistenzweise« oder, bei Barth, »Seinsweise« sind Ausdrücke, »die sich auf unterpersonaler, fast sachlicher Ebene halten; nichts sagen sie dem konkreten Christenleben, das sich auf personaler Ebene abspielt; vor allem lassen sie den *Beziehungs*-Charakter der göttlichen Personen im Schatten«[13].

Diese grundsätzliche Kritik läßt uns mehr Wert in Überlegungen finden, die den überkommenen Personbegriff vertiefen, als in solchen, die eine Alternative zu ihm suchen.

c. Ein neuer Ausgangspunkt: Die gemeinschaftliche und gesellschaftliche Perspektive der Dreifaltigkeit. – Die klassischen und die soeben erwähnten neueren trinitarischen Systementwürfe haben eine spürbare innere Grenze. Sie orientieren sich entweder an der Kategorie *Substanz* (Natur, Wesen) oder an der Kategorie *Person* (Subjekt, substistierend); der Grundton des Denkens ist entweder metaphysisch oder personalistisch. Hie und da spielt man wohl auf Gesellschaftliches und Geschichtliches an. Doch machen die Gesellschaft, die Gemeinschaft und die große Geschichte (des Kosmos und der Menschheit) weder den Ausgangspunkt noch das Thema aus; wenn sie vorkommen, dann als Nebenfolgen des Nachdenkens über die Person, das freie Subjekt, Realitäten, die in der Dreifaltigkeit die höchste Form ihrer Konkretisierung finden.

Die Erneuerung der Dreifaltigkeitstheologie vollzieht sich von einer Reflexion aus, die zwar erst an ihren Anfängen steht, aber mit großem

[12] *K. Rahner,* Der dreifaltige Gott, 389–392.

[13] *M. de França Miranda,* O mistério de Deus em nossa vida. A doutrina trinitária de Karl Rahner, São Paulo 1975, 178.

Ernst nach den gemeinschaftlichen und gesellschaftlichen Beziehungen fragt, welche alle Frauen und Männer und auch die göttlichen Personen miteinander umfaßt.

Die Gesellschaft ergibt sich nicht aus der Summe ihrer Individuen, sondern stellt ein eigenes Wirkliches dar, vernetzt durch das Gewebe der Beziehungen zwischen Personen, Funktionen und Institutionen, welche die soziale und politische Gemeinschaft bilden. Aus dem Zusammenwirken aller resultiert das Gemeinwohl. Es kommt zur Einheit des Gesellschaftsprozesses: in einer Vielheit von Vermittlungen, gesellschaftlichen und politischen Instrumenten und Äußerungen des Gemeinschaftslebens.

Die menschliche Gesellschaft ist ein Hinweis auf das Trinitätsgeheimnis; das Trinitätsgeheimnis, so wie wir es durch die Offenbarung kennen, ist seinerseits wegweisend und ein Archetyp für das gesellschaftliche Leben.[14] Die menschliche Gesellschaft schließt ein »vestigium trinitatis«, eine Spur Gottes, in sich, weil die Dreifaltigkeit die »göttliche Gesellschaft« ist.[15] Die Dreifaltigkeit als höchste Gesellschaft, Modell für jede und jegliche Art von Gesellschaft, die nach Beziehungen der Teilhabe, Mitbestimmung und Gleichheit sucht – diese Idee wurde von Matthias Joseph Scheeben betont.[16] Jüngst wurde sie von dem belgischen Theologen Taymans d'Eypernon und von Jürgen Moltmann systematisiert. Taymans hebt die Tatsache hervor, daß die Gesellschaft sich aus der Einheit einer Vielheit von Personen und Handlungen ergibt. Die Interaktion aller schafft Gerechtigkeit und soziales Glück. Sie dient als Analogie für das eine Sein Gottes, dessen göttliche Personen durch ihr besonderes und durch ihr gemeinsames Tun die ewige Gemeinschaft und die unendliche Gleichheit stiften. Darüber hinaus dient die Dreifaltigkeit als Modell für die integrierte Gesellschaft.[17] In Gott wirkt jede Person entsprechend ihrer

[14] Dies ist die Hauptthese von *F. Taymans d'Eypernon,* Le mystère primordial. La trinité dans sa vivante image (Museum Lessianum/ Section Théologique 41), Paris 1950, bes. 56–62.

[15] *B. Grom/J. R. Guerrero,* El anuncio del Dios cristiano, 36. 99–106; vgl.: *A. Greck,* Art. »Sozialtheologie«, in: LThK IX, 1964, 925 f.

[16] Vgl.: *M. J. Scheeben,* Handbuch der Katholischen Dogmatik (Gesammelte Schriften IV), Freiburg 1948, § 1038 (S. 439); zu diesen erstaunlichen Aussagen und ihren Konsequenzen siehe auch: *G. A. Gordon,* Ultimate Conceptions of the Faith, Boston 1903, 364: »Das wahre Problem ist, zu wissen, ob Gott ein gesellschaftliches oder ein einsames Wesen, ob er ein ewiger Egoist oder ein ewiger Sozialist ist. Wenn Gott ein ewiger Egoist ist, dann steht er im Gegensatz zur Menschheit. Ist er dagegen ein ewiger Sozialist, dann liegen in ihm Ursprung und Hoffnung.«

[17] Vgl.: *B. Freigneau-Julien,* Réflexion sur la signification religieuse du mystère de la Sainte Trinité, in: Nouvelle Revue Théologique 87 (1965) 673–687; *G. Salet,* Charité trinitaire et

Besonderheit und doch mit einer Tätigkeit, die den göttlichen Dreien gemeinsam ist. Am dreieinigen Spiel der vollkommenen Perichorese ahnt man die Koexistenz zwischen Person und Gesellschaft, zwischen dem Glück eines jeden und dem Wohle aller. Diese Probleme liegen jedem Gemeinschafts- und Gesellschaftsleben zugrunde; von der dreifaltigen Gemeinschaft empfangen sie Licht und Lösungsimpuls.

Eine originelle und anregende Reflexion hat Jürgen Moltmann ausgearbeitet, aufbauend auf einer Gemeinschaftssicht der Dreifaltigkeit.[18] Die Grundaussage des christlichen Glaubens, durch die das spezifisch christliche Gottesbild sichergestellt wird, spricht von den drei Personen Vater, Sohn und Heiliger Geist in dauernder und ewiger Gegenseitigkeit, die sich auf die ganze Schöpfung hin öffnet. Gott ist Gemeinschaft von Personen und nicht einfach der Eine; seine Einheit existiert in der Form der Gemeinschaft (comm-unio) der göttlichen Drei unter sich und mit der Geschichte. Es gibt eine dreifaltige Geschichte. Die Sendungen des Sohnes und des Geistes fügen die Schöpfung in den dreifaltigen Prozeß ein. Die Dreifaltigkeit stellt ein offenes Geheimnis dar. Die Einheit, Frucht der Gemeinschaft, schließt Menschheit und Schöpfung ein; eschatologisch wird alles in der Dreifaltigkeit geeint sein; »diese trinitarische Geschichte ist nichts anderes als die ewige Perichorese von Vater, Sohn und Heiligem Geist in ihrer Heilsveranstaltung, d.h. in ihrer Öffnung für die Aufnahme und Vereinigung der ganzen Schöpfung. Die Heilsgeschichte ist die Geschichte des ewig lebendigen dreieinigen Gottes, der uns in sein ewiges beziehungsreiches, dreieiniges Leben hineinnimmt.«[19] Hier zeigt sich klar der gemeinschaftliche und gesellschaftliche Aspekt der Dreifaltigkeit: Einheit und Unterschiede vermitteln sich in einer Gemeinschaft in Gott, dem Quell ihrer Verbindung mit dem, was Nicht-Gott ist, was aber durch Gemeinschaft und Perichorese mit am dreifaltigen Geheimnis teilhaben darf. Diese Sicht wehrt jedem Totalitarismus, der vorgeblich auf dem göttlichen Monotheismus beruht, und jedem Paternalismus, der sich auf die Monarchie des Vaters beruft, der alle unterwirft oder von dem alle abhängen. Das Herrschaftsmodell wird vom Gemeinschaftsmodell ersetzt, das Produzieren vom Vernehmen, die Eroberung von der Teil-

charité des chrétiens, in: Christus 6 (1959) 362–376; *L. Lochet,* Charité fraternelle et vie trinitaire, in: Nouvelle Revue Théologique 78 (1956) 113–134.

[18] Das grundlegende Werk hierzu ist: Trinität und Reich Gottes. Zur Gotteslehre, München 1980; siehe auch: La dottrina sociale della Trinità, in: ders., Sulla Trinità, Neapel 1982, 15–40; *ders.,* Die einladende Einheit des dreieinigen Gottes, in: Concilium 21 (1985) 35–41.

[19] *J. Moltmann,* Trinität und Reich Gottes, 174.

nahme, der Partizipation. Die menschlich als Personengemeinschaft aufgefaßte Dreifaltigkeit begründet eine Gesellschaft gleicher Geschwister, wo – in Welt wie Kirche – Dialog und Konsens dem Zusammenleben zugrunde liegen.

Diese Sicht wird uns als Ansporn zu unserer eigenen späteren Darlegung dienen.

d. Ein anderer neuer Ausgangspunkt: Die übergeschlechtliche Theologie des mütterlichen Vaters und der väterlichen Mutter. – In den letzten Jahrzehnten sind wir uns tief des sexistischen und patriarchalischen Charakters der christlichen Theologien bewußt geworden.[20] Sie sind nicht allumfassend, denn sie werden fast ausschließlich von Männern gemacht, die größtenteils männliche Symbole verwenden: Gott ist Vater, er zeugt einen Sohn, der Mensch wird und Jesus heißt; dessen Werk, die Kirche, wird fast ausschließlich von Männern geleitet und kontrolliert. Auf der Ebene begriffsstrenger Theologie ist Gott-Vater offenkundig übergeschlechtlich, steht sein Name nur für jenen Lebensquell, dem alles sich verdankt und zu dem hin alles unterwegs ist. Jedoch wird diese Wirklichkeit nur durch Symbole und Bilder vergegenwärtigt. Diese wachsen aus der Kultur heraus; in unserer Geschichte fielen sie unter die Kontrolle der herrschende Gruppe, die von den Männern gebildet wird. Das Bild Gott-Vaters, so wie es kulturell gilt, weist kaum über sich hinaus, das heißt auf den übergeschlechtlich quellenden Ursprung hin; es neigt dazu, sich mit der empirischen Vaterfigur zu identifizieren, und läuft so Gefahr, sich in ein Götzenbild zu verwandeln und die Herrschaft der Väter und Patrone über Kinder, Frauen und alles Weibliche zu legitimieren. Man achtete in den Kirchen und Theologien nicht genügend darauf, wie die Symbole gebraucht werden, hütete sich nicht vor der in ihnen lauernden Gefahr, das Weibliche zu diskriminieren und Patriarchat und Macho-Herrschaft schleichend zu verfestigen. Wir wissen, daß es hauptsächlich die Bilder sind, die das Bewußtsein formen und das Sozialverhalten prägen; die Vorherrschaft der männlichen Bilder im Christentum hat die Frauen gehindert, ihre religiöse Erfahrung von ihrer eigenen weiblichen Daseinssituation aus mittels passender Symbole auszudrücken.

Bestimmte Richtungen der feministischen Theologie fordern die Schaffung von Begriffen, die nicht sexistisch manipuliert werden kön-

[20] Vgl.: *R. Radford Ruether,* Religion and Sexism, New York 1974; eine ähnliche Sicht auch in dem informativen Werk von: *M. Hunt/R. Gibellini,* La sfida del femminismo alla teologia, Brescia 1980.

nen (sei es von männlicher, sei es von weiblicher Seite), und von Bildern, welche die gesamte Erfahrung des Menschlichen erfassen lassen, die eben immer unter dem Vorzeichen von Mann und Frau steht. So schlägt Mary Daly[21] vor, wir sollten Gott weniger als Substanz und mehr als Prozeß begreifen, als aktives Verb statt als Substantiv. Gott bedeute das Leben, das ewige Werden einschließlich des Werdens der ganzen Schöpfung: statt dem höchsten Wesen untertan zu sein, habe die Schöpfung teil am ewigen Leben. Dieser Gott ließe sich durch die Symbole des Vaters und der Mutter ausdrücken oder durch die Kombination der Eigenschaften beider: Gott als mütterlicher Vater oder als väterliche Mutter. Gerade die christliche Tradition, vor allem die der Orthodoxie, hat schon zu solchen Formulierungen geneigt. Das Konzil von Toledo (675) bezieht sich auf den »Schoß (uterus) des Vaters«, der den Sohn empfängt und gebiert (DS 526). Dasselbe sollte für den Sohn gelten, der nicht sexistisch verstanden werden darf, sondern in einer offenen Perspektive als die absolute und volle Offenbarung des ursprünglichen Quells zu sehen ist; sie kann ebenso im Männlichen wie im Weiblichen ihren Ausdruck finden. Die bei der Menschwerdung angenommene Menschheit ist zugleich männlich und weiblich, obwohl Jesus Mann und nicht Frau war; er war jedoch nicht bloß männlich; in ihm lebte auch die vom ewigen Wort angenommene weibliche Dimension. Geradeso könnte auch der Heilige Geist in einer übergeschlechtlichen Sprache ausgedrückt werden. Die biblischen Beschreibungen nähern ihn an die weibliche Lebensdimension an (das hebräische »ruach«, Geist, ist weiblich): Schöpfung, Beseelung, Trost, letzte Geborgenheit.

Betont sei, daß es nicht darum geht, die weibliche Figur in die Dreifaltigkeit einzuführen (die Mutter statt des Vaters, die Tochter anstelle des Sohnes, Unterstreichung des weiblichen Charakters des Heiligen Geistes), vielmehr darum, die weibliche Dimension des ganzen dreifaltigen Geheimnisses und jeder göttlichen Person herauszuarbeiten.[22] Mehr und mehr wächst das Bewußtsein der Menschheit, daß die weibliche Symbolik ebenso würdig wie die männliche ist, den dreifaltigen Gott zu bezeichnen. Wir stehen heute an einem Punkt der Geschichte, an dem wir Gott mit dem Reichtum beider Weisen von Gemeinschaft und Mit-Sein ausdrücken dürfen, der männlichen und der weiblichen.

[21] *M. Daly,* Jenseits von Gottvater Sohn & Co, München 1980, 48 ff.

[22] Siehe *M. C. Lucchetti Bingemer,* A Trindade a partir da perspectiva da mulher, in: Revista Eclesiástica Brasileira 46 (1985) 73–99.

So kann unsere Gotteserfahrung vollständiger sein und ihre integrierende Kraft besser entfalten. Im Lauf meiner Ausführungen werde ich noch versuchen, die weiblichen Züge der Offenbarung jeder göttlichen Person zu umreißen.

VII. Die trinitarische Gemeinschaft: Grundlage einer umfassenden gesellschaftlichen Befreiung

Nachdem ich das große theologische Erbe dargestellt habe, das wir der Vergangenheit und neueren Reflexionen verdanken, will ich einen bescheidenen Systementwurf vorlegen; er soll die Herausforderung aufgreifen und ausarbeiten, die unsere von Unterdrückung und Befreiungssehnsucht geprägte Wirklichkeit darstellt.

Ich werde schematisch eine Tendenz vertiefen, die ich schon beschrieben habe: das Dreifaltigkeitsgeheimnis von den Beziehungen der göttlichen Personen her zu denken. Perichorese, Mitsein und Durchdringung der drei göttlichen Personen bilden die Quellwörter dieser Auffassung.

Ich gehe aus von der tiefen Überzeugung, die alle Trinitätsdispute beherrscht hat: Wir müssen so deutlich wie möglich die reale Existenz von Dreien behaupten, die der einzige Gott sind: Vater, Sohn und Heiliger Geist. Das war das allererste Urproblem. Erst danach sprach man über das Problem der Einheit der drei Personen. Es genügt aber nicht, die reale Existenz der göttlichen Drei zu behaupten. Mit gleichem Nachdruck muß man die Beziehung betonen, die unter ihnen gilt; die vollständigste Gemeinschaft und die absoluteste, ewige Teilhabe machen, daß es einen einzigen Gott gibt. Die Einung der drei Personen drückt die unendliche Gemeinschafts- und Durchdringungsdynamik aus, die in der Heiligsten Dreifaltigkeit ewiglich schwingt.

Der theologischen Reflexion kommt es zu, die Argumentation so zu führen, daß die Logik dieser Dynamik und die Schönheit des überströmenden Lebens der dreifaltigen Gemeinschaft sich zeigen. Zu solchem Ziel müssen wir die drei Schlüsselbegriffe dieser Auffassung klären: »Leben«, »Gemeinschaft« und »Perichorese«. Die beiden ersten sind biblisch klar verwurzelt; der dritte ist ein eminent theologischer Begriff, der den wesentlichen Inhalt des Lebens- und Gemeinschaftsbegriffs zu bündeln versucht.

1. Gott ist ewiges Lebendigsein

Gott ist der Lebendige, schlechthin und einfach.[1] Zu Recht ist der Begriff, den die Menschen als reichsten und höchsten schätzen, der des Lebens, Gott zugeschrieben worden. Die allerhöchste Verwirklichung menschlichen Lebens wird dargestellt als Teilhabe am göttlichen Leben (vgl. 2 Petr 1,4). Schon im Alten Testament wird gegen den Dienst an toten Götzen polemisiert (Ps 115,4–8) und Gott als Jahwe der Lebendige (Ps 18,47) und als Quell des Lebens (Ps 36,10), angebetet. Durch ihn kommt alles zum Leben, besonders der Mensch (Ps 104,30; Jes 42,5; Gen 2,7). Weil Gott lebt, kann er sich bezeichnen als »ich bin der, der da ist« (Ex 3,13–15), der mit dem Volk einen Bund schließt (Ex 6,7; Dt 26,12), der den Schrei des Unterdrückten hört und sich entschließt, ihn zu befreien (Ex 3,7–10); mit einem Wort: Gott, der sein Reich in der Geschichte baut, indem er Leben, Gerechtigkeit, Liebe und Frieden fördert.

Als innerste Natur Gottes stellt das Leben die große Verheißung dar, die Gott dem Menschen gibt, die höchste Gabe, die er seinen Freunden schenkt. Alle, die ihr Leben bedroht fühlen, können auf Gottes Stütze rechnen (vgl. 1 Sam 17,26.36; Dt 6,21; Hos 2,1). Die Option für die Armen findet ihr Fundament in Gottes Wesen selbst. Gott fühlt sich in seinem Inneren von den Unterdrückten und Ausgeplünderten angezogen. Eine Kränkung gegen sie ist eine Kränkung seiner Natur und Ehre. Nicht ohne Grund nimmt Gott so häufig Stellung zugunsten der in ihren Rechten Verletzten: »Der Herr schafft den Bedrückten Recht, gibt den Hungrigen Brot, befreit die Gefangenen, läßt die Blinden sehen, richtet die Geduckten auf, behütet die Fremdlinge, erhält das Waisenkind und schützt die Witwe« (Ps 146,7–9; Spr 14,31; 17,5; 22,23; Dt 10,18; Jer 22,16).

Gott steht also da als der lebendige Gott, als Zärtlichkeit für die Armen, als Erzeuger des Lebens und Schützer der an Leib und Leben Bedrohten. Wenn vom Geist gesprochen wird, der in der Schöpfung wirkt, die Geschichte revolutioniert und das menschliche Leben ermächtigt, so haben wir es immer mit dieser Idee des lebendigen, belebenden und lebenspendenden Gottes zu tun (Gen 1,2; Ps 104,29–30; Ez 37).

[1] Vgl.: *G. Gutiérrez,* El Dios de la vida, Lima 1982; *V. Araya,* El Dios de los pobres, San José/Costa Rica 1982; zur biblischen Dimension vgl. *R. Bultmann,* Art. »Zao, zoē«, in: ThWNT II, 1935, 833–877.

Im Neuen Testament leuchtet hell Jesu Bewußtsein, das Leben in Person zu sein (Joh 11,25; 14,6; 5,26); seine Sendung ist es, Leben zu bringen, und zwar Leben in Überfülle (Joh 10,10). Die Auferstehung offenbart ihn als den Lebendigen, der die Schlüssel des Todes und der Unterwelt hat (Offb 1,18f). Wer an ihm teilhat, ist eine neue Schöpfung geworden (2 Kor 5,17; Röm 5,18.21; 6,22; Eph 2,5-6).

a. Was heißt Leben? – Wenn wir nun analytisch vertiefen, was Leben heißt,[2] so verzichten wir völlig auf den Versuch, das Leben zu definieren; es ist einfach ein Geheimnis von Spontaneität, ein unerschöpflicher und vielfältiger Entfaltungsprozeß, der innen aufbricht und zu Beziehungen nach außen führt. Trotzdem müssen wir wenigstens eine Vorstellung ausarbeiten, die uns ein Verständnis für die Lebewesen ermöglicht und uns einen Mindestbegriff davon gewährt, was ewiges Leben, göttliches Leben und der Gott des Lebens ist. Die Erfahrungen der verschiedenen Lebensformen bilden die Grundlagen für unsere Vorstellung vom ewigen Leben. Denkend unterscheiden wir in unserer Erfahrung folgende Kennzeichen des Lebens:

Organismus: Er stellt sich als eine gegliederte Verbindung vielförmiger Teile, Funktionen oder Verhaltensweisen dar, die sich von innen her selber erhält und eine Organisation oder ein System bildet.

Selbstlauf: Der Organismus ergibt sich aus dem inneren Funktionieren der verschiedenen Organe, Teile und Verhaltensweisen in einem dauernden Prozeß von Entstehen, Entwicklung, Reifung, Verfall und Auflösung.

Architektonische Ganzheit: Jeder funktionierende Organismus stellt eine organische Ganzheit dar, verwirklicht einen in sich offenkundigen Sinn; denn Leben heißt Vorliegen und Ausführung eines Plans (eines Programms oder Entwurfs); jedes Leben hat einen Lebenslauf, der aus einer Vergangenheit kommt, sich in der Gegenwart zeigt und im Vorbeigang auf die Zukunft hin offen ist; jedes Wesen ist ein All mit Innen und Außen, ein Zentrum, von dem aus alles sich stufenweise organisiert und ordnet.

Reproduktion: Unterscheidendes Merkmal jedes Lebewesens ist die Fähigkeit, sich in einem anderen Lebewesen derselben Art zu repro-

[2] Vgl.: *P. Tillich,* Systematische Theologie III, Stuttgart ²1978, 388–397: Die Zweideutigkeiten des Lebens in der geschichtlichen Dimension; *F. Jakob,* Die Logik des Lebenden, Von der Urzeugung zum genetischen Code, Frankfurt 1972; *J. Schröder,* Was ist Leben? Eine Einführung in die moderne Biologie, München 1971; *P. Jordan/K. Rahner,* Das Geheimnis des Lebens, Freiburg 1968.

duzieren; dieses führt denselben Lebensplan weiter, dessen Konkretisierungsmöglichkeiten ja unbegrenzt sind.

Vielleicht können wir den – an sich unumgreifbaren – Lebensprozeß nun doch in einer kurzen Formel zusammenfassen: *Leben heißt Selbstverwirklichung eines Ek-sistierenden.* Versuchen wir jeden Begriff zu klären.

Selbst: Das Leben bezieht das Leben aus seinem eigenen Grund und bricht aus dem eigenen Sein auf; es bekommt das Prinzip seiner Spontaneität und Aktivität nicht von außen. Schon die Alten[3] sahen das Leben als Entelechie an (Aristoteles), das heißt, als das, was Ziel und Sinn in sich selber hat. Dies wird durch die Silbe »Selbst« ausgedrückt, welche eine innerlich wurzelnde Kraft zu Verwirklichung, Ausdehnung und Zusammenhang bedeutet; darum besitzt jedes Lebewesen Innerlichkeit.

Verwirklichung: Ein Tun, das realisiert, das heißt das Mögliche wirklich macht. Leben ist ein Prozeß des Entstehens, Hervorgehens und Sich-Ausdehnens, ein dauerndes Zum-Sein-Kommen, das nie endet und sich niemals in einer geschlossenen Synthese beruhigt. Von Mal zu Mal ist es ein Organismus, eine Ganzheit und ein Plan, doch beständig offen für neue Ausdrucksformen. Die Kategorie »Gegenwart« ist dem Lebendigen eigen; denn sie meint Zusammenleben und Sein in Fülle; durch die Gegenwart ist das Wirkliche intensiver wirklich, so daß sein Sinn ausstrahlt, zur Stellungnahme aufruft und eine Botschaft aussendet, die angenommen (Ja zum Leben) oder abgewiesen (Nein zum Leben) werden kann. Gegenwart ist Leben im Prozeß. Was im Prozeß ist, kann nicht vom Begriff gepackt, wohl aber geahnt werden. Leben ruft nach Leben und lädt ein, beim Lebensprozeß dabei zu sein; von innen aus, indem wir teilhaben und zusammenleben, begreifen wir des Lebens Sinn.

Ek-sistierend: Ek-sistierend und vernünftig-lebendig sind gleichbedeutend. Ek-sistenz ist die Besonderheit des Wesens, das von innen aus (Innerlichkeit) sich aufs Außen bezieht (Ex), zu anderen Wesen hin, indem es Gemeinschaft und Beziehungen von Geben und Nehmen aufbaut. Darum heißt Leben Gemeinschaft und Teilhabe, Synthese mit dem von ihm Verschiedenen, Selbstentfaltung in Richtung auf das andere hin.

[3] Vgl.: *Aristoteles,* De anima II 4, 415 B; ferner: *Thomas von Aquin,* Super III Sent., d.35, a.1; (ed. M. F. Moos, Paris 1956, 1171–1174); Summa contra gentiles I, qq.97–98 (ed. Marietti, Turin–Rom 1961, 109 f.).

Das Leben, das wir leben, steckt voller Zweideutigkeiten, denn immer ist es Leben gegen den Tod, lebenserhaltender Prozeß gegen auflösende, tödliche Gewalten. Die menschliche Hoffnung richtet sich im Grunde auf ein Leben, das nicht mehr vom Tod bedroht ist, auf einen Prozeß der Selbstverwirklichung, der sich beständig in Richtung auf die Zukunft hin erneuert.

b. Gott als die ewige Selbstverwirklichung. – Wenn wir »Gott« sagen, wollen wir den ausdrücken, der das ewige Leben ist und ewiglich lebt (Offb 4,9; 10,6; 15,7), der deshalb aus sich selbst unsterblich ist (athanasia: 1 Tim 6,16). Er ist der Lebendige schlechthin (zōn: Röm 9,26; Mt 16,16; 26,63; Apg 14,15). Jesus ist der Logos des Lebens (Joh 1,4); in ihm »ist das Leben erschienen« (1 Joh 1,2), denn er ist das Quellprinzip des Lebens (Apg 3,15).

Eigentlich ist Gott mehr als Leben; denn das Leben stellt einen Zustand oder das Ergebnis eines Prozesses der Selbstverwirklichung dar. Gott ist eher das absolute *Lebendigsein* (viver, »Leben« als Verb genommen), wie die Mystiker es treffend erschaut haben. Geschöpfe leben nicht im eigentlichen Sinn, denn sie hängen stets von einem schwierigen Gleichgewicht ab, das ständig bedroht ist und zuletzt vom Tod zerstört wird. Die Geschöpfe durchqueren das Leben. Gott bleibt *im Leben,* in ewigem Prozeß von Aufbruch, Entfaltung, Selbstmitteilung und reinem Lebendigsein. Deshalb wird Gott besser wie ein *Lebendigsein* (viver) vorgestellt, eine Tat, welche die göttliche Wirklichkeit ewig »produziert« und offenbart, ohne daß zu fragen wäre: Warum leben? Gott lebt, um zu leben, in absoluter Spontaneität, in einem sich selbst durchsichtigen Sinn, wie das Licht um zu leuchten leuchtet, wie das kristallene Quellwasser um zu sprudeln sprudelt und wie der Vogel singt, um zu singen. Gott ist in dem Maße, wie er ewig am Leben ist, das heißt in einem unendlichen Selbstverwirklichungsprozeß. Ihm kommt das ewige Leben zu. Greifen wir unsere vorhin erklärte Formel auf, so können wir sagen: *Das ewige Leben besteht in der Selbstverwirklichung des ewig Ek-sistierenden.* Zum Leben, auch dem ewigen, gehört In-sich-Sein und Nach-außen-Sein, Sich-selbst-Mitteilen und Zu-sich-Zurückkehren, in Gemeinschaft mit sich selber sein und auch mit dem von ihm Verschiedenen, das aber mit ihm in Beziehung steht.

Der christliche Glaube bekennt, daß die Urwirklichkeit nicht das ununterschiedene ewige Leben ist, sondern das ewiglich als Vater, Sohn und Heiliger Geist quellende Leben. Es sind drei Lebendige. Weil sie Lebendige in der Fülle des ewigen Lebendigseins sind, strömt jeder auf den anderen hin, schenkt sich restlos dem anderen, bis auf die unaufhebbare Tatsache, daß jeder ein vom anderen unterschiedener Ek-sistierender ist.

Es ist nicht genug, die Dreifaltigkeit und die Unterschiedenheit der göttlichen Personen zu behaupten. Das wesentliche Kennzeichen jeder Person besteht darin, daß sie *für* die andere, *von ihr her, mit* ihr und *in* ihr ist. Keine Person existiert in sich für sich, sondern das »in sich« ist »für die anderen«. Eine Dynamik ewiger Gemeinschaft, der Teilhabe des Lebens einer jeden Person an der anderen, die Durchdringung und das Beisammensein der Drei machen im eigentlichen Sinn den Prozeß der Selbstverwirklichung der Heiligsten Dreifaltigkeit aus. So wiederholen wir die Formeln der Tradition: Der Vater ist ganz im Sohn und ganz im Heiligen Geist; der Sohn ist ganz im Vater und im Heiligen Geist; der Heilige Geist ist ganz im Vater und im Sohn. Alle sind gleicherweise ewig, unendlich und liebenswert in Gemeinschaft.

Die Unterschiedenheit-in-Gemeinschaft bildet die Urwirklichkeit in Gott. Die Einheit kann nur die Einung dieser persönlichen Unterschiedenheit sein. Die göttliche Einheit ergibt sich aus dem Prozeß der Gemeinschaft einer Person mit den anderen, aus der Teilhabe eines Lebendigen am Leben der anderen. In einem blassen Gleichnis gesagt: Es ist, als ob drei Wasserquellen zugleich nach oben sprudelten, jede auf die anderen zu, und sich so vereint und eins fänden, daß sie einen einzigen Wasserstrahl bilden.[4] Nicht dieser Strahl ist logisch das erste, sondern die Quellen. Die göttlichen Personen bilden das Prinzip ohne Prinzip, miteinander und gleich ewig. Prozeß der Selbstverwirklichung heißt: Jede Person kann die anderen verwirklichen.

Diese prozeßhafte Wirklichkeit, von der Tradition Perichorese (circumincessio bzw. circuminsessio) genannt, wird von der theologischen Reflexion nur nebenbei berührt; hier wird sie ins Zentrum des dreifaltigen Geheimnisses gestellt. Es sind also eigentlich die ewigen Beziehungen im Vollzug der Durchdringung und des Beisammenseins der göttlichen Drei, die in Gott Dreiheit und Einheit ausmachen: drei Personen, ein einziger Gott.

[4] Papst Dionysius, der gegen 259 einen Brief an den Bischof Dionysius von Alexandrien schrieb, benutzte die Formel: »So muß durchaus also die göttliche Dreifaltigkeit in Einem, das heißt in dem allmächtigen Gott aller Dinge, gleichsam wie in einer Spitze zusammenlaufen und zusammengefaßt werden (NR 248) – ideoque divinam Trinitatem in unum, quasi quendam verticem, hoc est in Deum universorum omnipotentem reduci atque colligi« (DS 112).

2. Gott ist unendliches Kommunizieren

Biblisch schließt Leben Kommunizieren ein, denn Leben ist immer Mitleben, Leben für andere und in ihrer Gegenwart. Der Tod bedeutet den Bruch mit allen Lebensbindungen und deshalb die absolute Einsamkeit. Von der Gemeinschaft aus versteht das moderne Denken die Person und auch, wie wir sahen, Gottes Natur.[5] Wir wollen jetzt die Kategorie »Gemeinschaft« vertiefen, damit sie als Erkenntnisinstrument dienen kann. Sie wurde auf verschiedene theologische Gebiete angewandt, hauptsächlich auf die Kirche, die Anthropologie und die Gnade.[6] Ich versuche zunächst einmal eine kurze Analyse, um etwas theoretische Klarheit zu bekommen; denn selten in der mir bekannten Literatur wird dieser Begriff semantisch umrissen und einheitlich verwendet. Anschließend heißt es dann überlegen, wie er auf Gott bezogen werden kann.

a. Analytisch gesehen, als Gegenstand der Soziologie und Anthropologie, ist Gemeinschaft (communio, Kommunion) kein Ding, sondern eine Beziehung zwischen den Dingen. Sie bildet eine Form von Vergesellschaftung und Einung, die höchste von allen, wie sie den Geistwesen zukommt. Weil sie eine Beziehung ist, gibt es die Gemeinschaft nur im Vollzug. Mehr als von Kommunion müßten wir deshalb von Kommunizieren sprechen. Sehen wir uns einige Kennzeichen dieser Beziehung an:

Gegenwart für den anderen: Es genügt nicht, dazusein; für die Gemeinschaft braucht es die Gegenwart des einen gegenüber dem anderen. Gegenwart bedeutet mehr als Sein: nämlich eine Potenzierung an Sein. Gegenwart schließt ein, daß der eine sich dem anderen aussetzt und vom anderen angenommen wird. Gegenwärtig sein heißt offen

[5] Vgl.: *C. Folch Gomes,* Deus é comunhão. O conceito moderno de pessoa e a teologia trinitária, Rom 1978; bedauerlicherweise gelingt diesem Werk keine Klärung des Kommunikationsbegriffs.

[6] Zu diesem Thema vgl. unter anderem: *F. A. Pastor,* Semântica do mistério. A linguagem teológica da ortodoxia trinitária, São Paulo 1982, 81–106; *J. Moltmann,* La dottrina sociale della Trinità, in: ders.; Sulla Trinità, Neapel 1982, 15–37; *ders.,* Die einladende Einheit des dreieinigen Gottes, in: Concilium 21 (1985) 35–41; *J. A. Bracken,* The Holy Trinity as a Community of Divine Persons, in: Heythrop Journal 15 (1974) 166–182. 257–270; *A. van den Berg,* A SS. Trindade e a existência humana, in: Revista Eclesiástica Brasileira 33 (1973) 629–648; 36 (1976) 323–346; *P. Bori,* Koinonia. L'idea della comunione nell'ecclesiologia recente e nel Nuovo Testamento (Testi et ricerche di Scienze religiose 7), Brescia 1972; *J. Hamer,* L'Église est une communion (Unam Sanctam 40), Paris 1962.

sein, heißt dem anderen eine Botschaft senden, in der Hoffnung, gehört und empfangen zu werden, sowie zugleich die Botschaft des anderen zu hören und zu empfangen. Die Botschaft ist eben die Gegenwart des einen, der in Dialog und Gemeinschaft mit dem anderen treten will.

Gegenseitigkeit: Gemeinschaft schließt einen Weg zweier Hände vom einen zum anderen ein. Es gibt keine einseitige Gemeinschaft. Ihrem Begriff nach setzt Gemeinschaft mindestens zwei je auf einander bezogene Gegenwarten voraus. Deshalb gibt es eine Gegenseitigkeit zwischen den beiden. Die Gegenseitigkeit setzt ihrerseits eine gewisse natürliche Übereinstimmung zwischen denen voraus, die miteinander kommunizieren. Zwei ganz verschiedene Wesen, zwischen denen es wenig Gemeinsames gibt, können sich nur schwer von Gemeinschaftsbanden verbinden lassen. Zwischen gegenseitig Übereinstimmenden wirkt eine gewisse Anziehung; je attraktiver sie füreinander sind, um so vollkommener stellt die Gemeinschaft sich dar; nie kommt es zur Verschmelzung, denn jeder Teil behält seine Identität; doch das Verlangen und der Impuls, mit dem anderen zu verschmelzen, mit ihm eins zu werden, kennzeichnet die Tiefe der Gemeinschaft.

Unmittelbarkeit: In der Gemeinschaft will einer beim anderen sein, und zwar durch sich selber, mittels der eigenen Gegenwart; ohne Zwischenvermittlung will er für den anderen, gar im anderen sein. Gemeinschaft schließt Intimität ein, Transparenz der Absichten, Einung der Herzen, Konvergenz der Interessen. Das persönliche und gesellschaftliche Gemeinwohl ergibt sich nur aus Gemeinschaftsbanden zwischen allen Teilen.

Gemeinde: Das Ergebnis der Gemeinschaftsbeziehungen ist die Gemeinde; sie schließt Zusammenleben ein, Wertschätzung eines jeden in seiner Individualität, Annahme der Verschiedenheit, weil sie mitgeteilten Reichtum bedeutet, Aufbau namentlicher Beziehungen, Abwesenheit von Formalitäten. Soziologisch gesehen ist die Gemeinde eher ein Geist, der bei allen Formen menschlichen Zusammenlebens den Ausschlag gibt, als eine konkrete gesellschaftliche Formation. Deshalb schließt der gemeindliche Geist, historisch genommen, eine Utopie ein: die Utopie eines Zusammenlebens ohne Konflikte, eines Beziehungsgefüges, wo das Gemeinwohl über dem Einzelwohl steht, weil die Mitglieder sich wohleingefügt, in den anderen, durch die anderen und mit den anderen verwirklicht fühlen. Obwohl diese Utopie sich unter den Bedingungen der Geschichte, wie wir sie derzeit kennen, niemals realisiert, besitzt sie eine überaus wichtige gesellschaftliche und anthropologische Bedeutung, weil sie ständig Verwandlungsenergien freisetzt in Richtung auf immer ausgewogenere Formen der Partizipation und des Zusammenlebens.

b. *Philosophisch betrachtet,* schließt Gemeinschaft einige grundlegende Elemente ein; dies sind keine anderen als die soeben dargestellten; es sind dieselben, nur von einem ontologischen Standpunkt aus betrachtet, das heißt von den konkreten Seinsweisen aus, die diese Elemente voraussetzen. Welche Seinsform ist es, die der Gemeinschaft fähig ist? Die Antwort auf eine solche Frage gehört zur Philosophie.

Offen-Sein: Kommunizieren, sich beziehen, mit einem Verschiedenen und Übereinstimmenden Gemeinde bilden kann allein, wer auf den anderen hin offen ist. Der Geist ist durch Offenheit charakterisiert. Offen sein bedeutet, sich auf ein Außen bezogen zu wissen, keine in sich geschlossene Ganzheit zu bilden. Ohne solche Offenheit gibt es weder Aufnahme noch Hingabe noch das Neue, das aus der Begegnung zweier kommunizierender Gegenwartspole entsteht. Offen sein heißt in Freiheit sein, heißt fähig zu der Liebe sein, die das ganze Universum verwandelt.

In-Transzendenz-Sein bedeutet, daß ein Wesen tatsächlich aus sich selbst herausgeht, mit dem anderen in Gemeinschaft tritt, mit ihm eine Geschichte macht, sich auf wechselseitige Bindungen einläßt. Diese lebendige Transzendenz erschöpft sich in keiner Verwirklichung, denn sie hält sich für andere Gemeinschaftsausprägungen offen. Wir haben es hier mit einer ontologische Seinsweise zu tun, durch die der Menschengeist stets über sich hinaus, über die eigene Geschichte hinaus verwiesen ist, so daß er ein Absolutes zum Ausruhen sucht. In der Gemeinschaft mit Ihm sieht er seine größte Verwirklichung.

Wir-Sein: Was sich aus der Dynamik der Gemeinschaft ergibt, ist das *Wir,* die konkrete Gemeinde. Es geht nicht nur um die gesellschaftliche, Familien- oder Liebschafts-Gemeinde, sondern um eine Seinsweise, durch die wir ein Moment eines numerisch einen Ganzen bilden. Wir sind, leben, existieren als Menschen, die sich stets in bestimmter Gemeinschaft mit anderen vorfinden. Das Ich existiert nie isoliert; es wird von vielen bewohnt, denn seine Wurzeln durchdringen die anderen, wie auch es von den anderen durchdrungen wird. Von daher können wir sagen: Das eigentlich Menschliche ist nicht Leben, sondern Mitleben; ist nicht Sein, sondern Existieren in Gemeinschaft mit seinesgleichen, und seien es die Fernsten; ist: sich von den anderen durchdringen lassen und sie auch selbst durchdringen. Das In-Gemeinschaft-Sein lebt dauernd eine Exzentrität; denn sein Zentrum wird von einem anderen Zentrum außerhalb seiner gerufen, um mit ihm Gemeinde zu bilden.

c. Nach diesen kurzen analytischen und philosophischen Überlegungen ist eine *theologische Reflexion* angebracht. Die Theologie unternimmt es, Gottes Gegenwart in den menschlichen und geschichtlichen Prozessen zu gewahren. Wenn, *analytisch gesehen,* einer dem anderen gegenwärtig ist, erlebt er eine grundlegende Wechselseitigkeit mit ihm, lebt in der Beziehung eine Unmittelbarkeit, so daß sich Gemeinde bildet; wenn, *philosophisch gesehen,* diese konkrete Seinsweise zeigt, daß wir es mit einer Existenz zu tun haben, deren Wesensmal die Offenheit ist, der Selbstüberstieg auf das Wir hin, dann bedeutet das *theologisch,* daß solche Werte und diese Seinsweise ihre letzte Wurzel und ihr endgültiges Muster in Gott finden. Die Geschöpfe sind Bild und Gleichnis Gottes. Gott muß die absolute Offenheit sein, die höchste Gegenwart, die totale Unmittelbarkeit, die ewige Transzendenz und die unendliche Gemeinschaft. Wenn Gott all dies sein muß (weil seine Zeichen in der Schöpfung zu spüren sind), dann muß er sich auch so wie er ist spüren lassen in der geschichtlichen Offenbarung, die uns in den Heiligen Schriften bezeugt ist. Sehen wir, wie Gott dort als Gemeinschaft erscheint.[7]

Im Alten Testament offenbart Gott sich als der Gott des Bundes mit der Menschheit, das heißt, er will alle Menschen mit sich verbinden (Gen 9). Der Bund mit dem Patriarchen Abraham (Gen 12) soll ein Zeichen unter den Völkern schaffen; auch sie sind berufen, Völker Gottes zu sein (vgl. Offb 21,3). Der Bund mit dem ganzen Volk Israel (Ex 19 und 24) ist Vorwegnahme und Symbol dessen, was Gott mit allen Völkern tun will; die zwölf Stämme und die zwölf Apostel im Neuen Testament haben symbolische Bedeutung: Sie stehen für die Wiedervereinigung der zerstreuten Völker, die Gott dienen und Völker Gottes werden sollen in einer einzigen erlösten und zur messianischen Gemeinde gewordenen Menschheit. Diese Gemeinschaft, die Gott mit der Menschheit will, wird durch die Figur des Bundes ausgedrückt; verinnerlicht ist sie im Herzen eines jeden Menschen (vgl. Jer 31,33; Ez 37,26; vgl. Hebr 10,16). Die Gemeinschaft sucht die Intimität und die Freiheit des Menschenherzens und nicht nur ihren gesellschaftlichen und politischen Ausdruck.

[7] Vgl.: *F. Hauck,* Art. »Koinonia«, in: ThWNT III, 1938, 789–810.

Im Neuen Testament sind es Paulus, Johannes und die Apostelgeschichte, die am besten Gott-Gemeinschaft ausdrücken. Jetzt gewinnt die Gemeinschaft eine konkrete Vergeschichtlichung in der Jesus-Wirklichkeit und in der Mitteilung des Geistes. In Christus und im Geiste sein, mit Christus und dem Geiste leben, das begründet die große Gemeinschaft mit dem Vater (vgl. 1 Joh 1,3).

Bei Paulus gibt es zwei Wege der Gemeinschaft: den Glauben und das eucharistische Mahl. Durch den Glauben vereinen wir uns mit dem auferstandenen Herrn, leben mit ihm, sterben mit ihm, auferstehen mit ihm, sitzen mit ihm in der Herrlichkeit (vgl. Röm 6,6; 8,17; 2 Kor 7,3; Gal 2,19; Kol 2,12; 3,1; Eph 2,6; 2 Tim 2,12); indem wir Christus anhängen, beginnt eine Lebens- und Schicksalsgemeinschaft mit ihm, bis ins Leid hinein (Phil 3,10). Diese Gemeinschaft vertieft sich durch das eucharistische Mahl. Vom Leib des Herrn essend, wird die Gemeinde Christi Leib (vgl. 1 Kor 10,16–18; Röm 12,5). Die Gemeinschaft mit Christus bedeutet auch Gemeinschaft mit dem Geist Christi (vgl. 2 Kor 13,13).

Johannes meditiert über die Gemeinschaft mit dem Vater, in die Christus uns einführt, damit wir alle eins seien (Joh 17,21). Er sagt dies auch mit den Worten Sein-in und Bleiben-in (vgl. Joh 14,20; 15,4).

Die Gemeinschaft mit dem Vater, dem Sohn und dem Heiligen Geist übersetzt sich in brüderliche Gemeinschaft (vgl. 1 Joh 1,1–3). Sie gewinnt materielle Umrisse in der Regelung der Gütergemeinschaft (Apg 2,42; 4,32) und in der Sorge um die Armut anderer Gemeinden, für die man, als Ausdruck der Gemeinschaft, Sammlungen abhält (vgl. 2 Kor 9,13; Röm 15,26). Der Hebräerbrief erinnert uns noch daran, daß diese gegenseitige Unterstützung (Gemeinschaft) das Opfer darstellt, das Gott wohlgefällt (13,16).

Durch den Glauben, durch die Mahlfeier, durch das Anhangen an die Jesusbotschaft, durch die Vergemeinschaftlichung aller Güter wurde die Utopie der Gemeinsamkeit verwirklicht: »Die Menge der Gläubigen war ein Herz und eine Seele« (Apg 4,32).

In der Alten Kirche definierte die kirchliche Gemeinde sich selbst als communio sanctorum. Nicht so sehr die Institution hatte man im Blick, sondern die Einstellungen und Verhaltensweisen, welche die Beziehungen zwischen den (Glaubens-)Geschwistern und zwischen den Ortskirchen regelten. Die Eucharistie jeder Gemeinde war von den übrigen anerkannt und Ausdruck des Lebens in der Gemeinschaft. Überdies hatten die Gläubigen unterwegs die litterae communicatoriae (Empfehlungsbriefe) bei sich, eine Art Paß, der die Gemeinschaft zwischen den verschiedenen Ortskirchen sichtbar machte. Die Gemeinschaft erwies sich in gegenseitiger Offenheit, in Wechselbeziehungen und in der gegenseitigen Anerkennung.

Springen wir in unsere Zeit. Das Zweite Vatikanische Konzil (und mit Bezug auf es die Außerordentliche Bischofssynode von 1985) hat die Wirklichkeit der Gemeinschaft als Grunddimension der Anthropologie, der Ekklesiologie und des politischen Handelns der Christen hervorgehoben.[8] Puebla (1979) machte aus Gemeinschaft und Teilhabe die Grundachsen jedes Evangelisierungsprozesses und das Ziel, das die echte Befreiung erreichen soll.[9]

Im Lichte dieser Klärungen können wir besser ahnen, was der Satz, daß Gott Gemeinschaft ist, bedeutet. Gott ist Gemeinschaft, eben weil er Personendreiheit ist. *Es sind drei Personen und eine einzige Gemeinschaft* (comunhão) *und eine einzige dreieinige Gemeinde* (comunidade). Dies ist die korrekteste Formel, sich den christlichen Gott vorzustellen. Wenn wir von Gott sprechen, müssen wir immerzu den Vater, den Sohn und den Heiligen Geist meinen, wie sie einander gegenwärtig sind, in totaler Wechselbezüglichkeit, in der Unmittelbarkeit ihrer Liebesbeziehungen füreinander, voneinander her, ineinander und miteinander. Keine göttliche Person existiert für sich allein. Sie sind immer und ewig Personen in Beziehung. Der Vater ist Vater, weil er einen Sohn hat. Der Sohn ist Sohn nur in Beziehung zum Vater. Der Geist ist Geist wegen der Liebe, mit der der Vater den Sohn zeugt und der Sohn sich dem Vater zurückschenkt. Indem der Vater das Wort (den Sohn) ausspricht, entläßt er den Hauch, welcher der Heilige Geist ist. Frucht der Liebe, liebt der Geist den Vater und den Sohn, wie er geliebt ist, im Spiel gegenseitiger Hingabe und Gemeinschaft, das von der Ewigkeit herkommt und in die Ewigkeit geht. Die Personen existieren als Personen aufgrund ihrer ewigen Beziehungen zueinander. Die Einheit der Dreifaltigkeit wird von diesen Beziehungen begründet; sie ist eine der Heiligsten Dreifaltigkeit eigene Einheit, eine Drei-Einigkeit. Diese Einheit meint Johannes, wenn er Jesus sagen läßt: »Daß alle eins seien, wie du, Vater, in mir bist und ich in dir, daß sie in uns seien, ... damit sie eins seien, wie wir eins sind, ... damit sie vollendet seien zur Einheit« (Joh 17,21–23). Die »gesellschaftliche« Einheit, die in der Dreifaltigkeit besteht, gründet die menschliche Einheit; diese fügt sich in

[8] Vgl.: *A. Acerbi,* Due Ecclesiologie. Ecclesiologia giuridica ed ecclesiologia di comunione nella Lumen Gentium (Nuovi Saggi Teologici 4), Bologna 1975.

[9] Vgl.: *A. Antoniazzi,* Comunhão e libertação em Puebla, in: Atualização Nr. 115–116 (1979) 265–277; *J. B. Libânio,* Libertar para a comunhão e a participação, Rio de Janeiro 1980.

jene ein. Nicht vernichtet werden die Personen, sondern potenziert. Die Einheit wird eben von den Personen aus konstituiert (sei es in der Dreifaltigkeit, sei es in der Menschheit), insofern die Personen wesenhaft in Beziehungen stehen. Die Einheit, die zwischen den Menschen und in der menschlichen Gemeinschaft gilt, ist eine Vorgestalt der Einheit, wie sie in der Dreifaltigkeit besteht. Trotz aller Brüche will die Dreifaltigkeit sich in der Geschichte abgebildet sehen, in dem Maße, wie die Menschen alles gemeinschaftlich regeln, gleichseitige und gerechte Beziehungen zwischen allen eingehen, Sein und Haben miteinander teilen. Innerhalb der theologischen Tradition war es Richard von St. Viktor (†1173), der diese Gemeinschaftsperspektive der Heiligsten Dreifaltigkeit und ihren Lichtschatten im Menschenleben meisterhaft vertieft hat.[10] Für ihn ist Gott wesenhaft Liebe, die sich mitteilt und Gemeinschaft stiftet. Die Liebe des Vaters läßt als Feuer seines Inneren den Sohn entstehen, dem er all sein Sein schenkt. Der Sohn seinerseits schenkt dem Vater alle empfangene Liebe zurück. Es ist eine absolute und ewige Begegnung. Doch ist es keine Liebe eingesperrter Liebender; sie weitet sich aus. Vater und Sohn machen ein gemeinsames Selbstgeschenk: das ist der Heilige Geist. So ist der christliche Gott ein Prozeß des Ausströmens, der Begegnung, der Gemeinschaft zwischen Unterschiedenen, die durch Leben und Liebe verbunden sind.

Dieses Thema wollen wir jetzt vertiefen.

3. Die Perichorese, die Gemeinschaft und Durchdringung der drei göttlichen Personen

Mit dem griechischen Ausdruck »Perichorese« (vom mittelalterlichen Latein als circumincessio oder circuminsessio wiedergegeben)[11] soll das Wesentliche der dreifaltigen Einheit wie auch der Einheit der Naturen im Gottmenschen Jesus zusammengefaßt werden.[12]

[10] Vgl.: *Richard von St. Viktor,* De trinitate III 3 und 4 (SChr 63, 170–177).

[11] Vgl. die Bibliographie zu diesem Thema bei: *Th. de Régnon,* Études de théologie positive sur la Sainte Trinité I: Exposé du dogme, Paris 1892, 409f.; *A. Deneffe,* Perichoresis, circumincessio, circuminsessio, in: Zeitschrift für Katholische Theologie 47 (1923) 497–532; *G. L. Prestige,* Perichoreo and Perichoresis in the Fathers, in: Journal of Theological Studies 29 (1928) 242–252; *ders.,* God in Patristic Thought, 291–299; *J. M. Scheeben,* Katholische Dogmatik II: Gotteslehre, Freiburg 1948, Nr. 1036–1038 (S. 438f.); *A. D'Alès,* De Deo Uno et Trino, Paris 1934, 249–257.

[12] Vgl. hierzu: *A. Deneffe,* Perichoresis, 531f.; sowie bereits *Petavius Dionysius,* De incarnatione Verbi IV 14,8 (Opera omnia, ed. A. J.-B. Thomas, Paris 1869, 81); ferner: *W. Kasper,* Der Gott Jesu Christi, Mainz 1982, 346.

Ich erkläre zunächst das Problem und dann die Bedeutung der Wörter.

a. Was heißt Perichorese? – Das Neue Testament bezeugt Jesu Bewußtsein seiner innigsten Einheit mit dem Vater: »Ich und der Vater sind eins« (Joh 10,30); »der Vater ist in mir, und ich bin im Vater« (Joh 10,38; 14,11); »daß alle eins seien, wie du, Vater, in mir bist und ich in dir« (Joh 17,21). Die christliche Tradition hat bei ihrem Kampf gegen Arianismus, Tritheismus und Modalismus – wie schon erläutert – die Wesenseinheit der drei göttlichen Personen bejaht. Das Konzil von Florenz (1441) leitet von daher die Gewißheit ab, daß »der Vater ganz im Sohn, ganz im Heiligen Geist (ist); ... der Sohn (ist) ganz im Vater, ganz im Heiligen Geist; ... der Heilige Geist (ist) ganz im Vater und ganz im Sohn. An Ewigkeit ist keiner früher als der andere, an Größe ragt keiner über den anderen hinaus oder ist ihm überlegen an Macht« (DS 1331/NR 285). Das Elfte Konzil von Toledo hatte im Jahr 675 ausgeführt: »Man darf nicht meinen, daß man diese drei Personen voneinander trennen dürfe, denn nach unserem Glauben ist keine jemals gewesen, noch hat sie etwas gewirkt vor der anderen, keine nach der anderen, keine ohne die andere. Denn untrennbar sind sie in ihrem Sein und in ihrem Wirken. Denn wir glauben, daß es zwischen dem zeugenden Vater, dem gezeugten Sohn und dem hervorgehenden Heiligen Geist keinerlei Zwischenzeit gab, in welcher der Zeuger dem Gezeugten einmal voraufging oder der Gezeugte dem Zeuger fehlte oder der hervorgehende Heilige Geist später erschien als Vater und Sohn« (DS 531/NR 275). Diese Sätze betonen die ewige Koexistenz der göttlichen Personen und ihre Bezogenheit, das heißt ihr Aufeinander-Verwiesen-Sein.

Um diese gegenseitige Durchdringung der Personen auszudrücken, gebraucht die Theologie den Fachausdruck »Perichorese«. Der Ursprung seiner Anwendung auf die Trinität ist dunkel.[13] Der erste, der ihn so verwandte, scheint Pseudo-Kyrill im 6. Jahrhundert gewesen zu sein. Johannes von Damaskus († 750)[14] hat ihn übernommen und in

[13] Die vollständigste Studie zu diesem Begriff mit zahlreichen Belegen bietet: *G. L. Prestige,* God in Patristic Thought, 291–299.

[14] Die klassischen Fundstellen dieses Begriffs im Werk des *Johannes Damaszenus* sind: De fide orthodoxa I 8 (PG 94, 829 A); I 14 (PG 94, 860 B); III 5 (PG 94, 1000 B); IV 18 (PG 94, 1181 B); De recta sententia 1 (PG 94, 1424 A); Contra Iacobitas 78 (PG 94; 1476 B); De natura composita contra Acephalos 4 (PG 95, 118 D).

einen terminus technicus umgeformt. Große Theologen wie Petrus Lombardus, Thomas von Aquin, Cajetan oder die Schule von Salamanca haben ihn nicht gebraucht. Die Franziskanerschule mit Bonaventura, Duns Skotus, Ockham und späteren Theologen dagegen kannte und vertiefte den Begriff und das Problem.

Der griechische Begriff hat eine Doppelbedeutung; das erklärt das Auftauchen zweier verschiedener lateinischer Übersetzungen. In erster Linie bedeutet »Perichorese«: Einer ist im anderen enthalten, wohnt und ist in ihm. Es geht um eine tatsächliche, statische Situation. Die Lateiner haben diese Auffassung mit »circuminsessio« übersetzt: »Herumsitzung« (von sedere, sitzen). Auf das Geheimnis der dreifaltigen Gemeinschaft angewandt, meint das: Eine Person ist innerhalb der anderen, wird von ihr auf allen Seiten (circum) umgeben. Beide nehmen denselben Raum ein, erfüllen einander mit ihrer Gegenwart.

Die zweite Bedeutung von »Perichorese« ist aktiv und heißt: gegenseitige Durchdringung und Verflochtenheit einer Person in den anderen und mit den anderen. Dieses Verständnis will den ewig lebendigen Beziehungsprozeß ausdrücken, der die göttlichen Personen sind, so daß jede stets die anderen durchdringt. Dieser Sinn wurde auf lateinisch als »circumincessio« wiedergegeben (von incedere, durch und durch gehen).[15]

Wie man sieht, gibt der Begriff »Perichorese« gut das wieder, was wir früher über die Gemeinschaft und koinonia schrieben. Immer handelt es sich um einen Prozeß aktiver Gegenseitigkeit, einen zweibahnigen Weg: Die Personen durchdringen einander, und dieser Gemeinschaftsprozeß macht die eigentliche Natur der Personen aus.

Der Begriff »Perichorese« war der Theologie auf zwei verschiedenen Gebieten bekannt: in der Beziehung Gottes zur Materie und in der Beziehung zwischen den beiden Naturen in Jesus Christus. Man sagte, Gott durchdringe die gesamte Materie der Schöpfung; Gott sei in der Welt, durchdringe sie mit seiner Gegenwart, Tatkraft und Vorsehung. Doch gibt es da keine Gegenseitigkeit, denn die Materie vermag Gott nicht bewußt zu antworten und in Gott zu sein. Die Perichorese ist nicht vollständig.

[15] Einige lateinische Synonyme für »circumincessio / circuminsessio« sind: circuitio, immentio, commeatio, immansio, immanentia, assessio, inexistentia, circuminexistentia, accessio oder auch die Verba permeare, pervadere und circumdare. Der erste Übersetzer der Werke des Johannes Damaszenus ins Lateinische, Burgundius von Pisa (Mitte des 12. Jahrhunderts), benutzte mit Vorliebe den Begriff »circumincessio«.

In Jesus Christus gibt es die Koexistenz der beiden Naturen, der göttlichen und der menschlichen, die durch die eine Person des Sohnes geeint sind. Diese Einung ist so tief, daß die Eigenschaften der einen Natur mit denen der anderen vertauscht werden können. So läßt sich ohne Irrtum sagen: »Gott erschien auf Erden, litt und starb«, wie man auch sagen kann: »Dieser Mensch ist ungeschaffen und ewig.« Die beiden Naturen durchdringen einander ohne Verschmelzung und Vermischung, und zwar von der göttlichen Natur aus, welche die Menschennatur angenommen hat. Jede wird ganz und gar von derselben göttlichen Hypostase innegehabt; dies begründet die Möglichkeit einer wahren Perichorese (die hier auch communicatio idiomatum heißt).[16]

Schließlich fand der Ausdruck »Perichorese« auch in die trinitarische Reflexion Eingang, wenn er hier auch nie jene zentrale Bedeutung hatte, die er neuerdings einzunehmen beginnt. Vertiefen wir dieses Thema; denn es kommt unseren Wünschen nach menschlichem Zusammenleben in offener Gemeinschaft, in Gleichheit und Achtung der Unterschiede entgegen.

b. Die Durchdringung der Personen: Prinzip der trinitarischen Einung. – Besser als andere Formeln drückt »Perichorese-Gemeinschaft« die dreifaltige Einheit so aus, daß die besondere christliche Erfahrung Gottes bewahrt wird, der stets Vater, Sohn und Heiliger Geist ist. Die theologische Tradition fand in Ost und West zwei Wege, Einheit und Dreiheit im Gleichgewicht zu halten. Die Griechen gingen von der Monarchie des Vaters aus. Er ist das Prinzip aller Gottheit, denn er teilt Wesen und Substanz dem Sohn und dem Geist mit. Obgleich der Ansatz (bei der Person des Vaters) personalistisch ist, ist dies dennoch eine Theologie des Wesens und der göttlichen Einheit, die in der ersten Person zentriert ist. Die Lateiner gehen von der einzigen göttlichen Substanz aus, die sich in den drei Personen innerlich differenziert. Für sie alle sind es die Beziehungen, welche die Personen konstituieren. Doch entsteht hier ein Problem: Wie kann der Vater Person sein, wenn er es nur im Zeugen des Sohnes ist? Wie kann er zeugendes Subjekt sein, wenn seine Personhaftigkeit sich durch den Zeugungsakt erst begründet? Über dieses Problem haben die Griechen nicht nachgedacht. Im Mittelalter unterschied besonders die Franziskanerschule zwischen der anfänglichen Personalität des Vaters (vor der Zeugung

[16] Dieser Gebrauch findet sich ausdrücklich bei *Gregor von Nyssa,* Ep. 101,6 (PG 37, 181), und bei *Maximus Confessor,* Disputatio cum Pyrrho (PG 91, 337C).

des Sohnes) und der vollendeten Personalität des Vaters (beim Zeugen des Sohnes).[17] Wie man sieht, handelt es sich um eine in sich unbefriedigende Notlösung.

Die moderne Reflexion geht von Gott als dem absoluten Subjekt aus, das sich in drei verschiedenen Seinsweisen (Karl Barth) oder in drei distinkten Subsistenzweisen (Karl Rahner) konkretisiert. So raffiniert diese Methoden, die Einheit mit der Dreiheit der Personen zu vereinbaren, auch ausgedacht sein mögen, sie entgehen doch schwerlich dem Monotheismus in seiner christlichen Version.[18] Diese Formeln werden den Rahmendaten der Heilsgeschichte, die von drei unterschiedenen und aufeinander bezogenen Subjekten sprechen – von Vater, Sohn und Heiligem Geist –, kaum voll gerecht.

Das gemeinschaftlich-perichoretische Modell stellt sich meines Erachtens als das geeignetste dar, der Dreifaltigkeitsoffenbarung, wie sie uns von der Bibel mitgeteilt und bezeugt wird, gerecht zu werden. Wir werden sehen: Die theoretischen Erkenntniswerkzeuge, wie die kirchliche Theologie sie geschaffen hat, um den christlichen Gott als Person, Beziehung, göttliche Natur und Hervorgang zu bedeuten, sie werden nicht ungültig, gewinnen jedoch ihren angemessenen Verständniskontext im Rahmen der Perichorese.

Ausgehen müssen wir von der konkreten Offenbarung der Trinität, wie sie im Neuen Testament erzählt wird. Im zweiten Kapitel dieses Buches haben wir das Thema schon behandelt. Im Zentrum steht Jesus Christus. Er ist sich bewußt, der Sohn zu sein (vgl. Mt 11,25–27; Mk 12,1–9; 13,32). Er handelt als Gottes Stellvertreter (Mt 12,28 par). Zu seinem Gott unterhält er eine intime Beziehung, die er in der zutraulichen Familiensprache ausdrückt: Abba, mein lieber Vater. Er fühlt sich vom Vater gesandt; das Reich, das er predigt, ist die Sache des Vaters; für alle soll es wirklich werden, angefangen mit den Armen (Lk 6,3; 4,17–21). Seinem Vater gehorsam, nimmt Jesus den durch seine Befreiungsbotschaft provozierten Konflikt auf sich. Er betet und fleht zum Vater, wie man bei seinem Gebet am Ölberg sieht. Es gibt einen Unterschied zwischen ihm und dem Vater, deshalb fällt er auf die Knie, dankt, betet an und bittet. Zugleich kann er aber sagen: »Ich und der Vater sind eins« (Joh 10,30). Diese Einung ist dynamisch und gegenseitig, eine wahre Einwohnung: Ich im Vater und der Vater in mir

[17] Vgl.: *M. Schmaus,* Der Glaube der Kirche II: Gott der Eine und Dreieinige, St. Ottilien 1979, 208 f.

[18] Vgl. die entsprechende Kritik an beiden Positionen bei: *J. Moltmann,* Trinität und Reich Gottes, 25 f.; *B. Forte,* Trinità come storia, 79 f.

(Joh 14,11; 17,21). Zwischen Jesus und seinem Vater vollzieht sich eine echte Gemeinschaft-Perichorese, wie wir sie oben bestimmt haben.

Beim Vater und bei Jesus dem Sohn ist noch der Heilige Geist. Er ist der Geist Jesu, denn er hat in Mariens Schoß die heilige Menschheit des inkarnierten Sohnes hervorgebracht (Mt 1,18; Lk 1,27–35; 2,5). Dieser Geist, der Jesus vom ersten Moment an erfüllt, steigt in der Taufe auf ihn herab, erweckt in ihm die messianische Berufung, treibt ihn in die Wüste, um dem Prinzip des widergöttlichen Reichs, des Anti-Reichs, entgegenzutreten (vgl. Lk 4,1–13), unterstützt ihn in seinen Befreiungstaten (vgl. Mk 5,30; Mt 12,28). Wo Jesus ist, findet sich auch sein Geist. Dieser Geist »geht vom Vater aus« (Joh 15,26). Auf Bitten des Sohnes sendet der Vater ihn uns in aller Fülle (vgl. Joh 14,16). Er lehrt keine andere Wahrheit als die Jesu (Joh 16,14). Nach der Auferstehung und Himmelfahrt des Sohnes ist es der Geist, der die erlösende Bedeutung Jesu aktualisiert. Der Geist führt uns zum Sohn und enthüllt uns, unsagbar, Gott als Abba, den lieben Vater (Röm 8,15; Gal 4,6).

Beim Lesen der Heilstaten der göttlichen Drei, wie die Schrift sie uns erzählt, spüren wir: Es handelt sich um drei Subjekte, die miteinander sprechen, sich lieben, sich vertraut aufeinander beziehen. Jede Person ist *für* die anderen Personen, niemals nur für sich, sie ist *mit* den anderen Personen und *in* den anderen Personen. Ewige Liebe, die sie durchflutet und konstituiert, eint sie in einem so unendlichen und vollständigen Lebensstrom, daß es zur Einheit unter ihnen kommt. Die dreifaltige Einheit ist, wie schon ausgeführt, stets die Einung der Personen. Sie ist nicht nachträglich zu ihnen, sondern gleich ewig mit ihnen, weil sie stets *mit* den anderen und *in* den anderen sind. Die Personen sind nicht Ergebnis der Beziehung der Natur auf sich selbst, sondern sie sind ursprünglich, weil gleichermaßen ewig (DS 616). Sie erscheinen nicht als Konkretisierungen des Einen (das da ist Natur oder Substanz oder Geist oder absolutes Subjekt), sondern als drei Subjekte in ewiger (und deshalb wesenhafter) Gemeinschaft, stets untereinander geeint und durchdrungen.

Der Irrtum des Tritheismus lag darin, daß er *nur* die Existenz der göttlichen Drei behauptete, doch ohne die gegenseitige Beziehung zueinander, als stünden die Drei getrennt nebeneinander wie drei Naturen und Substanzen (»tres quasdam virtutes ac separatas hypostases tresque deitates dividentes ac discindentes – die die [göttliche] Monarchie gleichsam in drei Kräfte, getrennte Wesen, drei Gottheiten zerteilen und auseinanderreißen«, wie Papst Dionysius 259 gegen die

Tritheisten erklärte [DS 112; vgl. NR 248]). In denselben Irrtum verfiel Roscellin (†1125), wenn er die Personen als so getrennt und unbezogen ansah, als wären sie »drei Seelen oder drei Engel« (verurteilt 1121 auf der Synode von Soissons). Joachim von Fiore (†1202) sprach von den Dreien, sah zwischen ihnen jedoch nur eine schwache Beziehung, als wären sie drei Freunde; die Einheit sei nur »kollektiv und vergleichsweise«, nicht aber wesenhaft und rühre nicht von einem den perichoretisch miteinander verbundenen Personen inneren Prinzip her (Joachim wurde 1215 vom Vierten Laterankonzil verurteilt: DS 803–805).

Wir wollen nun im einzelnen die dreifaltige Einheit kraft der Gemeinschaft-Perichorese der göttlichen Drei betrachten.

aa. Die Heilige Schrift, die Basis all unseres Nachdenkens über die Dreifaltigkeit, versichert uns: Es existiert der Vater, der Sohn und der Heilige Geist, die in den Glaubensbekenntnissen, beim Gottesdienst und in der täglichen Frömmigkeit als Gott angebetet werden. Das bedeutet: Die christliche Erfahrung vereint Unterschiede in Gott, ohne deshalb Gott zu vervielfachen und in Tritheismus oder Polytheismus zu verfallen. Dieses Glaubensbekenntnis steckt voller anthropologischer und gesellschaftlicher Konsequenzen, weil eben der letzte Grund der Wirklichkeit nicht in der Einsamkeit des Einen besteht, vielmehr in der Koexistenz und Gemeinschaft der Drei. Weltanschauungen, die zum Horizont und Ausgangspunkt des Ganzen die Einheit und die Identität nehmen, tun sich besonders schwer, mit den Unterschieden zu leben. Sie tolerieren sie im allgemeinen bloß und tun alles, sie zu schwächen oder der Herrschaft des Einen und der Identität zu unterwerfen. Der neutestamentliche Glaube an die göttliche Dreifaltigkeit dagegen verlangt, die Unterschiede als Unterschiede anzunehmen und eine Sicht Gottes und des Alls als offener Wirklichkeiten in einem Lebensprozeß zu entwerfen. Die Einheit soll nicht die Negation der Unterschiede bedeuten, auch nicht ihre Reduzierung auf das Eine, vielmehr die Gemeinschaft und Durchdringung ihrer aller untereinander ausdrücken.

bb. Vater, Sohn und Heiliger Geist sind untereinander nicht nur verschieden; sie sind auch nicht aufeinander rückführbar. Das heißt: Jeder ist einzig und unaustauschbar. Der Vater ist nicht der Sohn und nicht der Heilige Geist; Entsprechendes gilt für jede Person. Die Unaustauschbarkeit der göttlichen Personen zeigt sich an den besonderen Kennzeichen und Handlungen einer jeden, wie die Bibel bezeugt. Der Vater stellt sich als abgründig bergendes Geheimnis und letzter Ursprung von allem dar. Er sendet den Sohn in die Welt und mit ihm zusammen auch den Heiligen Geist als Geist des Sohnes. Der Sohn wirkt auf befreiende Weise inmitten der Menschen und macht so den Plan des Vaters neu sichtbar: das Reich des Lebens und der Freiheit. Der Geist erscheint als göttliche Kraft, die des Sohnes Wirken durchstrahlt, und als Begeisterung, welche die Menschen dazu bringt, ihn als Herrn anzuerkennen und das Antlitz des Vaters zu entdecken.

cc. Die drei Unterschiedenen und Unrückführbaren befinden sich immer und ewig in Gemeinschaft. Schon die göttlichen Namen bezeichnen Beziehungen. Der Vater ist Vater in Beziehung zum Sohn. Der Sohn ist immer Sohn des Vaters. Der Heilige Geist wird vom Vater gehaucht, wenn dieser das Wort (den Sohn) ausspricht, weil Wort (Sohn) und Hauch (Geist) immer beisammen sind. Der Unterschied bedeutet nicht Gegensatz (einer ist nicht der andere), noch heißt Unrückführbarkeit schlicht und einfach Trennung. Die Unterschiedenheit erlaubt die Gemeinschaft und die gegenseitige Offenbarung.

dd. Gemäß der Bibel gibt es bei den Beziehungen eine Ordnung. Erst kommt immer der Vater. Als zweiter, vom Vater gezeugt, kommt der Sohn. Dritter ist der Heilige Geist als jener, der hervorgeht und der durch die Liebe eint. Wir werden noch zu erwägen haben, ob diese Ordnung einen Kausalprozeß im strengen Sinn einschließt oder nicht eher zum Vorgang der Beschreibung gehört, der uns zugleich auf den Unterschied und die Gegenseitigkeit zwischen den gleich ewigen göttlichen Personen hinweisen will.

Diese vier Schritte müssen als logische Momente einer einzigen prozeßhaften Wirklichkeit und als die Dynamik des dreifaltigen Lebens verstanden werden. Sollten wir jedes dieser Momente verdinglichen, ohne sie untereinander geeint zu halten, so bestünde die Gefahr, daß wir in schwere Irrlehren fallen, die von der Kirche verworfen worden sind.

Verblieben wir nur bei den ersten beiden Momenten – der Existenz der Drei und ihrer Unrückführbarkeit –, so könnten wir dem Irrtum des Tritheismus erliegen. Es gäbe dann drei Götter, jeder für sich und vom anderen isoliert, ohne Gemeinschaft. Wider alle philosophische Vernunft müßten wir einräumen, daß die Existenz dreier Unendlicher, dreier Allmächtiger, dreier Schöpfer möglich sei.

Falls wir beim dritten Moment blieben – den Gemeinschaftsbeziehungen zwischen den göttlichen Dreien –, könnten wir in den Irrtum des Modalismus verfallen. Gemäß dieser Vorstellung hätten die dreifaltigen Beziehungen keine Entsprechung in Gott, wären nur ein Widerschein unserer anthropologischen Strukturen. Es gäbe die Beziehungen in uns und nicht in Gott, der stets einfach, einer und einzig ist.

Wenn wir unsere Aufmerksamkeit allein auf den letzten Schritt richten – die Ordnung der Beziehungen –, könnten wir in den Subordinatianismus abgleiten. Gemäß diesem Verständnis – das schon von der Alten Kirche abgelehnt worden ist – wäre nur der Vater wahrhaft Gott. Der Sohn und der Heilige Geist wären es in untergeordneter Weise oder wären hohe Geschöpfe und vom Vater nur adoptiert (Adoptianismus).

Beim Nachdenken über die Dreifaltigkeit müssen wir alle unsere menschlichen Begriffe in Frage stellen. Wir finden uns vor dem radikalsten Absoluten, vor der tiefsten und letzten Wurzel der Wirklichkeit im ganzen. Welchen Wert haben da unsere Wörter? Sie stimmen nur annähernd, was nicht heißt, daß sie bloß relativ wären. Sie weisen auf das Geheimnis hin, zeichnen Bilder von ihm, ohne es definieren zu wollen. So müssen wir uns nach dem Wert fragen, den Ausdrücke wie »Ursache der ganzen Gottheit«, »Zeugung«, »Hauchung« oder »trinitarische Hervorgänge« haben können. Seit den Zeiten der Alten Kirche wurde das metaphysische Kausalitätsdenken benutzt, um die dreifaltigen Beziehungen zu verstehen. Der Vater wäre der Quellgrund der Gottheit und der Personen des Sohnes und des Heiligen Geistes. Darf man aber im Blick auf die Trinität überhaupt von »Ursache« sprechen? Zu Recht reden wir von »Ursprung und Ursache der Welt«. Dürfen wir aber korrekterweise vom »göttlichen Ursprung« sprechen, vom »Vater, dem Ursprung aller Gottheit«? Es heißt, das so tief in unserer anthropologischen Struktur und unserer Zeitlichkeit verwurzelte Kausaldenken stamme aus der Kosmologie und der Aitiologie. Bei allem können wir fragen: Woher kommt es? Was ist sein Ursprung? So fragten Jesu Zeitgenossen, über sein Wirken erstaunt: Woher kommt dieser? Woher kommt ihm solche Weisheit? Ist er nicht der Sohn des Zimmermanns? (Vgl. Mt 13,54–56; Mk 6,23; Lk 4,22–23; Joh 6,42.) Können wir denn dieselben Fragen bei Gott stellen, bei ihm, der »definitionsgemäß« ewig ist, keinen Anfang und kein Ende hat? Alle göttlichen Personen, Vater, Sohn und Heiliger Geist, sind gleich ewig (DS 616–618, 790, 800f., 853), gleich mächtig und unermeßlich (DS 325, 529, 680, 790, 800); bei den Personen ist alles zugleich (DS 75, 144, 162, 173, 284, 531, 618, 1331), keiner ist größer oder überlegen, unterlegen oder kleiner, früher oder später (DS 75, 569, 618). Wollen wir diese Ausdrucksweise der offiziellen kirchlichen Dokumente ernst nehmen, so müssen wir die traditionellen theologischen Ausdrücke (obgleich von den Ökumenischen Konzilien geheiligt) doch als analog und beschreibend auffassen. So ist z. B. »Ursache« beim Trinitätsverständnis kein philosophischer Begriff, sondern ein sprachliches Hilfsmittel, damit wir den Unterschied und die Gemeinschaft zwischen den göttlichen Personen einsehen können. Es handelt sich um eine beschreibende Figur. Trinitarisch ist die »Ursache« (der Vater) nicht früher als die »Wirkungen« (Sohn und Heiliger Geist). Die »Wirkungen« haben dieselbe Ewigkeit und Wurzel wie die »Ursache«. Was ist hier Ursache und was Wirkung? Ähnlich: Was heißt »Zeugung des Sohnes« und »Hervorgang und Hauchung des Heiligen Geistes«? Kein Wunder, daß die Kirchenväter, besonders die griechischen, diese Fragen mit höchster Ehrfurcht angingen und zuletzt die Haltung des Verstummens einnahmen: Die Wörter sind gänzlich unpassend und werden deshalb nicht mehr verwendet.

Statt die kausale Terminologie zu verwenden, könnten wir auch, mehr biblisch orientiert, von gegenseitiger Offenbarung und wechselseitiger (An-)Erkenntnis sprechen. Die drei göttlichen Personen offenbaren sich selbst und einander. Eine ist die Bedingung dafür, daß die andere sich offenbart, immer in ewiger Liebe und gegenseitiger Gemeinschaft. Somit müssen wir annehmen – dies ist die Grundthese meiner Überlegung –, daß die drei göttlichen Personen ursprünglich zugleich sind und ewiglich in Gemeinschaft und Durchdringung koexistieren. Jede ist von den anderen durch ihre persönlichen Eigentümlichkeiten und durch je eigene Gemeinschaftsbeziehungen, die sie seit jeher mit den anderen unterhält, unterschieden; so offenbart sie sich den anderen und sich selber und die anderen einander.

Die christlichen Theologen der ersten Jahrhunderte drückten ihren Glauben an die Dreifaltigkeit in den Kategorien aus, die damals in Ost wie West galten: der Metaphysik der Einheit und Identität. Die einen wie die anderen gehen von der Einheit aus: die Griechen von der Monarchie des Vaters und die Lateiner von der Einheit der göttlichen Natur. Beide lassen die anderen Personen entweder vom Vater oder von der göttlichen Natur ausströmen (»derivare« sagten die Lateiner gern) oder hervorgehen.

Die Darlegung dieses dreifaltigen Ausströmens/Hervorgehens, wie sie sich manchmal in den Handbüchern findet, vermittelt den Eindruck, die Personen des Sohnes und des Heiligen Geistes seien Ergebnisse theogonischer Vorstellungen, Ausdrucksweisen des Kausalitätsprinzips, als hätten die Bilder und Begriffe nicht analogen und modellhaften Charakter. Augustinus jedoch hat niemals den konstruktiven Zug unserer Trinitätsbegriffe vergessen. In »De trinitate« sagt er deutlich: »Deshalb schufen unsere griechischen Glaubensgenossen, damit wir für das Unaussprechliche irgendwelche Worte haben und so einigermaßen über das reden können, was wir in keiner Weise auszusprechen vermögen, die Formel: Ein Wesen, drei Substanzen. Die Lateiner sagten dafür: Ein Wesen, nämlich eine Substanz, aber drei Personen. Wie ich nämlich schon sagte, hat in unserer Sprache, das heißt in der lateinischen Sprache, ›Wesen‹ den gleichen Sinn wie ›Substanz‹, und um wenigstens wie im Rätsel zu verstehen, was man sagt, entschloß man sich zu dieser Formel, damit man auf die Frage, was die drei seien, doch irgendeine Antwort geben könne. Daß es drei sind, verkündet der wahre Glaube, indem er lehrt, der Vater sei nicht der Sohn, und der Heilige Geist, welcher das Geschenk Gottes ist, sei nicht der Vater und nicht der Sohn. Wenn man also fragt, was es für drei Dinge oder Subjekte sind, begeben wir uns auf die Suche nach einem Art- oder Gattungsnamen, mit dem wir die drei zusammenfassen können. Wir treffen jedoch auf keinen, weil die alles überragende Erhabenheit der Gottnatur jenseits aller Möglichkeiten unseres gewohnten Sprachgebrauchs liegt.«[19] An anderer Stelle sagt er noch: »Wenn man jedoch fragt, was diese drei sind, dann wird die große Armut offenbar, an welcher die menschliche Sprache leidet. Immerhin hat man die Formel geprägt: Drei Personen, nicht um damit den wahren Sachverhalt auszudrücken, sondern um nicht schweigen zu müssen.«[20]

In diesem Text ist klar, was des Glaubens ist – die Annahme des Vaters, des Sohnes, des Heiligen Geistes als real Unterschiedener – und was Bemühen des menschlichen und kulturellen Verstandes ist, Formeln zu finden, welche die Dreiheit und die Einheit in Gott ausdrücken.

Das Lehramt der Kirche hat in seinen feierlichen Dokumenten die Sprache übernommen, die von der griechischen und lateinischen Tradition herkam. Damit ist es ihm gelungen, im Horizont dieses Denkens und mit den Fragen, die es aufwarf, den rechten Glauben neu zu sagen. Während es die Hervorgänge lehrt, betont es aber zugleich die Perichorese der göttlichen Personen und ihre Gleichewigkeit. Der Vater »zeugte« zeitlos und ohne Anfang den wahren Sohn. Die Rede von den Hervorgängen darf nicht als ein Werden in Gott aufgefaßt werden, nicht als theogonischer Prozeß, als wäre Gott dem Kausalitätsprinzip unterworfen. Die verschiedenen Hervorgänge sollen zugleich den Unterschied zwischen den Personen und ihre gegenseitige Bezogenheit oder Gemeinschaft ins Licht rücken. Wenn die Personen unterschieden sind, so um zu kommunizieren und in Einheit zu sein. Mit Recht

[19] *Augustinus,* De trinitate VII 4,7 (CCL 50, 255; dt.: BKV II/13, 245f.).
[20] *Augustinus,* De trin. V 9,10 (CCL 50, 217; dt.: BKV II/13, 201)

schreibt der orthodoxe Theologe P. Evdokimov: »Die Trinität ist nicht das Ergebnis eines Prozesses, einer Theogonie, sondern eine Urgegebenheit der göttlichen Existenz. Sie ist kein Werk des hypostatischen Wollens oder der Naturnotwendigkeit: Gott ist ewiglich, ohne Anfang, der Vater, der Sohn und der Heilige Geist, die innere Gegenseitigkeit seiner Liebe.«[21] Schwerlich könnte man das, was ich sagen will, besser ausdrücken. Gott ist ursprünglich und ohne Anfang Vater, Sohn und Heiliger Geist in gegenseitiger Gemeinschaft, und zwar so absolut und ewig, daß sie immer vereint sind; deshalb sind sie die eine Dreifaltigkeit oder die dreifaltige Einheit.

Augustinus hat in Predigten und Katechesen eine offenere Auffassung von der dreifaltigen Einheit entwickelt als die in seinem großen Traktat auf der Geistmetaphysik aufgebaute.[22] Er geht aus von Gott als perpetua caritas, als ewiger Liebe.[23] Zwischen den Personen vollzieht sich eine so erhabene gegenseitige Kommunikation, daß sie eine trina unitas oder una trinitas ergibt.[24] Für ihn bedeutet Person stets eine Beziehung zum anderen; in der Dreifaltigkeit sind die Personen immer »relativae« (aufeinander bezogen) »vicissim« und »ad invicem« (einander zugewandt) oder «pluraliter relativa« (mehrfach bezogen). Es handelt sich somit um bezügliche Subjekte, das heißt Subjekte, die aufeinander bezogen sind.[25] Im Traktat über die Trinität heißt es sehr schön: »So ist jede (Person) in jeder, sind alle in jeder, ist jede in allen, sind alle in allen, und sind alle in eins.«[26]

Traditionellerweise sah man das Fundament der Perichorese in der Einheit der göttlichen Natur, die von jeder Person innegehabt wird, oder in der Wechselbezüglichkeit der Ursprungsrelationen in bezug auf den Vater. Ich hebe hier noch ein weiteres Fundament hervor: die Perichorese der drei göttlichen Personen, die ursprünglich miteinander gleich ewig sind, in unendlicher gegenseitiger Gemeinschaft, so daß sie ohne Verschmelzung sich einen, eins sind, der eine Gott sind. Thomas von Aquin bestätigt in seinem Johannes-Kommentar das eben Gesagte: »Es gibt eine doppelte Einheit im Vater und im Sohn, die des

[21] *P. Evdokimov,* L'Esprit Saint dans la tradition orthodoxe, Paris 1969, 43.

[22] Vgl. die Untersuchung von *A. Turrado* in: ders., La Trinidad en la catequesis, Salamanca 1978, 105–157.

[23] *Augustinus,* De symbolo sermo ad catechumenos II 4 (CCL 46, 188).

[24] *Augustinus,* Sermo 182, 3,3 (PL 38, 986).

[25] Vgl. *A. Turrado,* La Trinidad en la catequesis, 139, sowie die entsprechenden Texte des Augustinus. In De trinitate VII 6,11 sagt *Augustinus,* wenn Sein Für-sich-Sein und In-sich-Ruhen heiße, dann zeige Person eine Beziehung an: »Nam si esse ad se dicitur, persona vero, relative« (CCL 50, 261; dt.: BKV II/13, 253).

[26] *Augustinus,* De trin. VI 10,12 (CCL 50, 243; dt.: BKV II/13, 230).

Wesens und die der Liebe (duplex unitas essentiae et amoris), und beiden gemäß ist der Vater im Sohn und der Sohn im Vater.«[27] Die Liebe ist die höchste Form der Einung. Sie macht, daß die verschiedenen Personen eine Lebenseinheit gegenseitiger Hingabe und Gemeinschaft sind.

Die Begriffe, die wir zu Beginn dieses Kapitels untersucht haben – Leben, Gemeinschaft, Perichorese – sind sämtlich in dem enthalten, was das Neue Testament Gott zuschreibt: »Gott ist die Liebe« (1 Joh 4,8.16). Alle diese Begriffe schließen innerlich Überquellen und Differenzierung ein: als Ausdruck des inneren Reichtums und des Wesens selbst. Wenn die theologische Tradition sagt, Gottes Wesen (Natur und Substanz) sei das, was ihn konstituiert, dann müssen wir sagen, daß Gott Liebe und Gemeinschaft der göttlichen Drei ist. Gott ist drei Einzige in Liebesgemeinschaft. Diese ewige Liebesgemeinschaft macht, daß sie ein einziger Gott sind.

Nach dieser Auffassung gibt es nicht die Alleinherrschaft des Einen (sei es der Substanz des Vaters, sei es der Einheit derselben göttlichen Natur), sondern die ewige Gemeinschaft der Drei, die immer zugleich ineinander, voneinander her, miteinander, vermittels einander, füreinander sind, indem sie einander in Liebe durchdringen, so daß einer den anderen enthält, laut der geglückten Wendung des Johannes von Damaskus: »Denn die Gottheit ist, wenn man es kurz sagen soll, ungeteilt in Geteilten und gleichsam in drei zusammenhängenden und ungetrennten Sonnen eine Verbindung und Einheit des Lichtes.«[28]

c. Die stets dreifachen Beziehungen zwischen Vater, Sohn und Heiligem Geist. – Wenn wir den beschreibenden und analogen Charakter der klassischen Ausdrucksweisen (wie »Ursache«, »Zeugung«, »Hauchung« und »Hervorgänge«) anerkennen, so müssen wir auch zugeben, daß es überaus einleuchtende Formeln sind. Sie haben eine innere Beziehungslogik; denn wer »Vater, Sohn und Heiliger Hauch« sagt, meint Unterschied und Beziehung. Deshalb muß man stets sagen, daß der Vater fruchtbar ist und den Sohn hervorbringt. Beide, Vater und

[27] *Thomas von Aquin,* Com. in Ioannem, c.17, lectio V 2 (ed. Marietti, Turin–Rom 1952, 422: Nr. 2240).

[28] *Johannes Damaszenus,* De fide orthodoxa I 8 (PG 94, 829; dt.: BKV 44, 25 f.); I 14 (PG 94, 860; dt.: BKV 44, 41 f.). Die heilige Gertrud von Helfta (†1302) faßte ihre mystische Erfahrung der Trinität in die folgenden Worte: »Da strahlten die drei Personen gemeinsam ein wunderbares Licht aus, eine jede von ihnen schien ihre Flamme durch die andere auszusenden, und sie begegneten alle einander.« Hier hat die Beziehung zwischen den göttlichen Personen einen klar perichoretischen Charakter.

Sohn, sind in Liebes- und Gemeinschaftsekstase und gebären die Offenbarung des Liebesgeschenks, das der Heilige Geist ist. Wie es die Kirche in der Doxologie und Theologie tut, wollen auch wir dieselben Ausdrücke »Zeugung« und »Hauchung« gebrauchen, jedoch im Bewußtsein ihres spezifisch trinitarischen Charakters; deshalb bedeuten sie keinerlei Theogonie, kein Ergebnis irgendeiner innergöttlichen Produktion und keine kausale Abhängigkeit. Jede der Personen ist »ohne Anfang« und offenbart sich deshalb zugleich und ursprünglich; eine bricht gleichsam auf die andere hin auf. Dies ist die Urwirklichkeit: die Koexistenz-in-Gemeinschaft des Vaters, des Sohnes und des Heiligen Geistes; in mehr formaler Sprache: die Perichorese der drei Einzigen, die der eine und einzige Gott sind. Solcherart entgehen wir der Gefahr der subordinatianischen Hierarchisierung in Gott (erstens der Vater, zweitens der Sohn und drittens der Heilige Geist) oder der ungleichen Unterordnung: der Vater hat alles, empfängt von niemandem, der Sohn empfängt vom Vater, und der Heilige Geist empfängt vom Vater und vom Sohn bzw. nur vom Vater durch den Sohn. Wir entgehen auch dem Theogonismus und dem Modalismus, wonach die Personen von der göttlichen Natur abgeleitet würden, die auf verschiedene Weise von jeder Person angeeignet würde und dank einer inneren Kraft sich in drei hypostatische Konkretisierungen ausfaltete.

Unser Bestreben ist es, von der Dreifaltigkeit selbst auszugehen, von Vater, Sohn und Heiligem Geist in ewiger Perichorese. Gott ist die Dreifaltigkeit der durch Liebe und Gemeinschaft verknüpften Personen. Die drei sind ursprünglich seit aller Ewigkeit. Keiner ist früher als der andere. Beziehung heißt hier eher wechselseitige Teilhabe als hypostatisches Ausströmen, heißt Korrelation und Gemeinschaft und weniger Hervorbringung und Hervorgang. Was hervorgebracht wird und hervorgeht, ist die innertrinitarische und interpersonale Offenbarung. Eine Person ist die Bedingung für die Offenbarung der anderen – in einer unendlichen Dynamik, gleich Spiegeln, die sich dreifach endlos spiegeln. Die Gefahr des Tritheismus wird durch die Gemeinschaft und die Perichorese vermieden, das heißt durch stets dreifache Beziehungen, die ursprünglich zwischen den Personen walten. Diese perichoretische Gemeinschaft ist nicht Ergebnis der Personen. Sie ist gleich ursprünglich wie die Personen. Sie sind, was sie sind, durch ihre wesenhafte innere Gemeinschaft. Wenn es so ist, ist offenkundig in Gott alles dreifach, alles ist Patreque Filioque Spirituque. Die Bindewörter kommen den drei Personen absolut zu. Das Wörtlein *und* findet sich immer und in allem.

Deshalb müssen wir folgerichtig sagen, daß der Vater sich durch den Sohn und im Geist selbst als abgründiges, bergendes, väterlich-mütterliches Geheimnis offenbart. Der Vater offenbart den Sohn als sein Wort unter Teilnahme des Heiligen Geistes, der stets Geist des Sohnes und des Vaters ist. Der Sohn wird vom Vater im Heiligen Geist »gezeugt«. Im Gleichnis gesprochen: Der Vater »zeugt« den Sohn im jungfräulich-mütterlichen Schoß des Heiligen Geistes. Trinitarisch würden wir dann sagen: Der Vater »zeugt« den Sohn »Spirituque«, das heißt in Gemeinschaft mit dem Heiligen Geist.

Der Sohn seinerseits offenbart den Vater im Licht des Heiligen Geistes, der die Tiefen des Geheimnisses durchforscht (vgl. 1 Kor 2,10). Er offenbart sich auch dem Heiligen Geist als Gegenüber des Vaters; denn der Vater wird ewiglich Vater des Sohnes sein. Er offenbart überdies dem Geist das unerforschliche Geheimnis des Vaters in seinem überquellenden Ausdruck von Liebe und Hingabe.

Der Geist schließlich »geht vom Vater aus« und ruht auf dem Sohn. Er ist somit ex Patre Filioque (vom Vater und vom Sohn). Der Geist offenbart die Macht des Vaters, die sich als Weisheit im Sohn kundtut. Er ist eine unendliche Macht der Liebe und der Einung durch Gemeinschaft. Der Geist und der Sohn haben an der Ursprungslosigkeit des Vaters teil und bezeugen gemeinsam die Verschiedenheit und die Gemeinschaft in der Dreifaltigkeit. Der Heilige Geist gewährt dem Vater und dem Sohn, einander unendlich zu lieben. Er ist es, der immer erfindet und erneuert; denn die Liebe ist niemals Wiederholung, und der Überschwang des Lebens erschöpft sich nie.

Schließlich: Jede Person empfängt alles von den anderen und gibt zugleich. Da sie drei Einzige sind, gibt es tatsächlich niemals zweipolige Beziehungen des Gegensatzes (Vater und Sohn oder Vater/Sohn und Heiliger Geist), sondern Dreifach-Beziehungen der Kommunikation und Gemeinschaft. Da die Drei ewiglich als drei existieren, verknüpfen sie sich auch ewiglich miteinander und treffen sich in der höchsten Gemeinschaft, die sich als Einheit desselben und einzigen dreifaltigen Gottes zeigt. Durch ihre eigene innere Dynamik ergießen die drei göttlichen Personen sich nach außen, indem sie andere Unterschiedene erschaffen (kosmische und menschliche Schöpfung), auf daß diese zum Gefäß werden, in das die schenkende Liebe, der grenzenlose Ozean des dreieinigen Lebens, sich ergießt.

d. Die dreifaltige Einbeziehung: Die Dreifaltigkeit alles in allem. – Die dreifaltige Einheit ist also perichoretisch, eine Einheit der Gemeinschaft. Sie erscheint nicht nur in der neutestamentlichen Offenbarung von Vater, Sohn und Heiligem Geist, sondern schenkt sich auch in der Heilsgeschichte überhaupt sowie in ihrer Verdichtung im kirchlichen Raum. Hier, in der Kirche, finden sich solche, die der Geist antrieb, Jesus als Erlöser und Sohn Gottes anzunehmen, und die er bei der Entdeckung Gottes als Abba, als lieber Vater, leitet. Dieser Geist und der Auferstandene wirken in der gesamten Schöpfung zusammen, halten die Umwandlung der Welt am Gären, lassen den Plan des Vaters voranschreiten, nämlich den fortschreitenden Aufbau des Gottesreiches bis zu seiner eschatologischen Vollendung. Der Vater zeigt sich als der Punkt Omega der Geschichte mittels der Ausbreitung der Herrschaft des Sohnes seit seiner Auferstehung zum Herrn des Alls (vgl. Röm 1,4) in der aktualisierenden und umwandelnden Kraft des Geistes.

Paulus und Johannes weisen uns auf die Einbeziehung von Mensch und Geschichte in die perichoretische Einheit der Dreifaltigkeit hin. Im hohenpriesterlichen Gebet sagt Jesus: »Daß alle eins seien wie du, Vater, in mir und ich in dir, *daß sie in uns seien* und die Welt glaube, daß du mich gesandt hast« (Joh 17,21). Diese dreifaltige Einheit ist integrativ und inklusiv: Sie widmet sich der vollen Verherrlichung der ganzen Schöpfung im dreifaltigen Gott, heilt, was krank ist, befreit, was gefangen ist, verzeiht, was die göttliche Gemeinschaft kränkt. Diese trinitarische Integration muß sich schon jetzt in der Geschichte zeigen, in dem Maße, in dem die Brüche der Gemeinschaft überwunden werden (Gal 3,28: Juden und Heiden, Griechen oder Barbaren, Sklaven und Herren, Männer und Frauen; vgl. Röm 10,12) und eine Ökonomie des Gebens errichtet wird, in der man auf die Nöte achtet (Apg 4,31–35), eine Gemeinde, in der alle »ein Herz und eine Seele« sind (Apg 4,32).

Paulus bezieht sich auf die Schritte zur vollen Durchsetzung der Herrschaft des auferstandenen Jesus in der Kraft des lebenspendenden Geistes, bis »Gott sei alles in allem« (1 Kor 15,28). In gewisser Weise dürfen wir sagen, daß die Dreifaltigkeit noch eine Zukunft hat: im Maße, wie die Schöpfung, die ihr gehört, noch nicht in die Gemeinschaft der drei göttlichen Personen aufgenommen und integriert worden ist. Erst wenn dies geschehen ist, werden die drei Personen eine einzige totale Gemeinschaft sein.

4. *Die dreifaltige Gemeinschaft als Kritik und Inspiration der menschlichen Gesellschaft*

Die Betrachtung der Gemeinschaft der drei Unterschiedenen führt uns zu einer kritischen Einstellung gegenüber dem Menschen, der Gemeinde, der Gesellschaft und der Kirche. In unserer herrschenden Kultur gilt auf personaler Ebene die Vorherrschaft des Individuums, seiner isolierten Pflichterfüllung, seiner ohne Bezug auf die Gesellschaft verstandenen Rechte. Der untrinitarische Monotheismus der Kirchen, die Ideologie der Subjektivität, der Einheit als Identität haben solche Verzerrung schließlich noch verstärkt und auch widergespiegelt. Die menschliche Person als Bild und Gleichnis der Dreifaltigkeit zu verstehen heißt, sie immer auf die offene Beziehung zu den anderen hin zu dimensionieren; nur indem sie in den anderen ist, sich von den anderen her versteht und vermittels der anderen ist, bildet sie ihre werdende Identität aus. Die jeder Person eigene Unmitteilbarkeit existiert nur, um die Gemeinschaft mit anderen Unterschiedenen zu ermöglichen. Person nach dem Bild und Gleichnis der göttlichen Personen zu sein, das heißt im Lichte der Dreifaltigkeit: sich durchzuhalten als ständig wirkender Knoten von Beziehungen: zu seinem Ursprung (zurück und nach oben) im abgründigen Geheimnis des Vaters; zu seinesgleichen (nach den Seiten), indem man sich den anderen offenbart und die Offenbarung der anderen annimmt, im Geheimnis des Sohnes; zum Innern seiner selbst im Geheimnis des Heiligen Geistes.

Die Dreifaltigkeit bildet eine offene Gemeinschaft auch jenseits der Personen selber; sie schließt die Schöpfung ein. Auch der Mensch darf sich nicht ins Schneckenhaus seiner eigenen interpersonalen Beziehungen verkriechen, so daß er den Sinn für die weiteren Beziehungen verliert, die gesellschaftlichen und geschichtlichen, die überpersönlich und strukturell sind. Das Personwerden und -sein in der Gemeinschaft darf nicht in einen entfremdeten Personalismus abgleiten, der sich aus den Konflikten und gesellschaftlichen Umwandlungsprozessen zurückzieht, in denen es um unterschiedliche, aber von allen getragene und geteilte, vermenschlichende Beziehungen geht. Solche Kritik gilt auch der Gemeinde, in der die Menschen einander nahe sind und sich beim Namen nennen, wo Mensch, Arbeit, Leben und Gemeinwohl sich ergänzen. Die Gemeinde muß sich einem größeren Ganzen verbunden wissen, denn sie bildet keine geschlossene heile Welt. Der Kommunitarismus (Sektengeist) ist nahe beim Anarchismus.

Die moderne Gesellschaft (in den beiden Richtungen, die sie unter Sozialismus und Kapitalismus historisch genommen hat) weist – verglichen mit dem Ideal der dreieinigen Gemeinschaft – schwere Mängel auf. Unter dem liberal-kapitalistischen Regime vollzieht sich in Wahrheit eine Diktatur der bürgerlichen Klasse mit ihrem individualistischen und Unternehmer-Interesse, stets unter dem Schutz des kontrollierenden Staatsapparates. Dieses Regime hat die radikalsten Spaltungen gebracht, die historisch bekannt sind: zwischen Reichen und Armen, zwischen den Rassen und zwischen den Geschlechtern. Ein großer Teil des Unglücks der Armen, besonders in der Dritten Welt, ist die Folge der unkontrollierten Gier (von Einzelpersonen oder Firmen), individualistisch zu akkumulieren, wie sie vom System des Kapitalismus gefördert wird. Dies alles hat heute weltweite Dimensionen. Während der Wirtschaftsbetrieb die Märkte mehr und mehr gleichschaltet, wird gleichzeitig dasselbe politische Modell durchgesetzt, das auf der Abspaltung einer Machtelite und der Marginalisierung, der Verrandung der großen Mehrheit des Volkes beruht; diese wird als Stimmvieh behandelt, aber kaum aufgerufen, selber schöpferisch zu sein und angemessenere gesellschaftliche Formen zur Förderung des Lebens für alle zu finden. Damit geht der vermassende ideologische Betrieb einher; er ebnet die Werte ein und macht im Interesse von Machteliten aus Unterschieden bloße Waren. Im Kapitalismus vollzieht sich – in profanierter Form – die Herrschaft von Einem aus: Man versucht, ein einziges Totalkapital zu schaffen, einen einzigen Markt, eine einzige Konsumentenwelt, eine einzige rechtmäßige Weltanschauung, eine einzige Form der Beziehung zur Natur, eine einzige Weise, dem Absoluten zu begegnen. Die Unterschiede werden als pathologische Abweichungen von der einzigen Norm angesehen; entweder werden sie ausradiert oder nur eben noch toleriert.

Wir haben gesehen, daß die Großartigkeit der dreieinigen Gemeinschaft gerade darin besteht, daß sie die Gemeinschaft dreier Verschiedener ist; der gegenseitig angenommene Unterschied ist die Vermittlung für die Viel-Einheit der göttlichen Drei. Die Gesellschaften unter dem kapitalistischen Regime widersprechen in ihrer Praxis und in ihrer Theorie dem Ruf und der Einladung der dreieinigen Gemeinschaft. Sie sind nicht (oder eben nur auf dem Weg der Negation) eine Vermittlung für Menschen und Christen, die Dreifaltigkeit in der Geschichte zu erleben.

Die Gesellschaften im sozialistischen Regime strukturieren sich von einem wahren Prinzip, der Gemeinschaft zwischen allen, der Teilhabe aller an der Produktion und Reproduktion des Lebens aus. Sie haben die grundlegende Wichtigkeit des Sozialen für die Gesellschaft begriffen. Aber dieses Soziale wird kollektivistisch aufgefaßt und verwirklicht, das heißt, es macht nicht die unerläßliche Vermittlung durch: die Annahme des personalen Unterschieds und der Gemeinde von Personen. Wir haben es im Sozialismus mit der Durchsetzung des Sozialen von oben nach unten zu tun, von der Partei aus, die sich als Vorhut der gesellschaftlichen Revolution versteht und als Dolmetscherin des Sinnes der Geschichte. Das Soziale wird nicht von unten aus in allen Dimensionen verwirklicht: in den persönlichen Beziehungen, im Aufbau eines Netzes von Gemeinden, von denen aus die bürgerliche Gesellschaft sich organisiert samt ihrem Gliederungs- und Leitungsapparat, dem Staat. Bürokratisch auferlegt, bringt das Soziale keine Gesellschaft von Gleichen innerhalb geachteter Unterschiede hervor, sondern die Kollektivierung mit Zügen der Vermassung.

Im Licht der dreieinigen Gemeinschaft läßt sich sagen, daß im bestehenden Sozialismus die Gemeinschaft die Personen zunichte macht; die Menschen werden nicht als unterschieden-in-Beziehung angenommen, unter Bewahrung ihrer Unterschiede, vielmehr werden sie bloß als Einzelfälle einem gleichmacherischen, nivellierenden Ganzen untergeordnet.

Über ihre kritische Funktion hinaus ist die dreieinige Gemeinschaft Inspirationsquelle für die gesellschaftliche Praxis. Vor allem die Christen, die sich im Sinn der großen armen Mehrheit für strukturelle Änderungen der Gesellschaft einsetzen, finden in der Dreieinigkeit ihre ewige Utopie. Jeder der drei Unterschiedenen bejaht die Unterschiede der anderen; dieses Ja zum anderen und die völlige Hingabe an ihn macht jeden zum Unterschiedenen in Gemeinschaft. In der Dreifaltigkeit gibt es nicht die Herrschaft eines Pols, sondern die Konvergenz der Drei in Schenkung und Annahme. Sie sind unterschieden, doch keiner ist größer oder kleiner, früher oder später als der andere. Deshalb darf eine Gesellschaft, die sich von der dreieinigen Gemeinschaft inspirieren läßt, nicht die Klassen dulden, nicht die Herrschaft von seiten einer Macht (sei sie wirtschaftlich, geschlechtlich oder ideologisch bestimmt), welche die übrigen Unterschiedenen unterjocht und verrandet.

Die Gesellschaft, die dank der Inspiration durch das Dreieinigkeitsmodell entstehen kann, muß geschwisterlich und gleichberechtigt sein, reich an Ausdrucksräumen, die sie den Unterschieden der Menschen und Gruppen einräumt. Allein eine Gesellschaft von Brüdern und Schwestern, deren soziales Netz aus Teilhabe und Gemeinschaft aller an allem gewirkt ist, darf für sich in Anspruch nehmen, sie sei ein blasses Abbild und Gleichnis der Dreifaltigkeit, des Fundaments und der letzten Geborgenheit des Alls. Treffend hat Jürgen Moltmann dazu geschrieben: »Den christlichen Gott verehrt eine christliche Gemeinde nur, wenn sie eins, einig und vereinend ist, ohne Herrschaft und Unterdrückung; und die Menschheit, wenn sie eins, einig und vereinend ist, ohne Klassenherrschaft und ohne diktatorische Unterdrückung. Das ist die Welt, in der die Menschen sich durch ihre Beziehungen auszeichnen und nicht durch ihre Macht oder durch das, was sie besitzen. Das ist die Welt, in der die Menschen alles gemeinsam haben und alles miteinander teilen, außer ihre persönlichen Kennzeichen.«[29]

Es kommt der Theologie nicht zu, auf Gesellschaftsmodelle hinzuweisen, die sich der dreifaltigen Utopie mehr annähern. Wenn wir jedoch die Fundamentaldemokratie – wie es schon die Alten taten (Platon, Aristoteles und andere Denker) – nicht so sehr als bestimmte Gesellschaftsform annehmen, sondern als Inspirationsprinzip für Gesellschaftsmodelle, dann wäre zu sagen, daß die in ihr beschlossenen Werte die besten Anzeichen für das ehrfurchtsvolle Geltenlassen der dreifaltigen Gemeinschaft darstellen. Die Fundamentaldemokratie zielt auf möglichst große Gleichheit unter den Menschen ab, vermittels stets umfassenderer Mitwirkung und Mitbestimmung in allem, was die menschliche (Einzel- und Gesellschafts-)Existenz betrifft. Über Gleichheit und Teilhabe hinaus strebt sie nach Gemeinschaft mit den transzendenten Werten, jenen, die den höchsten Sinn des Lebens und der Geschichte ausmachen. Nun, je mehr solche Ideale sich konkretisieren, desto mehr wird die dreifaltige Gemeinschaft sich unter den Menschen spiegeln.

Da solche Gemeinschaft, solche Mitwirkung und Teilhabe und solche Gleichheit den meisten verweigert werden, so daß sie unterdrückt und seit Jahrhunderten verrandet bleiben, muß von den Unterdrückten selber aus ein Prozeß der Befreiung in Gang gesetzt werden. Die Glaubenden finden im Gott ihres Glaubens eine Inspiration ohnegleichen für den Befreiungskampf. Solche Befreiung zielt auf Mitbestimmung, Teilhabe und Gemeinschaft ab, Wirklichkeiten, die das Geheimnis der dreifaltigen Gemeinschaft am wirksamsten in Geschichte übersetzen.

Die dreifaltige Gemeinschaft hilft uns, auch die Organisationsform der Kirche kritisch zu würdigen. Zunächst einmal müssen wir anerken-

[29] *J. Moltmann,* La dottrina sociale della Trinità, in: ders., Sulla Trinità, Neapel 1982, 36; *ders.,* Die einladende Einheit des dreieinigen Gottes, in: Concilium 21 (1985) 35–41.

nen, daß sie der Dimension des Mysteriums angehört,[30] denn in ihrer Mitte walten der menschgewordene Sohn und der Heilige Geist als das Prinzip ihres Lebens, ihrer Heiligung und ihrer Gemeinschaft. Sie ist das große Sakrament des Auferstandenen und seines Geistes, die beide vom Vater gesandt sind, damit sie um sich her die messianische Gemeinde aufbauen, die Vorwegnahme der Gemeinde im Reich der Dreieinigkeit. Doch diese streng theologische Grundwirklichkeit gestaltet sich in der Geschichte in Mustern, die an bestimmte Auffassungen von Welt und Macht gebunden sind - neben Elementen, die unleugbar von der jesuanischen und apostolischen Tradition herstammen.

So ist die Vorstellung von kirchlicher Einheit in der Westkirche - das haben hervorragende Ekklesiologen aufgezeigt[31] - an eine vortrinitarisch- oder untrinitarisch-monotheistische Auffassung gebunden. Die monarchische Struktur der Institution Kirche wird so begründet: Ein einziger kirchlicher Leib, ein einziges Haupt, ein einziger Christus, ein einziger Gott. Die Wurzeln dieser Auffassung finden sich schon im 2. Jahrhundert bei Ignatius von Antiochien (†107). Die himmlische Monarchie begründet die irdische Monarchie, das heißt das Prinzip der Konzentration der ganzen Macht in *einem* Menschen, dem einzigen Stellvertreter des einzigen Gottes. Diese sakrale Macht entfaltet sich in der Folge durch absteigende Hierarchien und läßt so innerhalb der Gemeinde die Ungleichheit erscheinen. Die Autorität nimmt in dieser vortrinitarischen Sicht eine paternalistische Haltung ein. Zwar ist sie von Wohlwollen und Fürsorglichkeit durchtränkt, doch wird sie die Fähigkeiten der Untergebenen, ihre Vernunft und Tatkraft weder anerkennen noch schätzen. Sie tut alles *für* die Gläubigen des Volkes Gottes, doch wenig oder fast nichts *mit* den Gläubigen des Volkes Gottes. Innerhalb solcher Praxis läßt sich, praktisch gesehen, kaum von Kirche als dienender Gemeinde von Getauften sprechen. In Grenzsituationen oder Konsenskrisen geschieht die Lösung normalerweise nach dem Willen der Autorität. Den anderen bleibt häufig nichts übrig als die Unterwerfung oder die Revolte, die zum Ausschluß oder zu anderen kanonischen Strafen führt. Damit soll der Primat, der dem Petrus

[30] Vgl.: *L. Boff,* A Igreja como mistério e a teologia da libertação in: ders., E a Igreja se fez povo, Petrópolis 1986, 12–25; dt.: Die Kirche als Mysterium und die Theologie der Befreiung, in: ders., Und die Kirche ist Volk geworden, Düsseldorf 1987.

[31] Vgl.: *Y. Congar,* La Tri-unité de Dieu et l'Eglise, in: La vie spirituelle, Nr. 604 (1974) 687–703 (Bibliographie); *J. Moltmann,* Trinität und Reich Gottes, 217–220: Kritik des politischen und des klerikalen Monotheismus; *B. Forte,* La chiesa icona della Trinità. Breve ecclesiologia, Brescia 1984.

zukommt, nicht in Frage gestellt werden; doch muß er dort bleiben, wo er hingehört, das heißt innerhalb der Kirche als Gemeinde der Gläubigen und nicht oberhalb und außerhalb ihrer.

Die perichoretische Gemeinschaft der Dreieinigkeit ist das Sonnengeheimnis, welches das Mondgeheimnis der Kirche erleuchtet. Diese ist ein abgeleitetes Geheimnis (mysterium derivatum heißt es bei den Kirchenvätern), abgeleitet von anderen, grundlegenderen Geheimnissen, hauptsächlich von dem der Liebe und Gemeinschaft zwischen den göttlichen Dreien. Wie es die dreifaltige koinonia gibt, so die kirchliche koinonia. Die erste Definition der Kirche lautet: Gemeinde von Glaubenden, die in Gemeinschaft stehen mit dem Vater durch den menschgewordenen Sohn im heiligmachenden Geist, in Gemeinschaft untereinander und mit ihren Leitern. Den Glaubenden teilen der Geist und der Auferstandene mannigfaltige Gaben und Dienste aus (vgl. 1 Kor 12). Doch ein und derselbe ist der schenkende Geist, derselbe ist der Herr (1 Kor 12,4). Die bischöfliche Kollegialität findet in der dreieinigen Gemeinschaft ihr bestes theologisches Fundament.[32] Viele Bischöfe gibt es, doch bilden sie einen einzigen bischöflichen Leib. Wie die drei Einzigen *ein* Gott in Gemeinschaft sind, so bilden die zwölf Apostel einen einzigen kollegialen Episkopat. Ebenso gibt es viele Ortskirchen, doch bilden sie alle zusammen eine einzige Kirche Gottes. Die Katholizität der Kirche besteht in der Achtung und Annahme der Gaben und Besonderheiten, die der Geist in jeder von ihnen erweckt. Alle Ortskirchen sind durch den Auferstandenen und im Geist miteinander geeint. Die kirchliche Gemeinschaft drückt die dreifaltige Gemeinschaft aus: Jede Person ist unterschieden, erkennt aber die andere an und schenkt sich ihr ganz. Der Johannes-Text, den wir oben zitierten (Joh 17,20–21), zeigt die perichoretische Beziehung zwischen dem Vater und dem Sohn: Sie wird als Modell für Christi Gemeinde der Jünger und Jüngerinnen hingestellt: »daß sie in uns seien«. Aus der dreieinigen Sicht ergibt sich ein Kirchenmodell mit mehr Gemeinschaft als Hierarchie, mehr Dienst als Macht, mehr Kreis als Pyramide, mehr Geste der Umarmung als ehrerbietiger Verneigung (proskynesis) vor der Autorität.

Dieses perichoretische Kirchenmodell unterstellt alle kirchlichen Dienste (Bischofsamt, Priesteramt, Laienämter usw.) dem Gebot der Gemeinschaft und der Teilhabe und Mitbestimmung aller in all dem,

[32] Vgl. etwa Papst *Symmachus* um das Jahr 500 in einem Brief an Aronius von Arles, in dem er mit dem Hinweis auf die Trinität das eine Priestertum in der Vielzahl der Bischöfe begründete: Epist. 3 (PL 62, 51A).

was sich auf das Wohl aller bezieht. Dann ist die Kirche tatsächlich »das in der Einheit des Vaters, des Sohnes und des Heiligen Geistes geeinte Volk« (LG 4).

VIII. *Ehre sei dem Vater, Ehre sei dem Sohn, Ehre sei dem Heiligen Geist*

Bisher haben wir versucht, über das dreifaltige Geheimnis im Licht der kirchlichen Lehre und der Untersuchungen der Theologen nachzudenken. Dabei galten mehr der Verstand und sein Begreifen als das Herz und sein Loben. Jetzt wollen wir versuchen, denselben Daten mit anderer Absicht gerecht zu werden, die freilich auch in der bisherigen Darlegung nie ganz gefehlt hat: der Doxologie.[1] Unter Doxologie (»doxa« steht auf griechisch für Ruhm, Herrlichkeit) verstehen wir die Erfahrung des Göttlichen, wie sie sich in Lob, Dank, Ehrfurcht und freudiger Annahme der Taten ausdrückt, die Gott zugunsten der Menschen getan hat. Jeder Theologie, also jeder Reflexion über die Offenbarung und von ihr aus, liegt zugrunde die Doxologie, die Feier des sich offenbarenden Gottes. Das gilt ganz besonders für die Dreifaltigkeitswahrheit. Bevor es Diskussionen der Theologen und Stellungnahmen des Lehramts gab, haben die Gläubigen gebetet, Liturgie gefeiert und Tag für Tag gelassen und unreflektiert die Gegenwart des Vaters durch den Sohn in der Einheit mit dem Heiligen Geiste erlebt: inmitten der Menschheit, im Schoß der Kirche und im Herzen der Gläubigen.

Jesus hat sein Sohnesgeheimnis und seine intime Beziehung zum Vater voller Freude des Geistes in einem Gebet geoffenbart (Mt 11,25–27; Lk 10,21–22): »Ich preise dich, Vater, Herr des Himmels und der Erde ... Niemand kennt den Sohn als nur der Vater, und niemand kennt den Vater als nur der Sohn und wem der Sohn es offenbaren will.« So finden auch wir es angebracht, uns in der Atmosphäre der Frömmigkeit ehrfürchtig dem höchsten Geheimnis der Heiligen Dreifaltigkeit zu nahen. Wir tun das, indem wir das tägliche Gebet der Christen kommentieren, das »Ehre sei dem Vater«. Unser Kommentar wird die theologische Reflexion einschließen, jedoch im Dienste der Doxologie und der Mystagogie (der Hinführung des Christen zum dreifaltigen Geheimnis).

[1] Zu einer doxologischen Reflexion vgl.: *A. Hamman,* Die Trinität in der Liturgie und im christlichen Leben, in: MySal II, 1961, 132–144; *Versch.,* Trinidad y vida cristiana, Salamanca 1979; *E. Schlink,* Art. »Trinität«, in: Die Religion in Geschichte und Gegenwart VI, Tübingen [3]1962, 1032–1034; *J. Moltmann,* Trinität und Reich Gottes, 168–178.

1. Die Heiligste Dreifaltigkeit als Frohbotschaft für die Menschen, besonders für die Armen

Auf folgende Frage wollen wir antworten: In welchem Maße ist die Dreifaltigkeit Evangelium, das heißt Frohbotschaft für die Menschen, besonders die Unterdrückten? Vielen Christen kommt die Dreifaltigkeit wie ein bloß logisches Geheimnis vor: Wie kann es sein, daß der eine Gott sich in drei Personen verwirklicht? Wie kann die Dreiheit der Personen die Einheit des einen Gottes ausmachen? Tatsächlich kann sich einem Christen, der zum ersten Mal mit den Trinitätsdiskussionen in Kontakt kommt, ein solcher Eindruck aufdrängen. Der christliche Glaube hat sich in der hellenistischen Welt inkulturiert. Die Christen mußten ihre Doxologie in eine diesem Milieu angemessene Theologie übersetzen, um die Wahrheit des Glaubens sicherzustellen; sie gebrauchten die Ausdrücke, die der kritischen Vernunft jener Zeit zugänglich waren, wie »Substanz« (Natur und Wesen), »Person« (hypostasis, prosopon), »Beziehung« (relatio), »Perichorese« (circumincessio) und »Hervorgang«. Wie wir in den früheren Kapiteln sahen, war dies ein schmerzvoller Weg. Er sollte die Reflexion bis in unsere Tage prägen, obwohl das Geheimnis aller menschlichen Kategorien spottet und zu immer neuen Angängen aufruft, die aus der Begegnung der biblischen Offenbarung mit der uns umgebenden Kultur erwachsen. Wir dürfen nie vergessen: Das Neue Testament gebraucht niemals die Ausdrücke »Dreifaltigkeit der Personen« und »Einheit der Natur«. Zu sagen, daß Gott Vater, Sohn und Heiliger Geist ist, das ist Offenbarung; zu sagen, daß Gott »eine Substanz und drei Personen« sei, ist Theologie, menschliches Bemühen, Gottes Offenbarung innerhalb der Ansprüche des Verstandes zu fassen. Die Situation ändert sich nicht wesentlich, wenn der Christ die offiziellen Verkündigungen des Lehramtes ansieht. Er findet dort derartig sorgfältig aufgestellte, logisch zusammenhängende Formulierungen, daß sie den spekulativen Mut der Theologen tatsächlich gebremst haben. Mit dem dogmatischen Fortschritt war es seit dem Konzil von Florenz (1439–1445) praktisch vorbei; von da an bis auf unsere Tage konzentriert die theologische Produktion (mit einigen oben berichteten Ausnahmen) sich hauptsächlich darauf, die definierten Begriffe zu kommentieren sowie geschichtliche Probleme oder Details des schon konstruierten Systems zu vertiefen.[2]

[2] Vgl.: *A. Michel,* Art. »Trinité«, in: Dictionnaire de Théologie Catholique XV, Paris 1950, 1783.

Es ist nicht leicht, dem Christen, der im »mysterium logicum« der Trinität festhängt, klarzumachen, daß die Dreizahl der Dreifaltigkeit (»trias« und »trinitas« sind Ausdrücke, die schon am Ende des 3. Jahrhunderts durch Theophilus von Antiochien und Tertullian die Weihen der Theologie erhielten) nichts mit Rechnungswesen zu tun hat und keineswegs eine arithmetische Operation der Summierung oder Addition bezeichnet. Niemals hat die Bibel an Gott etwas gezählt. Sie kennt nur *eine* göttliche Zahl: die »Eins«: der eine Gott, der eine Herr, der eine Geist. Diese Eins ist keine Zahl, nicht die erste einer Reihe. Eher ist sie die Leugnung jeder Zahl, meint schlechthin das Einzige. Der Vater ist ein einziger, der Sohn ist ein einziger, und der Heilige Geist ist ein einziger. Die Einzigen lassen sich nicht zusammenzählen. Wie ich oben zu erklären versuchte: Es ist die ewige Gemeinschaft der Einzigen miteinander, die in der Kraft des Lebens und der Liebe die göttliche Einheit (göttliche Natur) ausmacht. Doch gibt es wegen der Gemeinschaft und wegen der Beziehungen zwischen Vater, Sohn und Heiligem Geist, die uns geoffenbart worden sind, eine Ordnung bei den göttlichen Namen. Obwohl jede Person mit den anderen gleich ewig ist und es deshalb keinen Vorrang der einen vor den anderen gibt, müssen wir trotzdem sagen, daß dem zeugenden Vater ein logisches Früher vor dem gezeugten Sohn zukommt und diesem vor dem Geist, der vom Vater mit dem Sohn und durch ihn gehaucht wird. Daher versteht sich die Ordnung bei den göttlichen Namen. Aus diesem Grund kommt es zur Angewohnheit der Menschen, von drei »Personen« zu sprechen.[3] Doch hat die Theologie sich mit diesem Ausdruck »drei Personen« nie zufriedengegeben, wie die ununterbrochenen späteren Diskussionen beweisen.

Es kommt darauf an, das Verständnis der Dreifaltigkeit als logisches Geheimnis zu überwinden und zu ihr als dem Heilsgeheimnis zu finden. Die Dreifaltigkeit hat mit dem Leben jedes Menschen zu tun, in seinem Alltag, im Bemühen, ein Leben im rechten Bewußtsein zu führen, in Liebe und Freude, im Ertragen des Leidens der Welt und der

[3] Im Neuen Testament finden sich die göttlichen Namen in unterschiedlichen Reihenfolgen: Vater, Sohn und Heiliger Geist: Mt 28,19; Röm 8,11; 15,16; Heiliger Geist, Sohn, Vater: 1 Kor 12,4–6; Eph 4,4–6; Sohn, Vater und Heiliger Geist: 2 Kor 13,13; Heiliger Geist, Vater, Sohn: Apg 20,28; Vater, Heiliger Geist und Sohn: 2 Tim 2,13f; 1 Petr 1,1f; Sohn, Heiliger Geist, Vater: Eph 2,18; 1 Kor 6,11. *Gregor von Nazianz* fragt sich: »Warum diese Verschiedenheit in der Reihenfolge?« und antwortet darauf: »Um die Gleichheit der Natur herauszustellen«: Oratio 34,15 (PG 36, 253). *Theodoret von Cyrus,* ein bedeutender Theologe des 5. Jahrhunderts in Fragen der Christologie und der Trinität, sagt, der Wechsel in der Ordnung weise darauf hin, »daß die Reihenfolge der Namen keinen Unterschied in der Würde macht ... Die Reihenfolge, die der Herr gesetzt hat, wird nicht verändert, sondern die Gleichheit der Ehre in der Trinität aufgewiesen«: Haereticorum fabularum compendium 3 (PG 83, 456).

Tragödien des Daseins; sie hat auch mit dem Kampf zu tun, der das gesellschaftliche Unrecht anklagt und ein menschlicheres, brüderlicheres Zusammenleben fordert, mit den Opfern und Martyrien, die ein solches Bestreben nicht selten mit sich bringt. Gelänge es uns nicht, die Dreieinigkeit auf diesem persönlichen und gesellschaftlichen Wege zu erblicken, so hätten wir das Heilsgeheimnis nicht aufgezeigt, das Evangelium nicht angemessen verkündet. Wenn die glaubenden Unterdrückten sich der Tatsache bewußt werden, daß ihre Kämpfe um Leben und Freiheit auch die Kämpfe des Vaters, des Sohnes und des Geistes sind, die ihr Reich der Herrlichkeit und des ewigen Lebens fördern, dann haben sie mehr Motive zu Kampf und Widerstand; der Sinn ihres Einsatzes sprengt den armseligen historischen Rahmen und gewinnt eine ewige Dimension im absoluten Geheimnis selbst. Wir sind nicht dazu verurteilt, allein und voneinander isoliert zu leben; zum Zusammenleben sind wir berufen und zur Aufnahme in die dreieinige Gemeinschaft. Die Gesellschaft ist nicht endgültig in ihren ungerechten und ungleichen Beziehungen verloren, sondern dazu berufen, sich im Licht der offenen Gleichheitsbeziehungen umzuwandeln, die in der dreifaltigen Gemeinschaft gelten, der schon vollendeten Utopie, zu der hin Geschichte und Gesellschaft unterwegs sind. Wenn die Dreifaltigkeit Evangelium ist, dann ist sie es besonders für die Unterdrückten und zur Einsamkeit Verurteilten.

2. Ehrfurcht vor dem Geheimnis

Die Doxologie ist eine Haltung von Anbetung, Dank und Ehrfurcht angesichts des dreifaltigen Geheimnisses. Wie sollen wir uns ihm gegenüber einstellen? Es gilt zu klären, in welchem Sinn die Dreifaltigkeit sich als Geheimnis darstellt. Die offizielle kirchliche Lehre verkündet die Dreifaltigkeit als ein striktes Mysterium. Darunter versteht man eine Wahrheit, welche die menschlichen Verständnismöglichkeiten übersteigt, eine Wahrheit, die allein durch göttliche Mitteilung garantiert ist und auch nach der Mitteilung nicht positiv begriffen werden kann. Dieses Verständnis des Mysteriums wurde gegen den Rationalismus erarbeitet, insbesondere den idealistischen, der die Offenbarungswahrheiten in bloße Errungenschaften der natürlichen Vernunft zu verwandeln unternahm. In diesem Sinn sei der Geheimnischarakter eine Eigentümlichkeit von Sätzen und von der Vernunft her zu verstehen; das Geheimnis sei etwas Vorübergehendes, gelte zwar für die Zeit einer verdunkelten Vernunft in der Geschichte, in der Ewigkeit habe das Geheimnis aber sein Ende, weil wir da Gott von Angesicht zu Angesicht schauen dürften.

So aufgefaßt, ist die Heiligste Dreifaltigkeit tatsächlich ein striktes Geheimnis; denn die Vernunft kann nicht begreifen, wie drei verschiedene Personen solcherart ineinander sein können, daß sie den einen Gott ausmachen; unbegreiflich bleibt der menschlichen Vernunft die absolute Gleichheit der Personen, wo doch der Sohn vom Vater »ausgeht« und der Heilige Geist von Vater und Sohn (bzw. durch den Sohn); die menschliche Vernunft schafft es nicht, Gottes radikale Einfachheit mit der Dreiheit der Personen zu vereinbaren.

Dieser Begriff von Geheimnis führt jedoch schwerlich zu einer Haltung der Verehrung. Er definiert sich als Grenze der Vernunft, indem er deren Verstehensdurst blockiert. Und so führt er trotz seiner Gültigkeit (im oben dargelegten Sinn) eher zu einer Haltung von Angst, von Geist-Erdrosselung. Allerdings müssen wir auch zugeben, daß diese Idee von Mysterium nicht der Weite und Tiefe entspricht, die das Mysterium im frühen Christentum hatte. Gott und die Heiligste Dreifaltigkeit wurden wohl als Geheimnis betrachtet, als *geoffenbartes* Geheimnis jedoch. Zum christlichen Mysterium gehört, daß es geoffenbart und durch die Glaubenszeugnisse mitgeteilt ist (vgl. Röm 16,25; 1 Kor 2,1–6; Eph 1,9; Kol 1,26; 1 Tim 3,9.16; vgl. Mk 4,11; Mt 13,11; Lk 8,10). Es gehört aber auch zum Mysterium, daß es in der Offenbarung Geheimnis bleibt. So bedeutet es nicht die Grenze der Vernunft, sondern das Grenzenlose der Vernunft. Es besitzt eine Übereinstimmung mit der menschlichen Existenz, denn auch sie ist abgründiges Geheimnis, vom Unendlichen durchwohnt, das sie sich danach sehnen läßt, Gott zu schauen und zu lieben und in einer absoluten Gemeinschaft mit ihm und mit allem zu leben, was es im Universum gibt.[4] Das Dreifaltigkeitsgeheimnis hat sich auf dem geschichtlichen Weg Jesu Christi und in den Kundgaben des Geistes geoffenbart. Deshalb kann es mit Recht sakramentales Geheimnis heißen, das heißt Geheimnis, das sich in der Menschwerdung und in der Herabkunft des Geistes auf Maria und die Apostel an Pfingsten mitgeteilt hat. Man kann erzählen, wie es weiterging, wie das Mysterium allmählich von den ersten christlichen Zeugnissen ergriffen wurde.

[4] Das griechische Wort »mysterion« wurde im alten Latein mit »sacramentum« übersetzt. Eine ausführlichere Untersuchung hierzu bei: *L. Boff,* O que significa sacramento, in: Revista Eclesiástica Brasileira 34 (1974) 860–895.

Fassen wir das Geheimnis in diesem Horizont auf, so können wir verstehen, daß es heilige Ehrfurcht hervorruft, die einzig gültige Haltung vor dem Letzten und Höchsten unseres Lebens. Statt die Vernunft zu ängstigen, läßt es Geist und Herz sich weiten. Es ist kein Geheimnis, das uns verstummen und erlahmen läßt, sondern fröhlich singen und danken wir vor ihm. Es ist keine Wand, die vor unserer Stirn sich auftürmt, sondern ein Tor, das sich auf Gottes Unendlichkeit hin öffnet. Umfangen können wir den Berg nicht, wohl aber ihm nahen, ihn anrühren und besingen. So ist es mit dem Geheimnis der Heiligsten Dreifaltigkeit. Sie ist uns nicht äußerlich. Sie umgibt uns von allen Seiten, wohnt in uns und lädt uns ein, in die ewige Gemeinschaft der göttlichen Personen einzutreten.

Vor dem Geheimnis des Menschen gilt Achtung und Ehrfurcht. Vor dem Geheimnis Gottes gilt all dies, und noch mehr der Glaube. Glauben heißt viel mehr, als die Existenz der Dreifaltigkeit anzunehmen (credere Trinitatem). Es heißt auch mehr, als die Aussagen anzunehmen, die Jesus und die Apostel uns im Namen der Dreifaltigkeit und über die Dreifaltigkeit gesagt haben (credere Trinitati, Christo). Glauben heißt zutiefst, sich dem Vater, dem Sohn und dem Heiligen Geist zu schenken, Lebensweg und Tod dem Gemeinschaftsmysterium anzuvertrauen, das uns in seiner Unendlichkeit birgt und im Dasein erhält. Glauben in dieser umfassenden Sicht schließt eine Seinsweise ein; es heißt weniger, sich vom Geheimnis einen Begriff zu machen, als von ihm sich ergreifen zu lassen, in die Dynamik seiner Offenbarung einzuschwingen und mit dem dreifaltigen göttlichen Leben in Gemeinschaft zu treten. Um Musik zu verstehen, brauchen wir das Gehör, für die Kunst den ästhetischen Sinn, ebenso ist es beim Geheimnis: Wir brauchen den Glauben, um in einer Position zu sein, von der aus sich sinnvollerweise über das Gemeinschaftsmysterium des Vaters, des Sohnes und des Heiligen Geistes als des einen Gottes sprechen läßt. Sobald dieser Herzraum des Glaubens gesichert ist, kann die Vernunft ihr Werk tun, das im Erforschen der Gnadenlogik des Mysteriums besteht. Nicht das Geheimnis zu entleeren ist Absicht der Vernunft, sondern es der menschlichen Existenz anzueignen. Und je mehr die Vernunft die Dimensionen des Göttlichen vertieft, um so mehr tut der Horizont des Geheimnisses sich auf. Daß Gott Geheimnis ist, gilt also nicht bloß für die Erdenzeit der Menschen, ist keineswegs in der Ewigkeit vorbei. Wie die menschliche Person und die Geschichte der menschlichen Gesellungen, so ist Gott ein Geheimnis in sich selbst, auch für die Ewigkeit. Das Geheimnis ist mehr als eine geoffenbarte Wahrheit; es besteht darin, daß Gott Vater, Sohn und Heiliger Geist in die Schöpfung eintreten, durch ihre Negativitäten hindurchgehen, sie von der Rebellion der Sünde erlösen und in ihre ewige Gemeinschaft integrieren. Wie man sieht, handelt es sich immer um das Transzendente, welches das Immanente durchlebt und es transparent macht.[5]

Wenn die vom Glauben befeuerte Vernunft den göttlichen Grund nicht zu durchschauen vermag, so überläßt sie sich doch nicht der Verzweiflung oder der Resignation. Die Vernunft selbst erkennt freundschaftlich an: »Was dem Menschen uneinsichtig ist, das vermag für Gott wirklich zu sein.«[6]

3. Wir haben seine Herrlichkeit gesehen!

Wenn das Geheimnis sich offenbart, tut es die Herrlichkeit des dreifaltigen Gottes kund. Was heißt hier Herrlichkeit? Die Herrlichkeit besteht in der Kundgabe des dreifaltigen Gottes, so wie er ist. Herrlichkeit schließt mehr ein als die Offenbarung der Existenz der Dreifaltigkeit; sie zeigt ihre Gegenwart. Gegenwart ist die potenzierte, weitergeschenkte, mitgeteilte Existenz. Deshalb sind mit Gegenwart und Herrlichkeit noch andere Wirklichkeiten verknüpft: Glanz, wohlwollende Liebe, göttliche Menschenfreundlichkeit, wie die Väter sagten. Wenn sie solche Gegenwart verspüren, antworten die Menschen mit Freude, Faszination und mit dem Gefühl, heil- und gnadenerfüllt zu sein. Mit Recht sagte Karl Barth, Gottes Dreifaltigkeit sei das Geheimnis seiner Schönheit, sie leugnen heiße einen glanzlosen, freudlosen und humorlosen Gott haben, einen unschönen Gott.[7]

Gottes Schönheit hat sich gezeigt, seine Herrlichkeit sich kundgetan. Nirgends zeigt sich besser als im Titusbrief das Bewußtsein dieser gnadenhaften Gegenwart des dreifaltigen Gottes: »Als aber die Güte und Menschenfreundlichkeit Gottes, unseres Heilands, erschien, da hat er uns nicht infolge von Werken der Gerechtigkeit, die wir vollbracht hätten, sondern nach seiner Barmherzigkeit gerettet durch das

[5] Vgl. die einschlägigen Überlegungen von *M. J. Scheeben,* Die Mysterien des Christentums (Gesammelte Schriften II), Freiburg [3]1958, 21–41; *K. Rahner,* Über den Begriff des Geheimnisses in der katholischen Theologie, in: ders., Schriften zur Theologie IV, Einsiedeln – Zürich – Köln 1967, 51–99; *A. Milano,* Art. »Trinità«, in: Dizionario Teologico Interdisciplinare III, Turin 1977, 482f.; *A. Brunner,* Dreifaltigkeit. Personale Zugänge zum Geheimnis, Einsiedeln 1976, 20f.

[6] *Hilarius von Poitiers,* De trinitate III 1 (CCL 62, 73; dt.: BKV II/5, 139).

[7] *K. Barth,* Die Kirchliche Dogmatik II/1: Die Lehre von Gott, Zollikon-Zürich [4]1958, 745.

Bad der Wiedergeburt und Erneuerung kraft des Heiligen Geistes. Diesen hat er in reichem Maß über uns ausgegossen durch unsern Heiland Jesus Christus« (Tit 3,4–6). Gottes Ehre ist der lebendige, erlöste Mensch, der in seine Gerechtigkeit und sein Recht wiedereingesetzte Arme.

Die Herrlichkeit der Trinität erscheint im Staunen der Menschen, der »von Gott Geliebten« (Röm 1,7), der »Geliebten des Herrn« (2 Thess 2,13), im Ausruf »Mit welcher Liebe hat der Vater uns geliebt!« (1 Joh 3,1). Oder in diesen anderen: »Wer wird uns trennen von der Liebe Christi? ... Keiner kann uns je trennen von der Liebe Gottes in Christus Jesus, unserem Herrn« (Röm 8,35–38); »Gottes Sohn hat mich geliebt und für mich sich dahingegeben« (Gal 2,20). Oder schließlich in einem Satz, der den gesamten Prozeß der göttlichen Selbstmitteilung zusammenfaßt: »So sehr hat Gott die Welt geliebt, daß er seinen eigenen Sohn dahingegeben hat« (Joh 3,16).

Die Antwort auf diese mitgeteilte Herrlichkeit kann keine andere sein, als dem Geheimnis die Ehre geben, ihm lobsingen und es wiederlieben (vgl. Röm 11,33): »Laßt uns denn also lieben, weil Gott uns zuerst geliebt hat« (1 Joh 4,19). Wenn die Christen das »Ehre sei dem Vater« beten, tun sie es in dieser Antworthaltung. Sie danken der Dreifaltigkeit für ihre Offenbarung und Mitteilung: dem Vater, der, uns zu befreien, seinen Sohn und den Geist als die in unsere Herzen ausgegossene Liebe (Röm 5) gesandt hat; dem Sohn, weil er uns das barmherzige Antlitz des Vaters enthüllt hat; dem Geist, der uns den Sohn annehmen und rufen läßt: Abba, lieber Vater! (Röm 8,15; Gal 4,6). Sie können vom dreifaltigen Gott sagen, was das Johannesevangelium von Jesus Christus sagte: »Wir haben seine Herrlichkeit gesehen« (Joh 1,14)! Nicht ohne Grund haben die größten Theologen, die die tiefen Dimensionen des dreifaltigen Geheimnisses erahnten, wie Gregor von Nazianz, Augustinus und Dionysius Areopagita, mit glühenden Lob- und Dankgebeten geschlossen, ihrer Grenzen stets bewußt.[8] Wahrlich, im Schweigen der Vernunft schließen wir, damit das Herz sein Staunen ausschütten kann. Schön sagte der heilige Thomas im Hinblick auf die Dreifaltigkeit: »Wir ehren Gott mit Schweigen, nicht weil wir über ihn nichts zu sagen und zu erforschen hätten, sondern weil wir uns bewußt sind, daß wir stets hinter seinem angemessenen Verständnis zurückbleiben.«[9] Solch ehrfürchtiges Schweigen stellt das angemessene

[8] Vgl. das lange Gebet des heiligen *Augustinus* am Ende von »De trinitate« XV 28,51 (CCL 50a, 533–535; dt.: BKV II/14, 331–333).

[9] *Thomas von Aquin,* In Boethii de Trinitate, Prooem. q.2, a.1 ad 6 (Opuscula theologica II, ed. Marietti, Turin–Rom 1954, 330).

Sprechen des Gläubigen angesichts des Geheimnisses der Heiligsten Dreifaltigkeit dar.

4. Motive für die Verherrlichung

Die Verherrlichung lebt von der Betrachtung des dreifaltigen Geheimnisses, sei es in seinem ökonomischen Ausdruck (wie es sich uns in der Geschichte geoffenbart hat), sei es in seiner immanenten Dimension (wie Gott von Ewigkeit her in sich selber ist), sei es in seiner heilschaffenden und befreienden Bedeutung. Sehen wir uns nun jeden dieser früher schon gestreiften Punkte näher an.

Das Neue Testament zeigt uns den Offenbarungsprozeß des dreifaltigen Geheimnisses auf Christi Lebensweg und im Einbruch des Geistes in die Urgemeinden. Jesus offenbart den Vater als barmherzig, als den Vater des verlorenen Sohnes, den Hirten des verirrten Schafes. Er fühlt sich von diesem Vater gesandt. Sein Handeln soll die Herrschaft des Vaters aufrichten, insofern es die Menschen von ihren konkreten Unterdrückungen befreit kraft einer Energie und Begeisterung, die in ihm wohnt und die Anwesenden staunen macht. Es ist der Heilige Geist, der sich so durch Jesus kundtut und der mit ihm vereint ebenfalls in der Geschichte handelt. Jesus offenbart besonders die Einung und Gemeinschaft zwischen ihm, dem Vater und dem Geist. Er steht nie allein, sondern immer in Beziehung. Sogar am Kreuz, wo er sich als vom Vater verlassen erfährt, ruft er ihn noch mit »mein Gott« an; in die Hände des Vaters empfiehlt er seinen Geist.

Dieser ganze Offenbarungsprozeß vollzieht sich in den verschiedenen Ausdrucksweisen des menschlichen Lebens Jesu: im Dankgebet, im Verkünden der Frohen Botschaft, im Wirken unter dem Volk, in der Konfrontation mit den Pharisäern, in Heilungen und Exorzismen, im Zusammenleben mit den Aposteln. Die Offenbarung geschieht durch Worte, durch Werke, durch Haltungen, die Jesus einnimmt. Die »Mysterien/Sakramente des Lebens Jesu« zu betrachten ist der doxologische Weg, der uns zur Danksagung, Anbetung und Aneignung des dreifaltigen Geheimnisses führt.

Die ökonomische Trinität ist das Tor zur immanenten Trinität. Gott offenbart sich so, wie er in sich selber ist, als Vater, Sohn und Heiliger Geist. Die Taten des menschgewordenen Sohnes und des seit seinem Kommen über Maria in der Geschichte wirkenden Heiligen Geistes lassen das innertrinitarische Geschehen ahnen. Der Vater ist in

Ewigkeit das Leben in seinem radikal dunklen Geheimnis. Der Sohn ist das Leben in seinem leuchtenden Geheimnis, leuchtend deshalb, weil es vom Vater empfangen und ihm in kindlicher Liebe zurückgegeben ist. Der Geist ist für immer das Lebensgeheimnis, das den Quell (den Vater) mit dem Strom (dem Sohn) eint und den Strom mit dem Quell. Kraft des Lebens, das einer dem anderen mitteilt, und der Liebe, die zwischen den Dreien sprudelt, erscheint in höchster Gemeinschaft die Einheit der drei Einzigen. Die drei Personen machen eine einzige Gemeinschaft, einen einzigen dreieinigen Gott aus.

Dieses ganze Geheimnis ist bedeutsam in sich selbst. Es zu betrachten reicht hin, uns in Freude und Ekstase des Geistes zu versetzen. Gott wird durch sich selbst verherrlicht, weil die Herrlichkeit der Unterschiedenheit der Personen und der Einheit der Gemeinschaft sich so faszinierend darstellt, daß uns nur eines übrigbleibt: rufen, singen, loben, anbeten und danken. Solche Verherrlichung wächst noch, sobald wir uns klarwerden, daß wir in diese dreifaltige Gemeinschaft einbezogen sind: Die drei Personen wollen alle Menschen und ihre Welt in dieses brodelnde Gemeinschaftsleben aufnehmen. Und solche Gemeinschaft wird nicht bloß als Zukunft versprochen, die noch kommen soll; sie vollzieht sich bereits mitten unter den Menschen und Gemeinden. Sie wird gelebt, sooft man Gemeinschaft des Seins und Habens tatsächlich verkostet. Die Dreifaltigkeit teilt sich als Dreifaltigkeit mit, wann immer auf Erden Gemeinschaft gestiftet wird. Sie wird auch als Hoffnung gelebt und in dieser Hoffnung vorweggenommen, wenn die Unterdrückten und ihre Verbündeten gegen die Brüche und Unterdrückungen ankämpfen. Die trinitarische Gemeinschaft ist Quelle der Inspiration, Ansporn zum Protest und Leitbild für den Aufbau.

IX. Ehre sei dem Vater, dem Ursprung und Ziel aller Befreiung

Auf viele Weisen läßt sich von Gott als Vater sprechen.[1] In einer *kosmologischen* Perspektive wird Gott als Vater angesehen, weil er das Universum geschaffen hat; diese Benennung kommt bei den Weltreligionen häufig vor. In *politischem* Sinn, wie im Alten Testament, ist Gott Vater, weil er sein Volk geschaffen, erwählt und befreit hat (vgl. Ex 4,22; Jes 63,16; Jer 31,9). In *geistlichem* Sinn ist Gott Vater, weil er Frommen, Sündern und Verlassenen Milde und Erbarmen, Zuflucht und Schutz gewährt (Ps 27,10; 103,13; Jes 63,15; 64,7). In *psychologischem* Sinn wird Gott als Vater erlebt, als höchste Geborgenheit in menschlicher Not, als utopische Stillung unseres Durstes nach Unsterblichkeit und Allmacht. Alle diese Bedeutungen haben ihren - auch theologischen - Wert; doch nicht diese Perspektive nehmen wir im jetzigen Kapitel ein. Wir wollen über den Vater in einer *dreifaltigen* Perspektive nachdenken,[2] als die erste Person der Dreifaltigkeit, den Vater, der den Sohn zeugt und zusammen mit ihm (und durch ihn) den Heiligen Geist haucht - im analogen Sinn dieser Worte, wie gesagt. In zwei Dimensionen vollzieht sich unser Denken: In der ersten betrachten wir die Offenbarung des Vaters in der Heilsgeschichte, wie der menschgewordene Sohn ihn uns hat erkennen lassen (ökonomische Trinität); in der zweiten meditieren wir über den Vater im Schoß der Dreifaltigkeit und seine perichoretischen Beziehungen zum Sohn und zum Heiligen Geist (immanente Trinität). Dabei gehen wir von der Überzeugung aus, daß der Vater sich so offenbart, wie er in sich selber ist; was wir von ihm in der Zeit schauen, ist eine Offenbarung dessen, was er in der Ewigkeit ist. Überhaupt sind die göttlichen Drei stets derart aufein-

[1] Siehe die Sammlung verschiedenster Perspektiven bei: *H. Tellenbach* (Hrsg.), Das Vaterbild im Mythus, Stuttgart-Berlin-Köln 1976; das klassische Werk hierzu ist: *J. Jeremias,* Abba. Studien zur neutestamentlichen Theologie und Zeitgeschichte, Göttingen 1966; *L. Boff,* Vater unser. Das Gebet umfassender Befreiung, Düsseldorf 1981; *M.-J. Le Guillou,* Le mystère du Père. Foi des apôtres, gnoses actuelles, Paris 1973; *Versch.,* Il mistero del Padre, Collevalenza 1983.

[2] Vgl.: *L. Bouyer,* Le Père invisible, Paris 1976; *J. Galot,* Pour une théologie du Père, in: Esprit et Vie 94 (1984) 497-503. 661-669; 95 (1985) 295-304; das gesamte Heft 3 der Zeitschrift Concilium 17 (1981) 173-268 mit dem Thema »Gottvater?«.

ander bezogen, daß man nie nur vom Vater sprechen kann, ohne seine Gemeinschaft mit den anderen Personen mitzudenken - und umgekehrt.

1. Der unsichtbare Vater, das unergründliche Geheimnis

Von Gott Vater besitzt der christliche Glaube kein Bild. Der Sohn erschien in menschlicher Gestalt in der Person Jesu von Nazaret. Der Geist wird in Gestalt der Taube vorgestellt. Der Vater ist unsichtbar. Die Zeugnisse des Neuen Testamentes sind klar: »Niemand hat Gott je gesehen. Der einzige Sohn, der im Schoß des Vaters ruht, er hat uns Kunde gebracht« (Joh 1,18; 6,46; 1 Tim 6,16; 1 Joh 4,12). Gott-Vater ist ein abgründiges Geheimnis; je tiefer wir in es eindringen, um so mehr wächst unsere Kenntnis und um so ferner weiten sich die Grenzen des unendlichen Ozeans des göttlichen Lebens aus. Der Vater ist derjenige, der ewig ist, ehe es irgendein Geschöpf gab. Gott Vater ist ursprünglicher als Gott der Schöpfer. Selbst wenn es keine Schöpfung gäbe (sie ist nicht notwendig, sondern Frucht der Gemeinschaft, die sich frei nach außen ausweitet), wäre Gott Vater, weil er seit jeher den Sohn zeugt und mit ihm in Gemeinschaft tritt. Gut sagte der johanneische Jesus: »Vater, ... du hast mich geliebt vor Grundlegung der Welt« (Joh 17,24).[3]

Dieser Vater, das unergründliche Geheimnis, ist uns durch Jesus Christus, seinen eingeborenen Sohn, offenbart worden. Zweifellos ist Jesus der Sohn Gottes, richtiger aber und innerhalb der dreifaltigen Perspektive ist Jesus der Sohn des Vaters. Der Vater ist stets der Vater unseres Herrn Jesus Christus (Röm 15,6; 1 Kor 1,3; 2 Kor 11,31; Eph 3,14 u. ö.), die ewige Vaterschaft gehört Gott wesenhaft zu. Wenn der Vater unsichtbar ist, dann führt unser einziger Zugang zu ihm durch den Sohn und den Geist, die von ihm kommen. Außerhalb der einzigen Offenbarung, die Sohn und Geist uns schenken, heißt »Gott Vater« nicht mehr als »Schöpfergott«. Durch Jesus entdecken wir den Vater, den Sohn und den Heiligen Geist als die Wirklichkeit des einen wahren Gottes, die Heilige Dreifaltigkeit.

Sehen wir, wie der Sohn Jesus uns den ewigen Vater offenbart hat.

[3] Vgl. die Überlegungen von *P. Aubin,* Dio - Padre - Figlio - Spirito, Turin 1978, 83f.

2. *»Keiner kennt den Vater als nur der Sohn«*

In einem Gebetskontext von großer geistlicher Dichte (»er jauchzte im Heiligen Geist«, sagt Lukas uns 10,21) stellt Jesus sich als den Offenbarer des Vaters dar: »Alles ist mir von meinem Vater übergeben worden. Und niemand kennt den Sohn als nur der Vater, und niemand kennt den Vater als nur der Sohn und wem der Sohn es offenbaren will« (Mt 11,27; Lk 10,22). Jesus macht eine äußerst intime Erfahrung mit seinem Gott, er nennt ihn mit dem Stammelwort »Abba«, an die 170mal in den Evangelien. Was heißt »mein lieber Vater«? Nur, daß Gott Vater der Schöpfer dieses frommen und prophetischen Menschen Jesus von Nazaret ist? Jesu Bewußtsein, das die synoptischen Evangelien erahnen lassen, sowie die Art, wie diese vom Evangelisten Johannes vertieft worden sind, weisen auf ein Geheimnis hin. Der Vater ist nicht der Schöpfer, sondern der Zeuger eines Sohnes. Jesus nennt Gott Vater, weil er sich als seinen Sohn fühlt. Die Beziehung von Vaterschaft und Sohnschaft ergibt sich aus der Zeugung. Jesu Satz »Alles ist mir von meinem Vater übergeben worden« (Mt 11,27) schließt das eigentliche Geheimnis ein: Der Sohn hat alles Sein vom Vater empfangen. Weil es so ist, kann der johanneische Jesus in aller Wahrheit sagen: »Was mein ist, ist dein, und was dein ist, ist mein« (Joh 17,10). Noch deutlicher zeigt er die völlige Einheit, die von der gegenseitigen Durchdringung und Gemeinschaft herrührt: »Ich und der Vater sind eins« (Joh 10,30). Dieses Bewußtsein Jesu ist seinen Gegnern nicht entgangen; sie beschlossen, ihn zum Tod zu verurteilen, »weil er Gott seinen Vater nannte und sich damit Gott gleichstellte« (Joh 5,18). Weil der Vater den Sohn zeugt, gibt es eine Priorität des Vaters; Jesus drückt sie mit einem Satz aus, der sich nur in einer trinitarischen Gottesauffassung recht verstehen läßt: »Der Vater ist größer als ich« (Joh 14,28). Weil er alles vom Vater empfängt, ist der Vater der Urquell; weil er jedoch alles hat, was der Vater hat, ist er ihm gleich. Deshalb: »Wer mich sieht, sieht den Vater« (Joh 14,9).

Gerade die Gottesbezeichnung »Abba« beweist die tiefe Intimität, die zwischen Jesus und seinem Vater besteht. Er sagt »mein Vater«. Er sagt, er sei »nicht allein, weil der Vater bei mir ist« (Joh 16,32; vgl. 8,29); mehr noch, er läßt die gegenseitige Durchdringung wissen: Der Vater ist in ihm und er im Vater (Joh 17,21).

3. *Im Namen des Vaters befreit der Sohn Jesus die Unterdrückten*

Jesus fühlt sich vom Vater gesandt. Der Vater ist das Vorbild seines Wirkens: »Der Sohn kann nichts von sich aus tun, sondern nur, wenn er den Vater etwas tun sieht« (Joh 5,19). Der Vater ist das Urbild des Erbarmens, der Aufnahme des verlorenen Sohnes und der Liebe zu den Geringen. Wenn Jesus selbst eine persönliche Option für die Armen und Verrandeten seiner Zeit getroffen hat, dann gewiß nicht aus einem bloßen humanitären Impuls heraus, sondern kraft seiner Begegnung mit dem Vater. »Wie der Vater die Toten auferweckt und lebendig macht, so gibt auch der Sohn das Leben, wem er will« (Joh 5,21). Deshalb heilt Jesus im Namen des Vaters, nimmt den Kampf gegen das legalistische Gottesbild des damaligen Judentums auf, setzt sich über den hochheiligen Sabbat hinweg (vgl. Mk 3,1–6). Im Verlauf seines Befreiungshandelns ruft Jesus Gott als Vater an.[4] Jesus arbeitet keine Lehre über den Vater aus. Er lebt die Erfahrung des Vaters in der Praxis der Annäherung an die Gefallenen, des Angebotes der Verzeihung für die Verlorenen und Umkehrbereiten, des Zusammenlebens mit Leuten, die als schlechte Gesellschaft gelten. Seine Praxis ist stets befreiend; so erwächst sie aus der Begegnung mit dem Vater. Während er ein Sabbatwunder rechtfertigt, offenbart er seine Grundhaltung gegenüber dem Vater: »Mein Vater wirkt bis jetzt, und ich wirke auch« (Joh 5,17).

Die große Sache des Vaters ist die Aufrichtung des Gottesreichs. Reich heißt hier nicht Gottes Herrschaft im Stil der Mächtigen dieser Welt. Es heißt Krönung der Güte, des Erbarmens, des Verzichts auf Übermacht um des Dienens willen. Es schließt die Erhöhung des Niedrigen und die Wiederherstellung des verletzten Rechtes ein. Das Reich Gottes setzt eine großartige und umfassende Befreiung voraus, deshalb ist sein Einbruch Frohe Botschaft. Dank der Gegenwart des Sohnes Jesus hat es schon begonnen, doch ist es noch auf einen Verwirklichungsprozeß hin offen, im Maße wie die Menschen ihm anhängen. Darum ist es stets Gegenstand der Hoffnung und des Gebetes: »Dein Reich komme« (Mt 6,10; Lk 11,2).

Das Reich des Vaters beginnt sich in der Geschichte und mitten unter den Menschen zu verwirklichen. Darum entdeckt Jesus dank seiner von Zärtlichkeit erfüllten Erfahrung den Vater auch in der Schöp-

[4] Vgl.: *Ch. Duquoc,* Dieu différent. Essai sur la symbolique trinitaire, Paris 1977, 43–60: Jésus, le non-théologien.

fung, in den Vögeln des Himmels, die nicht säen noch ernten und doch vom himmlischen Vater ernährt werden (vgl. Mt 6,26). Er sieht den Vater auch als Vorsehung, die väterlich die menschlichen Nöte kennt (Mt 6,32). Hier handelt es sich um die Wahrnehmung nicht des Schöpfers, sondern des Vaters, dessen Vaterschaft und Väterlichkeit in die Schöpfung einstrahlt und von Jesus kindlich erfaßt wird.

4. Die Vaterschaft als Basis universaler Geschwisterschaft

Es kommt darauf an, daß wir Gottes universale Vaterschaft recht verstehen. Üblicherweise faßt man die Vaterschaft als Konsequenz aus dem Schöpfungsmysterium auf. Der Vater hat alle geschaffen, deshalb sind alle Söhne und Töchter. Mit solcher Perspektive verbleiben wir jedoch noch innerhalb des Monotheismus, sei es der alttestamentliche, sie es der untrinitarische der Religionen: Wir schreiben Gott die Vaterschaft metaphorisch zu, weil er alle Wesen geschaffen hat. In trinitarischer Perspektive ist die Vaterschaft der Person des Vaters eigentümlich. Der Vater zeugt den eingeborenen Sohn. In dieser selben Liebe, mit der er den Sohn zeugt, gibt er allen übrigen Wesen ihren Ursprung im Sohn, durch den Sohn, mit dem Sohn und für den Sohn. So sind alle Bild und Gleichnis des Vaters und des Sohnes, in dem sie geworden sind (vgl. Joh 1,3; Kol 1,15–17). Alle Wesen haben teil an der Sohnschaft des eingeborenen Sohnes, sind Söhne und Töchter im Sohn (vgl. Röm 8,29). Weil sie alle Kinder sind, sind sie alle auch Geschwister in Teilhabe an der Sohnschaft des Sohnes Jesus Christus, des »Erstgeborenen unter vielen Geschwistern« (Röm 8,29). Solche Vaterschaft ist mehr als das Ergebnis der Schöpfung; sie leitet sich von der ewigen Zeugung des Sohnes her, in welchem alle seine Genossen mitgedacht und mitgeliebt sind, die durch Teilhabe und Adoption ebenfalls Söhne und Töchter des ewigen Vaters wurden. So sind die Menschen nicht bloße »Kreaturen« und dem trinitarischen Geheimnis äußerlich. Sie finden ihren Seinsgrund im Überfluß an Leben, Liebe und Gemeinschaft, der vom Vater ausgeht, im Sohn sich ergießt und im Heiligen Geist mündet. Wollen wir an dem Wort »Schöpfung« festhalten, dann müssen wir sagen: Der Vater schafft durch den Sohn in der Kraft des Heiligen Geistes. Dank dem eingeborenen Sohn sind alle Söhne und Töchter. Die Theologie hat die Unterscheidung zwischen eingeborenem Sohn und Adoptivkindern eingeführt, um den Unterschied zwischen dem göttlichen Quell und seinen Bildern und Gleichnissen außerhalb des Dreifaltigkeitskreises, in der Schöpfung, zu bezeichnen. Der Sohn ist nicht aus dem Nichts erschaffen, sondern aus der Substanz des Vaters gezeugt; die übrigen Wesen sind aus dem Nichts, aber im Sohn und in derselben Bewegung, durch die der Sohn empfangen und geboren wird. Diese Adoption ist nicht juristisch zu verstehen (als der Akt, durch den jemand einen Fremden in seine eigene Familie aufnimmt), sondern ontologisch, das heißt ganz unbildlich und real. Wir sind tatsächlich Söhne und Töchter im Sohn Jesus (vgl. 1 Joh 3,1).

Nach der Auferstehung schenkt Jesus uns das Bewußtsein dieser universalen Vaterschaft und Geschwisterschaft. Die Jünger nennt er »meine Brüder«, indem er sagt: »Ich steige auf zu meinem Vater und zu eurem Vater« (Joh 20,17). Jesu Vater wird unser Vater. Deshalb dürfen wir ihn anrufen als »Vater unser im Himmel«. Trinitarisch gesprochen: Der Vater zeugt das göttliche Leben in den Menschen. Sie werden wirklich und konkret Kinder im Sohn, der ewiglich im Gezeugtwerden begriffen ist. Die Unterscheidung zwischen »meinem Vater« und »eurem Vater« weist hin auf diese Unterscheidung zwischen der ewig-wesenhaften Zeugung und der zeitlich-adoptiven (aber wirklichen) Zeugung. Es gab Mystiker wie Meister Eckhart, die so weit gingen, von der ewigen Zeugung des Sohnes durch den Vater im Herzen der Kinder zu sprechen.[5] Mit anderen Worten: Ewig zeugt der Vater den Sohn, und zugleich mit dem Sohn entwirft er dessen Brüder und Schwestern, die nach seinem Bild und Gleichnis geschaffen sind. Indem er die Menschen als seine Söhne und Töchter liebt, zeugt der Vater wie in einem einzigen Akt den eigenen ewigen Sohn, die erste Frucht seiner Liebe.

Dieses trinitarische Verständnis der universalen Vaterschaft Gottes ist wichtig, um die Einseitigkeit der Vaterreligion zu vermeiden, die ich schon im ersten Kapitel kritisiert habe. In ihr wird Gott als der große Vater dargestellt, weil er Schöpfer von Himmel und Erde ist. Als solcher ist er die höchste Autorität des Alls. Von ihm leiten sich hierarchisch die übrigen religiösen und zivilen Autoritäten her. Angesichts dieser einzigen ewigen Autorität verstärkt sich auch die Tendenz, eine einzige Autorität in der Welt oder in den verschiedenen Bereichen der Welt zu haben: einen einzigen politischen Chef, einen einzigen militärischen Chef, einen einzigen gesellschaftlichen Führer, ein einziges religiöses Oberhaupt, einen einzigen Wahrheitsbringer usw. Gott wird als das große universale, einsame und einzige Überich hingestellt. Der

[5] *Meister Eckhart,* Predigt Nr. 7: Iusti vivent in aeternum (Weish 5,16), in: Deutsche Predigten und Traktate, hrsg. v. J. Quint, München 1977, 185.

Atheismus der fortgeschrittenen modernen Gesellschaften von heute bedeutet großteils nichts anderes als die Ablehnung eines derart autoritären Gottes der patriarchalischen Religion, der der menschlichen Freiheit im Wege steht.[6]

Wenn wir die göttliche Vaterschaft in der Vater-Sohn-Beziehung in der wahren Weise denken, nämlich um die Kindschaft der übrigen (Adoptiv-)Kinder vermehrt, entdecken wir die universale Gemeinschaft und Geschwisterschaft. Weil wir alle Söhne und Töchter im Sohn sind, weil der ewige Sohn durch die Menschwerdung zeitlicher Sohn Mariens wurde, deshalb sind wir in Wahrheit alle Brüder und Schwestern. Der Vater ist nie ohne den Sohn und die Söhne und Töchter. Wenn wir von dieser Bindung absehen, kommt es zum patriarchalischen Vater, der der Schöpfer aller, selbst aber einzig und allein ist, zu dieser politisch so manipulierbaren Konzeption, die dem autoritären System bzw. dem »Herrn, König oder Führer von Gottes Gnaden« sein ideologisches Fundament gibt. Das Patriarchat und der Paternalismus, die im Lauf der Geschichte die Armen so sehr erniedrigt haben, erfahren vom Vater Jesu Christi her ihre schärfste Kritik und Bestreitung. Jesus hat ganz klar gesagt: »Ihr sollt auf Erden niemanden Vater nennen, denn einer ist euer Vater, der im Himmel ist« (Mt 23,9). Von der universalen Kindschaft aus läßt sich die Gesellschaft von Brüdern und Schwestern errichten, alle miteinander Söhne und Töchter, vereint mit dem eingeborenen Sohn in Liebesgemeinschaft mit dem Vater.

Die wahre Religion des Vaters schließt stets den Sohn sowie die Söhne und Töchter im Sohn ein und verhindert deshalb die autoritären Abwege und die unterdrückerischen Bilder von Gott als dem absoluten Herrn, höchsten Richter und einsamen Vater.

5. Der mütterliche Vater und die väterliche Mutter

Gott Vater nennen heißt nicht sexistisch sprechen. Wohl verstanden, schließt es auch den Mutternamen ein, denn »Vater« bedeutet das einzige Zeugungsprinzip. Dieses Prinzip kann vom Vater oder von der Mutter dargestellt werden, was bei der menschlichen Fortpflanzung der Vaterschaft bzw. der Mutterschaft entspricht. Schon mit ihrer Ter-

[6] Vgl.: *H. de Lubac,* Athéisme et sens de l'homme, Paris 1968; *C. Fabro,* Introduzione all'ateismo moderno, Rom 1964; *Versch.,* L'ateismo contemporaneo, 4 Bde., Turin 1968 ff.

minologie deutet die Tradition eine übergeschlechtliche Vater-Vorstellung an. So sagt man, daß der Sohn vom Vater gezeugt und nicht geschaffen wird, aus dem Vater geboren und nicht vom Vater gemacht wird. Erzeugt und geboren werden kann als Ursprung auch die Mutter haben. So stellt etwa das Elfte Konzil von Toledo (675) bezeichnenderweise fest: »Unser Glaube ist: nicht ist der Sohn aus dem Nichts oder aus einer anderen Wesenheit gezeugt oder geboren worden, sondern *aus dem Schoß des Vaters,* das heißt aus dessen Wesenheit« (DS 526/ NR 268). Hier hat der Vater mütterliche Züge. Nur vermittels der irdischen Gestalten von Vater und Mutter können wir den ganzen Reichtum der göttlichen Vaterschaft darstellen. Ohne das dogmatische Verständnis zu verletzen, können wir deshalb sagen, daß der Vater bei seiner Zeugung des Sohnes und bei seiner Hauchung (zusammen mit dem Sohn) des Heiligen Geistes auch Mutter heißen darf. Um den Andeutungen der biblischen Sprache gerecht zu werden, die Gott sowohl mit väterlichen als auch mit mütterlichen Zügen darstellt, sagen wir dann besser, daß der Vater mütterlich und die Mutter väterlich ist.[7]

In der Tat stellt schon das Alte Testament Gottes Liebe zu seinem Volk verschiedentlich unter der Gestalt der Mutter dar. »Kann eine Frau ihr Kindlein vergessen, eine Mutter den Sohn ihres Schoßes?« (Jes 49,15). Zärtlichkeit und Trost sind Ausdruck der Mutterliebe. Und das Prophetenwort sagt: »Wie eine Mutter ihr Kind tröstet, so werde ich euch trösten« (Jes 66,13). Eines der Grundkennzeichen des Offenbarungsgottes ist sein Erbarmen (vgl. Ex 33,19; 34,6–7). Dieses Erbarmen wird durch die Figur der mütterlichen Eingeweide (rahamim) dargestellt.[8] Im Gleichnis vom verlorenen Sohn läßt die Reaktion des Vaters auf seinen reuig heimkehrenden Sohn an mütterliche Gefühle denken: »Schon von weitem sah ihn sein Vater; er ward in seinen Eingeweiden erschüttert, lief ihm entgegen, fiel ihm um den Hals und küßte ihn« (Lk 15,20). Solche Züge sind väterlich und mütterlich zugleich. Das Erbarmen ist die große Vollkommenheit des mütterlichen Vaters, die Jesus uns nachahmen heißt: »Seid barmherzig, wie euer

[7] Vgl.: *J. Moltmann,* Der mütterliche Vater. Überwindet der trinitarische Patripassianismus den theologischen Patriarchalismus? in: Concilium 17 (1981) 209–213; *ders.,* Ich glaube an Gott den Vater. Patriarchalische oder nichtpatriarchalische Rede von Gott, in: Evangelische Theologie 43 (1983) 397–415; *L. M. Armendariz,* El Padre maternal, in: Estudios Eclesiásticos 58 (1983) 249–275; siehe auch das einschlägige Werk von *M. Daly,* Jenseits von Gott Vater Sohn & Co, München 1980.

[8] Vgl. hierzu auch die Enzyklika *Johannes Pauls II.* »Dives in misericordia«, Nr. 4, Anmerkung 52 (Verlautbarungen des Apostolischen Stuhles 26, Bonn 1980, 13–15), wo biblische Texte über den mütterlichen Aspekt Gottes gesammelt sind.

Vater barmherzig ist« (Lk 6,36). Mit einem Wort: Um zu kennzeichnen, wer der Vater ist, genügen die Züge des irdischen Vaters nicht, wir müssen sie um die Vollkommenheiten der Mutter ergänzen. Jesu Vater ist nur Vater, wenn er auch Mutter ist. In ihm finden sich die Kraft der Vaterliebe und die Zartheit der Mutterliebe vereint. Nur wenn wir beide Gestalten, Vater und Mutter, als ewige zusammennehmen, drücken wir das aus, woran wir glauben: Es gibt ein letztes bergendes Geheimnis, Quell und Prinzip von allem, das uns zur Gemeinschaft einlädt, von dem alles herkommt und zu dem alles hingeht: Vater und Mutter im Himmel. In Gemeinschaft mit dem ewigen Vater und der ewigen Mutter werden die Trennungen und Knechtschaften überwunden; gestiftet wird das Reich des Vertrauens der Söhne und Töchter, die freie und gleiche Mitglieder der göttlichen Familie sind. Jesus lehrte uns, »Abba« zu rufen. Der Sohn hat uns unsere eigene Kindschaft geoffenbart. Das absoluteste Geheimnis (Vater) wird nahe und intim (in den Söhnen und Töchtern und im menschgewordenen Sohn). Was können wir nun aber vom Vater an sich selbst, in seiner Ewigkeit, sagen?

6. Der Vater in der immanenten Trinität: Der Ursprung ohne Ursprung

Aufgrund dessen, was uns der Sohn über seinen Vater gesagt hat, können wir etwas vom Geheimnis des Vaters in der immanenten Dimension der Dreifaltigkeit ahnen. Wenn die Theologie von Gott dem Vater spricht, will sie sich auf das absolute und unergründliche Geheimnis beziehen, das aller göttlichen und geschaffenen Wirklichkeit zugrunde liegt. Es handelt sich stets um ein Geheimnis des Lebens, der Gemeinschaft und des Ausbruchs in alle Richtungen. Von diesem Liebesgeheimnis aus soll alles übrige erleuchtet und verstanden werden. Die Texte des Lehramts sprechen von ihm als dem Ursprung ohne Ursprung (DS 1331); was immer es hat, hat es seit aller Ewigkeit aus sich selber (DS 1331), dem Quell und Ursprung aller Gottheit (DS 490, 525, 3326). Die Griechen sagten, der Vater sei der Ursprungsgrund (arche) und der Urquell (pege) von allem im Kreis der Dreifaltigkeit und der Schöpfung. Die Lateiner übersetzten diese beiden Begriffe mit »principium«, Ursprung. Bekanntlich ist nach der Auffassung der orthodoxen Kirche der Vater Gott im eigentlichen Sinn. Ohne etwas zu verlieren, überträgt er die Fülle seiner Gottheit auf den Sohn und den Heiligen Geist. Diese Zentrierung der Gottheit im Vater konnte ein subordinatianisches Verständnis nicht durchweg ausschließen. Die liturgischen Formulierungen der Alten Kirche behielten eine gewisse Zweideutigkeit hinsichtlich der Wesensidentität der drei göttlichen Personen. Die liturgische Doxologie hieß anfangs: »Ehre sei dem Vater durch den Sohn im Heiligen Geist.« Um die Gottheit auch des Sohnes und des Heiligen Geistes zu betonen, hat Basilius sie abgeändert: »Ehre sei dem Vater samt dem Sohn mit dem Heiligen Geist.«[9] Doch auch so erschien die Gleichheit der Natur-Gemeinschaft noch nicht klar genug. Schließlich gelangte man zur heutigen Formulierung: »Ehre sei dem Vater und dem Sohn und dem Heiligen Geist«; hier kommt die Gleichheit der Natur-Gemeinschaft der göttlichen Drei voll zum Ausdruck.

Dieses undurchdringliche Geheimnis schenkt sich als Verständlichkeit, als Licht, das alles erleuchtet und durchsichtig macht, als höchster Sinn. Dies ist der vom Vater gezeugte Sohn. Der Sohn ist ein anderer, aber nichts anderes als der Vater. Deshalb hat der Sohn alles, was der Vater hat, in Gemeinschaft und gegenseitiger Durchdringung, mit Ausnahme dessen, daß der Vater Vater ist. Der Vater übermittelt dem Sohn auch die Macht, den Heiligen Geist mitzuhauchen. Der Unterschied (Vater/Sohn) ermöglicht eine Beziehung der Gemeinschaft, des Einverständnisses, der Liebe, der gegenseitigen Hingabe. So kommt es zur Einung und zum Wechselgeschenk. Dies ist der Heilige Geist. Somit wird der Vater durch zwei Ursprungsbeziehungen bestimmt: den Sohn und den Heiligen Geist.

Wie ich schon früher feststellte, ist dieses von Kausalität bestimmte Denken tief analog. Es darf uns nicht den Eindruck einer Ableitung erwecken, als wären wir auf dem Gebiet der Kosmologie. Auf diesem stellt sich immer die Ursprungsfrage: Woher kommt die Welt? Die Annahme einer unendlichen Kette von Kausalitäten ist unmöglich; deshalb schließen wir mit einer letzten und transzendenten Ursache alles Seienden. Im Dreifaltigkeitskreis dagegen kann es so nicht sein. Hier ist alles ewig und zugleich. Vater, Sohn und Heiliger Geist sind zugleich und ursprünglich da. Mit Recht lehrte das Elfte Konzil von Toledo (675): »Wir bekennen auch den Sohn, der aus dem Wesen des Vaters ohne Anfang vor der Zeit geboren . . . wurde« (DS 526/NR 268). Dasselbe gilt für den Heiligen Geist, wie das Vierte Laterankonzil (1215) betonte: ohne Anfang, immerwährend und ohne Ende, gleichen Wesens, gleicher Vollkommenheit, gleich allmächtig und gleich ewig (DS 800/NR 277; vgl. DS 850, 1331, 1986). Die Hervorgänge und Ab-

[9] *Basilius,* De spiritu sancto 6f. (SChr 17, 286–301).

leitungen voneinander sind grundlegend für ein Denken, das von Gottes Einheit und Identität ausgeht. Gehen wir direkt vom trinitarischen Glauben an den christlichen Gott aus, der gleichursprünglich Vater, Sohn und Geist ist, dann erscheint die Einheit als Ausdruck der ewigen Gemeinschaft und wesenhaften Durchdringung von Leben und Liebe zwischen den göttlichen Dreien. Diese Vorstellung erfaßt meines Erachtens besser die christliche Neuheit des Primats von Liebe und Gemeinschaft bei unserem Zugang zu Gott und beim Verständnis dessen, was Gott in sich selber ist: ewige Gemeinschaft der ewigen Personen.

Das Denken in Hervorgängen behält seinen Sinn; denn es hält am Sprachgebrauch des Neuen Testaments und der Theologie des kirchlichen Lehramts fest; andererseits gibt es auf analoge Weise eine dem Menschengeist annehmbare Auffassung der Personendreiheit wieder, ohne Gott dabei zu vervielfachen; Gottes Einheit und Einzigkeit bleibt gewahrt. Wie könnten wir überdies vom Letzten und Unsagbaren sprechen, ohne auf die heiligsten Grenzbegriffe unserer Sprache zurückzugreifen, die der Zeugung des Lebens und der Gemeinschaft in der Liebe? Das Denken, das sich an die Hervorgänge hält, zeigt zugleich den Unterschied in Gott und auch die gegenseitige Bezogenheit, die Reziprozität der Personen. Eine ist nicht die andere, aber wesenhaft an die andere gebunden. Der Vater wird immer Vater des Sohnes sein, der Sohn wird ewig derselben Natur wie der Vater und in unendlicher Gemeinschaft mit ihm sein. Der Geist ist seit jeher und für immer das Geschenk des Vaters und des Sohnes. Dieser Liebeskreis schließt sich nicht in sich selber zu, sondern öffnet sich auf das All der Schöpfung hin, als den Ausdruck des innertrinitarischen Lebensüberflusses über das Gegenüber der Personen hinaus, so daß es zu anderen Unterschiedenen kommt, in denen Gott ebenfalls in Gemeinschaft und Liebe sein kann.

Die großen Theologen, welche die trinitarische Terminologie schufen und sich ins Allerheiligste Geheimnis versenkten, waren sich des Dunkels dessen bewußt, was wir Hervorgänge nennen. Hilarius von Poitiers, Verfasser eines wichtigen Traktates über die Dreifaltigkeit, schreibt: »Beide besitzen also die geheimnisvolle Beziehung zu dieser Geburt. Und wenn vielleicht jemand es seiner Erkenntniskraft zuschreibt, das Geheimnis dieser Zeugung nicht erreichen zu können, da doch der Vater (als solcher) unumstößlich erkannt ist und auch der Sohn, der wird mit um so größerem Schmerz auch mein Nichtwissen vernehmen. Ich weiß nicht, ich suche nicht, aber dennoch finde ich

Trost. Die Erzengel wissen es nicht, die Engel erfahren es nicht, die Jahrtausende fassen es nicht, Prophetengeist hat es nicht erfahren, der Apostel hat nicht gefragt, der Sohn selbst hat es nicht preisgegeben. Aufhören mögen schmerzliche Klagen!«[10]

Gregor von Nazianz sagt mehr oder minder dasselbe, und zwar mit einer gewissen Nervosität gegenüber denen, die wenig Gespür für das Geheimnis haben: »Wie wird der Sohn gezeugt? Ich antworte mit der Verachtung, die solche Frage verdient: Der Zeugung Gottes gebührt die Ehre des Schweigens. Es ist schon viel für dich, daß der Sohn gezeugt ist. Was das Wie angeht, das zu wissen ist nicht einmal den Engeln vergönnt und erst recht nicht dir. Soll ich dir erklären, wie? So wie der Vater es weiß, der den Sohn zeugt; so wie der Sohn es weiß, der gezeugt wird. Alles übrige verbirgt sich hinter einer Wolke, entzieht sich deiner Kurzsichtigkeit.«[11] Wenn wir von Zeugung sprechen, obwohl wir doch nicht genau wissen, was das heißt, so deshalb – betont Gregor –, weil die Begriffe »Vater« und »Sohn« es uns nahelegen. Indem wir Gott Vater nennen, Ursprung ohne Ursprung, Quellgrund von allem, wollen wir sagen, daß Gott nie allein ist. Wenn er auch unabhängig von der Schöpfung existiert, ist der Vater doch nie ohne den Sohn, ist er undenkbar ohne den Sohn; zwischen ihnen ist eine Wechselbeziehung in Kraft, wie sie ähnlich zwischen Vaterschaft und Sohnschaft besteht.

7. Die Ökonomie des Vaters

Mit diesem Ausdruck, »Ökonomie des Vaters«, wollen wir auf folgende Frage antworten: Wie erscheint der Vater als Vater in der Schöpfung? Ökonomie bedeutet Wirkweise und Wirkprozeß des Vaters bei der Schöpfung und bei der Erlösung der Menschen. Aufs neue müssen wir den Geheimnischarakter anerkennen, der diese Überlegung umgibt. Der Vater ist an sich selbst unsichtbar und unsagbar; denn er ist das Prinzip, von dem aus alles übrige existiert und verstanden wird. Begreifen heißt immer, etwas schon Abgeleitetes begreifen. Der Ursprung jedoch ist definitionsgemäß unzugänglich. Trotz dieser unübersteigbaren Schranke können wir aber doch einige Spuren des Vaters in der Schöpfungsordnung gewahren. Oben haben wir betrach-

[10] *Hilarius von Poitiers,* De trinitate II 9 (CCL 62, 46f.; dt.: BKV II/5, 113f.).
[11] *Gregor von Nazianz,* Oratio 29,8 (PG 36, 83f.).

tet, wie die Schöpfung Frucht der ewigen Liebe des Vaters zum Sohn ist. Im Zeugen des Sohnes entwirft er zugleich die möglichen »Nachahmungen«, die Söhne und Töchter im Sohn. Im innertrinitarischen Kreis erscheint die Schöpfung bereits als ewig erdacht und geliebt, eben in demselben Akt, durch den der Sohn gedacht und geliebt wird. Mithin können wir sagen, daß die Erschaffung des Alls der Dinge und Menschen grundsätzlich dem Vater zukommt. Ausgehend von der ewigen Fruchtbarkeit des Vaters (er zeugt den Sohn und haucht zusammen mit dem Sohn den Geist), ist die Schöpfung das Werk der ganzen Dreifaltigkeit. Die Schöpfung ist also nicht nur die Wirkung eines späteren Aktes des ewigen Willens, sondern sie ist ein Ausdruck innerperichoretischen Lebens Gottes, das sich ausweitet, Unterschiedene schafft, um sich ihnen selbst mitzuteilen und mit ihnen in Gemeinschaft treten zu können.

Alles, was mit Schöpfung und Ursprung zu tun hat, ist Ausdruck der unsagbaren Gegenwart des Vaters. Das Entstehen des menschlichen Lebens ist ein Geheimnis der Zärtlichkeit: Sakrament, das uns auf die ewige Fruchtbarkeit des Vaters hinweist. Das Auftauchen eines neuen Wesens, selbst unterhalb des Menschlichen, erweckt die dem Geheimnis gebührende Ehrfurcht, ist ein Zeichen der Gegenwart des Vaters in seiner Schöpfung.

Alles, was das Mysterium betrifft, das immer neu unser Verständnis überfordert, alles, was sich uns ins blendende Licht hinein entzieht und deshalb nicht zu enträtseln ist, hat mit dem Vater zu tun. Die Geheimnishaftigkeit des Entstehens der Welt, die Undurchdringlichkeit des Sinnes des geschichtlichen Weges der Menschen, die abgründige Tiefe des Herzens eines jeden Menschen verweisen auf das Geheimnis des Vaters.

Gleicherweise zur Ökonomie des Vaters gehört die Epoche der menschlichen Unwissenheit hinsichtlich der wirklichen dreifaltigen Natur Gottes. Wird Gott von den Menschen zwar entdeckt und geliebt, aber unter den dunklen Formen einer kosmischen, inneren und zugleich transzendenten Macht, als Geheimnis, das die Existenz der Welt und des Lebens noch namenlos durchdringt, so ist dies das Erscheinen des Vaters in der Geschichte. Der »unbekannte Gott« der Religionen, der Jahwe der jüdische Erfahrung war in Wirklichkeit kein anderer als der ewige Vater, der sich unter tausend Namen vor den Menschen offenbarte und verbarg. Es gehört zur Ökonomie des Vaters als absoluten Mysteriums, daß er erlebt wird, ohne bewußt benannt zu werden. Es ist der verborgene Quell aller Ströme. Sie verweisen auf den Ursprung, doch er selbst bleibt in den Strömen verborgen und unsichtbar.

Schließlich gehört zur Ökonomie des Vaters das Bekenntnis, daß wir das Sein von einem anderen, von Gott, empfangen. Jesus hat hier, wie wir schon erwogen haben, seine Grunderfahrung gemacht. Sich als abkünftig anzunehmen, sich innerlich dem Geheimnis verbunden zu fühlen, das uns bewohnt, das macht es möglich, Gott Vater zu nennen. Wir wissen, daß dieser Prozeß unter dramatischer Spannung steht, denn die Sehnsucht läßt uns nach Unsterblichkeit und Allmacht verlangen; infantile Regression stellt uns den Vater als Zuflucht in unseren Ängsten bei der Bewältigung des Lebens vor und als utopische Verwirklichung unserer frustrierten und verdrängten Wünsche.[12] So ergibt sich der Vater als eine Phantasiefigur, die niemals der Vater der christlichen Erfahrung sein wird. Wenn wir unsere Herkunft und Grenze annehmen (wir sind weder unsterblich noch allmächtig), wenn wir uns unsere Kindschaft gefallenlassen, dann können wir Gott frei als Vater benennen und anrufen; dann erscheint der Vater als Geheimnis unseres Ursprungs, den wir weder vergessen noch verdrängen, sondern annehmen und achten als den Quell des Seins, des Lebens, des Sinnes, der unsere begrenzte Existenz erhält.[13] Gott erscheint als Vater, sobald wir uns im Glauben als Geschwister des Bruders Jesus, des eingeborenen Sohnes, wissen. Da wir Söhne und Töchter im Sohn sind, ist unser Ursprung nicht auf einen Liebesakt des schaffenden Vaters reduziert, sondern gehört zum ewigen Akt der Zeugung des Sohnes, der in uns, seinen jüngeren Brüdern und Schwestern, sein Echo hat. Unser Ursprung verliert sich ins Geheimnis des Vaters hinein.

Der Vater erscheint nicht nur in dieser ontologischen Dimension, insofern er der Grund unseres Seins und die letzte Antwort auf die Frage nach unserem Ursprung ist. Er ist Vater auch im Befreiungsprozeß der Unterdrückten. Es geschah bei der Befreiung aus der Sklaverei, daß Israel Jahwe als Vater entdeckte: »Abraham weiß nicht von uns, und Israel kennt uns nicht; du, Herr, bist unser Vater, und seit jeher nenne ich dich unseren Erlöser« (Jes 63,16). Jahwe wird als Vater erlebt in dem Maße, wie er ein Volk gründet, und mehr noch, wie er das Volk aus der Unterdrückung befreit. Der Vater hört das Schreien seiner erniedrigten Kinder, er greift in die Geschichte ein und führt sie – die

[12] Vgl.: *P. Ricoeur,* Die Vatergestalt – Vom Phantasiebild zum Symbol, in: ders., Hermeneutik und Psychoanalyse. Der Konflikt der Interpretationen II, München 1974, 315–353.
[13] Vgl.: *J. M. Pohier,* Au nom du Père, Paris 1972.

Sklaven – zur Freiheit von Kindern zurück: So zeigt er seine Schöpferkraft. Er ist der Gott der Befreiung, »goel«, Rächer der Ausgeplünderten. Weit entfernt davon, paternalistisch zu sein, läßt dieser Vater-Gott seine Kinder los, wie er auch den Sohn Jesus freigegeben hat, auf daß sie die eigene Aufgabe anpacken, ihre Ketten abschütteln und in seinem Namen das Freiheitsreich der Söhne und Töchter Gottes erbauen.

Schließlich erscheint der Vater als Schirmherr und Schützer der Kleinen, jener, die ganz und gar verlassen sind, wie die Waisen, die Witwen, die Fremden und die aller Rechte Beraubten. Der Vater aller Menschen wird gerade diesen ein vertrauter Freund; denn als Spender aller Güter, vor allem des Lebens, verteidigt und schützt er sie und macht die Sache dieser Letzten der Erde zu der seinen. Sein eingeborener Sohn hat sie zu den ersten Empfängern seiner Botschaft und zu den privilegierten Inhabern der Güter des Gottesreichs gemacht, ja sich zuletzt mit ihnen identifiziert. Der Vater wird am stärksten in denen gegenwärtig, deren Kindschaft am meisten mißachtet und mit Füßen getreten wird. Nur Menschen, die aus Unterdrückungen befreit worden sind, können Zeichen für die allumfassende Vaterschaft und Geschwisterschaft sein.

X. *Ehre sei dem Sohn, dem Mittler umfassender Befreiung*

Dem Vater zur Seite steht der Sohn, den wir mit den Worten des nizäno-konstantinopolitanischen Credos preisen als »eingeborenen Sohn, aus dem Vater geboren vor aller Zeit, Gott von Gott, Licht vom Lichte, wahren Gott vom wahren Gott; gezeugt, nicht geschaffen, eines Wesens mit dem Vater« (DS 150/vgl. NR 250). Zweierlei wird hier behauptet: Der Sohn wird erstens aus dem Vater geboren, deshalb ist er Gott wie der Vater, doch als Sohn von ihm verschieden; der Sohn ist nicht der Vater, obwohl er vom Vater stammt; zweitens wird gesagt, daß dieser eingeborene Sohn mit dem Vater wesenseins ist. Dieser Ausdruck »wesenseins« (homousios) will Gottes Einheit gewährleisten. Der Sohn ist kein zweiter Gott, sondern dank der Gemeinschaft in derselben einzigen Natur ist er der eine Gott. Die Wesenseinheit meint noch mehr: Sie will die Durchdringung von Vater und Sohn betonen. Der Vater kann nicht ohne den Sohn existieren, so wie der Sohn nicht ohne den Vater existieren kann. Vater und Sohn werden in der Gottheit nicht zusammengezählt, sondern erfordern einander und sind so der eine Gott.

Wenn man vom Sohn spricht, so ist der Begriff »Sohn« streng trinitarisch; jeder Vergleich mit menschlicher Sohnschaft ist nur analog. Deshalb unterstreicht das Credo, daß der Sohn nicht geschaffen, sondern aus der Substanz (Natur oder Wesenheit) des Vaters gezeugt und geboren ist. Aus diesem Grunde besitzt er alles mit dem Vater gemeinsam, ausgenommen die Vaterschaft (sonst wäre der Sohn ein zweiter Vater). Der Kosmos wird, wie wir im vorigen Kapitel gesehen haben, im Sohn entworfen, aber als mögliche »Nachahmung«, als zur Ehre der ganzen Dreifaltigkeit erschaffener Genosse. Dieser Sohn – so bekennen wir – ist Mensch geworden und hat gelitten unter Pontius Pilatus. Sehen wir kurz, wie der menschgewordene Sohn, Jesus von Nazaret, sich als Sohn erwiesen hat. Wir dürfen nie vergessen, daß alle Behauptungen des Credo über den eingeborenen Sohn des Vaters sich stets auf Jesus von Nazaret beziehen. Wie hat Jesus seine Sohnesbeziehung zum Vater menschlich gelebt? Wie hat er, indem er sie lebte, uns geoffenbart, daß auch wir Söhne und Töchter im Sohn sind? Aus der ökonomischen Sohnschaft können wir in etwa die immanente Sohnschaft ahnen. Wir setzen bei der ökonomischen Sohnschaft an und gehen dann zur ewigen Sohnschaft über.

1. Wie Jesus sich als der Sohn dargestellt hat

Ich will nicht wiederholen, was schon im zweiten Kapitel steht. Der Hinweis auf einige Daten mag genügen. Die Forscher stimmen im großen und ganzen darin überein, daß Jesu Identifikationstitel (Messias, Gottessohn, Herr usw.) nachösterlichen Ursprungs sind.[1] Deshalb ist es exegetisch schwierig, die authentischen Aussagen ausfindig zu machen, durch die Jesus von Nazaret sein Selbstbewußtsein als eingeborener Sohn des Vaters kundgetan hat. Allgemein läßt sich sagen, daß es Jesus nicht darauf ankam, sich als befreiender Messias oder als ewiger Sohn hinzustellen (so formuliert, hätten diese Wirklichkeiten bei seinen Hörern gewiß nur Skandal erregt), vielmehr als der zu handeln, der mit befreiender Kraft begabt ist und der die besondere Freiheit dessen in Anspruch nimmt, der in Gottes Namen spricht und sich als von Gott herkommend versteht. Doch meine ich, daß aus dem Neuen Testament insgesamt eine Gestalt Jesu hervortritt, die angemessen nur gedeutet werden kann, wenn man die Kategorien des Göttlichen gebraucht.[2] Die Auferstehung ist in diesem Sinn der leuchtende Glanz des Geheimnisses Jesu. Von diesem einzigartigen und endgültigen Geschehen aus lassen sich die Behauptungen rechtfertigen, daß er von göttlicher Art (Phil 2,6) und der in die Welt gesandte ewige Sohn ist (Gal 4,4; Röm 8,3; Joh 3,6).

Wir wissen um die tiefe Innigkeit, mit der Jesus sich dem Vater öffnete. Wer Gott Abba nennt, fühlt sich zweifellos als sein Sohn. Die synoptischen Evangelien legen Jesus jedoch nie den Ausdruck »Sohn Gottes« in den Mund. Nur die Dämonen (Mk 3,11; 5,7), die himmlischen Stimmen bei Jesu Taufe und bei seiner Verklärung (Mk 1,11; 9,7) und Petrus bei seinem Bekenntnis – das als eine gött-

[1] Hierzu *W. Kasper:* »Es besteht heute ein sehr breiter Konsens unter den Exegeten darüber, daß die neutestamentliche Christologie ihren Ausgangspunkt und Urgrund im Glauben seiner Jünger besitzt, daß Jesus, der Gekreuzigte, von den Toten auferweckt worden ist. Demnach hat es vor Ostern noch kein ausdrückliches christologisches Glaubensbekenntnis gegeben. Alle die biblischen christologischen Hoheitstitel: Christus (Messias), Erlöser, Gottesknecht, Gottessohn u.a. sind nachösterliche Bekenntnisaussagen, die Jesus selbst für sich nicht ausdrücklich in Anspruch genommen hat« (Der Gott Jesu Christi, Mainz 1982, 209f.).

[2] Vgl.: *L. Boff,* Jesus Christus, der Befreier, Freiburg/Br. – Basel – Wien 1986, 126–139.

liche Offenbarung gewertet wird (vgl. Mt 16,16f) – behaupten, daß Jesus Gottes Sohn ist. Die Masse der Spötter unter dem Kreuz schreibt Jesus den Satz zu »Ich bin Gottes Sohn« (Mt 27,43); wie die Exegese gezeigt hat, handelt es sich aber um einen Zusatz des Evangelisten.

Zweimal jedoch wird der absolute Ausdruck »Sohn« von Jesus gebraucht: »Jenen Tag oderjene Stunde kennt niemand, auch nicht die Engel des Himmels, nicht einmal der *Sohn,* sondern nur der Vater« (Mk 13,32); »Alles ist mir von meinem Vater übergeben worden, und niemand kennt den Sohn als nur der Vater, und niemand kennt den Vater als nur der Sohn und wem der Sohn es offenbaren will« (Mt 11,27). Vor allem diese letzte Stelle läßt Jesu Selbstbewußtsein erahnen, auch wenn der Ausdruck »Sohn« zur Zeit Jesu keine messianische Bedeutung hatte. Johannes übernimmt den Titel »Sohn« und macht ihn zur theologischen Hauptachse der Identifizierung Jesu. Es ist nicht so sehr eine Lehre über den Vater, auch nicht eine Reflexion über den Sohn, was Jesus uns mitteilt. Er zeigt eine Praxis, verhält sich sohnhaft: Hier erscheint konkret der Sohn.[3]

2. *Wie Jesus sich sohnhaft verhielt*

Schon im zweiten und im vorigen Kapitel habe ich die Weise beschrieben, wie Jesus den Vater geoffenbart hat: in einer befreienden Praxis, im Namen des Vaters handelnd, die Freiheit des Sohnes in Anspruch nehmend und uns das Bewußtsein gebend, daß auch wir Söhne und Töchter im Sohn sind. Ich will diese Befunde hier nicht wiederholen, sondern nur an einige zusammenfassende Perspektiven erinnern.

Vor allem anderen verhält Jesus sich als Sohn beim Gebet.[4] Häufig berichten die Evangelien (besonders Lukas), daß Jesus sich des Nachts an einsame Stätten oder in die Berge zurückzog, um zu beten. Die apostolischen Zeugnisse haben uns das Geheimnis dieser Alleingespräche Jesu nicht überliefert. Aufgrund der wenigen Gebete, die von Jesus erhalten geblieben sind, können wir gewiß annehmen, daß sie von tiefer Intimität gewesen sind. Er ruft Gott zärtlich als »mein lieber Vater« an. Sohn dieses Gottes und von ihm in die Welt gesandt – so

[3] Vgl.: *J. Sobrino,* Cristología desde América Latina, Salamanca 1978, Kap. IV–V; *ders.,* La aparición del Dios de vida en Jesús de Nazaret, in: Versch., La lucha de los dioses. San José 1980, 79–121.

[4] Vgl.: *G. Gutiérrez,* Aus der eigenen Quelle trinken. Spiritualität der Befreiung (Fundamentaltheologische Studien 12), Mainz 1986, 44–64.

fühlt er sich. Er macht sich Gottes Sache zu eigen: sein Reich; und das meint kein Territorium, sondern eine Handlungsweise Gottes, welche die Schöpfung von allem Entstellenden befreit und mit göttlicher Herrlichkeit erfüllt. Gottes Handeln – so hat schon das Alte Testament erhofft – beginnt bei den Letzten und den Armen, gibt ihnen Leben und Würde zurück. Wenn Gott in seine Schöpfung eingreift, blüht die Gerechtigkeit auf, erstrahlt das Recht, lächelt das Leben. Wo Jesus handelt, fühlt er sich als Erzeuger dieser Güter. Er tritt nicht wie jemand auf, der einen persönlichen Plan durchsetzt, sondern als einer, der einen Auftrag ausführt – den des Vaters. In seinem Gehorsam ist er der Sohn, nicht unterjocht, sondern in freier Zustimmung zum Willen des Vaters. Niemand war freier als Jesus. Weil er sich als Sohn des Vaters fühlt, nimmt er sich die Freiheit und ißt mit den Sündern, um ihnen Vertrauen auf das göttliche Erbarmen zu geben, bricht mit unterdrückenden Gesetzen und deutet die Tradition neu.

Jesus zeigt, daß er Sohn ist, nicht nur dank seiner Intimität mit dem Vater, die auf seine ewige Zeugung hindeutet, sondern er lebt auch die Sohnesfreiheit. Für das Neue Testament ist »Sohn« der Gegensatz von »Sklave«. Jesus versteht sich als Sohn, weil er vom Vater die Freiheit empfangen hat. Diese Freiheit schenkt er den Männern und Frauen seiner Umgebung; deshalb befreit er sie von ihren Krankheiten, von den verschiedenen Unterdrückungen, die das Leben zeichnen, von Sünde und Tod. Der johanneische Jesus sagt nachdrücklich: »Wer die Sünde tut, ist Sklave der Sünde. Der Sklave bleibt aber nicht ewig im Haus, der Sohn bleibt ewig. Wenn also der Sohn euch frei macht, werdet ihr wirklich frei sein« (Joh 8,34–36). Eine der grundlegendsten Haltungen Jesu war es, als Sohn im Namen Gottes Sünden zu vergeben, die Menschen von der Ungerechtigkeit zu befreien, welche die Wahrheit gefangenhält und den Zugang zu Gott zerstört, das Antlitz des Vaters verdunkelt und das Gesicht des anderen entstellt, der nicht mehr als Bruder oder Schwester anerkannt wird. Jesus macht sich zum großen Befreier von dieser schlimmsten Unterdrückung. Die Freiheit, welche die Vergebung mit sich bringt, ist die der Kinder, die Gott als Vater wiederfinden. Paulus hat das gut gesehen, als er schrieb: »Ihr habt nicht den Geist der Sklaverei empfangen, so daß ihr wieder in Angst fallen müßt, sondern ihr habt den Geist der Annahme an Sohnes Statt empfangen, in dem wir rufen: Abba, Vater« (Röm 8,15). Daß wir Gott Abba nennen dürfen, ist Beweis dafür, daß wir keine Sklaven mehr sind, sondern freie Söhne und Töchter, befreit für die Verheißungen des Gottesreichs (vgl. Gal 4,6–7).

Jesus erweist sich als Sohn auch in Gehorsam und Widerstand.[5] Seine Botschaft, seine Praxis und das neue Gottesbild, das er mitteilt, rufen im damaligen Judentum einen Konflikt hervor. Jesus wird mit dem Tode bedroht. Er setzt seinen Weg fort, widersteht allen Versuchungen und bleibt der Sache des Vaters gehorsam. Dieser Gehorsam bis zum Tode am Kreuz drückt die radikale Treue des Sohnes zum Vater aus. Auf die höchste Probe wird er gestellt, als er sich entschließt, das eigene Leben unter der Folter und am Kreuz hinzugeben. Die Auferstehung offenbart die Herrlichkeit des Vaters und tut auch die verborgene Herrlichkeit des Sohnes kund. Solange er unter uns lebte, erschien er in der Gestalt des Knechtes, des Wanderpropheten, des Meisters des gotterfüllten Wortes, des Wundertäters zur Befreiung der Unterdrückten. Jetzt, in seiner Auferstehung und Erhöhung, bricht die Herrlichkeit des ewigen Sohnes durch, voller Gnade und Wahrheit (vgl. Joh 1,14).

Der Sohn hat eine Beziehung nicht nur zum Vater. Mit ihm begegnen wir auch dem Heiligen Geist. Er ist die Kraft des Sohnes. Seit jeher sind sie zusammen. Beide sind vom Vater gesandt. Der Sohn wird Mensch, aber der Geist schafft die vom Sohn angenommene Menschheit. Immer geschieht es in der Kraft des Geistes, wenn Jesus handelt, den Vater offenbart, die entstellte Wirklichkeit umformt. In der Freude des Geistes ruft Jesus den Abba an (vgl. Lk 10,21).

In kurzen Worten können wir sagen: Sofern Jesus Sohn ist, offenbart er uns erstens, wer Gott ist: der Vater des Sohnes und aller in ihm und durch ihn geschaffenen Wesen; zweitens ist er Sohn, insofern er sich zum Mittler und Verwirklicher des Planes des Vaters macht – er verkündet das Gottesreich und nimmt es in seinem Befreiungshandeln vorweg –; drittens ist Jesus Sohn, weil er die Liebe des Vaters zu allen Menschen, besonders zu den Sündern und Geringen, weitergibt; diese Liebe ist barmherzig, weil sie uns aus der Sklaverei der Sünde befreit und uns die Freiheit der Söhne und Töchter Gottes zurückgibt.

3. *Die weibliche Dimension des Sohnes Jesus*

Das Weibliche bestimmt jeden Menschen, Mann oder Frau, aufs tiefste. In ihm kommt zur Geltung die Dimension von Zärtlichkeit, Fürsorge, Selbstannahme, Barmherzigkeit, Einfühlungsvermögen ange-

[5] Vgl.: *H. Echegaray,* A prática de Jesus, Petrópolis 1983, 62–67.

sichts des Geheimnisses des Lebens und Gottes, Pflege der Innerlichkeit, die es – notwendig – in jedem menschlichen Dasein gibt, wenn es ein Mindestniveau an Reife erreicht. Die Berichte der Evagelien stellen uns Jesus von Nazaret als einen freien und integrierten Menschen vor; verglichen mit den kulturellen Gewohnheiten seiner Zeit hinsichtlich der Frau, tritt er als Befreier auf. In der von ihm ins Leben gerufenen Bewegung gibt es Männer und Frauen. Niemals hat er sich der gesellschaftlichen Diskriminierung gefügt, unter welcher die Frauen seinerzeit litten. Im Gegenteil: Er nimmt Haltungen ein, die bei den Jüngern ebenso Anstoß erregen (im Fall der Samariterin: Joh 4,27) wie bei den Pharisäern (als er sich von einer öffentlichen Sünderin berühren, küssen und salben läßt: Lk 7,36–50). Frauen nehmen als Nachhut aktiv an seinem Predigerleben teil (vgl. Lk 10,38–42); viele von ihnen finden bei ihm Heilung und Trost (vgl. Mk 1,29–31; 5,25–34; 7,24–30; Lk 8,2; Joh 11,23–38).

Jesus hat das Weibliche in sich nicht verdrängt, sondern ihm Ausdruck gegeben.[6] Angesichts des Dramas von Leid und Tod der anderen bleibt er nicht fühllos. Er empfindet tiefes Mitleid (»wird in seinen Eingeweiden erschüttert«) mit dem verlassenen armen Volk (Mk 6,34) und mit den unzähligen Kranken, die ihm gebracht werden, damit er sie heile, so daß er nicht einmal zum Essen Zeit findet (Mk 3,20); er scheut sich nicht, die Kinder zu streicheln (Mk 9,36) und freut sich über die Offenheit, die er bei den einfachen Leuten antrifft und die sie die Geheimnisse des Vaters annehmen läßt (Mt 11,25–27); er verbirgt nicht die Tränen um seinen gestorbenen Freund Lazarus (Joh 11,35); er weint vor Enttäuschung, weil Jerusalem sich seiner Botschaft verschließt (Lk 19,41), und beklagt die Ungläubigkeit von Chorozain und Betsaida (Lk 10,13–15). Auf sehr weiblich anmutende Weise sagt er, er habe die Kinder Jerusalems sammeln wollen, wie eine Henne ihre Küken unter ihren Flügeln sammelt, sie aber hätten nicht gewollt (Lk 13,34).

Diese weibliche Dimension gehört zu Jesu Menschheit, die der ewige Sohn hypostatisch angenommen hat. Derart bezieht das Weib-

[6] Vgl.: *M. C. Lucchetti Bingemer,* A Trindade a partir da perspectiva da mulher, in: Revista Eclesiástica Brasileira 46 (1986) 73–99 (Bibliographie!). Das weibliche Verhalten Jesu – seine Zärtlichkeit und Milde, seine Liebe gegenüber den Schwachen – blieb in der christlichen Frömmigkeit nicht unbeachtet, die zu gewissen Zeiten Jesus sogar als Mutter verehrte: Vgl. *A. Cabassut,* Une dévotion médiévale peu connue, la dévotion à »Jésus notre Mère«, in: Revue d'Ascétique et de Mystique 25 (1949) 234–245; siehe auch: *C. Walker Bynum,* Jesus as Mother and Abbot as Mother: Some Themes in Twelfth-Century Cistercian Writings, in: The Harward Theological Revue 70 (1977) 257–284.

liche seine Wurzeln aus dem Mysterium Gottes selber. Obwohl Jesus Mann war und nicht Frau, wird das Weibliche, das in ihm ist, gleicherweise vergöttlicht und offenbart Gottes mütterliches Antlitz.

4. »Der eingeborene Sohn, der im Schoß des Vaters ist«

Das trinitarische Axiom »Die ökonomische Trinität ist die immanente Trinität und umgekehrt« gilt insbesondere für das Verständnis des Sohnes in seinem immanenten Ausdruck im Schoß der Dreifaltigkeit.

Anhand der Analogie der menschlichen Zeugung sehen wir, daß der Sohn dieselbe Natur wie der Vater besitzt. Der Sohn empfängt vom Vater alles, die Natur-Gemeinschaft, die Ewigkeit, die Herrlichkeit und die Unendlichkeit. Nicht durch einen Willensakt oder irgendwelchen Zwang leitet er sich vom Vater her, sondern aus der Ganzheit seiner Natur (DS 71, 526). Er darf auch nicht als eine Ausweitung des Vaters aufgefaßt werden; denn wäre es so, so gäbe es keinen Unterschied zwischen ihm und dem Vater. Als Sohn ist er vom Vater unterschieden, mit ihm aber durch dieselbe Natur-Gemeinschaft geeint. Er wird Eingeborener genannt (DS 2, 11, 125, 150, 3350, 3352); in ihm gibt der Vater alles hin, so daß es neben dem Sohn keinen anderen geben kann (solus Filius de solo Patre: DS 75, 800, 1330). Wie diese Zeugung sich vollzieht, vermögen wir nicht zu erkennen. Dies ist in der Tat ein absolutes, nie geoffenbartes Geheimnis; es zu schauen ist den Gerechten im Reich der Dreifaltigkeit verheißen. Auf jeden Fall müssen wir anerkennen, daß es sich nicht um Kausalität im formalen und logischen Sinne handelt. Der Sohn ist nicht das Ergebnis eines Kausalprozesses. Die gegenseitige Vater-Sohn-Beziehung ist in Geheimnis gehüllt, sie ist überkausal.[7] Das dogmatische Verständnis hat dieses Bewußtsein mit den Worten ausgedrückt, daß der Sohn »ohne Anfang und ohne Prinzip gezeugt ist« (DS 357, 470, 617, 1331) und daß er »vom Ursprung an beim Vater ist« (DS 61). Wie oben schon gesagt, sollten wir statt der Kausaldialektik (trinitarische Hervorgänge) vielleicht die Offenbarungsdialektik gebrauchen. Die Personen offenbaren sich einander gegenseitig. Der Sohn ist die völlige und erschöpfende Offenbarung des Vaters.

Diese Offenbarung des Vaters durch den ewigen Sohn wird gut durch eine weitere traditionelle Analogie ausgedrückt, die im Alten

[7] Vgl.: *P. Evdokimov,* L'Esprit Saint dans la tradition orthodoxe, Paris 1969, 71.

Testament und im Prolog des Johannesevangeliums gründet. Der Sohn ist der Logos oder das Wort des Vaters. Augustinus und Thomas[8] haben das Dreifaltigkeitsverständnis vor allem im Licht einer Theologie des Logos (des Wortes) vertieft. Sie hat den Vorzug, einen gewissen Anthropomorphismus der Zeugungsanalogie zu vermeiden. Da sie aus der Welt des Geistes stammt, ermöglicht sie bestimmte Annäherungen an das dreifaltige Geheimnis, die auf bestimmte Ähnlichkeiten zwischen Gott und dem nach seinem Bild und Gleichnis geschaffenen Menschen hindeuten.

Das Wort im Vollsinn (wie ihn besonders das griechische »logos« und das hebräische »dabar« umfassen) ist mehr als ein Instrument der Kommunikation. Es repräsentiert die gesamte Struktur des Sinnes der Wirklichkeit und des Geistes; es ist die Wirklichkeit selbst, insofern sie sich selber und den anderen offenkundig ist, die Offenbarung des Seins an das Denken und an die Sprache sowie die Einheit von Denken, Sprache und Sein. Auf den Sohn als Wort des Vaters angewandt, heißt das: Durch den Sohn drückt sich der Vater vollkommen aus, indem er sich selbst erkennt und sich in der Gesamtheit seines Seins darstellt. Indem er sich ein Bild von sich selbst macht, drückt der Vater sich so wesenhaft aus, daß dieses Bild dieselbe lebendige Natur wie er selbst hat. Der Ausdruck des Vaters ist das Wort, das die Wahrheit und die volle Intelligibilität des Vaters mitteilt. Dieses Wort wird vom Vater geboren, ist aber von ihm unterschieden. Das unsichtbare Geheimnis, das der Vater ist, wird im Worte sichtbar.

Dieselbe Idee wird auch von einer anderen Aussage verbildlicht, die sich im Neuen Testament findet. Es heißt dort, Christus sei »das Bild des unsichtbaren Gottes« (Kol 1,15). »Bild« hat hier einen semitischen Sinn: Es ist die Gegenwart des Urbildes selbst in seiner Wirksamkeit. Es handelt sich also nicht um die mehr oder minder treue Kopie eines Musters, sondern vielmehr um das geoffenbarte und machtvoll anwesende Muster selbst. Der Sohn ist also die Natur des Vaters, seine mitgeteilte und liebevoll geschenkte Herrlichkeit und seine Allmacht. Deshalb sagen wir, daß der Sohn in allem wie der Vater ist, außer daß er eben nicht der Vater, der Quell und Ursprung der ganzen Gemeinschaft, ist. Der Sohn wird kein weiterer Quell und Ursprung (dies macht die Vaterschaft des Vaters aus); deshalb wird in der lateinischen Theologie, wenn es heißt, daß der Geist vom Vater und vom Sohn (Filioque) gehaucht wird, sogleich hinzugefügt: »als von

[8] Eine gute Zusammenfassung bei: *W. Kasper,* Der Gott Jesu Christi, 230–235.

einem einzigen Ursprung« (Konzil von Florenz 1442: DS 1331/vgl. NR 286). Der Geist wird vom Vater durch den Sohn und mit dem Sohn gehaucht (weil es der Vater des Sohnes ist, der ihn haucht). In unserer perichoretischen Perspektive könnten wir sagen: Indem der Sohn vom Vater »gezeugt« wird, empfängt er zugleich den Geist, der über ihm bleibt und ewig von ihm untrennbar ist. So könnten wir sagen, daß der Sohn vom Vater und vom Geist geboren wird (ex Patre Spirituque).[9] Diese Beziehungen wären weniger solche des Hervorbringens als vielmehr der gegenseitigen Offenbarung.

Der Sohn (das Wort oder Bild) offenbart auch Züge der ewig väterlichen Mutter oder des ewig mütterlichen Vaters selbst, die er von seinem Zeugungs- und Offenbarungsquell empfängt. Es fällt uns schwer festzustellen, was das Weibliche beim ewigen schwesterlichen Sohn oder der ewigen brüderlichen Tochter sei. Leicht könnten wir in kulturelle Klischees oder bloß willkürliche Behauptungen verfallen. Was wir an weiblicher Dimension beim menschgewordenen Sohn schauen, findet sein letztes Fundament im immanenten Sohn. Alles, was bei Mensch und Kreatur Zärtlichkeit bedeutet, alles, was auf die Lebensprozesse Rücksicht nimmt (alles was lebt, verdient zu leben), alles, was Fürsorge und Anerkennung ist, drückt das Göttlich-Weibliche aus, das ewig in Gott-Vater-Mutter ist und seit jeher dem Sohn / der Tochter mitgeteilt wird. Da alles Sakrament des Sohnes ist, verbirgt und offenbart alles diese innerste weibliche Dimension ebenso wie die männliche Dimension. Gott-Sohn ist jenseits der Geschlechter, doch im Maße, wie die ganze Schöpfung in und mit dem Sohn, durch und für ihn gemacht ist, haben die geschaffenen Vollkommenheiten des Männlichen und des Weiblichen im ewigen Männlichen und Weiblichen des Sohnes ihren letzten Seinsgrund und ihr unendliches Urbild.

5. Die Ökonomie des Sohnes: Die »Durchwortung« (Verbifizierung) des Universums

Der Sohn ist die höchste Offenbarung des Vaters, sein Wort und sein vollkommenes Bild nicht nur innerhalb des Dreifaltigkeitskreises, er ist es auch innerhalb der Schöpfung. Er wurde vom Vater in die Welt gesandt (vgl. Joh 3,16f; 5,23.36.38; Gal 4,4 usw.). Deshalb sprechen wir von der Sendung des Sohnes. Unter Sendung verstehen wir trinita-

[9] Vgl.: *P. Evdokimov,* L'Esprit Saint, 72.

risch die Selbstmitteilung Gottes an das Geschöpf. Dieser Sendungsbegriff ist verschieden von dem allgemeinen, den die Bibel auch gebraucht: den Sendungen, wie sie Propheten, Weisen, Königen zuteil wurden, auf daß sie im Namen Gottes handelten. Gott war mit diesen Menschen, doch er schenkte sich ihnen nicht in einer personalen (hypostatischen) Mitteilung, so daß er selbst in ihnen in einer Weise absolut gegenwärtig gewesen wäre, die keine Distanz mehr zuließ. Im Fall des Sohnes heißt Sendung also Menschwerdung. Der Mensch Jesus von Nazaręt wird vom Sohn auf solche Weise angenommen, daß seine Menschheit zur Menschheit des Sohnes wird.

Was ist der letzte Sinn der Menschwerdung – cur Deus homo? Wir wissen, daß die theologischen Schulen in dieser Frage seit dem Altertum gespalten sind.[10] Traditionellerweise wurden hauptsächlich zwei Antworten gegeben. Die erste berief sich auf die Formel des Credo: »Zu unserem Heil ist er (der Sohn) vom Himmel herabgestiegen und hat Fleisch angenommen durch den Heiligen Geist«; also erfolgte die Menschwerdung wegen der Sünde der Menschen. In seinem unermeßlichen Erbarmen sandte der Vater seinen eigenen Sohn, um uns in unserer besonderen Lage zu befreien. Die andere Antwort stützte sich auf Texte aus dem Johannesprolog, den Briefen an die Epheser, Kolosser und Hebräer und erwiderte: Der Sohn wäre auch unabhängig von der Sünde Mensch geworden; denn alles war durch ihn, mit ihm, in ihm und für ihn geschaffen dank der inneren Liebe der Dreifaltigkeit, die aus sich heraus überströmt und Mitgenossen der Liebe schafft zur Ehre des Vaters, des Sohnes und des Heiligen Geistes. Die Menschwerdung bedeutet keine Notlösung, die der Vater erdacht hätte, um die Schöpfung von ihren Abwegen ins Reich der Herrlichkeit zurückzuführen. Sie erweist vielmehr den ewigen Plan der Dreifaltigkeit, ihrer Gemeinschaft durch die Vermittlung des Sohnes in der vorantreibenden Kraft des Heiligen Geistes alle Wesen einzugliedern.

Wie mir scheint, fügt die zweite Antwort sich besser in die Überlegungen ein, die wir bisher angestellt haben. Die Franziskanerschule, insbesondere Duns Skotus, hat die verschiedenen Schritte dieser inkarnatorischen Sendung des Sohnes näher ausgeführt.[11] Wie früher schon

[10] Vgl. die kurze Zusammenfassung der Problematik bei: *J. Moltmann,* Trinität und Reich Gottes, München 1980, 129–133.

[11] Vgl.: *L. Boff,* O evangelho do Cristo cósmico, Petrópolis 1971, 103–108; *ders.,* O primogênito da criação. Princípios teológicos do Beato J. Duns Scotus para uma teologia da criação, in: Vozes 69 (1966) 34–39; *C. Koser,* Cristo-Homem, razão de ser da criação, in: Vozes 69 (1966) 25–34.

erwähnt, ist die gesamte Schöpfung in Zeugung und Offenbarung des Sohnes eingehüllt. Sie ist nicht als ein der Offenbarung des Sohnes nachgängiges Moment zu denken, sondern als ein Moment seiner vollständigen Kundgabe. Kurz gesagt: Der Vater schenkt sich selbst ganz und gar, zeugt und offenbart den Sohn und im Sohn die unendlich vielen möglichen »Nachahmungen« von Vater und Sohn. Insofern die Schöpfung Entwurf des Vaters im Sohn ist, besitzt sie eine ewige und unendliche Dimension. Dort sind alle die unendlich vielen Erschaffbaren, die tatsächlich aus dem Nichts erschaffen werden können. Als Entwurf des Vaters werden sie beim Zeugungsakt des Sohnes miterzeugt; weil sie vom Vater im Sohn aktiv hervorgebracht werden, spiegeln sie den Vater und zugleich den Sohn wider. Sie sind Bild und Gleichnis beider. Mitten in all diesen Erschaffbaren, welche – einmal erschaffen – die Ehre der Dreifaltigkeit bedeuten, steht die heilige Menschheit Jesu von Nazaret. Sie ist im höchsten Sinn das Bild und Gleichnis des Vaters und des Sohnes, ist wahrhaft das sichtbare Bild des unsichtbaren Vaters. Damit sie wirklich der vollkommenste, höchste geschaffene Ausdruck des Vaters und des Sohnes sei, hat der Vater gewollt, daß sie, tatsächlich und nicht metaphorisch, mit der Person des Sohnes geeint sei. Sie sollte so dem Vater, dem Sohn und dem Heiligen Geist die höchste Ehre geben; eine höhere ist in der uns bekannten Schöpfungsordung nicht möglich. Mit anderen Worten: Der Vater wollte, daß der Mensch Jesus von Nazaret, dem Sohn hypostatisch geeint, durch sein Leben, Tun und Leiden den Vater aufs höchste verherrliche und die Dreifaltigkeit inmitten der Menschen und der gesamten Schöpfung verwurzele. Wenn – wie gesagt – alles im Sohn geschaffen und dieser Sohn Mensch geworden ist, dann heißt dies, daß alles den menschgewordenen Sohn widerspiegelt. Alle Wesen, von den einfachsten bis zu den komplexesten, tragen Züge des Sohnes, sind auf ihre Weise Kinder im Sohn. Diese Kindesdimension trägt trinitarisches Gepräge: Sie erscheint als Gemeinschaftsoffenheit nach außen, Selbstschenkung, Fähigkeit zur Offenbarung. Kein Wesen der Schöpfung ist undurchsichtig und in sich verschlossen; jedes steht in einer Sinnstruktur, empfängt und gibt. Der ewige Sohn wirkte also seit dem ersten Schöpfungsmoment in der Schöpfung und machte, daß die Geschöpfe seinen Sohnescharakter ausdrückten. In höchstem Maße hat dieser Sohn gewirkt, als er sich die Menschheit Jesu von Nazaret zu eigen machte, in der er sich ganz und gar selbst mitgeteilt hat. Die Sohnesstruktur, welche die ganze Schöpfung durchzog, hat in Jesus von Nazaret ihre konkreteste und höchste Form angenommen, weil er seit aller

Ewigkeit dazu gedacht und gewollt war, der Träger der vollen Ankunft des Sohnes bei seiner Schöpfung zu sein – Geheimnis der Inkarnation.

Die Sendung des Sohnes ist es, das All zu »durchworten«, zu »verbifizieren«, es in die Ehre des Vaters, von dem er kam, zu verwandeln.[12] Die konkrete Form, welche die Menschwerdung geschichtlich angenommen hat, nicht Herrlichkeits-, sondern Niedrigkeitsgestalt, nicht Herren-, sondern Knechtsgestalt, ist durch die menschliche Sünde bedingt. Der Sohn hat diesen dunklen Weg gewählt, um sich mit dem Leid der Welt zu solidarisieren, sie von innen her zu befreien zur vollen Ehre der Dreifaltigkeit. Nur in der Auferstehung hat diese Herrlichkeit sich in ihrer Fülle sehen lassen. Noch ist sie künftig. Solange das menschgewordene Wort die Schöpfung nicht durch das Kreuz befreit hat, kann Gott noch nicht »alles in allem« sein (1 Kor 15,28). Die Herrschaft des menschgewordenen, gekreuzigten und auferstandenen Wortes besteht in diesem gewaltigen Prozeß der Befreiung von der Sünde, welche die Herrlichkeit des Vaters verhüllt. Im Maße, wie er das Reich des Lebens, der Freiheit, der Versöhnung und des Friedens aufrichtet, erlöst er deshalb die Kindschaft aller Wesen, vor allem der Menschen, aus der Gefangenschaft, in der sie sich jetzt befinden. Erst dann wird das Reich triumphieren, das Reich der Dreifaltigkeit, des Vaters, des Sohnes, des Heiligen Geistes und der in die dreifaltige Gemeinschaft eingefügten Schöpfung.

[12] Vgl. hierzu die detaillierteren Darlegungen bei: *L. Boff,* Mensch geworden. Das Evangelium von Weihnachten, Freiburg/Br.-Basel-Wien 1986.

XI. *Ehre sei dem Heiligen Geist, der zur umfassenden Befreiung treibenden Kraft*

Der christliche Gott ist immer dreifaltig. Deshalb wird das Gegenüber von Vater und Sohn durch den Dritten, den Heiligen Geist, überschritten. Er ist der von ihnen Unterschiedene, der die perichoretische Gemeinschaft des dreifaltigen Lebens wie auch das Entstehen weiterer Unterschiede im Hinblick auf eine offene und dynamische Gemeinschaft jenseits des Dreifaltigkeitskreises verstehen läßt.

Vom Vater und vom Sohn können wir uns Vorstellungen machen; schon die Wörter lassen an eine Beziehungslogik auf der Linie von Fruchtbarkeit und Zeugung denken. Vom Heiligen Geist haben wir keine Bilder. Dargestellt wird er durch untermenschliche Symbole wie Wind, Taifun, Hauch, Feuer, Salbung, Salbe, Siegel, Wasser, Taube. Diese Symbolik markiert den Unterschied zwischen der dritten Person und Vater und Sohn. Weil es für den Geist keine menschlichen Namen gab, verblieb er für das christliche Nachdenken, besonders das lateinische, in einer gewissen Anonymität. Wenn wir den Dritt-Einzigen andererseits Geist nennen, beziehen wir uns auf etwas, was den drei Personen gemeinsam ist; ihrer jede ist Geist. Denn - wie es im Johannesevangelium heißt - »Gott ist Geist« (Joh 4,24). Doch ist die dritte Person im besonderen Sinne Geist, denn er ist es - gemäß der Deutung der lateinischen Kirchenväter -, der Vater und Sohn eint, weil er das Liebesband zwischen beiden ist. Nach dieser Formulierung tritt er auf, um die Trennung von Vater und Sohn zu überschreiten, die Zweiheit der beiden Pole Vater und Sohn zu überwinden und die Dreieinigkeit der Personen zu stiften. Was aber ist der Heilige Geist in sich selbst? Ist er nicht mehr als das Einheitsband zwischen den göttlichen Beiden?[1]

[1] Hierzu einige wenige, aber wichtige Titel zu diesem Thema: *Y. Congar,* Der heilige Geist, Freiburg/Br. - Basel - Wien 1982; *J. Comblin,* O tempo da ação. Ensaio sobre o Espírito e a história, Petrópolis 1982; *ders.,* O Espírito no mundo, Petrópolis 1978; *Versch.,* O Espírito Santo, Petrópolis 1973; *H. Brandt,* O rísco do Espírito, São Leopoldo 1977; *CLAR* (Hrsg.), Vida segundo o Espírito nas comunidades religiosas da América Latina, Rio de Janeiro 1973; das gesamte Heft Nr. 10 von Concilium 15 (1979) 493–558 zum Thema »Der Heilige Geist im Widerstreit«; *S. Verges,* Imagen del Espíritu de Jesús, Salamanca 1974; *E. Schweizer,* Art. »Pneuma«, in: ThWNT VI, 1959, 330–453; *H. Mühlen,* Una mystica Persona, Paderborn 1967.

Die kirchengeschichtlich wichtigste dogmatische Erklärung über den Heiligen Geist erfolgte auf dem Konzil von Konstantinopel 381.[2] Dort heißt es im Credo: »(Wir glauben) an den Heiligen Geist, den Herrn und Lebensspender, der vom Vater ausgeht, er wird mit dem Vater und dem Sohne zugleich angebetet und verherrlicht, er hat gesprochen durch die Propheten« (DS 150/vgl. NR 250). Wenn der Geist »Herr« genannt wird (die Septuaginta bezeichnete Gott als Herr, Kyrios), will man sagen, daß er derselben Natur wie der Sohn Jesus Christus ist, der Gott und Herr genannt wird. Mit dem Ausdruck »Lebensspender« betont man das Wirken des Geistes als dessen, der mehr ist als die Gabe, vielmehr selbst der Geber des Lebens. Lebensspender kann nur Gott sein; also ist der Geist Gott. Diese Behauptung wird noch ausdrücklicher, wenn es heißt, daß er »vom Vater ausgeht«; damit wird klargestellt, daß er derselben Natur wie der Vater und der Sohn ist, der seinerseits ebenfalls vom Vater ausgeht und dieselbe Substanz wie der Vater hat. In dieser Formulierung des Credo von Konstantinopel wird nichts über die Beziehung zwischen Sohn und Heiligem Geist gesagt. Anerkannt wird lediglich, daß der letztere wegen seiner göttlichen Natur gleicherweise angebetet und verherrlicht wird wie Vater und Sohn. Mit dem Ausdruck »gesprochen durch die Propheten« wird die Gegenwart des Heiligen Geistes in der Geschichte der Menschen hervorgehoben. Er zeigt sich vor allem im Mut der Propheten zum Widerspruch und in ihrer Kreativität, aber auch durch Tausende anderer, die im Sinn der Heiligung (der Geist ist heilig, weil er vor allem heiligt) und der Einfügung der Menschheit in die dreifaltige Gemeinschaft handeln. Die Propheten stehen für alle diese Menschen.

Diese kurze dogmatische Formel erhält, von der Dritten Synode von Toledo im Jahre 589 an, einen Zusatz: das berühmte »Filioque«, das heißt, der Geist geht vom Vater und vom Sohne aus. Hier ist nicht der Ort, die (widersprüchlichen) Gründe anzuführen, die zu dieser Einfügung bewogen.[3] Sie hat jedenfalls die theologische Mentalität und die kirchenpolitischen Empfindlichkeiten der orthodoxen Kirche verletzt, die diesen Zusatz verwarf. Später (1274) wird das Konzil von Lyon klären, daß der Hervorgang des Geistes vom Vater *und* vom Sohn nicht zwei Prinzipien noch zwei Hauchungen begründet, sondern ein einziges Prinzip und eine einzige Hauchung (DS 850, 853). Das Konzil

[2] Vgl.: *K. Lehmann/W. Pannenberg (Hrsg.),* Glaubensbekenntnis und Kirchengemeinschaft. Das Modell des Konzils von Konstantinopel, Freiburg/Br. – Göttingen 1982.

[3] Eine kurze Zusammenfassung dieses Problems bei: *D. Ritschl,* Geschichte der Kontroverse um das Filioque, in: Concilium 15 (1979) 499–504.

von Florenz (1439) nimmt, um die Wiedervereinigung mit den Orthodoxen zu erleichtern, auch die Ausdrucksweise an, der Heilige Geist gehe vom Vater *durch* den Sohn aus (per Filium: DS 1301). Die durch den Filioquismus der Lateiner und den Monopatrismus der Griechen ausgelösten Streitigkeiten haben bis vor kurzem die theologische Vertiefung des Themas »Heiliger Geist« blockiert. In den letzten Jahren jedoch haben wir, wie nie zuvor in der Geschichte der trinitarischen Reflexion, ein Wiederaufleben der Frage nach der Besonderheit der Person des Heiligen Geistes beobachten können.[4]

Von meiner Grundthese aus - der vollständigen Perichorese zwischen den Drei Einzigen - will ich jetzt das der Person des Heiligen Geistes eigene Licht zu zeigen versuchen. Ich schlage dabei den gleichen Weg ein wie in den vorigen Kapiteln: Zuerst wenden wir uns dem Wirken des Heiligen Geistes in der Geschichte zu (ökonomische Trinität), danach erkunden wir einige Perspektiven des Heiligen Geistes im Schoß der Dreifaltigkeit (immanente Perspektive), und schließlich denken wir über die der dritten Person der Dreifaltigkeit eigene Sendung nach.

1. Das Wirken des Heiligen Geistes in den Veränderungsprozessen

Geist heißt auf hebräisch »ruach« und auf griechisch »pneuma«. Beide Begriffe sind an Lebensprozesse geknüpft; denn sie bedeuten Hauch, Wind, Sturm und Orkan.[5] Anfänglich ist man sich des Geistes nicht als einer Person bewußt, sondern als göttlicher und ursprünglicher Kraft, die in der Schöpfung wirkt, sich in den Lebewesen regt und in den Menschen handelt. Bei diesen wird sie besonders in den Propheten gegenwärtig. Sie werden vom Geist ergriffen und reden; seine Inspiration berauscht sie bis dahin, daß sie in manchen Situationen in Ekstase geraten (vgl. 1 Sam 10,1; Num 11,24–30). In Zeiten nationaler Krise kommt der Geist auch über politische Führer, sie verwandeln sich in Charismatiker und führen das Volk zum Sieg über seine Feinde (vgl. Ri 3,10; 6,33; 11,29; 13,25; 14,6.9; 1 Sam 11,6). Sogar zu einer institutionellen Wirkweise findet der Geist: in der Figur des Königs (vgl.

[4] Vgl.: *R. Laurentin,* Pentecôtisme chez les catholiques. Risques et avenir, Paris 1974; *Versch.,* Renovação carismática católica, Petrópolis 1978; *H. Mühlen,* Die Erneuerung des christlichen Glaubens. Charisma - Geist - Befreiung, München ²1976; *ders./C. Heitmann* (Hrsg.), Erfahrung und Theologie des Heiligen Geistes, Hamburg-München 1974.

[5] Vgl.: *E. Schweizer,* Heiliger Geist (Themen der Theologie. Erg.-Bd.), Stuttgart - Berlin 1978; *C. K. Barret,* The Holy Spirit and the Gospel Tradition, London 1966.

1 Sam 16,13). Der König wird mit charismatischer Macht bekleidet, damit er das Volk leite, die Armen schütze und den Frieden in Gerechtigkeit sicherstelle. Weil die Könige sich von Machtmißbrauch verführen lassen, erweckt derselbe Geist Propheten, die gegen autoritäre Exzesse auftreten, und gibt ihnen Kraft, Verfolgung und Martyrium zu erdulden. Überraschenderweise wird der Geist auch dem Gegenstück des Königs verliehen, dem wehrlosen Dulderknecht ohne alle Pracht und Großsprecherei. Er wird gesalbt, um vermittels des Leidens von Ungerechtigkeit und Unterdrückung zu befreien und das Recht der Armen wiederherzustellen (Jes 61,1f; vgl. 11,2; 42,1f). Der Messias wird als Dulderknecht die Fülle des Geistes empfangen. Jesus selbst stützt sich, während er in der Synagoge von Nazaret sein Befreiungsprogramm entwirft (Lk 4,17–21), auf einen prophetischen Jesaja-Text (61,1). Schließlich wird der Geist jedem Menschen verheißen, damit er ein neues Herz habe und eine neue Menschheit mitbegründen könne (vgl. Ez 36,26–27; Joel 3,1f).

Im Bewußtsein des Judentums steht der Geist zuletzt nicht nur für eine umformende Kraft Gottes in der Geschichte, sondern für die Gegenwart Gottes selber (vgl. Ps 139,7; Jes 63,10–11 usw.). In der Epoche zwischen den Testamenten festigte sich mehr und mehr die Überzeugung vom Geist als von Gott selber, der seine Schöpfung anführt, sein Volk beseelt, die Gerechten tröstet, die Gottlosen richtet, das Antlitz der Erde verwandelt.

Die Offenbarung des Heiligen Geistes im Neuen Testament haben wir schon im zweiten Kapitel betrachtet. Ich beanspruche nicht, den unermeßlichen Reichtum, den wir in den synoptischen Evangelien, bei Johannes und vor allem bei Paulus hinsichtlich des Wirkens und Lebens des Heiligen Geistes finden, im einzelnen darzustellen. Nur einige herausragende Punkte will ich betonen.

Erstens erscheint der Heilige Geist als *die Kraft des Neuen* und eine *Erneuerung* von allem. So ist er bei der ersten Schöpfung dabei (Gen 1,2) wie auch bei der endgültigen, die mit Jesus beginnt. Die Evangelisten Matthäus und Lukas schreiben dem Heiligen Geist den Ursprung der Menschwerdung des Sohnes zu: »Was in ihr (Maria) geworden ist, stammt vom Heiligen Geist«; denn sie »war schwanger vom Heiligen Geist« (Mt 1,18.20). Lukas spricht von einer Herabkunft des Geistes auf Maria, deshalb ist, was aus ihr geboren wird, heilig und Gottes Sohn (vgl. Lk 1,35).[6] Der Geist wird zu Beginn der

[6] Vgl.: *X. Pikaza,* El Espíritu Santo y María en la obra de San Lucas, in: Ephemerides Mariologicae 28 (1978) 151–168; *ders.,* Maria y el Espíritu Santo, Salamanca 1981; *A. Feuillet,* L'Esprit Saint et la Mère du Christ, in: Bulletin de la société française d'études mariales 25 (1968) 39–64.

Predigt in der Synagoge von Nazaret angerufen (Lk 4,17). Der Geist ist es, der in der Stunde der Taufe über dem Messias schwebt, da sein messianisches Bewußtsein und seine Berufung zur Befreiung durchbrechen (vgl. Mk 1,9–11 par). Jesu Predigt verwirklicht sich im Geist (Lk 4,14). Der Geist ist es, der Jesus von den Toten auferweckt (Röm 1,4; 1 Tim 3,16). Und er ist es, der zu Pfingsten am Anfang der kirchlichen Gemeinde steht (Apg 2,32). Das Wirken des Heiligen Geistes ist eminent schöpferisch, auf die Zukunft gerichtet. Alle Schöpfung bedeutet Bruch, Krise des Bestehenden und Offenheit für das noch nicht Bekannte und Versuchte. Der Geist befreit von der Ursprungsbesessenheit und vom Verlangen nach Rückkehr in den Paradiesesschoß, dessen Eingang ja doch endgültig versperrt ist (vgl. Gen 3,23). Er treibt uns an – hin zum verheißenen Land und zu dem Geschick, dessen Gestaltung und Offenkundigwerden das Morgen erbringen muß.

Ein zweites Kennzeichen des Geistes im Neuen Testament scheint auf den ersten Blick der Gegensatz zum ersten, zur Kraft des Neuen, zu sein: Der Geist ist die *Erinnerung* an die Praxis und Botschaft Jesu. Wenn wir diese Sendung des Geistes näher betrachten, sehen wir, daß sie zur Neuheit nicht Gegensatz, sondern Ergänzung ist. Der johanneische Jesus sagt ausdrücklich: »Der Heilige Geist, den der Vater in meinem Namen senden wird, er wird euch alles lehren und euch an alles erinnern, was ich euch gesagt habe« (Joh 14,26). Er wird für Jesus Zeugnis geben (15,26f), die Jünger zur Fülle der Wahrheit führen (16,13–15) und das Künftige verkünden (16,13f), doch stets innerhalb folgender Perspektive: »Er wird von dem Meinigen nehmen und es euch wissen lassen« (16,14).

Es könnte scheinen, daß der Geist der Kreativität einfach der Logik der Einbildungskraft folgt und großartige Phantasiekonstruktionen gegen die Macht der etablierten Tatsachen errichtet. Doch hat der Vater eine große neue Tatsache etabliert: die Gegenwart seines Sohnes im Fleisch, damit wir Söhne und Töchter im Sohne seien (vgl. Röm 8,29). Diese Menschwerdung ist Werk des Geistes. Deshalb »sind alle, die sich von Gottes Geist leiten lassen, Kinder Gottes« (Röm 8,14) im Sohn. Der Geist läßt uns den Sohn im Fleische annehmen (1 Joh 4,2), das heißt die Knechtsgestalt des Propheten und Märtyrers hinnehmen, die der Sohn zu der seinen gemacht hat. Es hieße den Sohn verraten und sich dem Geist verweigern, wollte man Jesus zur Stütze jeglicher Art von Größe und Herrschaft machen, die den Kindescharakter der Menschen zerbricht und Verhältnisse schafft und legitimiert, in denen die einen die anderen unterdrücken. Der Geist läßt uns als Söhne und Töchter in der Nachfolge des menschgewordenen Sohnes leben und nie vergessen, was ihn kennzeichnet: Schlichtheit, Demut, prophetischer Mut, Gesinnung des Dienens, innerste Beziehung zum Vater. Die Sendung des Geistes besteht darin, fortwährend die Bedeutung der Menschwerdung zu aktualisieren: als des Prozesses, vermittels dessen Gott-Sohn die Geschichte mit ihren Veränderungen annimmt und sie zur heiligen Geschichte der Dreifaltigkeit macht. Der Geist verbürgt die Kontinuität zwischen »jener Zeit«, als der Sohn ins Fleisch eintrat, und dem Heute der Geschichte. Die Möglichkeiten der Gotteskindschaft und der Einfügung der Menschheit ins Dreifaltigkeitsgeheimnis sind bislang noch keineswegs voll entwickelt! Sache des Geistes ist es, in den Kulturen (z. B. Indiens, Chinas, der Ureinwohner Lateinamerikas) die göttliche und menschliche Bedeutung dieses einzigartigen Faktums der Geschichte zu entfalten und zu verwirklichen. Deshalb wird der Geist »von dem Meinigen nehmen und es euch wissen lassen« (Joh 16,14). Das Neue der Menschwerdung des Sohnes wird sich nur in der Neuheit zeigen, die immer dann entsteht, wenn die Botschaft Christi fort und fort in die menschliche Geschichte hineingesprochen wird.

Drittens besteht die Sendung des Geistes in der *Befreiung* von den Unterdrückungen unserer sündigen Situation. Die Bibel drückt diese Situation mit dem Wort »Fleisch« aus. Fleisch und Geist widerstreiten einander (Gal 5,17). Das Fleisch bringt den Lebensplan des sich selber zugewandten, hemmungslos den eigenen Interessen ergebenen Menschen hervor; das Gesetz rechtfertigt vielfach solche Interessen und wird dadurch unterdrückerisch. Es fesselt Menschen an ausschließende Verhältnisse, bestätigt religiöse Traditionen, die den Zugang zum Gott des Erbarmens verstellen, und hält das Leben in den Netzen gefangen, worin jene Kreativität erstickt, die es braucht, um neuen Situationen gerecht zu werden. Der Geist ist es, der aus solchen Situationen befreit, denn »wo der Geist des Herrn ist, da ist Freiheit« (1 Kor 3,17). Besonders die Armen leiden, weil sie wehrlos sind, unter den Unterdrückungen durch die Mächtigen. Der Geist ist der Vater der Armen (pater pauperum), gibt ihnen Widerstandskraft und Mut beim Aufstand, läßt sie schöpferisch neue Wege entdecken. »Der Geist Gottes, der den Lauf der Zeiten leitet und das Antlitz der Erde erneuert, steht dieser Entwicklung bei.«[7] Er ist es, der die Horizonte aufbrechen läßt,

[7] Vgl.: GS 26.

die den Menschengeist einkerkerten; er zerbricht die Ketten mittels der Befreiungstaten der Unterdrückten; er hält die Hoffnung am Leben und den Geist der Utopie[8] am Brennen, der Utopie von einer Welt ohne Herrschaft, regiert von Gerechtigkeit und Brüderlichkeit. Paulus sah den Geist als die Kraft, die vom Legalismus der alten jüdischen Ordnung befreite und die von Christus gebrachte Freiheit bestätigte (vgl. Gal 4,6–7; 5,22–25).

Schließlich ist der Heilige Geist *schöpferisches Prinzip der Unterschiede und der Gemeinschaft.* Die Gemeinde der Jünger Jesu erbaut sich stets auf zwei Säulen: dem auferstandenen Herrn und dem Geist.[9] Der christologische Pol stellt mehr die Dimension der Kontinuität und Fortdauer dar, die an das Geheimnis der Menschwerdung geknüpft ist. Der pneumatologische Pol bedeutet das Auftauchen des Neuen, das Diskontinuität bringt. Institution und Charisma gehören zusammen und machen die lebendige dichte Dynamik der christlichen Wirklichkeit aus. So ist Christus niemals allein, und auch der Geist wirkt nicht ohne Gemeinschaft mit Christus. Mit Recht sagt Paulus, der Geist sei stets Geist Christi (Röm 8,9; Phil 1,19), Geist des Herrn (2 Kor 3,17) und Geist seines Sohnes (Gal 4,6). Der Geist führt uns immer zu Christus, denn »niemand kann sagen: Herr ist Jesus, außer im Heiligen Geiste« (1 Kor 12,3). Zu sagen, daß Jesus der Herr ist, heißt alles Große von ihm aussagen, was wir nur aussagen können: seine Gottheit, seine Herrschaft über den Kosmos, seine erlösende Gegenwart inmitten der Menschen. Der Geist ist es, der uns diesem Jesus, unserem Herrn, anhangen läßt. Dieser Zusammenhang zwischen dem Geist und Christus wird von Paulus zum Beispiel auch so ausgedrückt, daß *In*-Christus-Sein und *Im*-Geist-Sein (vgl. Kol 2,10; Eph 5,18; 1 Kor 1,2.30; Röm 15,16 etc.) austauschbare Wirklichkeiten sind.

Die Gegenwart des Geistes erweist sich an der Verschiedenheit der Gaben und Dienste, die in der Gemeinde bei jedem Menschen auftreten, so wie Er will (vgl. 1 Kor 12,11). Paulus zählt verschiedene davon auf (1 Kor 12,7–11); tatsächlich gibt es in jeder Ortskirche, und sei sie noch so klein, jemanden, der es versteht, das Gebet zu organisieren, die Feier in Schwung zu bringen, den Kindern den Glauben zu erklären, die

[8] Vgl. hierzu das Apostolische Schreiben *Pauls VI.* »Octogesima adveniens«, Nr. 37 (Text: Acta Apostolicae Sedis 63 [1971] 426 f.); dt. in: Texte zur katholischen Soziallehre I, hrsg. v. Bundesverband der KAB Deutschlands, Köln 1975, 481–521.

[9] Zu dieser ganzen Frage vgl.: *L. Boff,* Kirche: Charisma und Macht. Studien zu einer streitbaren Ekklesiologie, Düsseldorf 1985, 251–266; *Y. Congar,* L'Esprit, Esprit du Christ: Christomonisme et Filioque, in: ders., La Parole et le Souffle, Paris 1984, 162–187.

Verlobten auf das Ehesakrament vorzubereiten, die Kranken zu trösten, die Brüder und Schwestern zum Bewußtsein ihrer Rechte zu bringen, die Teilnahme der Christen am Befreiungsprozeß in der Gesellschaft deutlich zu machen, die Einheit aller zu festigen. In der Sprache des Paulus könnten wir sagen: »Es gibt verschiedene Gaben, doch ein und derselbe ist der Geist« (1 Kor 12,4), weil alle diese Aufgaben verschiedene Formen der Gegenwart und des Wirkens des Heiligen Geistes selber sind. Die verschiedenen Dienste sind zum Wohl der Gemeinde bestimmt, denn »jedem ist die Offenbarung des Geistes zum Nutzen der Gemeinde geschenkt« (1 Kor 12,7).

Der Geist ist Kreativität und Einbruch des Neuen mitten in der Gruppe, aber nie in individualistischem Sinn oder zur Selbstförderung des einzelnen, sondern immer mit dem Ziel der Stärkung der Gemeinde in ihren Nöten. Deshalb ist der Geist zwar zum einen Prinzip der Unterscheidung, zum anderen aber Faktor der Gemeinschaft: »Wir sind in *einem* Geist zu *einem* Leibe getauft« (1 Kor 12,13). So verschieden wir auch seien, »Juden oder Griechen, Sklaven oder Freie, wir sind doch alle mit einem Geist getränkt worden« (1 Kor 12,13). Keiner wird über denselben Leisten geschlagen oder sieht seine Besonderheiten verdrängt; im Gegenteil setzt sich gerade aus ihnen der Reichtum der Gemeinde zusammen. An Pfingsten hat der Geist nicht bewirkt, daß alle die gleiche Sprache sprachen, sondern daß jeder in seiner eigenen Sprache dieselbe Heilsbotschaft vernahm (vgl. Apg 2,11). Die Vielförmigkeit in den Äußerungen der Lebenskraft und der Dienste in der Gemeinde ist keine Bedrohung der Einheit, sondern eine Gelegenheit für alle, reicher zu werden. Die Gemeinschaft verdrängt die mannigfachen Unterschiede nicht, führt sie auch nicht auf einen einzigen zurück, sondern integriert sie mit Blick auf das Gemeinwohl. Solche Einheit ist Werk des Geistes. Was sich dem Charisma widersetzt, ist nicht die Institution, sondern der Egoismus, die Anmaßung der einen gegen die anderen, der Wille zur Macht, der das Charisma der anderen an sich reißt. Solche Haltungen sind Attentate auf den Bau der Gemeinde, eben weil sie den Bruch der Gemeinschaft bedeuten. Zu Recht mahnt Paulus: »Löscht den Geist nicht aus« (1 Thess 5,19)!

Aus all diesem Wirken des Geistes geht hervor, daß er mehr ist als Gottes Kraft in der Geschichte. Er ist ein Subjekt, eine göttliche Person. Laut Paulus wird er in unsere Herzen gesandt (Gal 4,6), läßt uns Gott als Vater entdecken (Röm 8,16), erforscht die Tiefen Gottes (1 Kor 2,10), ist für uns das Geschenk (Röm 5,5), das heißt die Gegenwart des sich selbst schenkenden Gottes; nicht etwas, was uns mitgeteilt wird, sondern jemand, der sich gibt und Leben gibt (1 Thess 4,8). Johannes redet noch deutlicher: Der Geist ist der Paraklet (Verteidiger und Anwalt: Joh 14,16–17), der für Jesus Zeugnis gibt (15,26–27), lehrt, in Erinnerung ruft und zur Fülle der Wahrheit führt (14,13–16); er kommt vom Vater her (15,26) auf Bitten des Sohnes (14,16) und wird immer bei den Jüngern bleiben (14,16). Aufgrund aller dieser Taten des Geistes können wir wahrhaft sagen, daß er eine Person neben den Personen des Vaters und des Sohnes ist. Bleibt die Frage, wie die Theologie die Gemeinschaft des Geistes im Verhältnis zum Vater und zum Sohn sieht. Dem wenden wir uns weiter unten zu.

2. Die weibliche Dimension des Heiligen Geistes

Wenn wir darauf achten, was das Neue Testament sagt, und berücksichtigen, was eine gewisse theologische Tradition festhält, so lassen sich im Heiligen Geist einige weibliche, insbesondere mütterliche Dimensionen ausmachen.[10] Zunächst gilt es festzustellen, daß auf hebräisch und syrisch »Geist« ein weibliches Wort ist. Wie wir oben schon sahen, hat der Heilige Geist immer mit Vorgängen des Lebens und des Lebensschutzes zu tun. In den Reden Jesu bei Johannes wird der Geist so dargestellt, daß er uns an typisch (obwohl nicht ausschließlich) weibliche Züge erinnert. Er tröstet als Paraklet, ermahnt und lehrt (Joh 14,26; 16,13), läßt uns nicht verwaist zurück (14,18). Nach Paulus übernimmt der Geist die Funktion der Mutter und lehrt uns den wahren Namen Gottes, »Abba«, stammeln (Röm 8,15); er lehrt uns auch den geheimen Namen Jesu, nämlich »Herr« (1 Kor 12,13); er lehrt uns recht beten und bitten (Röm 8,26).

Im Alten Testament nimmt der Geist weibliche Aufgaben wahr. Nach bestimmten Erklärern bedeutet die Figur des Geistes, die über dem Urchaos schwebt (Gen 1,2), das Brüten des Geistes, der die ganze Schöpfung fruchtbar macht und so erreicht, daß aus ihr jegliche Art von Leben sprießt.[11] Die geliebte und wie eine Frau gesuchte Weisheit

[10] Zu dieser Frage vgl.: *M. C. Lucchetti Bingemer,* A Trindade a partir da perspectiva da mulher, in: Revista Eclesiástica Brasileira 46 (1986) 73–99; *Y. Congar,* Die Mütterlichkeit in Gott und die Weiblichkeit des Heiligen Geistes, in: ders., Der Heilige Geist 424–432; *L. Boff,* Das mütterliche Antlitz Gottes. Ein interdisziplinärer Versuch über das Weibliche und seine religiöse Bedeutung, Düsseldorf 1985; *ders.,* Ave Maria. Das Weibliche und der Heilige Geist, Düsseldorf ²1985.

[11] Weitere Beispiele bei: *L. Bouyer,* Le trône de la Sagesse. Essai sur la signification du culte marial, Paris 1957, 272.

(Sir 14,22f), als Braut und Mutter dargestellt (Sir 14,26f; 15,2f), wird zuweilen mit dem Geist identifiziert (Weish 9,17); bei den Kirchenvätern ist das üblich. Im syrischen und jüdischen Kulturkreis findet sich nicht selten - weil Geist dort weiblich ist - die Auffassung des Geistes als Mutter. In den Salomo-Oden, einer Schrift des syrischen Urchristentums, wird die Taube bei Jesu Taufe mit der Mutter Christi verglichen, die mit Gottes Brüsten Milch gibt.[12] Auch bei den Vätern, die - wie schon gezeigt - in der menschlichen Familie eine Analogie für das Dreifaltigkeitsgeheimnis sahen, begegnen wir weiblichen Namen für den Heiligen Geist. Er erscheint analog als die ewige Mutter, die dann bei Jesu jungfräulicher Empfängnis durch das Werk des Geistes in gewisser Weise seine göttliche Mutter wird, ohne dadurch mit Maria in Konflikt zu geraten, welche zu Recht den Titel »Theotokos«, Mutter des menschgewordenen Gottes, trägt.[13] In einem schönen Text sagt der syrische Theologe Makarius (†334): »Der Geist ist unsere Mutter, weil der Paraklet, der Tröster, uns trösten will wie eine Mutter ihr Kind (Jes 61,13) und weil die Gläubigen vom Geiste wiedergeboren und so die Kinder der geheimnisvollen Mutter, des Geistes, sind (Joh 3,3-5).«[14] Unleugbar ist andererseits eine besondere Beziehung des Geistes zu Maria (vgl. Lk 1,35), wie wir später noch erwägen werden. Er hat eine besondere Sendung im Hinblick auf den Durchbruch des Lebens inne. Bei der ersten Schöpfung brütet er über der Welt (Gen 1,2), bei der Neuschöpfung ist er verantwortlich für Jesu Empfängnis (Mt 1,18), stiftet Jesu messianische Sendung (vgl. die weibliche Figur der Taube) und bewirkt seine Neugeburt durch die Auferstehung (Röm 1,4; vgl. Apg 13,33; Phil 2,6-11; Hebr 5,5). In Christi Leib, der die kirchliche Gemeinde ist, übt der Geist eine gewisse Mütterlichkeit aus, empfängt er neue Brüder und Schwestern Jesu, Kinder im Sohn, erweckt Dienste und beseelt das ganze Leben aus der Gnade. Treffend schreibt A. Lémonnyer[15]: Der Heilige Geist »ist die göttliche Person, die uns auf besondere Weise ›gegeben‹ ist. Im Vollsinn ist er Gottes Geschenk und trägt er diesen Namen. In der Dreifaltigkeit ist er die Liebe (auch dies einer seiner Eigennamen). Nun, solche Eigenschaften kommen eher der Mutter zu als sonst irgendeiner Person, und gewissermaßen definieren sie sie. Keine andere Person auf Erden ist uns ›gegeben‹ wie unsere

[12] Vgl.: *Y. Congar,* Der Heilige Geist, 427.

[13] Vgl. hierzu die Studie von: *R. Murray,* Symbols of Church and Kingdom. A Study in Early Syrian Tradition, Cambridge 1975, 312-320: The Holy Spirit as Mother.

[14] Dieser und weitere Texte bei: *J. und E. Moltmann,* Dieu, homme et femme, Paris 1984, 120.

[15] *A. Lémonnyer,* Notre vie divine, Paris 1936, 66f.

Mutter; sie personifiziert die Liebe im selbstlosesten, großzügigsten, schenkendsten Sinn.« Ich wiederhole, was ich schon gesagt habe: Gott ist übergeschlechtlich; mit Recht hebt Gregor von Nazianz hervor, daß Gott weder männlich noch weiblich ist;[16] jedoch hat sowohl das Männliche wie das Weibliche im dreieinigen Gott sein Urbild; die Wurzeln dieser grundlegenden Bestimmungen des Menschseins greifen ins Geheimnis des dreifaltigen Gottes hinein; jeder Mensch trägt, auf seine Weise, den Quell dieser Achsenwerte des Menschseins, Mann und Frau, in sich. Was den Heiligen Geist angeht, sollten wir wie Hieronymus denken, der mit einem gewissen Humor schrieb: Geist ist auf hebräisch weiblich, auf griechisch neutrum und auf lateinisch männlich.[17] Mit anderen Worten: Wenn ich sage, daß jede der Personen weibliche und männliche Dimensionen in sich schließt, so will ich damit ins Dreifaltigkeitsgeheimnis keine geschlechtlichen Züge eintragen oder sie dort zu entdecken vorgeben.[18] Wohl aber will ich den letzten Ursprung der Werte erkunden, welche die Dreifaltigkeit selbst ins Menschsein in seiner männlichen und weiblichen Konkretion gelegt hat. Selbst jenseits der menschlichen Geschlechter stehend, enthält die Dreifaltigkeit die Dimensionen des Weiblichen und des Männlichen in dem, was die Geschlechter an Geheimnis, an Bild und Gleichnis eben der Urwirklichkeit einschließen, welche die Heiligste Dreifaltigkeit ist.

3. Der Heilige Geist ewig bei Vater und Sohn

Wir sahen die Gegenwart des Geistes in der Heilsgeschichte. Der Geist offenbart sich in der Zeit in dem der Zeit möglichen Maße so, wie er in der Ewigkeit ist. Wie ist der Heilige Geist im Schoß der Dreifaltigkeit? Diese Frage klingt nach unmäßiger Neugier. Sie kann aber auch Suche nach Licht bedeuten, um unseren Lobpreis zu stärken und unsere Anbetung beständig zu machen. Jede Antwort muß von Ehrfurcht vor dem Geheimnis erfüllt sein. Hier ist eher achtungsvolles Schweigen als kühne Rede ziemlich. Die Theologiegeschichte ist voller Polemiken über den Hervorgang des Heiligen Geistes – bis hin zur Spaltung (1054) zweier Schwesterkirchen, der orthodoxen und der römischen. Vordergründig ging es um politisch-religiöse Machtkämpfe zwischen dem

[16] Vgl.: *Gregor von Nazianz,* Oratio 31,7 (PG 36, 140–146).
[17] Vgl.: *Hieronymus,* In Isaiam 49, XI 9–11 (CCL 73, 459).
[18] Vgl.: *E. Wurz,* Das Mütterliche in Gott, in: Una Sancta 32 (1977) 261–272; *G. K. Kaltenbrunner,* Ist der Heilige Geist weiblich? ebd. 273–279.

Alten Rom (in Italien) und dem Neuen Rom (in Konstantinopel), zwischen dem, was vom antiken Römerreich im Mittleren Osten noch übrig war, und seiner neuen Form unter den Franken Karls des Großen mit dem Heiligen Römischen Reich (Aachen). Hier ist nicht der Ort, diese Polemik zu skizzieren, die unter dem Zeichen des »Filioque« stand (der Heilige Geist geht vom Vater *und* vom Sohn aus) und sich durch verschiedene Synoden und Konzilien hinzog (Toledo in den Jahren 589 und 633, Synoden von Gentilly 767, Frankfurt 794, Friaul 796, Aachen 809, Konzilien von Lyon 1274 und Florenz 1438–1439). Ich halte mich lediglich an die Hauptthesen der östlichen Position (um den Patriarchen von Byzanz), der westlichen Position (seit Augustinus), der Vermittlungsbemühungen und schließlich der neuen Versuche, die über die historische Polemik hinausgelangen wollen und eine im eigentlichen Sinn trinitarische Vertiefung anzielen.[19]

a. Die biblische Basis für die Rede vom Hervorgang des Heiligen Geistes. – Alle trinitarische Reflexion geht von der Ökonomie aus. Über die wichtigsten Texte, die den Heiligen Geist betreffen, haben wir schon nachgedacht. Hier beziehe ich mich besonders auf die drei Grundtexte im Johannesevangelium (16,14–15; 15,26; 20,22). Ihr Wortlaut: »(Der Geist) wird mich verherrlichen, denn er wird von dem Meinigen nehmen und es euch verkündigen. Alles, was der Vater hat, ist mein; deshalb habe ich gesagt, er nimmt von dem Meinigen und wird es euch verkündigen.« Im zweiten Text heißt es: »Wenn der Paraklet kommt, den ich euch vom Vater aus senden werde, der Geist der Wahrheit, der vom Vater ausgeht, wird er von mir Zeugnis geben.« Schließlich sagt Jesus noch: »Wie mich der Vater gesandt hat, so sende ich euch. Nach diesen Worten hauchte er sie an und sprach: Empfangt den Heiligen Geist.«

Diese Texte beziehen sich ebensosehr auf die Sendung des Geistes wie auf seine Beziehung zu Vater und Sohn. In gewisser Weise hängt er, dem Wortlaut der Texte nach, von anderen ab. Wie stehen Vater und Sohn zum Hervorgang oder zur Hauchung des Heiligen Geistes? Historisch gesehen gibt es zwei Antworten, die eng an verschiedene Mentalitäten und unterschiedliche – weniger gegensätzliche als vielmehr komplementäre – theologische Stile gebunden sind: die der Griechen und die andere der Lateiner.[20]

[19] Eine gute Zusammenfassung bei: *Y. Congar,* Der Heilige Geist, 338–453, bes. 439–453.
[20] Vgl.: *J. Comblin,* O tempo da ação, 112–153.

b. Geht der Heilige Geist nur vom Vater aus oder vom Vater und vom Sohn? – Für die Griechen ist der Vater im eigentlichen Sinne Gott, weil er einziges und höchstes Quell- und Ursprungsprinzip aller Wahrheit ist. Die Konzilien von Nizäa und Konstantinopel sagen, der Sohn sei vom (ek) Vater gezeugt. Danach heißt es dasselbe vom Heiligen Geist: Er geht aus vom Vater (ek). Der Vater ist also das Prinzip der Zeugung des Sohnes und des Hervorgangs des Heiligen Geistes. Infolgedessen sind sie wesenseins und ein einziger Gott. Sie haben dieselbe Ewigkeit, dieselbe Allmacht und Herrlichkeit. Doch unterscheiden sie sich, weil sie unterschiedliche Eigentümlichkeiten haben: der Vater die Ursprungslosigkeit (agennesia), der Sohn die Zeugung (gennesis) und der Heilige Geist den Hervorgang (ekporeusis). Diese Besonderheiten sind unmitteilbar und jeder Person ausschließlich eigen. Im übrigen haben sie alles gemeinsam. Sie sind stets in Gemeinschaft und gehören einander. Sohn und Geist leiten sich vom selben Vater her, doch auf unterschiedliche Weisen; deshalb sind sie auch unterschieden. Der Sohn leitet sich durch Zeugung her und der Heilige Geist durch Hervorgang. Natürlich kann man sagen (wie es bei den griechischen Vätern häufig geschieht): Der Vater spricht sein Wort aus, das der Sohn ist; und der Hauch, der es begleitet, hörbar und annehmbar macht, ist der Heilige Geist. Zwar unterschieden, stammen Wort und Hauch doch vom selben Vater und sind stets beisammen.

Für die Lateiner ist Gott nicht in erster Linie der Vater, sondern die Dreifaltigkeit, die einzige Natur der drei göttlichen Personen. Indem der Vater den Sohn zeugt, gibt er ihm alles (vgl. Joh 16,15: »Alles, was der Vater hat, ist mein«), schenkt ihm dieselbe Natur. So empfängt der Sohn vom Vater auch die Fähigkeit, zusammen mit dem Vater den Heiligen Geist hervorgehen zu lassen. Durch dieselbe einzige und gemeinsame Natur sind Vater und Sohn eins (vgl. Joh 10,30). Indem der Heilige Geist vom Vater ausgeht, geht er deshalb auch vom Sohn aus, nicht wie aus zwei Prinzipien (dann gäbe es zwei Väter), sondern aus einem einzigen Prinzip. Augustinus hat den klassischen Ausdruck geprägt: Der Geist geht hauptsächlich (principaliter)[21] vom Vater und auch vom Sohn (Filioque) aus. So entgeht man einer Schwierigkeit, zu der es bei äußerlichem Verständnis der griechischen Auffassung kommt, als hätte der Vater zwei Söhne, da ja Sohn und Geist vom Vater

[21] Vgl.: *Augustinus,* De trinitate XV 17,29 (CCL 50a, 503; dt.: BKV II/14, 298); Sermo 71,26 (PL 38, 459). Diese Formel findet sich bereits bei *Tertullian,* Adversus Praxeam 3 (CCL 2, 1161 f.) und ähnlich auch bei Ambrosius und Hilarius.

ausgehen.[22] Wenn andererseits Vater und Sohn aufgrund ihrer einzigen und gemeinsamen Natur den Heiligen Geist hervorgehen lassen, dann müßten wir zugeben, daß der Heilige Geist auch Ursache seiner selbst und zugleich deren Wirkung ist, weil auch er dieselbe einzige und gemeinsame Natur innehat. Um diesem Einwand zu entgehen, sagten die antiken Theologen, daß man unterschiedlich über den Hervorgang der dritten Person und ihr Innehaben der einzigen und selben gemeinsamen Natur sprechen müsse. So hat der Heilige Geist nach Kyrill von Alexandrien seine Existenz als Person *einzig* vom Vater, doch in der substantiellen Existenzweise geht er vom Vater und vom Sohn aus. Als Personen haben Sohn und Geist eine einzige Beziehung zum Vater und nur zum Vater, denn er ist der Ursprung der unmitteilbaren Personbesonderheiten des Sohnes und des Heiligen Geistes. Doch entsprechend der besonderen Weise, wie jede Person das göttliche Wesen zu eigen hat, zeigt sich eine Ordnung, gemäß der die Personen füreinander die Bedingung ihrer wesenseinen Gemeinschaft sind.[23]

Das »Filioque«, nämlich den Beitrag des Sohnes zum Hervorgang des Heiligen Geistes, anzunehmen heißt für die griechische Mentalität, die jeweiligen Eigentümlichkeiten der Personen der Dreifaltigkeit zu vermischen. Denn dann könnte man nicht mehr absolut sagen, daß der Vater einziges Prinzip und Ursprung der ganzen Gottheit sei, des gezeugten Sohnes und des gehauchten Geistes. Der Sohn hätte teil an der ausschließlichen Eigentümlichkeit des Vaters (die damit eben nicht mehr ausschließlich wäre), Prinzip der ganzen Gottheit zu sein.

Die Lateiner stellten den Hervorgang des Heiligen Geistes, wie schon oben im vierten Kapitel gezeigt, auf ihre Weise dar. Der Vater erkennt sich auf absolute Weise und entwirft ein wesenhaftes Bild seiner selbst, das der Sohn ist. Sohn und Vater erkennen und lieben einander wechselseitig. Liebe sucht Einheit. Der Geist ist diese Liebe und diese Einung zwischen Vater und Sohn. Mit einem plastischen Ausdruck nennt Marius Victorinus (†428), ein Zeitgenosse des Augusti-

[22] Die Väter des 3. Jahrhunderts waren in ihrem Kampf gegen den Subordinatianismus und gegen jene, die die Gottheit des Heiligen Geistes leugneten, mit der besonderen Schwierigkeit konfrontiert, zu erweisen, daß der Geist aus dem Vater nicht durch Zeugung (generatio), sondern in der Weise der processio hervorgeht, wo doch insbesondere die Zeugung die Identität in der Wesenheit zu garantieren schien. Dabei bedienten sie sich häufig der Analogie zur Erschaffung der Eva. Sie ist nicht Tochter; sie entstammt keiner Zeugung und ist doch von der gleichen Wesenheit wie Adam. Zum Ganzen vgl. *A. Orbe,* La procesión del Espíritu Santo y el origen de Eva, in: Gregorianum 45 (1964) 103–118.

[23] Vgl.: *P. Evdokimov,* L'Esprit Saint dans la tradition orthodoxe, Paris 1969, 56f.

nus, den Heiligen Geist »die Kopula des Vaters und des Sohnes«.[24] Bei dieser Vorstellung sieht man klar die Zweiheit, Vater und Sohn; der Geist erfüllt eine Einungsfunktion, um die Dreiheit zu begründen. Was aber ist er in sich selbst? Bei solcher Vorstellung wird seine persönliche Besonderheit nicht recht klar.

Bei den Lateinern gebrauchte man auch (und das ist heute noch die verbreitetste Vorstellung) das Modell des Liebesgeschehens. Es gibt den Liebenden, den Geliebten und die Liebe. Die Liebe, die Gott ist (vgl. 1 Joh 4,8), schenkt sich selbst. Der Vater schenkt in seiner Liebe alles dem Sohn. Der Sohn seinerseits empfängt alles vom Vater und schenkt es dem Heiligen Geist. Vater und Sohn lieben den Heiligen Geist; er ist der Mit-Geliebte (condilectus). Der Geist schließlich liebt Vater und Sohn, und so offenbart sich eine absolute Gemeinschaft und ewige Durchdringung der drei göttlichen Personen.

Schließlich sollten wir die Absichten beider theologischer Richtungen berücksichtigen: Die Griechen wollen die Gottheit des Sohnes und des Heiligen Geistes dadurch gewährleisten, daß beide vom Vater ausgehen, der einziger Quell und letztes Prinzip aller Gottheit ist, weil er im eigentlichen Sinne Gott ist.

Die Lateiner wollten die Gottheit der drei göttlichen Personen dadurch gewährleisten, daß sie ihre Wesenseinheit aufzeigten; der Heilige Geist hat dieselbe Natur, die der Sohn vom Vater empfängt; wie der Sohn sie empfing, so schenkt er sie mit dem Vater zusammen dem Heiligen Geist. Deshalb geht der Heilige Geist nach den Lateinern vom Vater und vom Sohn aus.

c. Formeln der Vermittlung zwischen Griechen und Lateinern. – Um über die Polemik zwischen Griechen und Lateinern hinauszukommen, griff man auf andere Formulierungen zurück, die im einen wie im anderen Lager anzutreffen waren. So zitierte man z. B. in unpolemischem Zusammenhang die Texte von Epiphanius (†403) und Kyrill von Alexandrien (†444), die auf griechischer Seite vom Ausgang des Geistes vom Vater *und* vom Sohne sprachen (ek tou Hyiu).[25] So sprachen auch Leo der Große (†461) und Gregor der Große (†604) zwischen dem 5. und dem 7. Jahrhundert. Oder man drückte sich folgendermaßen

[24] Eine gute Zusammenfassung der verschiedenen Modelle, mit deren Hilfe die griechische und die lateinische Theologie sich den Hervorgang (processio) des Heiligen Geistes vorstellt, findet sich bei: *W. Kasper,* Der Gott Jesu Christi, Mainz 1982, 265–269.

[25] Vgl.: *Epiphanius von Salamis,* Anacoratus 8 (PG 43, 29); *Kyrill von Alexandrien,* Thesaurus de trinitate 34 (PG 75, 585).

aus: Der Heilige Geist geht vom Vater *durch* den Sohn aus (per Filium) oder auch in Gegenwart des Sohnes. Das Konzil von Lyon (1274) versuchte bei der Deutung des »ab utroque« (von beiden, Vater und Sohn) klarzustellen, daß damit die Kausalität nicht verdoppelt werde: »Der Heilige Geist geht ewig vom Vater und vom Sohn aus, nicht wie *von zwei Prinzipien,* sondern wie *von einem einzigen Prinzip,* nicht durch zwei Hauchungen, sondern durch eine einzige Hauchung« (DS 850). Überdies bestand man darauf, daß die Hauchung von Vater und Sohn aus keinerlei Nachträglichkeit zur Zeugung des Sohnes bedeute: Alles ist gleich ewig und deshalb zugleich (DS 853). Das Konzil von Florenz (1439) erklärte das »per Filium« (durch den Sohn) als Annäherungsformel: »Der Heilige Geist geht vom Vater *durch* den Sohn aus, das soll verständlich machen, daß auch der Sohn Ursache (nach den Griechen) oder Prinzip (nach den Lateinern) der Subsistenz des Heiligen Geistes ist, wie der Vater« (DS 1301). Danach wird erklärt, daß der Sohn vom Vater empfing, Ursache oder Prinzip des Heiligen Geistes zu sein, und daß darum, wie die Griechen wollen, der Vater hauptsächlich (principaliter) der Haucher des Heiligen Geistes ist. Dieses Konzil suchte ein Gleichgewicht zwischen dem »Filioque« (und vom Sohn) und dem »per Filium« (durch den Sohn). Doch blieb das so Erreichte niemals unbestritten. Die Griechen haben ein anderes Empfinden für die Worte, die nach harten Kämpfen gegen den Subordinatianismus (Arius) und den Modalismus (Sabellius) festgeschrieben wurden. So würden sie niemals sagen, daß *Ursache* (arche) des Geistes auch der Sohn sein könne. Für sie ist Ursache allein der Vater; wenn die Lateiner *Ursprung* oder *Prinzip* sagen (principium als Übersetzung von arche), meinen sie etwas Allgemeines, ein höchstes oder vermitteltes Prinzip. Den Griechen ist schwer annehmbar, daß der Ausdruck »Hervorgang« (ekporeusis) auch auf den Sohn angewandt werden könne (vom Vater und vom Sohn geht der Heilige Geist aus), da sie dieses Wort dem Heiligen Geist in Beziehung zum Vater als seinem absolut ersten Ursprung vorbehalten. Für die Griechen ist das »ex Filio« (vom Sohn) nicht völlig gleichbedeutend mit dem »per Filium« (durch den Sohn). Das *ex* bedeutet die Gleichheit der Wesenheit und nicht die Ordnung der Personen. Das *per* hingegen bezeichnet die Ordnung der Personen und nicht die Gleichheit derselben Wesenheit. Die Lateiner ihrerseits mißtrauten stets dem »durch den Sohn«; es könnte eine Unterlegenheit des Sohnes bedeuten oder daß er bloß eine instrumentelle Ursache und nicht zusammen mit dem Vater die totale Ursache wäre. Nun zeigen die Akten des Konzils von Florenz die ungeheure Mühe, um der Vereinigung von Ost und

West willen Äquivalenzen zwischen den unterschiedlichen Ausdrucksweisen herzustellen. Solche Konstruktionen schaffen freilich nicht die Empfindlichkeiten beider Sprachen ab, die in Fleisch und Blut der jeweiligen Mentalität eingegangen sind. Darum gehen die Streitigkeiten bis heute weiter.

Andererseits – streng theologisch gedacht – hat diese Konstruktion des »Filioque« oder des »per Filium«, wie die Konzilien im Lateran (1215), von Lyon (1274) und Florenz (1439) sie festgelegt haben, es schwerlich geschafft, die stets trinitarischen Beziehungen zwischen Vater, Sohn und Heiligem Geist auszudrücken; die wahre Perichorese wurde eher verdunkelt. Tatsächlich ergeben sich aufgrund des lateinischen Verständnisses Zweiheiten: erstens der polare Gegensatz Vater/ Sohn, andererseits die Zweiheit Vater-Sohn / Heiliger Geist. Im Folgenden versuche ich, die Bedeutung und die Konsequenzen der in allem und stets trinitarischen Beziehungen ins rechte Licht zu rücken.

d. Unterwegs zu einem trinitarischen Gleichgewicht. – In der ökumenischen Theologie (bei Orthodoxen, römischen Katholiken, Altkatholiken und Anglikanern) hat man sich in den letzten Jahrzehnten um Neuansätze hinsichtlich des Dreifaltigkeitsgeheimnisses bemüht, die über die im Verlauf der historischen Meinungsverschiedenheiten gezogenen Grenzen hinausgehen sollen.[26] Von den verschiedenen Beiträgen hebe ich lediglich die des orthodoxen Theologen Paul Evdokimov und die des Protestanten Jürgen Moltmann hervor. Beide berufen sich auf W.W. Bolotow, einen berühmten russisch-orthodoxen Kirchenhistoriker (er starb 1900 mit erst 47 Jahren), der 1897 einen langen Text mit dem Titel »Thesen eines russischen Theologen über das Filioque« verfaßt hat.[27] Nach diesem Autor geht der Heilige Geist allein vom Vater aus, in dem Maße, wie der Vater Quell der ganzen Gottheit ist. Doch ist der Sohn durch die Zeugung des Vaters dem Vater so geeint, daß er die logische Voraussetzung und objektive Bedingung der Hauchung des Heiligen Geistes ist. Mehr noch: Der Heilige Geist ist die trinitarische Bedingung der Zeugung des Sohnes seitens des Vaters. Solcherart sind die Beziehungen in der Dreifaltigkeit stets trinitarisch: Zum »Filioque« muß das »Spirituque« treten.

[26] Vgl.: *R. Slenczka,* Das Filioque in der neueren ökumenischen Diskussion, in K. Lehmann/ W. Pannenberg (Hrsg.), Glaubensbekenntnis und Kirchengemeinschaft, 80–99; *Y. Congar,* Der Heilige Geist, 439–453.

[27] Vgl.: Revue Internationale de Théologie 5 (1898) 681–712; oder neuerdings wiederveröffentlicht in: Istina 17 (1972) 261–289; eine Zusammenfassung der Thesen bei: *Y. Congar,* Der Heilige Geist, 452f.

Paul Evdokimov denkt mit seltener Einsicht ins Geheimnis und mit bemerkenswerter Schlichtheit, daß wir beim Nachdenken über das Dreieinigkeitsgeheimnis das Kausaldenken überwinden müssen.[28] Die Sprache der Tradition ist eher beschreibend und analog als erklärend. Er schlägt vor, wir sollten von folgendem Teil des Credo ausgehen: »Ich glaube an den Heiligen Geist, . . . der mit dem Vater und dem Sohn zugleich *angebetet* und verherrlicht wird.« Hier finden wir den radikal-dreifachen Charakter der trinitarischen Beziehungen ausgedrückt.[29] Statt von Kausaldialektik zu sprechen, müssen wir uns - denkt Evdokimov - der Dialektik der Offenbarung des Vaters durch den Sohn im Heiligen Geist im Horizont der dreifachen trinitarischen Liebe zuwenden. Die Monarchie des Vaters bedeutet, daß er das Subjekt der Offenbarung ist; denn er sichert die Einheit, die Wesensgleichheit und die Gleichewigkeit der drei göttlichen Personen. Nie handelt es sich um die Beziehung des Vaters zur einen oder anderen Person, sondern es handelt sich um die Beziehungen dessen, der sich offenbart, und derer, die ihn offenbaren. So ist das »Filioque« nur gerechtfertigt, wenn es vom »Spirituque« begleitet wird.[30] Der Sinn dieser beiden Formeln liegt in der Behauptung, daß jede Person zugleich in ihren Beziehungen zu den anderen beiden zu betrachten ist. So empfängt der Sohn bei seiner Zeugung vom Vater den Heiligen Geist und ist also in seinem Sein ewig untrennbar vom Heiligen Geiste; der Sohn wird gezeugt ex Patre Spirituque. Gleicherweise geht der Heilige Geist vom Vater aus und ruht auf dem Sohn, dies entspricht dem »per Filium« und dem »ex Patre Filioque«. Auf das *und* und das *durch* stoßen wir, sooft es sich um die dreifachen Beziehungen zwischen den Personen handelt. Der Vater zeugt den Sohn unter Mitwirkung des Heiligen Geistes und haucht den Geist unter Mitwirkung des Sohnes. Sogar an seiner Ursprungslosigkeit haben Sohn und Heiliger Geist teil; dies bezeugt die Tatsache, daß sie vom Vater als ihrem einzigen Quell herstammen.[31] Hier stehen wir vor einem streng trinitarischen Denken, in derselben Richtung, die ich selbst während unserer Reflexionen eingeschlagen habe. Ich meine, daß auf dieser Linie eine fruchtbare ökumenische Begegnung möglich wird, welche über die Streitigkeiten der Vergangenheit hinausgeht.

[28] Vgl.: *P. Evdokimov,* L'Esprit Saint dans la Tradition orthodoxe; *ders.,* Panagion et panagia, in: Bulletin de la société française d'études mariales 27 (1970) 59–71.
[29] Vgl.: *P. Evdokimov,* L'Esprit Saint, 70.
[30] Vgl.: ebd. 71.
[31] Vgl.: ebd. 72.

Auch Jürgen Moltmann ist von W. W. Bolotow beeinflußt, besonders von seinem Gedanken des trinitarischen Gleichgewichts.[32] Der Vater ist immer Vater des Sohnes. Der Vater ist nicht Vater des Heiligen Geistes. Nur insofern er Vater des Sohnes ist, haucht der Vater den Heiligen Geist. Der Sohn ist logische Voraussetzung und objektive Bedingung für den Hervorgang des Heiligen Geistes. Der Heilige Geist geht vom Vater des Sohnes aus – das ist die angemessenste Deuteformel, um das Credo auszudrücken.[33] Der Vater bleibt laut den Griechen der Quell der Gottheit und deshalb die Ursache des Hervorgangs des Heiligen Geistes; der Sohn hat an diesem Hervorgang ebenfalls Anteil im Maße, wie er, weil er Sohn ist, an der Wirklichkeit des Vaters teilhat. Die direkte Beziehung des Vaters zum Geist ist deutlich. Welches aber ist die Beziehung des Sohnes zum Geist? Was empfängt der Geist vom Sohn? Moltmann antwortet: »Der Heilige Geist hat vom Vater seine perfekte göttliche *Existenz* (hypostasis, hyparxis) und empfängt vom Sohn seine relationale *Gestalt* (eidos, prosopon).«[34] Mit anderen Worten: Der Heilige Geist empfängt seine Existenz allein vom Vater des Sohnes, aber die konkrete Gestalt dieser Existenz empfängt er vom Sohn des Vaters. Um eine Redewendung Moltmanns selbst zu gebrauchen: Die Person des Geistes geht vom Vater aus, das konkrete Antlitz stammt vom Sohn. Dieses Antlitz ist Ausdruck der absoluten Schönheit und Offenbarung der höchsten Herrlichkeit. »Gestalt« bedeutet hier dieses Antlitz im Maße, wie es die Offenbarung der Person ist. Deshalb hält der Heilige Geist sein Antlitz stets dem Vater und dem Sohne zugewandt, die sich ihrerseits ihm zuwenden.

Moltmann beschließt seine Darlegung, indem er sich Rechenschaft davon gibt, daß sowohl das griechische wie das lateinische Modell sich innerhalb des Kausalitätsprinzips bewegt, wodurch es zu den Fronten kommt: beim *Monopatrismus* gehen die Hervorgänge allein vom Vater aus, beim *Filioquismus* lassen Vater und Sohn vereint den Heiligen Geist hervorgehen, während von diesem keine andere Person sich herleitet. Moltmann fordert eine Darstellung des Dreifaltigkeitsgeheimnisses, die entschlossen von den Beziehungen zwischen allen drei Personen ausgeht.[35] Mit dieser Idee stimme auch ich überein.

[32] *J. Moltmann,* Trinität und Reich Gottes, München 1980, 194–206.
[33] Ebd. 201.
[34] Ebd. 202.
[35] Ebd. 204–206.

e. Das Zugleich des Heiligen Geistes mit Sohn und Vater. – Ich knüpfe an das an, was wir im siebten Kapitel über die ewige Perichorese zwischen den göttlichen Dreien erarbeitet haben. Auszugehen ist vom ersten Glaubensdatum: der Koexistenz von Vater, Sohn und Heiligem Geist.[36] Die Personen, jede mit ihrer besonderen Eigentümlichkeit, existieren miteinander, voneinander her, ineinander und füreinander. Zwischen ihnen spannen sich Beziehungen gegenseitiger Offenbarung und (An-)Erkenntnis. Sich einander offenbaren und sich (an)erkennen heißt, wie gesagt, den Unterschied annehmen. Dieser liebevoll angenommene Unterschied ist Bedingung der Gemeinschaft und Einigung.[37] Was in der Dreifaltigkeit hervorgebracht wird, ist der ewige Offenbarungsprozeß der gegenseitigen Liebe und des Geheimnisses dreifachen Lebens. Das Zugleich der göttlichen Drei bedeutet, daß die Ursprungslosigkeit, die Zeugung und der Hervorgang nicht als Produkte der Personen verstanden werden dürfen, so wie eine Ursache ihre Wirkungen produziert.[38] Jede Person bestimmt sich in der Beziehung zu den beiden anderen. Was in der theologischen Tradition Ursprungslosigkeit, Zeugung und Hauchung heißt, ist in Wahrheit ein einziger drei-einiger Vollzug wechselseitiger (An-)Erkenntnis und gegenseitiger Offenbarung, an dem jede der Personen zugleich beteiligt ist.

Der Heilige Geist offenbart das Geschenk von Vater und Sohn, das er selber ist. Durch den Sohn erkennt der Geist den Vater an in seinem Überfluß an Liebe und Schenkung. Mit dem Vater erkennt der Geist den Sohn an in seinem vollen Ausdruck des Vaters und als Modell und Muster alles möglichen Erschaffbaren. Und so könnten wir unaufhörlich die Gegenseitigkeiten zwischen den drei göttlichen Personen beschreiben. Was den Heiligen Geist betrifft, ist es schließlich angebracht, ihm auf der Linie der griechischen Väter[39] eine gewisse Zeugungsfunktion zuzuerkennen. Es besteht immer eine Korrelation zwischen den innertrinitarischen Beziehungen und der heilsgeschichtlichen Sendung der Personen. So kennt das Neue Testament das Wirken des Heiligen Geistes im Augenblick der Menschwerdung des Sohnes; dieser ist in seiner Menschheit das Werk des Heiligen Geistes. Der Heilige Geist läßt Christus im Leben der Getauften geboren werden, er wohnt den Gerechten ein, er ist der Stimmhauch des Vaters, der vom Himmel her sagt: »Du bist mein vielgeliebter Sohn, heute habe ich dich

[36] Vgl.: *Ch. Duquoc,* Dieu différent, 96–124.
[37] Vgl.: *E. Fortman,* The Triune God, London 1972, wo diese Vorstellung vielfach bedacht wird.
[38] Vgl.: *P. Evdokimov,* L'Esprit Saint, 74f., wo m. E. diese Frage überzeugend erörtert wird.
[39] Vgl.: *S. Bulgakov,* Le Paraclet, Paris 1969.

gezeugt.« Nicht ohne Grund besteht, wie wir noch sehen werden, eine innere Beziehung zwischen der Jungfrau Maria und dem Geist im Hinblick auf die Empfängnis. Diese zeugende Sendung des Geistes hat eine gewisse innertrinitarische Entsprechung. Er erzeugt die Freude des Vaters am Sohn, er ist es, in dem Vater und Sohn sich in Gemeinschaft begegnen, er ist die Liebe, die überströmt und zur Erschaffung anderer Liebes- und Lebensgenossen einlädt. Durch den Geist geht es aus dem innertrinitarischen Leben hinaus, und durch den Geist geht es zum dreifaltigen Leben zurück, zur Verherrlichung der göttlichen Drei, jetzt in Gemeinschaft mit weiteren Unterschiedenen, die in die Gemeinschaft ohne Ende aufgenommen sind.

4. Die Ökonomie des Heiligen Geistes: Wandlung und Neuschöpfung

Was der Heilige Geist innerhalb des Dreieinigkeitskreises ist, zeigt sich in der Zeit, innerhalb der zeitlichen Möglichkeiten. Nie offenbart das immanente Geheimnis sich vollständig in der Geschichte. Seine Spuren begleiten uns auf unserem Weg hin zum Reich der vollkommenen Freiheit im dreifaltigen Gott.

Wie wir oben betrachtet haben, ist der Geist Ausweitung und Einung, Unterschiedenheit und Gemeinschaft, mit einem Wort: Liebe, die die anderen offenbart und sich durch die anderen offenbart. Der Geist im biblischen und trinitarischen Sinn ist im Grunde Wirken und Wandlung. Jetzt leben wir unter der Ökonomie des Geistes (unter seinem »Gesetz«, wie es bei Paulus heißt: Röm 8,2). Diese Ökonomie vollzieht sich stets in dialektischer Spannung zu der des Sohnes, mit der Ökonomie des Vaters als letztem Bezug. Der Vater steht immer für den Geheimnischarakter, die unzugängliche und zugleich bergende Tiefe. Der Sohn in seiner Ökonomie bedeutet die Einwurzelung der Dreifaltigkeit in der menschlichen Geschichte, denn unsere Natur ist in ihm vollständig angenommen worden. Der Geist wirkt allgemein in den Menschen, nicht nur in einem wie Jesus. Er wurde in unsere Herzen gesandt und ausgegossen (Gal 4,6; Röm 5,5). Der Geist ist in der Vielheit und Verschiedenheit gegenwärtig und schafft Gemeinschaft. Pfingsten offenbart die Dynamik des Wirkens des Geistes: Er achtet die Verschiedenheit und stiftet Gemeinschaft (Apg 2,11), dank seiner wird in der Mannigfaltigkeit der Sprachen dieselbe Botschaft verstanden. Diese Gegenwart des Geistes ruft Begeisterung hervor, so sehr, daß die Apostel mit Betrunkenen verwechselt wurden (Apg 2,12); die Ekstase der Freude und die Faszination der Schöpfung sind Werke des Geistes.

Durch das Handeln verwirklicht der Geist sein Werk in der Welt[40]: Sein Wirken dringt ins menschliche Handeln ein, potenziert es und macht es wahrhaft schöpferisch. Deshalb verbirgt sich der Geist; er offenbart die in Mensch und Kosmos schlummernden Möglichkeiten, tränkt die geschichtlich Handelnden mit Schöpferkraft und Macht, daß sie sich zu wahrhaft Handelnden wandeln und nicht nur immer von neuem Aufträge irgendeines Außenstehenden ausführen. In der Geschichte gibt es Gesetz und Ordnung, gibt es Institutionen und Traditionen, gibt es Autorität und die Macht der Tatsachen. Doch gibt es auch die Revolution, den Einsturz der einen Art von Ordnung und das Errichten einer anderen, es gibt die Schaffung des Neuen, es gibt den Bruch der Traditionen und das Herstellen eines andersgearteten Bezugssystems mit seinen anderen Verhaltensweisen. Wenn die Armen sich ihrer Unterdrückung bewußt werden, sich zusammenschließen, ihre Kräfte organisieren, die Tabus zerbrechen, die sie unterjocht hielten, die Normen entlarven, die sie niederdrückten, prophetisch die Schmiede ihrer Ketten anklagen, wenn sie sich zum Gebrauch der Macht verpflichtet sehen, die sie nicht gewünscht, sich der Gewalt der Unterdrücker stellen und ihnen ihre Privilegien und Unrechtsposten entreißen, wenn sie sich schöpferischer Phantasie überlassen und Utopien einer versöhnten Welt entwerfen, in der alle essen und sich der Gunst des Lebens öffnen können - dann können wir sagen: Dort ist der Geist innerhalb der konfliktreichen Geschichte am Wirken und Gären.[41] Solche Geschichtsprozesse sind geistschwanger. Dieser selbe Geist erweckt charismatische Führer, welche die Begeisterung stützen und die Kraft wiedererwecken, die in allen schlummert. Auf jedem Feld des Menschenlebens bricht der schöpferische Geist in der Kraft des Heiligen Geistes auf, in der politischen Führerschaft, wenn Wissenschaft und Künste erfinderisch werden, wenn das Volk bei der Auseinandersetzung mit seinen Überlebensproblemen Originelles schafft, wenn inmitten von Schicksalsschlägen und tödlichen Dramen doch die Zärtlichkeit bewahrt wird. Der Heilige Geist gewinnt in allen solchen Vollzügen tausend Gesichter, eben er, der als gesichtslos gilt: deshalb,

[40] Dies ist die grundlegende und überzeugende These von *J. Comblin,* O tempo da ação, Petrópolis 1982.

[41] Siehe hierzu die ganze Nummer von Lumière et Vie 173 (1985), die dem Heiligen Geist als Befreier gewidmet ist.

weil er aus verklärten oder erniedrigten menschlichen Gesichtern sein eigenes göttliches Gesicht macht.

Der Heilige Geist wirkt nicht nur in der Vielfalt der Menschen und ihrer gesellschaftlichen Prozesse, besonders der Armen. Er hat vielmehr aus der Gemeinde der Jesusjünger sein privilegiertes Sakrament gemacht. Die Kirche ist Sakrament Christi und ebenso Sakrament des Heiligen Geistes. Es gibt in ihr das, was aus dem Geheimnis der Menschwerdung stammt: die Stabilität der Institution, die Gemeinschaftsordnung, die Glaubensregel, die mit sakraler Macht ausgestattete Autorität. Es gibt aber auch den Einbruch der Gaben und Charismen (vgl. 1 Kor 12; Röm 12), der charismatischen Persönlichkeiten, die das verhärtete Institutionengefüge aufrütteln, aufgrund einer neuen Erfahrung des göttlichen Geheimnisses neue Glaubenshorizonte aufreißen, neue Weisen stiften, wie auf die drängenden Probleme der Gemeinde einzugehen ist. Die Kirche ruht auf diesen beiden Pfeilern: dem menschgewordenen Sohn und dem über die ganze Menschheit und insbesondere auf die Kirche ausgegossenen Geist. Eine Kirche ohne Charismen, ohne legitimen Raum für den Geist, ohne Kraft und Saft, die sie jung und unruhig sein lassen, ist nicht die Kirche, das Bild der Dreifaltigkeit, die wahre Kirche Gottes. Ohne die ausdrückliche Pflege des Geistes befreien wir die christliche Gemeinde nicht von dem autoritären Gehabe ihrer Hierarchen, von der Beherrschung durch die Wahrheit, von der sterilen Dogmatisierung der Dogmen, von der langweiligen Wiederholung ihrer Riten, die den Sinn der Feiern verkümmern läßt. Ohne die bewußte Anbetung des Geistes und die Ehrfurcht vor seinem göttlichen Wirken verliert die Predigt ihre Aura der Frohen Botschaft, die Nachfolge Jesu verkommt zu Nachahmerei, die das Gemüt einengt und das Herz mittelmäßig macht.

Der Geist wirkt auch in den Sakramenten, besonders in der Firmung und der Eucharistie. Ich will hier nicht die Bedeutung der Epiklese erörtern (Anrufung des Heiligen Geistes bei der Messe),[42] hervorheben möchte ich nur die verwandelnde Gegenwart des Geistes (ohne jetzt die Formen dieser Wirksamkeit zu erörtern) bei der Wandlung der eucharistischen Gestalten. Der Zelebrant ruft den Geist an, damit Christi Worte, die das Sakrament eingesetzt haben, göttliche Wirksamkeit entfalten. Der Geist ist stets der Geist des Sohnes, deshalb offenbart er in diesem heiligen Augenblick die lebendige Gegenwart

[42] Eine gute Orientierungshilfe bieten: *L. Bouyer,* Le Consolateur, Paris 1980, 339–354; *Y. Congar,* Der Heilige Geist, 454–495.

Christi in der Form von Brot und Wein und identifiziert dieses Mahl mit dem Abendmahl des Herrn. Jede Meßfeier richtet sich an den Vater, damit der Geist den in der Gemeinde und sakramental bei der eucharistischen Feier gegenwärtigen Christus offenbare. Der Priester handelt zugleich in nomine Christi und in persona Spiritus Sancti (in Christi Namen und in der Kraft des Heiligen Geistes) mit der Kirche.

Schließlich stellt sich die Frage: Wenn der Geist zusammen mit dem Sohn vom Vater ausgesandt ist, wer ist dann in Wahrheit sein Empfänger? Wir haben schon die Vielfalt der Menschen betrachtet, die geschichtlichen Veränderungprozesse, die Kirche, das Leben der Gerechten, in denen die Gnade (an vielen Stellen der Schrift gleichbedeutend mit dem Heiligen Geist) gegenwärtig ist. Könnten wir das Problem nicht noch mehr zuspitzen und zu einem besonderen Geschichtssubjekt als privilegiertem Empfänger des Geistes kommen? Diese Frage habe ich bereits in zwei früheren Veröffentlichungen behandelt und will die Argumentation hier nicht im einzelnen ausbreiten.[43] Kurz das Wesentliche: Bei Matthäus und ganz besonders bei Lukas gibt es eine enge Verknüpfung Mariens mit dem Heiligen Geist. Der Grundtext besagt: »Der Heilige Geist wird über dich kommen und die Kraft des Allerhöchsten wird dich überschatten; deshalb wird auch das Heilige, das aus dir geboren wird, Sohn Gottes heißen« (Lk 1,35). Der Buchstabe des Textes erlaubt uns, eine besondere Sendung, das heißt eine persönliche (hypostatische) Selbstmitteilung des Heiligen Geistes an die Jungfrau Maria anzunehmen. Es ist das erste Mal in der ganzen Schrift, daß es von ihm heißt, er sei unmittelbar auf eine Frau herabgekommen. Das Zweite Vaticanum stellt treffend fest: »(Maria ist) gewissermaßen vom Heiligen Geist gebildet und zu einer neuen Kreatur gemacht« (LG 56). Es paßt zusammen, daß der letzte Adam (1 Kor 15,45) zur Mutter die letzte Eva hat. Nur Gott kann Gott gebären. Maria ist kraft des Heiligen Geistes zu göttlicher Höhe erhoben, damit ihre Mutterschaft göttlich und sie wahrhaft und ganz unbildlich gesprochen Gottes Mutter sei. Der lukanische Ausdruck »die Kraft des Allerhöchsten wird dich überschatten« erinnert uns an die Theologie der schechina (des Zeltes), Gottes spürbarer Gegenwart (vgl. Ex 40,34–35), die im Judentum eine inkarnatorische Tendenz verkörperte. Maria wird tat-

[43] Vgl.: *L. Boff*, Das mütterliche Antlitz Gottes. Ein interdisziplinärer Versuch über das Weibliche und seine religiöse Bedeutung, Düsseldorf 1985, 91–117; *ders.*, Ave Maria. Das Weibliche und der Heilige Geist, Düsseldorf [2]1985, 48–58. 100–108.

sächlich, voll der Gnade (voll des Heiligen Geistes), zum »Heiligtum des Heiligen Geistes« (LG 53) gemacht, zur Tochter Zion, zu Gottes Wohnstatt, von der die Texte des Alten Testamentes so oft sprechen.

Ich würde sagen, daß der Heilige Geist, indem er über Maria kam, sie pneumatifiziert (vergeistet), das heißt in ihr menschliche Gestalt angenommen hat, ähnlich, wie der Sohn auf besondere und unverwechselbare Weise sein Zelt unter uns in der Gestalt Jesu von Nazaret aufgeschlagen hat (vgl. Joh 1,18). Was ich hier behaupte, ist keine offizielle Lehre. Es handelt sich um ein Theologumenon, eine theologische Hypothese, begründet in einem biblischen Befund in Verbindung mit dem Zusammenhang zwischen den verschiedenen Glaubenswahrheiten. So sage ich, daß die Frau gleich dem Mann Bild und Gleichnis Gottes ist (Gen 1,27), daß es eine Berufung zur Vergottung gibt, daß Gott vom Weiblichen offenbart wird, daß die in Jesus vorhandene weibliche Dimension durch die Menschwerdung hypostatisch angenommen wurde, so daß etwas vom Weiblichen für immer vergöttlicht ist und das Weibliche in der Ewigkeit ebenso wie das Männliche höchsten Anteil an der dreifaltigen Gemeinschaft haben wird. Im Lichte all dieser Behauptungen läßt sich zu Recht fragen: So wie das Männliche ausdrücklich vom Sohn angenommen wurde, indem er die Menschheit Jesu von Nazaret annahm (die eine implizite weibliche Dimension mit einschließt), könnte nicht gleicherweise das Weibliche ausdrücklich vom Heiligen Geist angenommen worden sein, da doch die Schrift seine innige Beziehung zur Jungfrau Maria zeigt? Gäbe es nicht ein heilsgeschichtliches Gleichgewicht, wenn man ehrfürchtig und fromm sagen dürfte, daß die gesamte Menschheit, in ihrem konkreten weiblichen und männlichen Ausdruck, Gefäß der Selbstmitteilung zweier Personen der Dreifaltigkeit sei, die der Vater in die Welt gesandt habe, um sie von ihren jeweiligen Besonderheiten aus in die dreifaltige Gemeinschaft einzuführen? Der Sohn hat das Männliche explizit und das Weibliche implizit vergöttlicht, im Maße, wie Männliches und Weibliches stets beisammen sind und sich perichoretisch aufeinander beziehen. Der Heilige Geist hätte dann aufgrund des wechselseitigen Einschlusses beider ineinander das Weibliche explizit und das Männliche implizit vergöttlicht.

Jesus und Maria würden die ganze schon in der Zeit angenommene Menschheit darstellen, selige Vorwegnahme des eschatologischen Ereignisses der vollen Vergottung der Männer und Frauen im Reiche Gottes.

Gemäß diesem meinem Theologumenon hätte der Heilige Geist seine Gegenwart in Maria verdichtet (man müßte vertiefen, in welchem Sinn sich von der Annahme der Natur oder nur der Person Mariens durch den Heiligen Geist sprechen läßt, welcher Name für dieses einmalige Geschehnis der Heilsgeschichte zu prägen wäre usw.), und zwar so wirklich und einmalig, daß er dort auf persönliche Weise bei voller Selbstmitteilung gegenwärtig ist, vergleichbar der Menschwerdung des Sohnes. Maria wäre also die unter allen Frauen gesegnete, voll der Gnade (die der Heilige Geist ist), nicht nur Gottes Tempel, sondern Gott selbst in seinem Tempel, das heißt Gott, der in Maria wohnt und sich in ihr den lebendigen und wahrhaften Tempel schafft. Welches ist die künftige Bestimmung der Menschheit in ihrer weiblichen Konkretisierung? Antwort: vergottet zu werden, wie Maria es wurde, jede nach ihrem Maß und in ihrer besonderen Weise – Maria unmittelbar und voll; alle übrigen Frauen (und in etwa auch die Männer mit ihrer weiblichen Seite) in Teilhabe an Maria.

Von diesem Quellkern – Maria – aus würde die Gegenwart des Geistes auf alle Gerechten ausstrahlen, vor allem auf die Frauen, auf die Kirche, deren erstes und vollkommenstes Glied Maria ist, auf die Menschheit bei ihrem Zug zum Reich Gottes unter Wandlungen und Befreiungsprozessen, welche die Schöpfung mehr und mehr dem endgültigen Plan der dreifaltigen Gemeinschaft angleichen.

Wenn es so ist, sollten wir mit erleuchteter Frömmigkeit das Glaubensbekenntnis unserer Väter sprechen: »Ich glaube an den Heiligen Geist,. . . der mit dem Vater und dem Sohn zugleich angebetet und verherrlicht wird.« Ihm, der Maria vergeistet hat, sei Ehre, Herrlichkeit und endlose Anbetung jetzt und in Ewigkeit. Amen.

XII. Wie es war im Anfang: Die immanente Trinität in sich selbst

Vater, Sohn und Heiliger Geist existieren in ewiger Gemeinschaft und sind ewig. Das Gebet »wie (es war) im Anfang, so auch jetzt und alle Zeit« will die Ewigkeit des dreifaltigen Gottes ausdrücken, obwohl es das Schema der zeitlichen Folge verwendet, wie es die Schrift tut. Das ist indes nicht so zu verstehen, als wäre die Ewigkeit eine endlose Zeit oder als fielen Anfang, Jetzt und Allezeit zusammen. Ewigkeit meint viel mehr als dies: nicht eine unbegrenzte Quantität, sondern eine neue Qualität unabhängig von der Zeit. Die knappste und schönste Definition der Ewigkeit verdanken wir Boethius (480–524): »Vollkommener und ganzer Zugleich-Besitz endlosen Lebens«.[1] Hier wird die Fülle des Lebendigseins und des Lebens ausgesagt. Weil diese Fülle absolut und voll-endet (per-fecta) ist, hat sie immer existiert und wird nie aufhören.

Uns fällt es schwer, uns Gottes Ewigkeit vorzustellen, weil unsere Erfahrung es stets mit Nacheinander, mit gebrochener oder von Verlust bedrohter Vollkommenheit zu tun hat. Was der Glaube behaupten will, ist die Erhabenheit der Heiligsten Dreifaltigkeit. Ehe es ein Universum gab, ehe sich das winzigste Atom der kosmischen Materie regte, ehe der erste Funken Vernunft aufblitzte, ehe es irgendeine Zeit gab, waren Vater, Sohn und Heiliger Geist in sich als Vulkanausbruch von Leben und Liebe. Es existierte die immanente Trinität. Wir als Geschöpfe, Söhne und Töchter, existieren in Gott als ewige Entwürfe, vom Vater im Herzen des Sohnes mit der Liebe des Heiligen Geistes »gezeugt«.

Von dieser immanenten Trinität, wie sie in sich selber ist, wissen wir nur das, was sie selbst uns in Worten und Taten gnadenhaft mitgeteilt hat, besonders durch die Inkarnation des Sohnes und die Pneumatifikation des Heiligen Geistes.

[1] Vgl.: *Boethius,* De consolatione philosophiae V 6: »interminabilis vitae tota simul et perfecta possessio« (CCL 94, 101).

1. Wann die ökonomische Trinität die immanente Trinität ist und umgekehrt

Die Dreifaltigkeit offenbart sich, wie sie ist: dreifaltig. Sie erlöst uns so, wie sie in sich selber ist. Was wir bei der heilsgeschichtlichen Kundgabe beobachten, daß nämlich der Vater sich als das Geheimnis der Welt erweist, der Sohn Mensch wird und daß der Geist in unsere Herzen ausgegossen wird und auf Maria herabkommt, all das entspricht deshalb dem, was der dreifaltige Gott in sich selber ist. Wäre Gott nicht Vater, Sohn und Heiliger Geist, hätte er sich nie so gezeigt, und niemals hätten die Menschen die göttlichen Drei erfaßt. Deshalb das Axiom: Die drei Einzigen in Gemeinschaft, die sich in der Heilsökonomie offenbaren, sind die immanente Dreieinigkeit und umgekehrt.[2]

Das Hauptargument zur Rechtfertigung dieses Axioms liegt im besonderen Wirken des Sohnes durch die Menschwerdung und des Heiligen Geistes durch seine Herabkunft auf die Gerechten und die Jungfrau Maria. Es gibt eine Gegenwart des Sohnes in der Welt, welche die Unmittelbarkeit seiner eigenen göttlichen Person ist, die Jesu menschliche Wirklichkeit annimmt und sie zur Menschheit des Sohnes selber macht: Hier ist der Sohn nicht nur als das Licht, das jeden Menschen erleuchtet, der in diese Welt kommt (vgl. Joh 1,9), noch als Weisheit, noch als innerster Sinn jeglichen Wesens. Hier ist er persönlich, indem er sich absolut und völlig selbst mitteilt. In diesem Augenblick ist der Mensch Jesus Gott, der in seiner eigenen Menschlichkeit angebetet und verherrlicht zu werden verdient. Wenn wir also in der Ordnung unserer Glaubenserfahrung den Sohn des Vaters entdecken, der sein Zelt unter uns aufgeschlagen hat, so bedeutet dies, daß der Sohn des Vaters immanent in sich selber existiert.

Ebenso gilt für den Heiligen Geist: Jesus nachfolgend, an seine Worte und Taten glaubend, das Zeugnis seiner Jünger annehmend, die das Wort des Lebens berührt haben (1 Joh 1,1), werden wir von der Wandlungskraft erfüllt, die der Geist ist, werden wir von ihm dazu gebracht, uns dem Vater hinzugeben, werden wir von ihm darin bestärkt, daß Jesus tatsächlich der Sohn und Befreier ist, erhalten wir Gewißheit, daß Gott Vater ist und wir seine Söhne und Töchter sind.

[2] Eine detaillierte Darlegung dieses Axioms von *K. Rahner,* in: MySal II, 1967, 317–397: Der dreifaltige Gott als transzendenter Urgrund der Heilsgeschichte; siehe auch: *M. de França Miranda,* O mistério de Deus em nossa vida. A doutrina trinitária de Karl Rahner, São Paulo 1975, 151–160; ferner: *J. Moltmann,* Trinität und Reich Gottes, 175–179; *W. Kasper,* Der Gott Jesu Christi, 333–337.

Mehr noch: Wir sehen den Geist auf Maria herabkommen und die Jungfrau zur Mutter Gottes machen; in ihr ist er voll gegenwärtig, so daß Maria als Tabernakel des Geistes erscheint. Hier ist der Geist auf einzigartige Weise als göttliche Person da, die sich selbst so offenbart, wie sie ist. Wenn seine Vergegenwärtigung in unserer Geschichte so beschaffen ist, dann heißt dies, daß der Heilige Geist immanent mit dem Vater und dem Sohne Gott ist. Weil der dreifaltige Gott sich uns so offenbart, wie er ist, entspricht die immanente der ökonomischen Trinität.

Solche Korrelation darf nicht reduktionistisch mißverstanden werden, als übersähen wir die Schranke zwischen Zeit und Ewigkeit. Was sich in unserer Geschichte kundtut, ist tatsächlich Gott so, wie er in sich selber ist, dreifaltig. Doch ist die Dreifaltigkeit als absolutes und sakramentales Geheimnis viel mehr, als sich kundtut. Ihre Selbstmitteilung vollzieht sich innerhalb des raumzeitlichen Rahmens und in den Grenzen unserer geschaffen und von sündiger Trübheit entstellten Wahrnehmung. Was die Dreifaltigkeit in sich selber ist, entgeht uns und verbirgt sich im unergründlichen Geheimnis; zum Teil wird das Geheimnis sich uns in der seligen Ewigkeit entschleiern und wird sich uns doch auf immer entziehen, weil die Dreifaltigkeit ein Geheimnis in sich selber ist und nicht bloß für die Menschen. Deshalb müssen wir sagen: Die ökonomische Trinität ist die immanente Trinität, doch nicht die ganze immanente Trinität. Diese ist noch viel mehr, als den Menschen geoffenbart worden ist. Folglich müssen wir auch sagen, daß nicht die ganze immanente Trinität die ökonomische Trinität ist. Die Korrelation ist vollkommen (daher das »und umgekehrt« des Axioms), wenn es sich um die Inkarnation sowie, gemäß meinem Theologumenon, um die Pneumatifikation Marias handelt. Hier bedeutet tatsächlich die Selbstmitteilung des Sohnes und des Heiligen Geistes die Gegenwart des Ewigen in der Zeit, der göttlichen Person als Person in der menschlichen Wirklichkeit. Was auf Erden geschieht, entspricht absolut dem, was im Himmel existiert. Aber die Dreifaltigkeit ist alles dies und noch viel mehr.

2. *Die Selbstmitteilung des Sohnes und des Heiligen Geistes vollzieht sich in der Erniedrigung*

Alles, was den göttlichen Personen in der Geschichte geschieht, wird von ihnen angenommen: etwa die menschliche Geringheit, die Situation der Magd im Falle Mariens, Hunger, Durst, Freude, Freundschaft und Liebe. Wenn wir die Heilsgeschichte und die Weise erwägen, wie Sohn und Geist in die Welt eintreten, müssen wir anerkennen, daß sie den Weg der Dunkelheit und der kenosis, der Niedrigkeit, bevorzugt haben. Was wir sehen, ist nicht der Glanz der Herrlichkeit, sondern Schlichtheit und Demut. Das bedeutet, daß keine undifferenzierte Identität zwischen der Seinsweise der immanenten Trinität und der Seinsweise der ökonomischen Trinität waltet. Wir bekennen, daß der Vater von unendlicher Güte ist, doch in der Welt herrscht die Bosheit neben der Güte, eine Bosheit, die über die Armen und Schwachen herfällt; der Sohn ist der höchste Ausdruck von Weisheit und Sinn, doch als Menschgewordener mußte er die Unwissenheit der Menschen und die existentielle Absurdität von Verfolgung und Haß ertragen. Der Heilige Geist ist Liebe und Einung; trotzdem stellen wir in den geschichtlichen Wandlungsprozessen, in denen er besonders gegenwärtig wird, die Zerstörungswut des Hasses und die Spaltkraft der Uneinigkeit fest. Bei ihrer Herabkunft haben Sohn und Heiliger Geist die der Sünde unterworfenen menschlichen Zustände angenommen, Leben und Kosmos von innen her befreit und erlöst.

Gerade der Widerspruch läßt Sohn und Geist das offenbaren, was sie in der immanenten Trinität sind. Der von Jesus erduldete Konflikt, sein Leiden und schließlich sein Tod erweisen die erbarmende Liebe, die Solidarität, ja die Identifikation mit den Leidenden der Welt. Nicht als wäre der Sohn ewig zur Kreuzigung bestimmt.[3] Die menschliche Zurückweisung der göttlichen Liebe, wie diese sich in der Menschwerdung ausdrückt, schafft erst die Möglichkeit von Verfolgung und Kreuz. Immer noch ist und offenbart der Sohn, was er ist: Geschenk, Hingabe des Lebens und Erlösung, Liebe zur Welt. Nur daß diese Liebe sich der menschlichen Weigerung wegen ins Opfer und Vergebungsangebot wandelt. Der Sohn bleibt der menschlichen Verweigerung gegenüber nicht gleichgültig. Er ist betroffen, denn er ändert seine Gegenwarts- und Wirkweise. Nicht aber ändert er seine Liebe und seine Einladung zur Gemeinschaft. Das Kreuz wird nicht in der Dreifaltigkeit verewigt. Das Kreuz, Schöpfung der menschlichen Sünde, wird angenommen, nicht weil es einen Wert darstellte, sondern weil es die Radikalität der Liebe zu zeigen erlaubt, die das Opfer auf sich nimmt,

[3] Jürgen Moltmann vertieft die Verbindung zwischen Kreuz und Trinität, indem er das Kreuzesgeschehen als einen auch innertrinitarischen Vorgang versteht: *J. Moltmann,* Der gekreuzigte Gott. Das Kreuz Christi als Grund und Kritik christlicher Theologie, München 1972; *ders.,* Trinität und Reich Gottes, 36–76; siehe hierzu die Kritik an Moltmann durch *L. Boff;* Paixão de Cristo – paixão do mundo, Petrópolis 1978, 138–141.

um die Gemeinschaft mit den anderen, ja mit den Feinden nicht zu zerbrechen. Nicht das Kreuz ist von Wert. Die Liebe ist es, die dem Wert verleiht, was keinen Wert hat, ja die Verkörperung des Unwertes bedeutet.

Der Heilige Geist ist im vollsten und höchsten Sinn Leben und Lebensmitteilung zur Gemeinschaft und Einung. Diese göttliche Wirklichkeit wird in der Geschichte vielfach im Widerspruch erlebt. Inmitten der Geschwächten und zu vorzeitigem Tod Verurteilten tut der Geist sich kund als Widerstand, Überwindung jeglichen Hasses, Hoffnung wider alle Hoffnung. Um mit dem Volk zu sprechen: Der Heilige Geist ist wie der winzige Funke, der tief im Müllberg glimmt. Abfall häuft sich, Wasser löscht die Flamme, der Wind treibt den Qualm fort. Doch ein dünner Rauchfaden hält sich unbesiegt. Denn dort in den Tiefen brennt noch eine unlöschbare Glut. So ist der Heilige Geist inmitten von Machtlosigkeit und menschlichem Scheitern. Er läßt das Rohr nicht ganz zerbrechen und den Docht nicht völlig verlöschen. Sein Wehen stützt den schwachen Lebensatem mitten im Todesreich. Der Geist zeigt seine Kraft in der Schwäche, seine Gemeinschaft inmitten von verzerrter Suche nach Begegnung und Glück. Erst im Reich der Dreifaltigkeit, wenn die Schöpfung endlich befreit sein wird, werden Sohn und Geist sich angemessen offenbaren, dem Geschöpf begreiflich, das nach dem Bild und Gleichnis der Dreifaltigkeit geschaffen ist. Dann wird die Offenbarung in der forma servi, der Knechtsgestalt, vergangen sein, es wird allein die forma Dei, die Gottesgestalt, geben, und zwar auf immer mit den Geschöpfen verbunden, die in die dreieinige Gemeinschaft aufgenommen sind.

3. Die ewige Doxologie: Ruhm und Freude der Dreifaltigkeit

Die Theologie hat sich üblicherweise auf die formale Reflexion über das Geheimnis der dreifaltigen Gemeinschaft beschränkt. Man mühte sich, mit dem Verstand in die blendende Sonne vorzudringen, die das Wesen des dreifaltigen Gottes selber ist. Am Ende dieses Eifers steht das ehrfürchtige Schweigen. Alles Reden über die Schranken der Wahrnehmung des Geheimnisses hinaus wird zu Geschwätz und ruft das Gefühl der Entweihung des Heiligen hervor. Dies ist die menschliche Situation der immanenten Trinität gegenüber. Wo wir reden weder können noch dürfen, können wir jedoch singen und loben. Es trete zurück der Verstand, laßt Flügel wachsen der Phantasie! So war es bei den Mystikern, denen die Gnade gegeben war, das dreieinige Zusammenleben zu erschauen. Es sind drei Unterschiedene, wie Mündungen dreier grenzenloser Flüsse, die *einen* Ozean von Leben und Liebe bilden. Es sind drei verschiedene Blicke, die *eine* Sicht ergeben. Die Selbstschenkung aneinander, die Vermählung der Drei in *einer* Liebe führen zu endloser Herrlichkeit und Freude. Fließen und Zurückfließen, Diastole und Systole der göttlichen Drei, die sich durchdringen und in der Kraft ewiger Kommunikation ineinander überströmen, führen zur Ekstase der Liebe. Die Verflochtenheit der göttlichen Personen läßt die Intimität, Geborgenheit und sich weitende Zärtlichkeit entstehen, die dem ewigen Glück eigen sind. Dieses Glück ist die Dreifaltigkeit selbst, die sich erweist als Dreiheit unterschiedener Personen in der Einheit derselben einen Gemeinschaft, *einer* Liebe und *eines* mitgeteilten, aufgenommenen und entfalteten Lebens.

Da heißt es schauen und teilhaben, teilhaben und lieben, lieben und sich den göttlichen Personen vereinen in ewigem Lobpreis, wie es war im Anfang, so jetzt und immer und in Ewigkeit.

XIII. *Jetzt und allezeit: Die ökonomische Trinität für uns*

Die immanente Trinität Vater, Sohn und Heiliger Geist tut sich aus innerer Liebes- und Gemeinschaftsdynamik nicht nur innerhalb des Dreifaltigkeitskreises kund, sondern auch nach außen. Diese Redeweise - außen und innen, Taten ad intra und Taten ad extra - ist in Wahrheit unangemessen. Die Dreifaltigkeit kennt dank ihrer Allmacht und Allgegenwart keine Einschränkung; sie geht durch alles, und alles ist auf das dreifaltige Leben bezogen. Doch gibt es eine Wahrheit, an der man festhalten muß: Die Schöpfung, mögliches Aufnahmegefäß der göttlichen Personen, darf nicht mit der »Zeugung« des Sohnes und der »Hauchung« des Heiligen Geistes verwechselt werden. Im inneren Leben der göttlichen Drei gibt es höchste Freiheit, wie sie der Liebe und Gemeinschaft eigen ist, doch zugleich ist nichts darin kontingent. Die Schöpfung jedoch ist der Raum der Kontingenz, dessen, was ist, aber auch nicht sein könnte. Welche Beziehung hat die Schöpfung zur Dreifaltigkeit? Sehen wir uns dieses Problem an. Hervorzuheben ist die enge Verbundenheit, die keine Trennung und keine Vermischung duldet, zwischen der immanenten Dreifaltigkeit und der ökonomischen Dreifaltigkeit, zwischen der Schöpfung, wie sie vom Vater ewiglich durch den Sohn in der Liebe des Heiligen Geistes ersonnen ist, und ihrer zeitlichen Konkretisierung, in welcher die Spuren des Vaters, des Sohnes und des Heiligen Geistes aufscheinen.

1. Die Dreifaltigkeit schafft das andere, um sich ihm mitzuteilen

Das Vierte Laterankonzil erklärte 1215, die Dreifaltigkeit sei das einzige Prinzip des Universums (sola est universorum principium: DS 804). Das Konzil von Florenz verdeutlichte in trinitarischer Form die Beziehung zwischen Schöpfung und Dreifaltigkeit, indem es, Augustinus folgend,[1] lehrte, daß »Vater, Sohn und Heiliger Geist nicht drei Ursprünge der Schöpfung, sondern nur *ein* Ursprung sind« (non tria prin-

[1] Vgl.: *Augustinus,* De trinitate V 14,15 (CCL 50, 223; dt.: BKV II/13, 208).

cipia creaturae, sed unum principium: DS 1331/NR 286). Diese Formel muß so verstanden werden, wie Augustinus selbst erläutert: »Wenn Vater, Sohn und Heiliger Geist ein einziger Gott sind, dann ist vom Vater durch den Sohn im Heiligen Geist eine einzige Welt geschaffen worden.«[2] Die weltschöpferische Kraft ist die der ganzen Dreifaltigkeit; die göttlichen Drei haben sie je nach ihrer Eigentümlichkeit und Ordnung inne,[3] denn die Hervorgänge der Personen begründen die Weise, wie die Geschöpfe hervorgebracht werden, insofern sie Wissen und Wollen als Wesensmerkmale einschließen[4]. Wie soll man sich nun die Schöpfung des Universums durch die Dreifaltigkeit vorstellen? Hier finden sich in der theologischen Tradition zwei Hauptrichtungen.

Die erste Strömung behauptet – in einer eher monotheistischen als trinitarischen Perspektive –, daß die Schöpfung aus dem freien Beschluß des göttlichen Willens hervorging. Gott ist allmächtig und absolut frei. Er kann schaffen, was ihm gefällt, ohne jeden äußeren oder inneren Zwang; die Schöpfung nimmt ihm nichts und fügt ihm nichts hinzu, wie es in vielen liturgischen Texten heißt.[5] Doch alles, was aus seinem allmächtigen Wort entsteht, ist gut und liebenswert, weil es der wesenhaften Güte Gottes entspricht. In dieser Sicht erscheint die Schöpfung wirklich wie ein Werk ad extra (außerhalb des Dreifaltigkeitskreises gemacht). Das All ist Offenbarung des göttlichen Spieles, der überströmenden Herrlichkeit des ewigen Seins.

Eine andere Strömung geht aus eben vom Geheimnis der Liebe und der perichoretischen Gemeinschaft zwischen den drei göttlichen Einzigen. Die Liebe, Gottes Natur, ist durch sich selbst mitteilsam und ausströmend, wie ich selbst so oft wiederholt habe. Gott-Dreieinigkeit ist durch seine eigene Natur schöpferischer Ursprung der Unterschiede als des Ausdrucks des Überflusses seines Gemeinschafts-Seins. Die *Idee* der Schöpfung als Überfließen der dreifaltigen Gemeinschaft ist ewig, gleich ewig wie die Dreifaltigkeit. Ewig liebt der Vater den Sohn; ewig überbietet der Sohn mit Liebe die vom Vater empfangene Liebe. Der Heilige Geist liebt von Anfang an den Vater und den Sohn, und zusammen vereinen sie sich in einer einzigen Bewegung von Selbsthingabe und Liebe.

[2] *Augustinus,* Com. in Ioannem 20, 9 (PL 35, 1561).

[3] Vgl. die Diskussion hierzu bei: *B. de Margerie,* La Trinité chrétienne dans l'histoire, Paris 1975, 254–262. De Margerie geht dabei von den einschlägigen Texten Augustins und des Thomas von Aquin aus.

[4] Vgl.: *Thomas von Aquin,* Summa theologiae I, q.45, a.6 (Deutsche Thomas-Ausgabe Bd. 4, 39–43).

[5] Siehe hierzu beispielsweise die Präfation für die Wochentage IV.

Wie früher schon ausgeführt, entwirft der Vater, während er sich im Sohn entwirft, auch alle von ihm Unterschiedenen, die mögliche Schöpfung, Bild und Gleichnis seiner selbst und des Sohnes, in dem, durch den, mit dem und für den alles existiert. Gemeinschaft und Liebe, die zwischen Vater, Sohn und Heiligem Geist kreisen, sind eine Gemeinschaft und eine Liebe unter Gleichen und gleich Ewigen. Noch ist es nicht die Liebe und Gemeinschaft für das Unterschiedene. Die zeitliche Schöpfung bedeutet in trinitarischer Perspektive genau die Kundgabe der trinitarischen Liebe und Gemeinschaft an das, was nicht Gott ist, an das absolut Unterschiedene: das Geschöpf. Hier paßt der Ausdruck »Werk der dreifaltigen Liebe nach außen«. Als *Idee* des Vaters im Sohne mit der Liebe des Heiligen Geistes ist die Schöpfung ewig und bedeutet ein Werk ad intra (sie bleibt innerhalb des Dreifaltigkeitskreises). Sofern diese Idee konkretisiert, aus dem Nichts geholt, zum Sein gebracht und nach dem Bild und Gleichnis der Dreifaltigkeit gestaltet wird, entsteht sie als ein Werk ad extra. Die Dreifaltigkeit erschafft tatsächlich aus dem Nichts; was nicht war, geht durch den Schöpfungsakt ins Sein über. Die Dreifaltigkeit begrenzt durch die Tatsache der Erschaffung aus dem Nichts sich selbst,[6] weil sie etwas von ihr Verschiedenes entstehen läßt. Die Schöpfung gehört der Dreifaltigkeit, kommt von der Dreifaltigkeit, geht zur Dreifaltigkeit, spiegelt die Dreifaltigkeit, ist aber nicht die Dreifaltigkeit.

Die Schöpfung bleibt kontingent und völlig von der Dreifaltigkeit abhängig, doch erscheint sie nicht schlicht als Beschluß einer allmächtigen Willkür, die nach Lust und Laune zu schaffen oder nicht zu schaffen beschließt. Schon vom Wesen der drei göttlichen Personen her – der perichoretischen Gemeinschaft und Liebe – sehen wir die göttliche Logik besser. Die Schöpfung paßt, ohne notwendig zu sein (sie ist Gott nicht auferlegt), doch aufs natürlichste zu Gottes Wesen. Sie verlängert und entfaltet den Lebens-und Liebesausbruch, der ewig das Sein von Vater, Sohn und Heiligem Geist ausmacht. Anthropomorph gesprochen: Die Dreifaltigkeit wollte nicht in ihrer glanzvollen trinitarischen Gemeinschaft bleiben; die göttlichen Drei lieben sich nicht nur wechselseitig, sondern wollten Genossen ihrer Gemeinschaft und Liebe. Die Schöpfung entstand aus diesem Willen der göttlichen Personen, dem Unterschiedenen (das sie schufen) zu begegnen, um es mit in ihre ewige Gemeinschaft zu holen. Hier liegt die theologische Bedeutsamkeit der

[6] Vgl. hierzu die gründlichen Überlegungen von *J. Moltmann,* Trinität und Reich Gottes, 123–127.

Schöpfung. Sie ist der Dreifaltigkeit nur äußerlich, um ihr innerlich sein zu können. Das Werk *nach außen* ist auf das Werk *nach innen* hingeordnet, weil der Ursprung des Werkes *nach außen* sich im Werk *nach innen* findet. Mit anderen Worten: Ehe die Schöpfung zeitlich war, ist sie in Gottes Plan ewig gewesen; ehe sie »außerhalb« Gottes konkretisiert wurde, war sie »innerhalb« Gottes sein Plan.

2. Der Vater schafft durch den Sohn im Heiligen Geist

Es gibt einen berühmten Text des heiligen Thomas, der den trinitarischen Charakter der Schöpfung betont: »Und doch besitzen die göttlichen Personen aufgrund ihres Hervorganges eine Ursachheit in Hinsicht auf die Erschaffung der Dinge ... Gott (ist) Ursache der Dinge durch seinen Verstand und seinen Willen, wie der Künstler der Kunstwerke. Der Künstler ist nun tätig durch sein im Verstand empfangenes ›Wort‹ und durch die einem Ding zugewandte Liebe seines Willens. Darum hat auch Gott der Vater die Schöpfung gewirkt durch sein Wort, das ist der Sohn, und durch seine Liebe, das ist der Heilige Geist, und in diesem Sinne sind die Hervorgänge der Personen Gründe der Hervorbringung der Dinge, insofern sie die Wesensmerkmale in sich beschließen, das Wissen und den Willen.«[7]

In diesem Text wird klar, daß die drei göttlichen Personen nach ihrer dreifaltigen Ordnung am einzigen Schöpfungsakt beteiligt sind. Der Vater ist der Urgrund, der durch Vernunft (Sohn) und Liebe (Heiliger Geist) wirkt. Die Weisheit und die Güte der Geschöpfe finden ihr höchstes Urbild im Sohn und im Heiligen Geist, die sich stets auf den Vater beziehen. Solcherart verweist die Schöpfung nicht einfachhin auf den dreifaltigen Gott ohne Unterscheidung der Personen, vielmehr auf jede Person, die, mit den Eigentümlichkeiten ihrer Hypostase, persönlich wirkt. Aus diesem Grund konnte Thomas sagen, die Hervorgänge der göttlichen Personen seien Gründe der Hervorbringung der Dinge.[8] Die Schöpfung hat also trinitarischen Charakter. Und als trinitarisch ist sie stets innerhalb der Perichorese. Diese Aussage wird klar, wenn wir uns an das erinnern, was ich früher hinsichtlich der Vater-Sohn-Beziehung ausgeführt habe. Dort hieß es, daß der Vater in seiner unermeßlichen Liebe und Weisheit den Sohn »zeugt« und in ihm den

[7] *Thomas von Aquin,* Summa theologiae I, q.45, a.6.
[8] Ebd.

ewigen Ausdruck aller Geschöpfe entwirft. Diese sind immer *durch* den Sohn und haben deshalb von ihrem trinitarischen Ursprung her eine kindliche, brüderliche und schwesterliche Dimension. Der Sohn bedeutet die unendliche Antwort auf die Weisheit und Liebe des Vaters. Bei seiner Antwort sind die Antworten aller Geschöpfe, besonders der vernünftigen, die im Vater ihren Schöpfer sehen und im historischen Jesus – der ewig dazu bestimmt ist, der menschgewordene Sohn Gottes zu sein – den »Erstgeborenen unter vielen Brüdern« und Schwestern (Röm 8,29). Die Schöpfung muß als das eigene (nicht bloß angeeignete, appropriierte) Werk des Vaters verstanden werden: beim »Zeugen« des Sohnes drückt er in ihm alle möglichen Bilder und Gleichnisse des Vaters und des Sohnes im Heiligen Geist aus.

Der Vater schafft durch den Sohn *im* Heiligen Geist. Das bedeutet: Durch den Geist wird die Schöpfung in die dreifaltige Gemeinschaft eingeführt. Er ist in der Schöpfung stets aktiv. Ohne den Geist und seine Wandlungskraft würde die Schöpfung aufhören zu sein (vgl. Ps 104,29.30). Er ist über alles Fleisch ausgegossen worden (Joel 2,28–32; Apg 2,17), besonders in unser Inneres (vgl. Röm 5,5). Die ganze Schöpfung ruft nach Einigung und Rückkehr in jenen Schoß, aus dem sie kam (vgl. Röm 8,9f). Der Geist ist es, der die Unterschiedenen in Gemeinschaft und Liebe eins macht. So ist die gesamte Schöpfung im Geist geschaffen, um das Reich der Dreifaltigkeit zu bilden.

Die Schöpfung ist zutiefst das eigene Werk des Vaters. Ihr gibt er seinen Sohn und den Geist bei. So ist die ganze Dreifaltigkeit an der Schöpfung beteiligt und spiegelt sich in ihr. Alles, was sich in jeglichem Wesen an Geheimnis birgt, so durchsichtig es auch erscheine, es ist der dort sich vergegenwärtigende Vater; alles, was sich in den Geschöpfen vernünftig, logisch und weise darstellt, ist der Sohn, der sich dort offenbart; alles, was sich in den Geschöpfen als liebevoll, anmutig und integrativ erzeigt, ist der dort wirkende Heilige Geist. Die ganze Schöpfung ist ein majestätisches Sakrament der Dreifaltigkeit.

3. Spuren der Dreifaltigkeit in der Schöpfung

Soviel zu den dreifaltigen Spuren in der kosmischen Ordnung. Auch in der menschlichen Existenz können wir sie erblicken. Jeder Mensch ist unleugbar ein Geheimnis. Sosehr er sich auch mitteile und selbst erkenne, er bleibt immer eine unergründliche Tiefe. Solche Dauersituation des Menschenwesens ist eine Übersetzung der Gegenwart des Vaters als des abgründigen inneren Geheimnisses. In der menschlichen Person, Mann wie Frau, gibt es die Dimension der Wahrheit, Selbsterkenntnis und Selbstoffenbarung. Sogar das Geheimnis hat sein Licht und seine Weisheit. Dieser menschliche Zustand drückt die Gegenwart des Sohnes (Logos und Weisheit) aus, der im Menschen die Mitteilung des Mysteriums wirkt und entfaltet. Den Menschen treibt ein unermeßlicher Durst nach Gemeinschaft mit den Unterschiedenen und nach Einung in der Liebe. Der Heilige Geist wird gegenwärtig in dieser menschlichen Sehnsucht und in der Wonne ihrer Verwirklichung auf Erden. Geheimnis, Wahrheit und Gemeinschaft leben im selben einen Menschen zusammen; es sind Wirklichkeiten, die einander durchdringen und die Einheit des Lebens ausmachen. Hier finden sich ein Widerschein der dreifaltigen Gemeinschaft und das letzte Fundament dafür, daß der Mensch Bild und Gleichnis der Heiligsten Dreifaltigkeit ist. Wenn der Mensch mit dem Mysterium in Freundschaft lebt (wenn er im Stande der Gnade ist), dann bedeutet solche dreifaltige Gegenwart eine wahre Einwohnung der drei göttlichen Personen im Herzen des Gerechten. Je gerechter der Gerechte lebt, desto mehr läßt er das Geheimnis des Lebens (den Vater) durchscheinen, um so mehr leuchtet in ihm die Wahrheit (der Sohn) und strahlt die Liebe (der Heilige Geist). Da die Dreifaltigkeit ein lebendiges Geheimnis in ewigem Vollzug ist, können wir mit den Mystikern sagen, daß im Leben der Gerechten der Vater beständig den Sohn »zeugt« und die Adoptivkinder in den eingeborenen Sohn einfügt; Vater und Sohn schenken sich beständig in Liebe selbst, ergießen sich in die übrigen Geschöpfe und einen sie sich, das heißt, Vater und Sohn »hauchen beständig den Heiligen Geist« in der Lebenstiefe des Gerechten.

Doch dreht diese Sicht sich noch allzusehr um den Menschen in seiner Individualität. In biblischer Perspektive ist der Mensch wesenhaft gesellschaftlich und ein Gemeinschaftswesen. Menschlich leben heißt immer mitleben; erst im Vollzug seiner Mit-Menschlichkeit kommt jeder dazu, wahrhaft Person zu werden. Die Genesis (1,26–27) stellt die Menschheit als Bild und Gleichnis Gottes dar. Nun ist Gott für uns Gemeinschaft und Liebe in ewiger Perichorese. Somit wird der Mensch in dem Maße, wie er Gemeinschaft verwirklicht und Beziehungen der Hingabe und Annahme eingeht, zum Bild der Dreifaltigkeit. Es gibt Adam, es gibt Eva, und es gibt das Ergebnis ihrer gegenseitigen Liebe, das Kind (Set). Hier ist das Bild der Dreifaltigkeit: Der Vater (Adam), der Sohn (Eva) und der Nichtgenannte, aber Gegenwärtige – Richard von St. Viktor (†1173) nennt ihn »condilectus« (mitgeliebt) –, der Heilige Geist (Set). Offenkundig wird bei dieser Analogie nicht auf die sexuellen Bestimmungen (männlich und weiblich) geachtet, sondern auf die Weise der Bezogenheit zwischen den Dreien, die Gegenseitigkeit und Lebensgemeinschaft.

Wie man sieht, wird das menschliche Leben innerlich in die dreifaltige Gemeinschaft eingefügt. Es handelt sich um eine Struktur der Schöpfungsordnung und auch der Gnadenordnung. Wir können diese Dimension bewußt leben; innerhalb der Zeit spüren wir nicht handgreiflich in Wonne und Freude, was diese Wahrheit bedeutet; sie ist uns gegeben in Glauben, Hoffnung und Liebe, unter dem Schleier der Dunkelheit unserer Existenz; in der Ewigkeit aber werden wir ein geschaffener Teil des Vatermysteriums, der Zeugung des Sohnes und der Hauchung des Heiligen Geistes sein, in bewußter und seliger Teilhabe.[9]

Die trinitarische Gegenwart zeigt sich auch im geschichtlich-gesellschaftlichen Prozeß. Aufgrund von dessen Natur, und noch mehr infolge der strukturellen Sünde, ist diese Gegenwart nicht leicht zu entdecken. Im Glauben wissen wir jedoch, daß vor allem der Kampf der Unterdrückten um ihre Befreiung eine besondere trinitarische Dichte aufweist. Sooft es drunter und drüber und dennoch zu lebensfreundlicheren Sozialformen hin vorwärts geht, wird dort der Sohn geschichtlich und gesellschaftlich im Schoß des Heiligen Geistes »gezeugt«, der das Leben beseelt und fördert. Der Vater mit seinem Geheimnis verbirgt sich im Geheimnis des letzten Sinnes der Geschichte, dessen höchste Instanz sich allem entzieht. Die Vereinigung der Unterdrückten, die Interessenkonvergenz aufs Gemeinwohl hin, der Mut, es mit den jahrhundertealten Hindernissen für Leben und Freiheit aufzunehmen, die Solidarität, ja Identifizierung so vieler Männer und Frauen mit ihrer Sache – in all dem ist heimlich gegenwärtig der Geist des Lebens, der Prophetie und der Befreiung. Die Geschichte der Menschen bleibt menschlich, mit ihren umformend (oder bewahrend) Handelnden, mit ihren Konflikten, Bündnissen, Fortschritten und Rückschlägen. Aber die Dreifaltigkeit wohnt in ihr, geheimnisvoll und doch wirksam, gibt Mut zum Kampf, Kraft zum Widerstand, schöpferischen Geist und Willen zur Befreiung von allem, was die Schößlinge des neuen Lebens bedroht. Die Geschichte ist der Schauplatz der möglichen Herrlichkeit

[9] Detailliertere Untersuchungen hierzu bei: *L. Boff,* Erfahrung von Gnade. Entwurf einer Gnadenlehre, Düsseldorf 1978, 305–312.

der Trinität, für jetzt unter Schatten und Kreuzen, in der Eschatologie auf die Weise der vollen Klarheit und eines Festes ohne Ende.

Auf ganz besondere Weise ist die Heiligste Dreifaltigkeit in jenem Ausschnitt der Menschheit gegenwärtig, der in der Kraft des Geistes Jesus als Befreier und menschgewordenen Sohn angenommen hat: in der Kirche.[10] In ihr verwirklichen sich beide Sendungen, die des Sohnes und die des Heiligen Geistes. Deshalb ist sie auf Jesus, den menschgewordenen Sohn, und auf den Heiligen Geist gegründet, der bei der Verkündigung auf Maria und an Pfingsten auf die mit Maria Versammelten herabkam. Unter den Bedingungen des Fleisches lebt Kirche von der dreieinigen Gemeinschaft, ihre Einheit leitet sich von jener Perichorese her, die zwischen den göttlichen Dreien besteht. Schön sagt das Zweite Vaticanum: »So erscheint die ganze Kirche als das von der Einheit des Vaters und des Sohnes und des Heiligen Geistes her geeinte Volk.«[11]

Die Kirche ist vor allem Gemeinschaft glaubender Menschen. Der Sohn und der Geist, die vom Vater gesandt sind und fortwährend die Gemeinde stützen und beleben, lassen sie Christi Leib sein. Die Gemeinschaft in Christus und im Geiste sowie die Gemeinschaft zwischen den Gläubigen selbst bilden die eine Kirche. Sie ist zudem eine Gemeinschaft von Gaben und Diensten (vgl. 1 Kor 12,4). Sie alle richten sich auf den Aufbau des Leibes Christi hin aus (vgl. 1 Kor 12). In diesem Kontext der Charismen, die der Gemeinde ihre konkrete Form geben, bezieht Paulus sich auf die Drei, den Vater, Christus den Herrn (Sohn) und den Geist. So ist es und so muß es sein; denn die Gemeinschaft der Jünger Jesu – in der Begeisterung, die ihnen der Geist eingibt, indem er ihnen den Vater und den Sohn offenbart – ist ein Widerschein der dreifaltigen Gemeinschaft: ecclesia de Trinitate.[12]

Schließlich wird das erhabene Mysterium der Dreifaltigkeit auf tausend Weisen innerhalb der Schöpfung und der Geschichte gegenwärtig. Das All geht mit diesem unsagbaren Geheimnis schwanger; uns so nahe, daß wir es nicht einmal bemerken; transzendent, weil es nach allen Seiten überquillt; zuinnerst, weil es in uns wohnt als in seinem Tempel und in seinem eigenen Heim.

[10] Eine gute Darlegung dieses Sachverhaltes findet sich bei: *Y. Congar,* La tri-unité de Dieu et l'Église, in: La Vie Spirituelle Nr. 604 (1974) 687–703; *ders.,* Der Heilige Geist, 157–212, bes. 157–167.

[11] Vgl.: LG 4; *Cyprian von Karthago,* De catholicae ecclesiae unitate 7 (CCL 3, 254f.; dt.: BKV 34, 139f.); *ders.,* De oratione dominica (CCL 3a, 104f.; dt.: BKV 34, 185f.); *Augustinus,* Sermo 71,33 (PL 38, 463f.).

[12] Vgl.: *B. Forte,* Ecclesia de Trinitate, in: ders., La Chiesa icona della Trinità, Brescia 1984, 9–22; *ders.,* Trinità come storia, Turin 1985, 192–196.

XIV. Und in Ewigkeit: Die Dreifaltigkeit in der Schöpfung und die Schöpfung in der Dreifaltigkeit

Der Sinn der Schöpfung besteht darin, ein zur Aufnahme der Mitteilung der Heiligsten Dreifaltigkeit fähiges Gefäß zu sein sowie - auf menschlicher Ebene - Tempel der Selbstmitteilung des Sohnes (in Jesus von Nazaret) und des Heiligen Geistes (gemäß meinem Theologumenon in Maria und im Leben der Gerechten). Mit der Erschaffung begann die Schöpfertat der drei göttlichen Personen über das innertrinitarische Leben hinaus. Im zeitlichen Ablauf entfaltet sie sich, bis sie im herrlichsten und vollkommensten Grad die Ewigkeit hindurch währt. Wir dürfen es uns nicht so vorstellen, als hörte in der Ewigkeit der Schaffensprozeß der Dreifaltigkeit auf. Schon der theologische Begriff der Schöpfung setzt voraus, daß die drei göttlichen Personen fortwährend wirken, damit die Wesen im Sein verharren und nicht ins Nichts fallen, aus dem sie kamen. Ewiglich schafft die Dreifaltigkeit das Unterschiedene, um sich ihm kundzutun und selbst mitzuteilen. So wird die Schöpfung ins Leben der Dreifaltigkeit eingefügt, in ihre Gemeinschaft und »Geschichte«.[1] Von der Schöpfung her bekommt die Dreifaltigkeit Geschichte. In der reinen und einfachen Ewigkeit gibt es keine Geschichte, obwohl es die Bewegung des ewigen Lebens gibt, die Neuheit der Offenbarung der göttlichen Personen füreinander. Doch diese Vorgänge sind zugleich und ewig. Immer waren sie, immer sind sie und werden sie sein. Sie bilden das »nunc stans«, das »stehende Jetzt« der perichoretischen Liebe der göttlichen Drei.

Wir wollen nun erwägen, was es bedeutet, daß die Schöpfung in der Fülle der Herrlichkeit und vom Einbruch der Parusie am Ende des eschatologischen Prozesses an (der in der Zeit beginnt und sich in der Ewigkeit vollendet) in die Heiligste Dreieinigkeit eingefügt wird. Dieser Einschluß ist seliges Ziel dessen, was in der Zeit begann. Die Schöpfung ist nur in der Dreifaltigkeit, weil zuerst die Dreifaltigkeit in der Schöpfung war. Diese beiden Perspektiven seien hier ausgeführt.

[1] Vgl.: *J. Moltmann,* Die trinitarische Geschichte Gottes, in: ders., Zukunft der Schöpfung. Gesammelte Aufsätze, München 1977, 89-96.

1. *Die Ära des Vaters, des Sohnes und des Heiligen Geistes: Sorge, Befreiung, Einwohnung*

Unter Ära verstehe ich hier nicht - im Sinne des Joachim von Fiore (†1202) - so etwas wie eine besondere Zeit innerhalb der Zeit, auf die eine andere folgt, welche sie überwindet und integriert.[2] So sagte der Mönch aus Kalabrien, daß die Ära des Vaters von der Ära des Sohnes abgelöst wurde, die ihrerseits der Ära des Heiligen Geistes Platz mache. Ich verstehe die Ära trinitarisch, so daß jegliche Zeit Zeit des Vaters, des Sohnes und des Heiligen Geistes ist. Das hindert freilich nicht, daß wir bei der Gegenwart der göttlichen Drei in ihrer Schöpfung Dimensionen unterscheiden. In jeder Dimension sind die Drei mit ihren hypostatischen Eigentümlichkeiten. Wir können jeweils eine dieser Gegenwartsweisen betonen und ins Licht rücken, ohne das Wirken der anderen zu leugnen. So dürfen wir von der Ära des Vaters, der Ära des Sohnes und der Ära des Heiligen Geistes sprechen.

Wenn ich mich auf die *Ära des Vaters* beziehe, möchte ich an der Schöpfung hervorheben, daß sie ein offenes System ist, unterwegs zu seiner Fülle in der Ära der Dreifaltigkeit am glorreichen eschatologischen Ziel. Gott-Vater sorgt sich um seine Schöpfung, die vermittels seines Sohnes in der Liebe seines Geistes gemacht ist. Diese Sorge bedeutet die mütterliche und väterliche Vorsehung bei der Erhaltung aller Wesen. Mehr noch: den Eifer, daß die Schöpfung nicht an sich selbst austrockne, sondern immer auf die künftige Fülle ausgerichtet bleibe, die noch kommen soll. Gott-Vater-und-Mutter eifert um das menschliche Schicksal, das so oft den dämonischen Unterdrückungskräften der Mächtigen über die Schwachen ausgeliefert ist; Gott sorgt dafür, daß die Verarmten nicht völlig den Sinn des Lebens und die Hoffnung auf Freiheit ohne Knechtschaft verlieren. Vater/Mutter im Himmel bezeigt geschichtliche Geduld angesichts des menschlichen Scheiterns und offenbart Allmacht: aus Bösem Gutes, ja aus dem Tod ein noch glorreicheres Leben wirkend (vgl. Röm 4,17). Die Regierung des Weltalls ist kein Richter, auch kein himmlischer Monarch, sondern Vater/Mutter des geliebten Sohnes, zusammen mit dem Geist der Liebe

[2] Die zwei Hauptwerke zu dieser Frage sind: Concordia Novi ac Veteris Testamenti, Venedig 1519, und: Expositio in Apocalypsim, Venedig 1527. Grundlegend hierzu ist: *H. de Lubac,* La postérité spirituelle de Joachim de Fiore, t.1: De Joachim à Schelling, Paris - Namur 1979; ferner: *E. Benz,* Ecclesia Spiritualis. Kirchenidee und Geschichtstheologie der franziskanischen Reformation, Stuttgart 1934; *ders.,* Creator Spiritus. Die Geistlehre des Joachim von Fiore, in: Eranos-Jahrbuch 1956, 285–355.

die ewige Güte, Vater/Mutter voll des Erbarmens, wie uns das Gleichnis vom verlorenen Sohn sagt (vgl. Lk 15,11–32). Gott ist der Vater und Schützer der Armen, für die er immer Partei ergreift und die er in seiner Offenbarung privilegiert (Mt 11,25–27).[3]

Mit *Ära des Sohnes* möchte ich das Moment der Befreiung der Schöpfung bezeichnen, die durch den Mißbrauch der menschlichen Freiheit verdorben ist (er hindert nämlich die Verwirklichung der Urberufung, die zur Verherrlichung der Dreifaltigkeit führen soll). Der Sohn offenbart den kindhaften, brüderlichen und schwesterlichen Charakter aller Wesen als Ausdruck der Liebe und Weisheit des Vaters im Geist. Er ist Mensch geworden, um Leben in Fülle zu bringen (vgl. Joh 10,10); kraft dieser Sendung bringt er alle Gebilde in die Krise, die das Leben rauben, durch Legalismus unterdrücken, den einen das Joch der anderen auflegen. Der menschgewordene Sohn starb im Protest gegen die den Kindern Gottes aufgezwungene Knechtschaft. In sich selbst und in der Gemeinde seiner Nachfolger hat er den leuchtendsten Vorschein des Freiheitsreiches gestiftet. Er stellt sich in der Schöpfung als der große Befreier dar, das heißt, er will das Leben von all seinen Unterdrückungen befreien, es zur Fülle der Freiheit und des brüderlich/schwesterlichen Dienstes der Menschen aneinander bringen. Diese seine Befreiung fängt bei den Bedürftigsten an; das sind die historisch Unterdrückten, die unter wirtschaftlicher Ausbeutung, politischer Verrandung (Marginalisierung) sowie kultureller und religiöser Entfremdung leiden. Fortwährend gibt der Sohn sich hin in der Knechtsgestalt, als prophetischer Märtyrer, als Gekreuzigter, um durch Opferliebe und Verzeihung für sich und seine Brüder und Schwestern das Reich der Freiheit und des Lebens zu erobern. Dafür ist er auferweckt und zum Herrn geworden.

Die *Ära des Heiligen Geistes* führt das vom Sohn eroberte neue Sein weiter und verinnerlicht es in den Menschen und in den gesellschaftlichen Prozessen. Der Geist macht das Universum für die Dreifaltigkeit transparent. Er durchdringt alle historische Wirklichkeit (vgl. Joel 2,28; Apg 2,17), Gottes Liebe durchweht unsere Herzen (vgl. Röm 5,5). Durch den Geist werden die Menschen zu ihrer göttlichen Berufung wiedergeboren (vgl. Joh 3,3.5). Durch den Geist wohnt die Dreifaltigkeit inmitten der Menschen. Seine Gegenwart in der

[3] Vgl.: *V. Araya,* El Dios de los pobres, San José/Costa Rica 1982; *M. Díaz Mateos,* El Dios que libera, Lima 1985, 27–50; *G. Gutiérrez,* Hablar de Dios desde el sufrimiento del inocente, Lima 1986, 53–67; *Cl. Boff/J. Pixley,* Opção pelos pobres, Petrópolis 1986; dt.: Die Option für die Armen, Düsseldorf 1987.

Gemeinde macht sich durch alle Arten von Diensten und Charismen zugunsten des Gemeinwohls bemerkbar (vgl. 1 Kor 12). Die Menschen werden in ihren Leibern Tempel des Geistes (1 Kor 16,13–20). Der neue Himmel und die neue Erde sind Früchte des Geistes, der das All zum großen Tempel der Dreifaltigkeit zubereitet (vgl. Offb 22,17; 21,3). Der Geist wohnt dem Herzen der Schöpfung ein, die schon den Erneuerungskeim in sich trägt, den des Vaters Sohn gebracht hat.

Abschließend möchte ich so formulieren: Die Dreifaltigkeit ist in der Schöpfung, weil der Vater alles aus dem unerschöpflichen Quell seines Lebens und seiner Liebe erschafft, vermittels des Sohnes, in welchem alles als in seinem ewigen Urbild enthalten ist, in der Kraft des Geistes, der alles vom Herzen aller Dinge aus wiedervereinigt und zum Vater zurückführt. Dann können wir dem Vater durch den Sohn im Geist Lob und Dank bringen. Die Ära des Vaters enthält die Ära des Sohnes und des Heiligen Geistes, deshalb werden die Drei gleicherweise gelobt und verherrlicht. Die Ära des Sohnes schließt die Ära des Vaters und des Geistes ein, wie die Ära des Geistes die Ära des Sohnes und des Vaters umfaßt. Aufgrund dieser perichoretischen Einbeziehung gebührt dem Vater, dem Sohn und dem Geiste für immer Ehre und Ruhm, denn in ihrer Liebe und ihrem Willen zur Gemeinschaft durchfluten sie das All ganz und gar.

2. Die Schöpfung als der Leib der Dreifaltigkeit

Die Dreifaltigkeit in der Schöpfung zielt auf die Hineinführung der Schöpfung in die Dreifaltigkeit ab. Die Sorge des Vaters, die Befreiung des Sohnes und die Einwohnung des Geistes sind auf die Verklärung des Alls hingeordnet, auf die Ära der Dreifaltigkeit. Nach Millionen und Millionen von Jahren des Aufstiegs, nach der Entfaltung seiner schlummernden Möglichkeiten, die offenkundig geworden sind, nach der kosmischen Krise, durch die es geläutert wird von all der menschlichen Schande und Verkehrtheit, die sich der Geschichte eingeprägt und in die Naturstrukturen eingelagert hat, erreicht das Universum schließlich die Ära der Dreifaltigkeit. Dank der umwandelnden Kraft des Geistes, durch das befreiende Wirken des Sohnes gelangt das All am Ende zum Vater. Jetzt beginnt die wahre Geschichte der Schöpfung mit ihrem dreifaltigen Schöpfer. Das ganze Geheimnis der Schöpfung begegnet dem Geheimnis des Vaters. Jegliches Wesen tritt seinem ewigen Urbild, dem Sohn des Vaters, gegenüber. Die Gemeinschaft und

Einheit, die zwischen allen herrscht, wird sich als Ausdruck des Heiligen Geistes enthüllen. Die Schöpfung wird für immer dem Lebens-, Liebes- und Gemeinschaftsmysterium des Vaters, des Sohnes und des Heiligen Geistes vereint sein.

Die Männer werden entdecken, daß sie nach dem Vorbild Jesu von Nazaret von der Person des Sohnes angenommen sind.[4] Jetzt werden sie ewiglich Adoptivsöhne im ewigen Sohn sein, Gestaltungen der Liebe, der Weisheit und des Lebens des Vaters. Die Frauen werden sehen, daß sie nach dem Vorbild Mariens von Nazaret in den Heiligen Geist aufgenommen sind; sie werden den Vater und die Mutter im Himmel sowie den eingeborenen Sohn offenbaren; in Liebe und Zärtlichkeit sind die göttlichen Drei vereint, um sich ihrerseits in Liebe und Zärtlichkeit mit allen Wesen der Schöpfung zu vereinen. Das All im dreifaltigen Gott wird der Leib der Dreieinigkeit sein, worin auf geschöpflich begrenzte Weise in möglichster Fülle die Gemeinschaft der göttlichen Drei erstrahlt.

Dies ist das Fest der Erlösten.[5] Es ist der himmlische Tanz der Befreiten. Es ist das Festmahl der Söhne und Töchter in der Heimat, im Hause der Dreifaltigkeit: des Vaters, des Sohnes und des Heiligen Geistes. In der selbst trinitarisch gewordenen Schöpfung werden wir feiern und loben und Vater, Sohn und Heiligen Geist lieben und von ihnen geliebt, gelobt und eingeladen sein zum Feiern und Singen, Singen und Tanzen, Tanzen und Lieben in Ewigkeit. Amen.

[4] Vgl.: *L. Boff,* Que podemos esperar depois do céu? in: ders., A fé na periferia do mundo, Petrópolis 1979.

[5] Vgl.: *H. Cox,* Das Fest der Narren. Das Gelächter ist der Hoffnung letzte Waffe, Stuttgart – Berlin 1970.

XV. Amen: Das Ganze des Geheimnisses im Fragment

Am Ende unseres Glaubens- und Reflexionsweges bleibt uns nur übrig, mit der Bibel Amen zu sagen. Amen ist eine hebräische Zustimmungsformel (vgl. Dt 27,15f; 1 Kor 14,16). Sie leitet sich von »amin« her, das heißt glauben, annehmen, sich Gott und seinem Ratschluß hingeben. Amen ist die menschliche Antwort an den dreifaltigen Gott, der sich offenbart: Ja! Wie gut, daß es so ist! Komm, Heiligste Dreifaltigkeit, komm! Solche Antwort erklingt in der Atmosphäre der Lobpreisung und Ehrfurcht angesichts des unsagbaren Mysteriums. Ehe das Amen gesprochen wird und wir vor der erhabenen Dreifaltigkeit anbetend verstummen, wollen wir nochmals dem Verstand Raum geben, um in wenigen Sätzen das Wesentliche der Dreifaltigkeitslehre zusammenzufassen, wie sie in diesem Buch entwickelt ist.

1. Gemäß dem christlichen Glauben sollen wir unter Gott den Vater, den Sohn und den Heiligen Geist in Gemeinschaft untereinander verstehen, derart, daß sie der eine einzige Gott sind.

2. Im Hinblick auf die Dreifaltigkeit geht die Doxologie der Theologie voraus. Zuerst bekennen wir in Gebet und Lob den Glauben an den Vater, den Sohn und den Heiligen Geist (Doxologie). Danach überlegen wir, wie diese göttlichen Drei durch die perichoretische Gemeinschaft miteinander ein einziger Gott sind (Theologie).

3. In der theologischen Reflexion geht die ökonomische Trinität der immanenten Trinität voraus. Unter ökonomischer Trinität verstehen wir die Kundgabe (im Falle des Sohnes und des Heiligen Geistes die Selbstmitteilung) der göttlichen Drei in der menschlichen Geschichte, sei es zusammen, sei es je einzeln, um unseres Heiles willen. Unter immanenter Trinität verstehen wir Vater, Sohn und Heiligen Geist in ihrem inneren und ewigen Leben in sich. Von der ökonomischen Trinität her ahnen wir etwas von der immanenten Trinität. Einzig unter Bezug auf die Inkarnation des Sohnes und die Pneumatifikation des Heiligen Geistes können wir sagen, daß die ökonomische Trinität die immanente Trinität ist und umgekehrt. Abgesehen von diesen heilsgeschichtlichen Ereignissen ist die immanente Trinität ein unerdenkbares Geheimnis.

3.1 Offenbart wird die Dreifaltigkeit auf dem Lebensweg Jesu von Nazaret und in den Kundgaben des Heiligen Geistes, so wie sie von den Gemeinden der Jünger des Neuen Testamentes bezeugt und reflektiert wurden. Die dreiheitlichen Ausdrucksweisen des Alten Testamentes sind trinitarisch bedeutsam nur von einer christlichen Ausdeutung im Lichte der neutestamentlichen Offenbarung her.

3.2. Vater, Sohn und Heiliger Geist erscheinen im Neuen Testament stets als gegenseitig aufeinander bezogen und verwiesen. Der Vater sendet den Sohn in die Welt. Der Sohn fühlt sich eins mit dem Vater. Auch der Heilige Geist wird vom Vater, auf Bitten des Sohnes, in die Welt gesandt. Der Heilige Geist nimmt, was des Sohnes ist, und läßt es uns wissen. Er lehrt uns, Abba-Vater zu rufen.

3.3 Die Dreierformeln des Neuen Testaments (besonders Mt 28,18) erweisen das Vorliegen eines Denkens, das die göttlichen Drei beim Heilswerk immer zusammen sieht. Solche Formeln werden später zur Ausarbeitung der Dreifaltigkeitslehre beitragen.

4. Das Zentralproblem der Dreifaltigkeitslehre ist dies: Wie läßt sich die Tatsache erhellen, daß die göttlichen Drei ein einziger Gott sind? Der Glaube sagt: Vater, Sohn und Heiliger Geist sind wirklich drei Unterschiedene. Doch sind sie immer aufeinander bezogen. Sie sind ein einziger Gott. Einheit in Dreiheit und Dreiheit in Einheit – wie läßt solche Gleichung sich verstehen?

5. Es gibt drei Antworten auf das Problem, die für den christlichen Glauben unannehmbar sind, weil sie entweder die Dreiheit nicht bewahren oder die Einheit mißachten oder die Gleichheit der göttlichen Drei verletzen.

5.1. Der *Tritheismus:* Man behauptet, es gebe drei Götter, getrennt und unterschieden, jeder ewig und unendlich. Diese Deutung enthält schwere philosophische Irrtümer; darüber hinaus bewahrt sie zwar die Dreiheit, zerstört aber die Einheit.

5.2. Der *Modalismus:* Vater, Sohn und Heiliger Geist wären drei Pseudonyme desselben einzigen Gottes oder drei Erscheinungsweisen (drei Masken) derselben göttlichen Substanz. Gott wäre nur für uns drei, nicht in sich selbst. Diese Deutung (Sabellianismus) hält an der Einheit fest, gibt aber die Dreiheit auf.

5.3. Der *Subordinatianismus:* Im strengen Sinn gäbe es nur einen Gott, den Vater. Sohn und Geist empfingen vom Vater die göttliche Substanz auf untergeordnete Weise, so daß sie nicht wesenseins, mithin Geschöpfe wären, dazu adoptiert (Adoptianismus), an Gottes Wesen teilzuhaben. Diese Deutung (Arianismus) verletzt die Gleichheit der göttlichen Drei, weil sie die volle Gottheit des Sohnes und des Heiligen Geistes leugnet.

6. Die rechtgläubige christliche Antwort wird mit philosophischen Kategorien ausgedrückt, die der damaligen Kultur entstammen, und heißt: Gott ist eine Natur in drei Personen, bzw.: Gott ist eine Substanz in drei Hypostasen. Die Begriffe »Natur« und »Substanz« (oder »Wesenheit«) entsprechen der Einheit in der Dreiheit. Die Begriffe »Person« und »Hypostase« gewährleisten die Dreiheit in der Einheit.

7. Es gibt drei klassische Strömungen, die diesen Glaubensausdruck zu vertiefen streben und dabei die Trinitätslehre ausarbeiten: die griechische, die lateinische und die moderne.

7.1. *Griechische Strömung:* Sie geht vom Vater aus, der als Quell und Ursprung aller Gottheit gilt. Vom Vater gehen zwei aus: der Sohn durch die Zeugung und der Heilige Geist durch den Hervorgang. Der Vater teilt seine ganze Substanz dem Sohne und dem Geiste mit, deshalb sind beide mit dem Vater wesenseins und gleichermaßen Gott. Der Vater begründet in einem ewigen Prozeß auch die Person des Sohnes und des Heiligen Geistes. Diese Strömung läuft Gefahr, als Subordinatianismus aufgefaßt zu werden.

7.2. *Lateinische Strömung:* Sie geht von der göttlichen Natur aus, die bei den drei Personen gleich ist. Diese göttliche Natur ist geistig; deshalb hat sie eine innere Dynamik. Der absolute Geist ist der Vater. Die Vernunft ist der Sohn und der Wille der Heilige Geist. Die drei haben auf unterschiedene Weise dieselbe Natur inne: der Vater ohne Anfang, der Sohn durch Zeugung vom Vater und der Heilige Geist, weil er vom Vater und vom Sohn gehaucht wird. Die Drei sind in derselben Natur, sind wesenseins und deshalb ein einziger Gott. Diese Strömung läuft Gefahr, als Modalismus gedeutet zu werden.

7.3 *Moderne Strömung:* Sie geht von der Dreifaltigkeit der Personen Vater, Sohn und Heiliger Geist aus. Doch die drei leben in ewiger Perichorese ineinander, voneinander her, miteinander und füreinander. Die dreifaltige Einheit bedeutet die Einung der drei Personen kraft der ewigen Perichorese und Gemeinschaft. Weil diese Einung ewig und unendlich ist, kann man von einem einzigen Gott sprechen. Diese Deutung läuft Gefahr, als Tritheismus aufgefaßt zu werden. Ich schließe mich dieser Strömung an, um mit dem Glaubensbefund zu beginnen – der Existenz des Vaters, des Sohnes und des Heiligen Geistes als Unterschiedener in Gemeinschaft – sowie um das Universum und die menschliche Gesellschaft besser verstehen zu können, nämlich als einen Prozeß der Mitteilung, Gemeinschaft und Einung durch die vollkommene gegenseitige Durchdringung (Perichorese). Diese Deutung bestärkt den Kampf der Unterdrückten, die sich befreien wollen, damit es mehr Mitbestimmung, Teilhabe und Gemeinschaft gebe.

8. Der trinitarische Sprachgebrauch ist überaus bildlich und annähernd, um so mehr, weil das Geheimnis der Heiligsten Dreifaltigkeit das radikalste und absoluteste des christlichen Glaubens ist. Die Ausdrücke »Ursache« im Hinblick auf den Vater, »Zeugung« mit Bezug auf den Sohn und »Hauchung«, betreffend den Heiligen Geist, oder auch »Hervorgänge«, »Sendungen«, »Natur« und »Personen« sind analog oder beschreibend, meinen keine Kausalerklärungen in philosophischem Sinn. Ihrem innersten Sinn nach sollen diese Begriffe einerseits die Verschiedenheit zeigen, andererseits die Gemeinschaft, die es in der göttlichen Wirklichkeit gibt. Ich gebrauche die Terminologie, die die Tradition geheiligt hat, und auch die biblische, weil sie minder vieldeutig ist und auch von einigen modernen Theologen verwendet wird: Offenbarung, (An-)Erkenntnis, Gemeinschaft.

9. Die Begriffssprache des frommen Verstandes ist nicht der einzige Zugangsweg zum Dreifaltigkeitsgeheimnis. Die Kirche hat auch die Symbolsprache der Bilderwelt entwickelt. Durch sie wird die Bedeutung hervorgehoben, welche die Dreifaltigkeit für die menschliche Existenz hat, besonders in ihrer Sehnsucht nach Ganzheit. Diese Ganzheit ist das dreifaltige Geheimnis. Sie läßt sich am besten durch Symbole ausdrücken, die aus den Tiefen des persönlichen und kollektiven Unbewußten oder aus dem gemeinsamen religiösen Bestand der Menschheit aufbrechen. Der symbolische Sprachgebrauch macht den begrifflichen nicht überflüssig.

10. Die Menschheit ist als männlich und weiblich nach dem Bild und Gleichnis des drei-einen Gottes erschaffen worden. Das Männliche und das Weibliche finden ihren letzten Seinsgrund im Geheimnis der dreifaltigen Gemeinschaft. Obwohl die Dreifaltigkeit übergeschlechtlich ist, können wir in männlicher und weiblicher Form von den göttlichen Personen sprechen. So können wir Gott den mütterlichen Vater oder die väterliche Mutter nennen.

11. Die Frage des »Filioque« (der Heilige Geist wird vom Vater und vom Sohn oder durch den Sohn gehaucht) ist an die der Ostkirche wie der Westkirche eigene theologische Empfindsamkeit geknüpft wie auch an einen bestimmten Typ der verwendeten Terminologie (der Vater als Prinzip aller Gottheit im Osten, der Sohn als abgeleitetes Prinzip im Westen). Bei anderem theologischem Vorverständnis, das von der Perichorese der göttlichen Personen ausgeht, gibt es nicht nur

das »Filioque« sondern auch das »Spirituque« und das »Patreque«, weil bei der Dreifaltigkeit alles dreifach ist.

12. Kraft der Perichorese ist bei der Dreifaltigkeit alles dreifaltig, von jeder der göttlichen Personen mit innegehabt. Das hindert nicht, daß es ein besonderes Wirken der Personen gibt, wodurch die Eigenheit der einzelnen Person deutlich wird.

12.1. Das Eigenwirken des Vaters ist das Erschaffen. Indem er sich dem Sohn im Geist offenbart, entwirft der Vater alles Erschaffbare, den Ausdruck seiner selbst, des Sohnes und des Heiligen Geistes. Geschaffen, drücken alle Wesen das Geheimnis des Vaters aus, haben Kindescharakter (weil sie vom Vater stammen), brüderlich-schwesterliche Züge (weil sie im Sohn geschaffen sind) und eine »geistliche« Art, das heißt, sie sind voll Sinn und Dynamik, weil sie in der Kraft des Heiligen Geistes geschaffen worden sind.

12.2. Das Eigenwirken des Sohnes ist die Menschwerdung, durch die er die ganze Schöpfung vergöttlicht und sie von der Sünde erlöst. Durch ihn hat das Männliche an der Gottheit teil.

12.3. Das Eigenwirken des Heiligen Geistes ist die Pneumatisierung (Vergeistung), durch die das Leben ins Geheimnis des trinitarischen Lebens eingefügt und von aller Todesdrohung erlöst wird. Durch den Heiligen Geist wird das Weibliche ins göttliche Geheimnis eingeführt.

13. Aus der Gemeinschaft-Perichorese der drei göttlichen Personen ergeben sich Befreiungsimpulse für jeden Menschen, für die Gesellschaft, für die Kirche und für die Armen in einem doppelten – kritischen und konstruktiven – Sinn. Der *einzelne Mensch* ist eingeladen, alle Mechanismen des Egoismus zu überwinden und seine Gemeinschaftsberufung zu leben. Die *Gesellschaft* verstößt gegen die Dreifaltigkeit, wenn ihre Organisation auf Ungleichheit beruht, ehrt sie hingegen, je mehr sie Teilhabe und Gemeinschaft aller begünstigt und so Gerechtigkeit und Gleichheit zwischen allen heraufführt. Die *Kirche* ist um so mehr Sakrament der dreifaltigen Gemeinschaft, je mehr sie die Ungleichheiten zwischen den Christen und den verschiedenen Diensten überwindet und je mehr sie die Einheit als Koexistenz von Unterschiedenen versteht und lebt. Die *Armen* lehnen ihre Verarmung als Sünde gegen die dreifaltige Gemeinschaft ab und sehen in der Wechselbezogenheit der göttlichen Unterschiedenen das Modell einer menschlichen Gesellschaft, die sich durch die Mitarbeit aller, auf gleicher Basis und von der Besonderheit eines jeden aus erbaut, so daß es zu einem geschwisterlichen, offenen, gerechten und gleichbehandelnden Sozialgebilde kommt.

14. Das All existiert, um die überquellende Gemeinschaft der göttlichen Drei kundzutun. Letzter Sinn alles Geschaffenen ist, die Selbstmitteilung der göttlichen Personen zu ermöglichen. So wird das Universum in der eschatologischen Fülle in die Gemeinschaft des Vaters, des Sohnes und des Heiligen Geistes selbst eingefügt, und zwar nach der Eigenart eines jeden Geschöpfes, gipfelnd in Mann und Frau nach dem Gleichnis Jesu von Nazaret und Mariens. Dann wird die Dreifaltigkeit alles in allem sein.

15. Die Heiligste Dreifaltigkeit ist ein sakramentales Geheimnis. Sofern es *sakramental* ist, läßt es sich fortschreitend verstehen, soweit die Dreifaltigkeit selbst es mitteilt und die Vernunft des Herzens es in sich aufnimmt. Sofern es *Geheimnis* ist, bleibt es immer als das Unbekannte in aller Erkenntnis, denn das Geheimnis ist der Vater selbst, der Sohn selbst und der Heilige Geist selbst. Und das Geheimnis wird ewig währen.

Literatur

Klassische Quellen

Augustinus, De trinitate (CCL 50/50a; dt.: BKV II/13 u. II/14)
Hilarius von Poitiers, De trinitate (CCL 62; dt.: BKV II/5)
Kyrill von Alexandrien, Thesaurus de trinitate (PG 75)
Richard von St. Viktor, De trinitate (SChr 63)
Tertullian, Adversus Praxeam (CCL 2)
Thomas von Aquin, Summa theologiae (Deutsche Thomas-Ausgabe, Salzburg - Leipzig 1933 ff.; Heidelberg - Graz 1941 ff.)

Sonstige Literatur

Acerbi, A., Due Ecclesiologie. Ecclesiologia giuridica ed ecclesiologia di comunione nella Lumen Gentium (Nuovi Saggi Teologici 4), Bologna 1975
Adam, A., Lehrbuch der Dogmengeschichte I, Gütersloh 1965
D'Alès, A., De Deo Uno et Trino, Paris 1934
Alonso, J. M., La Trinidad hoy, Salamanca 1971
Andresen, C., Zur Entstehung und Geschichte des trinitarischen Person-Begriffes, in: Zeitschrift für die neutestamentliche Wissenschaft 52 (1961) 1–39
Antoniazzi, A., Comunhão e libertação em Puebla, in: Atualização Nr. 115–116 (1979) 265–277
Araya, V., El Dios de los pobres, San José/Costa Rica 1982
Arce Martínez, S., La teología como desafío, Havanna 1980
Armendariz, L. M., El Padre maternal, in: Estudios Eclesiásticos 58 (1983) 249–275
Aubin, P., Dio - Padre -Figlio - Spirito, Turin 1978
Baget-Bozzo, G., La Trinità, Florenz 1980
Barbé, D., A graça e o poder, São Paulo 1983
Barbel, J., Der Gott Jesu im Glauben der Kirche. Die Trinitätslehre bis zum 5. Jahrhundert, Aschaffenburg 1976
Bardy, G., Art. »Trinité«, in: Dictionnaire de Théologie Catholique XV, Paris 1950, 1545–1702
Barré, H., Trinité que j'adore. Perspectives théólogiques, Paris 1965
Barret, C. K., The Holy Spirit and the Gospel Tradition, London 1966
Barth, K., Die Kirchliche Dogmatik I/1: Die Lehre vom Wort Gottes, Zollikon - Zürich [11]1985
Benz, E., Creator Spiritus. Die Geistlehre des Joachim von Fiore, in: Eranos-Jahrbuch 1956, 285–355
–, Ecclesia spiritualis. Kirchenidee und Geschichtstheologie der franziskanischen Reformation, Stuttgart 1934

Berg, A. van den, A SS. Trindade e a existência humana, in: Revista Eclesiástica Brasileira 33 (1973) 629–648; 36 (1976) 323–346
Bloch, E., Atheismus im Christentum. Zur Religion des Exodus und des Reichs, Frankfurt 1968
Boff, Cl./Pixley, J., Opção pelos pobres, Petrópolis 1986; dt.: Die Option für die Armen, Düsseldorf 1987
Boff, L., E a Igreja se fez povo, Petrópolis 1986, 12–25; dt.: Und die Kirche ist Volk geworden, Düsseldorf 1987
–, Erfahrung von Gnade. Entwurf einer Gnadenlehre, Düsseldorf 1978
–, Ave Maria. Das Weibliche und der Heilige Geist, Düsseldorf [2]1985
–, Das mütterliche Antlitz Gottes. Ein interdisziplinärer Versuch über das Weibliche und seine religiöse Bedeutung, Düsseldorf 1985
–, Jesus Christus, der Befreier, Freiburg/Br. - Basel - Wien 1986
–, Kirche, Charisma und Macht. Studien zu einer streitbaren Ekklesiologie, Düsseldorf 1985
–, Mensch geworden. Das Evangelium von Weihnachten, Freiburg/Br. - Basel - Wien 1986
–, O dogma da Santíssima Trindade na Sagrada Escritura, in: Sponsa Christi 19 (1965) 264–269
–, O evangelho do Cristo cósmico, Petrópolis 1971
–, O primogênito da criação. Princípios teológicos do Beato J. Duns Scotus para uma teologia da criação, in: Vozes 69 (1966) 34–39
–, O que significa sacramento, in: Revista Eclesiástica Brasileira 34 (1974) 860–895
–, Paixão de Cristo - paixão do mundo, Petrópolis 1978
–, Vater unser. Das Gebet umfassender Befreiung, Düsseldorf [4]1984
–, A atualidade da experiência de Deus, Rio de Janeiro 1974
Bonnín, E., Spiritualität und Befreiung in Lateinamerika, Würzburg 1984
Bori, P., Koinonia. L'idea della comunione nell'ecclesiologia recente e nel Nuovo Testamento (Testi et ricerche di Scienze religiose 7), Brescia 1972
Bourassa, F., Note sur le traité de la Trinité dans la Somme Théologique de St. Thomas, in: Science et Esprit 27 (1975) 187ff
–, Personne et conscience en théologie trinitaire, in: Gregorianum 55 (1974) 471–493. 677–791
–, Questions de théologie trinitaire, Rom 1970
–, Sur la trinité. Dogme et théologie, in: Science et Esprit 24 (1972) 257–284
–, Théologie trinitaire chez Saint Augustin, in: Gregorianum 58 (1977) 657–725
Bouyer, L., Le Consolateur, Paris 1980
–, Le Père invisible, Paris 1976
–, Le trône de la Sagesse. Essai sur la signification du culte marial, Paris 1975
Bracken, J. A., The Holy Trinity as a Community of Divine Persons, in: Heythrop Journal 15 (1974) 166–182. 257–270
Brandt, H., O rísco do Espírito, São Leopoldo 1977
Breton, V.-M., A Santíssima Trindade. História, doutrina e piedade, Petrópolis 1954
Breuning, W., Trinitätslehre, in: H. Vorgrimler/R. Vander Gucht (Hrsg.), Bilanz der Theologie im 20. Jahrhundert. Perspektiven, Strömungen, Motive in der christlichen und nichtchristlichen Welt III, Freiburg/Br. 1970, 21–36
Brinktrine, J., Die Lehre von Gott II: Von der göttlichen Trinität, Paderborn 1954

Brunner, A., Dreifaltigkeit. Personale Zugänge zum Geheimnis, Einsiedeln 1976
Bulgakov, S., Le Paraclet, Paris 1969
Bultmann, R., Art. »Zao, zoē«, in: ThWNT II, 1935, 833–877
Cabassut, A., Une dévotion médiévale peu connue, la dévotion à »Jésus notre Mère«, in: Revue d'Ascétique et de Mystique 25 (1949) 234–245
Camelot, T., Le dogme de la Trinité. Origine et formation des formules dogmatiques, in: Lumière et Vie 30 (1956) 9–48
Cantalamessa, R., Die Entwicklung des persönlichen Gottesbegriffs in der christlichen Spiritualität, in: Concilium 13 (1977) 160–166
CLAR (Hrsg.), Vida segundo o Espírito nas comunidades religiosas da América Latina, Rio de Janeiro 1973
Coda, P., Evento pascuale. Trinità e storia, Rom 1984
–, O Espírito no mundo, Petropolis 1978
Comblin, J., O tempo da ação. Ensaio sobre o Espírito e a história, Petrópolis 1982
Congar, Y., Der Heilige Geist, Freiburg/Br. - Basel - Wien 1982
–, Der politische Monotheismus der Antike und der trinitarische Gott, in: Concilium 17 (1981) 195–199
–, L'Ecclésiologie du Haut Moyen-Age. De Saint Gregoire le Grand à la Désunion entre Byzance et Rome, Paris 1968
–, La tri-unité de Dieu et l'Église, in: La vie spirituelle, Nr. 604 (1974) 687–703
–, La Parole et le Souffle, Paris 1984
Cox, H., Das Fest der Narren. Das Gelächter ist der Hoffnung letzte Waffe, Stuttgart - Berlin 1970
Daly, M., Jenseits von Gott Vater Sohn & Co, München 1980
Daniélou, J., Origène, Paris 1948
–, Théologie du judéo-christianisme, Paris 1958
Deneffe, A., Perichoresis, circumincessio, circuminsessio, in: Zeitschrift für katholische Theologie 47 (1923) 497–532
Díaz Mateos, M., El Dios que libera, Lima 1985
Duchesne-Guillermin, J., En el nombre del Padre, del Hijo y del Espíritu Santo, in: Communio 5 (1980) 466–477
Duquoc, Ch., Dieu différent. Essai sur la symbolique trinitaire, Paris 1977
Dvornik, Fr., Early Christian and Byzantine Political Philosophy. Origins and Backgrounds, 2 Bde., Washington 1966
Echegaray, H., La práctica de Jesús, Lima 1980
Evdokimov, P., L'Esprit Saint dans la tradition orthodoxe, Parix 1969
–, Panagion et panagia, in: Bulletin de la société française d'études mariales 27 (1970) 59–71
Fabro, C., Introduzione all'ateismo moderno, Rom 1964
Fernández Ardanaz, S., El problema del dinamismo trinitario en Orígenes, in: Angelicum 49 (1972) 67–98
Feuillet, A., L'Esprit Saint et la Mère du Christ, in: Bulletin de la société française d'études mariales 25 (1968) 39–64
Folch Gomes, C., A doutrina da Trindade eterna. O significado da expressão »três pessoas«, Rio de Janeiro 1979
–, Deus é Comunhão. O conceito moderno de pessoa e a teologia trinitária, Rom 1978
–, Personalidade psicológica e mistério trinitario, in: Liturgia e Vida 20 (1973) 2–28

Forte, B., La chiesa icona della Trinità, Brescia 1984
–, Trinità come storia. Saggio sul Dio Cristiano, Turin 1985
Fortman, E., The Triune God, London 1972
França Miranda, M. de, O mistério de Deus em nossa vida. A doutrina trinitária de Karl Rahner, São Paulo 1975
Freigneau-Julien, B., Réflexion sur la signification religieuse du mystère de la Sainte Trinité, in: Nouvelle Revue Théologique 87 (1965) 673–687
Galot, J., Pour une théologie du Père, in: Esprit et Vie 94 (1984) 497–503. 661–669; 95 (1985) 295–304
Garrigou-Lagrange, R., De Deo Trino et Creatore, Turin 1944
–, Le clair-obscur de la Sainte Trinité, in: Revue Thomiste 45 (1939) 647–664
Gendron, L., Le mystère de la Trinité et la symbolique familiale, Rom 1975
Gironés, G., La divina arqueología. Apuntes para un tratado de la Trinidad, in: Anales Valentinos 8 (1982) 1–18
Gomes Mourão de Castro, M., Die Trinitätslehre des hl. Gregor von Nyssa, Freiburg/Schweiz 1938
González de Cardedal, O., Misterio trinitario y existencia humana, Madrid 1965
Gordon, G. A., Ultimate Conceptions of the Faith, Boston 1903
Greck, A., Art. »Sozialtheologie«, in: LThK IX, 1964, 925f.
Grings, D., A Santíssima Trindade, in: Teocomunicação 9 (1979) 433–449
Grom, B./Guerro, J. R., El anuncio del Dios cristiano, Salamanca 1979
Le Guillou, M.-J., Le mystère du Père. Foi des apôtres, gnoses actuelles, Paris 1973
Gutiérrez, G., Aus der eigenen Quelle trinken. Spiritualität der Befreiung (Fundamentaltheologische Studien 12), Mainz 1986
–, El Dios de la vida, Lima 1982
–, Hablar de Dios desde el sufrimiento del inocente, Lima 1986
Hamer, J., L'Église est une communion (Unam Sanctam 40), Paris 1962
Hamman, A., Die Trinität in der Liturgie und im christlichen Leben, in: MySal II, 1967, 132–145
–, Existe-t-il un langage trinitaire chez les Pères apostoliques? in: Augustinianum 13 (1973) 455–458
–, La Trinidad en la catequesis (Semana de Estudios Trinitários 12), Salamanca 1978
von Harnack, A., Lehrbuch der Dogmengeschichte I: Die Entstehung des christlichen Dogmas, Tübingen 1909
Hauck, F., Art. »Koinonia«, in: ThWNT III, 1938, 789–810
Heitmann, C./Mühlen, H. (Hrsg.), Erfahrung und Theologie des Heiligen Geistes, Hamburg-München 1974
Hoornaert, E., A memória do povo cristão, Petrópolis 1986; dt. Düsseldorf 1987
Hunt, M./Gibellini, R., La sfida del femminismo alla teologia, Brescia 1980
Isaac, J., La révélation des personnes divines, Paris 1968
Jakob, F., Die Logik des Lebenden. Von der Urzeugung zum genetischen Code, Frankfurt 1972
Jeremias, J., Abba. Studien zur neutestamentlichen Theologie und Zeitgeschichte, Göttingen 1966
Johannes Paul II., Enzyklika »Dives in misericordia«, in: Acta Apostolicae Sedis 72, Rom 1980, 1177–1232; dt. in: Verlautbarungen des Apostolischen Stuhls 26, Bonn 1980

Jordan, P./Rahner, K., Das Geheimnis des Lebens, Freiburg 1968
Jüngel, E., Gott als Geheimnis der Welt. Zur Begründung der Theologie des Gekreuzigten im Streit zwischen Theismus und Atheismus, Tübingen [2]1977
Jung, C. G., Versuch einer psychologischen Deutung des Trinitätsdogmas, in: ders., Zur Psychologie westlicher und östlicher Religion (Gesammelte Werke XI), Zürich 1963, 119–218
Kaiser, C., El discernimiento de la Trinidad a partir de situaciones empíricas, in: Selecciones de Teología 16 (1977) 163–172
Kaliba, C., Die Welt als Gleichnis des dreieinigen Gottes. Entwurf einer trinitarischen Ontologie, Salzburg 1952
Kaltenbrunner, G. K., Ist der Heilige Geist weiblich? in: Una Sancta 32 (1977) 273–279
Kant, I., Der Streit der Fakultäten (1798) (Akademie-Ausgabe VII), Berlin 1917, 1–116
Kasper, W., Der Gott Jesu Christi, Mainz 1982
Kelly, J. N. D., Early Christian Doctrines, London [3]1965
Koser, C., Cristo-Homem, razão de ser da criação, in: Vozes 69 (1966) 25–34
Lapide, P./Moltmann, J., Jüdischer Monotheismus und christliche Trinitätslehre. Ein Gespräch (Kaiser Traktate 39), München 1979
Laurentin, R., Pentecôtisme chez les catholiques. Risques et avenir, Paris 1974
Lebreton, J., Histoire du dogme de la Trinité des origines au Concile de Nicée, 2 Bde., Paris 1927/28
–, Le désaccord de la foi populaire et de la théologie savante dans l'Église chrétienne du IIIe siècle, in: Revue d'histoire ecclésiastique 19 (1923) 481–506; 20 (1924) 5–37
Lehmann, K./Pannenberg, W. (Hrsg.), Glaubensbekenntnis und Kirchengemeinschaft. Das Modell des Konzils von Konstantinopel, Freiburg/Br.-Göttingen 1982
Lémonnyer, A., Notre vie divine, Paris 1936
Libânio, J. B., Libertar para a comunhão e a participação, Rio de Janeiro 1980
Lochet, L., Charité fraternelle et vie trinitaire, in: Nouvelle Revue Théologique 78 (1956) 113–134
Lonergan, B., Divinarum Personarum conceptio analogica, Rom 1956
de Lubac, H., Athéisme et sens de l'homme, Paris 1968
–, La postérité spirituelle de Joachim de Fiore I: De Joachim à Schelling, Paris-Namur 1979
Lucchetti Bingemer, M. C., A Trindade a partir da perspectiva da mulher, in: Revista Eclesiástica Brasileira 46 (1985) 73–99
Marchel, W., Dieu-Père dans le Nouveau Testament, Paris 1966
de Margerie, B., La Trinité chrétienne dans l'histoire (Théologie historique 31), Paris 1975
Mayr, F. K., Die Einseitigkeit der traditionellen Gotteslehre, in: C. Heitmann/H. Mühlen (Hrsg.), Erfahrung und Theologie des Heiligen Geistes, Hamburg-München 1974, 239–272
–, Patriarchalisches Gottesverständnis? Historische Erwägungen zur Trinitätslehre, in: Theologische Quartalschrift 152 (1972) 224–255
–, Trinitätstheologie und theologische Anthropologie, in: Zeitschrift für Theologie und Kirche 68 (1971) 427–477

Michel, A., Art. »Trinité«, in: Dictionnaire de Théologie Catholique XV, Paris 1950, 1702–1855
Milano, A., Art. »Trinità«, in: Dizionario Teologico Interdisciplinare III, Turin 1977, 482ff.
Moingt, J., Théologie trinitaire de Tertullien, 3 Bde. (Théologie 68–70), Paris 1966
Moltmann, J., Die einladende Einheit des dreieinigen Gottes, in: Concilium 21 (1985) 35–41
–, Die trinitarische Geschichte Gottes, in: ders., Zukunft der Schöpfung. Gesammelte Aufsätze, München 1977, 89–96
–, Der gekreuzigte Gott. Das Kreuz Christi als Grund und Kritik christlicher Theologie, München 1972
–, Der mütterliche Vater. Überwindet der trinitarische Patripassianismus den theologischen Patriarchalismus? in: Concilium 17 (1981) 209–213
–, Ich glaube an Gott den Vater. Patriarchalische oder nichtpatriarchalische Rede von Gott, in: Evangelische Theologie 43 (1983) 397–415
–, Sulla Trinità, Neapel 1982
–, Trinität und Reich Gottes. Zur Gotteslehre, München 1980
–/ *Moltmann-Wendel, E.*, Dieu, homme et femme, Paris 1984
Mühlen, H., Der Heilige Geist als Person. In der Trinität, bei der Inkarnation und im Gnadenbund: Ich – Du – Wir, Münster 1963
–, Die Erneuerung des christlichen Glaubens. Charisma – Geist – Befreiung, München [2]1976
–, El Espíritu Santo en la Iglesia, Salamanca 1974
–, Person und Appropriation. Zum Verständnis des Axioms: In Deo omnia sunt unum, ubi non obviat relationis oppositio, in: Münchner Theologische Zeitschrift 16 (1965) 37–57
–, Una mystica Persona. Die Kirche als das Mysterium der Identität des Heiligen Geistes in Christus und den Christen: Eine Person in vielen Personen, Paderborn 1967 u.ö.
Muñoz, R., El Dios de los cristianos, Madrid 1987; dt.: Der Gott der Christen, Düsseldorf 1987
Murray, R., Symbols of Church and Kingdom. A Study in Early Syrian Tradition, Cambridge 1975
Napoli, G. di, La teologia trinitaria di Gioacchino da Fiore, in: Divinitas 23 (1979) 281ff.
Nédoncelle, M., Prosopon et persona dans l'Antiquité classique. Essai de bilan linguistique, in: Revue des Sciences Religieuses 22 (1948) 277–299
–, Hacia la primera teología de la procesión del Verbo I/1 (Analecta Gregoriana 99), Rom 1958
Orbe, A., La procesión del Espíritu Santo y el origen de Eva, in: Gregorianum 45 (1964) 103–118
Panikkar, R., The Trinity and the Religious Experience of Man. Icon – Person – Mystery, New York-London 1973
Pannenberg, W., Der Gott der Geschichte. Der trinitarische Gott und die Wahrheit der Geschichte, in: ders., Grundfragen systematischer Theologie. Gesammelte Aufsätze II, Göttingen 1980, 112–128
Pastor, F. A., Semântica do mistério, São Paulo 1982

Paul VI., Apostolisches Schreiben »Octogesima adveniens«, in: Acta Apostolicae Sedis 63, Rom 1971, 401–441; dt. in: Texte zur Katholischen Soziallehre I, hrsg. v. Bundesverband der KAB Deutschlands, Köln 1975, 481–521
Penido, M. T. L., Prélude grec à la théorie »psychologique« de la Trinité, in: Revue Thomiste 45 (1939) 665–674
Peterson, E., Der Monotheismus als politisches Problem, in: ders., Theologische Traktate, München 1951, 45–158
Pikaza, X., El Espíritu Santo y María en la obra de San Lucas, in: Ephemerides Mariologicae 28 (1978) 151–168
–, Experiencia religiosa, historia de Jesús y revelación trinitaria, in: Estudios Trinitarios 13 (1979) 19–93
–, Maria y el Espírity Santo, Salamanca 1981
–, Trinidad y ontología en torno al planteamiento sistemático del misterio trinitario, in: Estudios Trinitarios 8 (1974) 189–236
Pohier, J. M., Au nom du Père, Paris 1972
Prestige, G. L., God in Patristic Thought, London 1964
–, Perichoreo and Perichoresis in the Fathers, in: Journal of Theological Studies 29 (1928) 242–252
Prete, S., Confessioni trinitarie in alcuni Atti dei martiri del sec. II, in: Augustinianum 13 (1973) 469–482
Rabeneck, J., Primera Persona divina, in: Estudios Eclesiásticos 102 (1952) 353–363
Radford Ruether, R., (Hrsg.), Religion and Sexism. Images of Woman in the Jewish and Christian Traditions, New York 1974
Rahner, K., Der dreifaltige Gott als transzendenter Urgrund der Heilsgeschichte, in: MySal II, 1967, 317–397
–, Über den Begriff des Geheimnisses in der katholischen Theologie, in: ders., Schriften zur Theologie IV, Einsiedeln-Zürich-Köln 1967, 51–99
Redemptoristen von Aparecida (Hrsg.), Santuário da Trindade. Sua história, sua imagem, sua mensagem, Aparecida do Norte 1982
de Régnon, Th., Études de théologie positive sur la Sainte Trinité, 4 Bde., Paris 1892–1898
Ricoeur, P., Die Vatergestalt – Vom Phantasiebild zum Symbol, in: ders., Hermeneutik und Psychoanalyse. Der Konflikt der Interpretationen II, München 1974, 315–353
Ritschl, D., Geschichte der Kontroverse um das Filioque, in: Concilium 15 (1979) 499–504
Ritter, A. M., Das Konzil von Konstantinopel und sein Symbol. Studien zu Geschichte und Theologie des II. Ökumenischen Konzils (Forschungen zur Kirchen- und Dogmengeschichte 15), Göttingen 1965
Rius Camps, J., El dinamismo trinitario en la divinización de los seres racionales según Orígenes, Rom 1970
du Roy, O., Intelligence de la foi en la Trinité selon Augustin, Paris 1966
Ruh, U., Das unterscheidend Christliche in der Gottesfrage. Zu neueren Entwicklungen in der Trinitätstheologie, in: Herder-Korrespondenz 36 (1982) 187–192
Salet, G., Charité trinitaire et charité des chrétiens, in: Christus 6 (1959) 362–376
Scheeben, M. J., Die Mysterien des Christentums (Gesammelte Schriften II), Freiburg/Br. [3]1958

–, Handbuch der Katholischen Dogmatik (Gesammelte Schriften IV), Freiburg/Br. 1948
–, Katholische Dogmatik II: Gotteslehre, Freiburg/Br. 1948
Scheffczyk, L., Lehramtliche Formulierungen und Dogmengeschichte der Trinität, in: MySal II, 1967, 146–217
Schierse, F. J., Die neutestamentliche Trinitätsoffenbarung, in: MySal II, 1967, 85–129
Schlink, E., Art. »Trinität«, in: Die Religion in Geschichte und Gegenwart VI, Tübingen [3]1962, 1032–1034
Schmaus, M., Der Glaube der Kirche. Handbuch katholischer Dogmatik I, München 1969
–, Der Glaube der Kirche II: Gott der Eine und Dreieinige, St. Ottilien 1979
–, Die psychologische Trinitätslehre des hl. Augustinus, Münster 1927
–, Katholische Dogmatik I, München [6]1960
Schoonenberg, P., Trinität – der vollendete Bund. Thesen zur Lehre vom dreipersönlichen Gott, in: Orientierung 37 (1973) 115–117
Schröder, J., Was ist Leben? Eine Einführung in die moderne Biologie, München 1971
Schulte, R., Die außerbiblische Gottesoffenbarung als Vorbereitung der Trinitätsoffenbarung, in: MySal II, 1967, 73–82
Schweizer, E., Heiliger Geist (Themen der Theologie. Erg.-Bd.), Stuttgart–Berlin 1978
–, Art. »Pneuma«, in: ThWNT VI, 1959, 330–453
Sciacca, M. F., Trinité et unité de l'esprit, in: Augustinus Magister 1 (1954) 521–533
Segundo, J. L., Nuestra idea de Dios, Buenos Aires 1971
–, El hombre de hoy ante Jesús de Nazaret, 3 Bde., Madrid 1982
Slenczka, R., Das Filioque in der neueren ökumenischen Diskussion, in: K. Lehmann/W. Pannenberg (Hrsg.), Glaubensbekenntnis und Kirchengemeinschaft, Das Modell des Konzils von Konstantinopel, Freiburg/Br.–Göttingen 1982, 80–99
Sobrino, J., Cristología desde América Latina. Esbozo a partir del seguimiento del Jesús histórico, Mexico 1976
–, Jesús en América Latina. Su significado para la fe y la cristología, Santander 1982
–, La aparición del Dios de vida en Jesús de Nazaret, in: Versch., La lucha de los dioses, San José 1980, 79–121
–, Resurrección de la verdadera iglesia. Los pobres, lugar teológico de la eclesiología, Santander 1981
Solano Ramírez, L. V., El misterio salvífico de Dios Trinidad, Bogotá 1979
Studer, B., Zur Entwicklung der patristischen Trinitätslehre, in: Theologie und Glaube 74 (1984) 81–93
Tavard, G. H., The Vision of Trinity, Washington 1981
Taymans d'Eypernon, F., Le Mystère primordial. La trinité dans sa vivante image (Museum Lessianum/Section Théologique 41), Paris 1950
Tellenbach, H. (Hrsg.), Das Vaterbild im Mythus, Stuttgart – Berlin – Köln 1976
Tillich, P., Systematische Theologie III, Stuttgart [2]1978
Trigo, P., La Trinidad como fundamento del método teológico, in: Nuevo Mundo Nr. 104 (1979) 135–153

Turrado, A., La Trinidad en la catequesis, Salamanca 1978
–, Art. »Trinidad«, in: Gran Enciclopedia Rialp XXII, Madrid 1975, 775–782
Unterste, P., Theologische Aspekte der Tiefenpsychologie von C. G. Jung, Düsseldorf 1977
Vanier, P, Théologie trinitaire chez St. Thomas d'Aquin, Paris 1953
Verges, S., Imagen del Espíritu de Jesús, Salamanca 1974
Verhoeven, Th. L., Studien over Tertullianus' Adversus Praxeam, Amsterdam 1948
Verschiedene, A experiência do Espírito Santo, Petrópolis 1979
–, Il mistero del Padre, Collevalenza 1983
–, La Trinidad en la Biblia (Semanas de Estudios Trinitarios 6), Salamanca 1973
–, La lucha de los dioses, San José 1980
–, O Espírito Santo. Pessoa, presença, atuação, Petrópolis 1973
–, Renovação carismática católica, Petrópolis 1978
–, Trinidad y vida cristiana, Salamanca 1979
–, El misterio trinitario a la luz del Vaticano II, Salamanca 1979
–, Trinidad y vida comunitaria, Salamanca 1980
–, Trinität. Aktuelle Perspektiven der Theologie, Freiburg 1984
Vidigal de Carvalho, J. G., A devoção à Santíssima Trindade na época colonial, Viçosa 1979
Vives, J., Creer en Dios, Padre, Hijo y Espíritu Santo, in: Estudios Trinitarios 16 (1982) 81–104
–, El Dios trinitario y la comunión humana, in: Estudios Eclesiásticos 52 (1977) 129–137
Wainwright, A. W., The Trinity in the New Testament, London 1962
Walker Bynum, C., Jesus as Mother and Abbot as Mother: Some Themes in Twelfth-Century Cistercian Writings, in: The Harward Theological Review 70 (1977) 257–284
Welch, C., The Trinity in Contemporary Theology, London 1953
Wurz, E., Das Mütterliche in Gott, in: Una Sancta 32 (1977) 261–272

Personenregister

Bibliothek Theologie der Befreiung

Autoren und Themen im Überblick

BThB Gotteserfahrung und Gerechtigkeit

G. Gutiérrez: Unsere Erfahrung mit dem befreienden Gott
C. Mesters u. a.: Die Armen lesen die Bibel
E. Hoornaert: Die Anfänge der Kirche
E. Dussel u. a.: Geschichte Lateinamerikas: Eine theologische Deutung
C. Boff/J. Pixley: Die Option für die Armen
C. Boff/I. Ellacuría: Was ist Theologie der Befreiung?
M. P. Gatjens u. a.: Texte der lateinamerikanischen Kirchenväter

BThB Gott der sein Volk befreit

J.L. Segundo: Offenbarung und Glaube
R. Muñoz: Der Gott der Christen
J. Sobrino: Befreiung in Jesus Christus
J. Comblin: Der Heilige Geist
L. Boff: Der dreieinige Gott und die Gesellschaft

BThB Die Befreiung in der Geschichte

J. Comblin: Das Bild vom Menschen
P. Trigo: Schöpfung und Geschichte
A. Moser: Sünde und Umkehr
M. Díaz Mateos: Die Gnade
A. Moser u. a.: Fundamentalmoral
E. Valle: Die menschliche Sexualität
M. dos Anjos u. a.: Ehe und Familie
E. Dussel: Ethik der Gemeinschaft
P. Casaldáliga u. a.: Spiritualität
J. B. Libânio/M. C. Lucchetti Bingemer: Christliche Eschatologie

BThB Die Kirche, Sakrament der Befreiung

L. Boff u. a.: Die Kirche als Gemeinschaft
G. Gorgulho: Die Kirche an der Basis
A. Parra u. a.: Ämter in der Gemeinde
J. L. Caravias: Katechese und Kirche
F. Taborda u. a.: Sakramente und Liturgie
V. Codina u. a.: Taufe und Firmung
M. Gibin u. a.: Eucharistie
J. Munaro u. a.: Buße und Krankensalbung
V. Codina/N. Zavallos: Ordensleben
R. Antoncich/J. M. Munárriz: Die Soziallehre der Kirche
S. Torres u. a.: Pastoral der Befreiung
I. Gebara: Maria, prophetische Frau
J. de Santa Ana: Die Ökumene
J. Míguez Bonino u. a.: Evangelische Kirchen

BThB Herausforderungen: das Leben in der Gesellschaft

J. H. Pico/Frei Betto u. a.: Glaube und Politik
O. Maduro u. a.: Verkündigung des Evangeliums an Reiche und Arme
J. Undurraga u. a.: Die Rechte der Armen
M. Barros/J. L. Caravias: Pastoral und Theologie von Grund und Boden
H. Assmann/F. J. Hinkelammert: Wirtschaft und Theologie
S. Arce u. a.: Arbeit und Theologie

BThB Herausforderungen: die Kultur

J. C. Scannone u. a.: Die herrschende Kultur und ihre Götzen
P. Suess: Amerikas Ureinwohner – ein fortdauerndes Problem
J. O. Beozzo: Das afroamerikanische Problem
E. Tamez u. a.: Die Frau in Gesellschaft und Kirche
C. Ceccon u. a.: Pädagogik der Befreiung

BThB Herausforderungen: die Religiosität des Volkes

X. Albó u. a.: Gott, der Indianer
N. Laënnec u. a.: Gott, der Schwarze
D. Irarrázaval u. a.: Der Katholizismus des Volkes
V. Elizondo/P. Trigo: Die Inkulturation des Evangeliums
J. A. Sometti u. a.: Theologie und Pastoral des Wunderbaren
A. Mendonça/F. Rolim: Alternative Formen des Christentums